A
HISTORIOGRAFIA
COMO FONTE HISTÓRICA

Dados Internacionais de Catalogação na Publicação (CIP)
(Câmara Brasileira do Livro, SP, Brasil)

A Historiografia como fonte histórica / organização José D'Assunção Barros – Petrópolis, RJ : Editora Vozes, 2022.

ISBN 978-65-5713-348-4

1. Historiografia 2. Historiografia – Pesquisa I. Barros, José D'Assunção.

21-84388 CDD-901

Índices para catálogo sistemático:
1. Historiografia : História 901

Aline Graziele Benitez – Bibliotecária – CRB-1/3129

JOSÉ D'ASSUNÇÃO BARROS
(Organizador)

A HISTORIOGRAFIA COMO FONTE HISTÓRICA

Petrópolis

© 2022, Editora Vozes Ltda.
Rua Frei Luís, 100
25689-900 Petrópolis, RJ
www.vozes.com.br
Brasil

Todos os direitos reservados. Nenhuma parte desta obra poderá ser reproduzida ou transmitida por qualquer forma e/ou quaisquer meios (eletrônico ou mecânico, incluindo fotocópia e gravação) ou arquivada em qualquer sistema ou banco de dados sem permissão escrita da editora.

CONSELHO EDITORIAL

Diretor
Gilberto Gonçalves Garcia

Editores
Aline dos Santos Carneiro
Edrian Josué Pasini
Marilac Loraine Oleniki
Welder Lancieri Marchini

Conselheiros
Francisco Morás
Ludovico Garmus
Teobaldo Heidemann
Volney J. Berkenbrock

Secretário executivo
Leonardo A.R.T. dos Santos

Diagramação: Sheilandre Desenv. Gráfico
Revisão gráfica: Nilton Braz da Rocha / Fernando Sergio Olivetti da Rocha
Capa: Rafael Nicolaevsky

ISBN 978-65-5713-348-4

Este livro foi composto e impresso pela Editora Vozes Ltda.

Sumário

Prefácio, 7

Primeira Parte
Historiografia – Reflexões sobre um campo de saber

1. História e Historiografia: todas as interações possíveis, 15
   José D'Assunção Barros

Segunda Parte
Alguns historiadores

2. Percepções plutarquianas da escrita biográfica, 81
   Maria Aparecida de Oliveira Silva

3. Voltaire: um filósofo-historiador antigo, moderno e visionário, 108
   José D'Assunção Barros

4. O historiador e o visionário: Thomas Carlyle e a "questão da condição da Inglaterra" no século XIX, 150
   Débora El-Jaick Andrade

5. A *Historik* de Johann Droysen: sobre a atualidade de um clássico oitocentista no trato das fontes, 189
   Robeilton de Souza Gomes

6. A pena e o documento: a história reescrita por Alexandre Herculano, 218
   Michelle Fernanda Tasca

7. O tempo de Fernand Braudel, 249
   Rodrigo Bianchini Cracco

Terceira Parte
Algumas questões historiográficas

8. As muitas conquistas do México: como um mesmo conflito do século XVI foi narrado ao longo do tempo, 275
    Luís Guilherme Assis Kalil
    Luiz Estevam de Oliveira Fernandes

9. Georges Minois: uma análise da obra *História do ateísmo* como fonte histórica, 304
    Ricardo Oliveira da Silva

10. Uma História com o Outro: povos indígenas na historiografia brasileira, 329
    Mariana Albuquerque Dantas

Referências, 361

Sobre os autores, 383

Índice onomástico, 387

Índice remissivo, 391

Índice geral, 393

Prefácio

A História, já dizia Marc Bloch, é a "ciência dos homens no tempo". Com esta simples frase, aparentemente tão singela, o célebre historiador francês conseguiu destacar algumas das principais questões que instigam todos aqueles que são fascinados pela história e amam a Historiografia[1]. De um lado, a definição proposta postula que a História é uma *ciência*. Esta posição, conforme veremos no primeiro capítulo deste livro, tem sido a predominante a partir do século XIX, quando a História passa a ser vista pelos seus praticantes mais especializados como um saber de tipo científico, ou pelo menos um saber cientificamente conduzido. Existem até hoje, é claro, debates que consideram que a História é ainda um *gênero literário* específico e uma arte ou *meio artístico de expressão* – o que não impede que ela também continue sendo uma ciência mesmo quando incorpora estes atributos –, e há mesmo os polemistas que procuram questionar a cientificidade da História, sugerindo que ela não produz o tipo de "conhecimento verdadeiro" que se espera habitualmente de uma ciência típica. Esta diversificada polêmica, que tem merecido um tratamento em maior profundidade em vários artigos e ensaios, não será objeto deste livro, senão mais lateralmente[2]. Não obstante, de modo geral a sociedade tem reconhecido os seus historiadores como praticantes de um saber que precisa ser aprendido seriamente, com suas normas e procedimentos, com suas teorias e métodos próprios de investigação e análise. Da mesma forma, todas as universidades, nos dias de hoje, localizam efetivamente a História entre os saberes científicos.

---

1. *Historiografia*, conforme veremos no primeiro capítulo deste livro, pode ser tomado como sinônimo de História, quando esta palavra se refere ao campo de saber que estuda a história (campo de acontecimentos). Também veremos os demais sentidos operacionais desta palavra.
2. Sobre este tema, cf. o artigo "Será a História uma Ciência? – um panorama de posições historiográficas", publicado na revista *Inter-Legere*, o qual mostra as diversas posições de historiadores e filósofos sobre a questão (BARROS, 2020-c, 1-27). De todo modo, voltaremos ao tema em um dos itens do primeiro capítulo desta coletânea.

De um modo ou de outro, a transição do século XVIII para o século XIX pode ser vista como o momento especial em que a História – esta prática, saber e gênero literário já existente desde a Antiguidade – prepara-se para adentrar a Universidade como mais um campo de saber acadêmico a ser reconhecido entre os demais. A partir do século XIX, e nos que se seguem, os historiadores tendem a ver o seu campo de saber de fato como uma ciência – ou como uma *disciplina* que tem suas normas, aportes teóricos e recursos metodológicos próprios.

Neste ponto, a definição proposta por Marc Bloch continua sendo bastante atual. Ela também chama atenção para outras duas coisas importantes. É uma ciência "dos homens" (ou melhor, dos seres humanos), "no tempo". Dizer que a história é uma "ciência dos seres humanos" – isto é, uma *ciência humana* – é reconhecer que o "humano" a envolve em três diferentes dimensões: a história fala de seres humanos, é escrita por seres humanos, e dirige-se aos seres humanos que serão os seus leitores ou ouvintes. Estes seres humanos também estão todos no "tempo": os historiadores escrevem sobre homens e mulheres, e sobre sociedades, que viveram em *tempos* diversos; enquanto isso, eles mesmos – *historiadores* – estão ligados a um tempo que é a sua própria época, assim como os seus leitores. A História, enfim, é "humana" e "temporal" – e isto tanto no que concerne ao seu *objeto* de estudo, ao *sujeito* que produz este tipo de conhecimento (o historiador), e aos sujeitos que irão usufruir das realizações daí decorrentes como *leitores* ou *espectadores*.

Ser uma ciência que estuda objetos, fenômenos, processos e sujeitos situados no tempo – e particularmente em tempos que já passaram – traz implicações importantes para a História. Para a investigação de épocas que já não existem mais, de sociedades que já desapareceram ou se transformaram, e de processos históricos que já se encerraram, os historiadores precisam das chamadas *fontes históricas*. A fonte histórica é aquilo que permite ao historiador a realização da sua viagem metodológica pelo tempo. Desde há muito os historiadores têm consciência de que tudo, e absolutamente tudo, pode ser constituído como uma fonte histórica importante: textos escritos de livre-punho por seres humanos do passado, leis promulgadas por governos que um dia existiram, jornais de todas as épocas, cartas trocadas entre homens e mulheres que um dia viveram suas discórdias e seus amores, diários, certidões de nascimento ou casamento, fotografias, objetos, as ruas de uma cidade... simplesmente qualquer coisa pode ser abordada por um historiador como um caminho interessante para se ter um vislumbre sobre a vida dos seres humanos no tempo. Nos tempos recentes, vieram se juntar – ao vasto e indefinido conjunto de diferentes tipos de fontes históricas – as fontes geradas pelas redes sociais da Internet, os e-mails trocados, os blogs e sites, e assim por diante.

A própria historiografia – o conjunto de realizações de todos os tipos elaboradas pelos historiadores das várias épocas, inclusive o nosso tempo presente – pode ser tomada como fonte histórica para compreendermos as épocas em que estas realizações historiográficas foram escritas. Aqui, estamos diante de um divertido paradoxo: ao escrever um livro de história, um historiador discorre sobre uma determinada época ou espaço-tempo, que pode ser o Egito Antigo, a convulsionada sociedade da Revolução Francesa, ou a desigual sociedade escravista do Brasil Colonial. Não obstante, ao escrever sobre outra época – através de um trabalho no qual examina criteriosamente as fontes históricas desta época – os historiadores também deixam que muitas coisas sejam percebidas sobre a sua própria época, o espaço-tempo no qual vivem. Podemos nos perguntar: um livro de história sobre o Antigo Egito que foi escrito no século XIX, por exemplo, fala sobre o Antigo Egito, ou sobre o século XIX? Para um historiador do século XXI, um livro escrito no século XIX – inclusive os livros de história que falam dos séculos anteriores – poderá ser certamente abordado como fonte histórica para compreendermos o século XIX.

Quando o historiador português Alexandre Herculano escrevia sobre a Idade Média de seu país, o fazia como um autor romântico e moderno do século XIX. Quando Voltaire escrevia sobre os antigos gregos e romanos, ou sobre os franceses do século anterior ao seu, o fazia como um intelectual iluminista que vivia no século XVIII. Podemos perceber, em cada um destes casos, as marcas do século XIX e do século XVIII na escrita destes historiadores que certamente foram homens do seu tempo. Ao analisar seus textos, podemos perceber neles a presença de Portugal e da França, da sociedade na qual estes homens viviam, de seus ambientes políticos, das esperanças, medos e estranhamentos por eles gerados. Podemos perceber um modo de escrever que traz as marcas de seus tempos, e também maneiras de pensar específicas. Mesmo as circunstâncias que estiveram por trás da produção de certas obras – o *momento*, além do *lugar* – estão lá, de algum modo presentes ou perceptíveis neste ou naquele escrito, denunciadas pelas indeléveis marcas que deixaram nestes textos e seus autores.

Ao examinar os diversos livros que já foram escritos até hoje sobre a Conquista da América – esta sujeição rápida e violenta de milhões de nativos americanos pelos espanhóis e portugueses que aqui chegaram no início do período moderno – podemos perceber que novas visões sobre estes acontecimentos vão sendo sucessivamente produzidas em cada época, em cada novo espaço-tempo, e por cada nova sociedade ou novo historiador que se debruça sobre estes acontecimentos para analisá-los. Podemos examinar essas diferentes leituras de distintos historiadores sobre a Conquista da América como "fontes" que nos revelam as posições políticas, os estranhamentos e ambições, as visões de mundo e os hábitos discursivos daqueles que as escreveram. Ao falar da Conquista da América, ou de qualquer outro tema, um historiador fala de si mesmo, de sua sociedade, de seus meios políticos, das demandas dos seus leitores, dos problemas que preocupam os homens e mulheres de seu tempo, e das novas maneiras propostas para resolvê-los.

Não é muito difícil entender isso. Ao escrevermos sobre Zumbi, e sobre a revolta e guerra de quilombolas contra um poderoso sistema escravista que os violentava, falamos também das nossas desigualdades atuais – muitas delas herdadas do período escravista – e das variadas formas de lutar contra estas desigualdades. Zumbi, Chico Rei, Xica da Silva, ou outros personagens históricos negros – além do que tenham sido efetivamente na história que ficou para trás no tempo – representam também distintos modos de ação ou programas de luta contra desigualdades que precisaram e precisam ainda ser enfrentadas, nas diferentes ressignificações que os historiadores lhes dão. A História é este fascinante gênero literário e científico no qual os diferentes tempos se entrelaçam através de discursos e esquecimentos. Ao falar ou silenciar sobre os índios que habitam ou habitaram nosso continente em diversas épocas, ou ao mostrar interesse em ler um livro de História que fale sobre estes, os homens e mulheres que habitam as nossas cidades falam também de suas relações com os índios da atualidade. Falam de sua admiração pelos índios, de seu estranhamento, culpa, solidariedade, preconceitos, sentimentos de identidade e alteridade. Falam dos projetos públicos de preservação das populações indígenas, ou das ameaças de extinção e aculturação que as espreitam em nossa própria época.

Neste livro, nós vamos explorar o fascinante paradoxo de que a História é a "ciência dos seres humanos no tempo" em dois sentidos que se entrelaçam. Os historiadores discorrem sobre o tempo e a passagem do tempo, mas eles mesmos estão mergulhados no seu próprio tempo. Os historiadores são homens e mulheres que olham para outras épocas e as analisam, mas eles mesmos estão situados e se movendo em uma época bem definida, e são sempre e literalmente seres humanos desta época. Seus trabalhos, que examinam pacientemente fontes históricas de todos os tipos, também podem se transformar em fontes históricas para historiadores do futuro, em um interminável jogo de espelhos.

Considerar os historiadores como homens e mulheres de sua época é o cerne da proposta de trabalhar a *Historiografia como Fonte Histórica*. Examinaremos personagens bem conhecidos pela história da historiografia, pois se tornaram historiadores célebres – como Plutarco, Voltaire, Thomas Carlyle, Droysen, Alexandre Herculano, Fernand Braudel. Mas também examinaremos questões que foram percorridas por muitos historiadores, como o problema da Conquista da América, de modo a mostrar como distantes historiadores envolvidos com diferentes questões sociais e políticas, ou mergulhados em distintas visões de mundo, examinaram um mesmo acontecimento. Faremos ainda a experiência de examinar um único livro historiográfico como fonte histórica. Finalizaremos com uma reflexão sobre como os historiadores têm abordado o problema das populações indígenas, lançando sobre elas diferentes olhares que, se falam sobre os povos indígenas, também falam muito sobre si mesmos.

Antes de tudo, porém, discutiremos o que é a Historiografia. Quais diferentes tipos de realizações historiográficas – do tradicional livro escrito às realizações históricas que se tornaram possíveis pelas novas mídias – são disponibilizados, nos dias de hoje, à sociedade? Como lidam os historiadores com a teoria e com a metodologia? Quais as tarefas dos historiadores a serem realizadas em nossa própria época, neste momento em que estamos vivendo? O que é ser historiador – ou um público interessado em História – no século XXI? Começaremos por esta discussão mais ampla sobre a Historiografia.

José D'Assunção Barros

Primeira Parte

Historiografia: Reflexões sobre um campo de saber

1
História e Historiografia: todas as interações possíveis

José D'Assunção Barros

1.1. O que é Historiografia?

A *Historiografia* – ou História – pode ser compreendida como o vasto universo de realizações produzidas até hoje por todos os historiadores e autores de História. Neste sentido, a Historiografia é a "História escrita"; de modo que não é à toa que a expressão indica literalmente isto (historio-*grafia*). Oportunamente, veremos ainda que – se o universo de realizações historiográficas inclui tudo o que já foi produzido em termos de livros de história, artigos ou conferências sobre os mais diversos temas históricos – há muito mais que isto envolvido na ideia de historiografia. Afinal, constituem igualmente realizações historiográficas os próprios sistemas conceituais desenvolvidos pelos historiadores, as metodologias por eles criadas ou empregadas, os diversos paradigmas teóricos que foram por eles construídos coletivamente, as hipóteses levantadas para abordar os diferentes objetos de estudo, e a própria ciência histórica tal como esta é compreendida hoje. A transformação da História escrita em uma modalidade científica de saber, a partir do trânsito do século XVIII para o XIX, é de fato a maior realização historiográfica de todas. Neste sentido, pode-se dizer que a Historiografia (ou História, quando a grafarmos com "H" maiúsculo) também termina por incluir dentro de si o próprio campo de saber mais específico que tem sido construído pelos historiadores desde os seus primeiros tempos e até o momento contemporâneo: um campo de saber ou disciplina que – ao mobilizar diferentes aportes teóricos e as mais variadas metodologias – estuda a própria história. Aqui surge o primeiro nó que convém desatar[3].

A História (ou Historiografia) é um dos poucos campos de saber cujo nome da própria disciplina coincide diretamente com aquilo que ela estuda. A História estuda a história. A Astronomia estuda os objetos celestes de todos os tipos, em suas múltiplas relações; a Biologia estuda a ampla diversidade de seres vivos e seus modos de existência; o Direito estuda tudo aquilo que diz respeito às leis e à organização dos sistemas jurídicos. Mas a História estuda a própria história. Ou seja: por um lado História é o nome de uma disciplina ou campo de saber; e por outro lado a história é um objeto (ou mesmo um universo) a ser estudado: é o conjunto de processos, acontecimentos e sociedades que já existiram ou se manifestaram até hoje no tempo. Todos nós estamos literalmente mergulhados na história, pois ela vai se desenrolando no tempo através de um devir sem fim que nos arrasta junto às sociedades nas quais vivemos. Mas parte desta história – quando temos fontes e outros recursos para acessá-la de alguma maneira – pode ser estudada mais sistematicamente por uma ciência específica que também é chamada de História. Alternativamente – um pouco para evitar a confusão entre os dois diferentes significados impostos pela relação entre História e história – podemos chamar a História também de Historiografia ("escrita da História"). Neste texto, empregaremos alternadamente, como sinônimos, estas duas expressões (História ou Historiografia).

Dissemos, no início de nossas considerações, que a Historiografia é o conjunto das realizações dos historiadores até hoje. Vamos entender esta afirmação em todos os seus desdobramentos. Muitos e muitos historiadores, em todas as épocas desde as primeiras civilizações, escreveram Histórias. O conjunto destas realizações faz parte da Historiografia. Desta maneira, todos os livros de História já escritos até hoje são realizações historiográficas – mas de alguma maneira também podemos considerar como realizações historiográficas os relatos que estão fixados nas paredes das pirâmides ou que foram inscritos nos tabletes de argila da antiga civilização suméria.

---

3. Esta não é uma convenção aceita por todos os historiadores; mas eu a utilizo regularmente para dissipar quaisquer confusões que possam surgir entre o uso da palavra História nas suas duas acepções mais conhecidas. Escrevo a palavra História com "H" maiúsculo quando quero me referir à História no sentido de "historiografia" (ou seja, a História como gênero literário ou científico, como relato ou discurso que discorre sobre o passado). E emprego a palavra história em minúsculas quando desejo me referir à história que se estende ao longo do tempo como um infindável campo de acontecimentos e processos que já aconteceram até hoje. A História é o que os historiadores já escreveram ou pensaram sobre a história. E a história é tudo o que já aconteceu. Neste sentido, a História estuda a história.

Embora ocasionalmente um certo sentimento corporativo leve alguns dos historiadores de formação – ou seja, aqueles que se graduaram em História em uma universidade – a apenas considerarem como historiografia aquilo que foi produzido pelos historiadores profissionais e graduados, não vejo nenhum problema em que também consideremos como historiografia as obras produzidas por historiadores não especializados. Há muitas maneiras de nos aproximarmos adequadamente, e de modo sério, de um determinado campo de saber, que não necessariamente através dos bancos escolares superiores. Dito isto, é claro que aqueles que pretendem escrever História sem terem se formado em História – se desejarem realmente escrever algo relevante e bem aceito na área – precisarão se aproximar seriamente do *modus operandi* dos historiadores, dos procedimentos bem aceitos no campo, das suas metodologias, dos seus modos de trabalhar conceitualmente evitando deslizes que são muito comuns entre aqueles que não estão efetivamente familiarizados com a ciência histórica[4].

Os livros de História, os artigos, as conferências, as crônicas de jornais que abordam assuntos históricos, os verbetes de dicionários especializados na área – mas também todos os relatos não necessariamente científicos que já foram realizados sobre processos históricos, inclusive em uma época em que ainda não se defendia a cientificidade da história – todo este vasto universo de escritos ou de verbalizações sobre a história faz parte da Historiografia.

Se quisermos, para bem distinguir dois diferentes universos de produção, podemos falar em uma "historiografia científica" para nos referirmos mais propriamente à produção historiográfica realizada por historiadores a partir do século XIX, quando a História adentra a Universidade como uma cadeira específica, capaz de formar um novo tipo de profissional especializado (o historiador) e de difundir sistematicamente métodos e aportes teóricos próprios. E podemos falar em outros tipos de historiografia, como aqueles que existem desde as primeiras civilizações para finalidades várias – seja para enaltecer dinastias e poderes dominantes (como ocorre nas paredes das

---

4. Apenas para dar um exemplo, os historiadores costumam dedicar uma atenção rigorosa ao emprego das palavras e conceitos, pois sabem que estes também são atravessados pela historicidade. Por isto, aprendem no decurso de toda a sua formação a evitar os chamados "anacronismos". Estes são ocasionados pelo uso inadequado de palavras que, embora aplicáveis adequadamente à nossa época ou a um determinado período de tempo, não funcionam para classificar ou abordar fenômenos de outras épocas. Assim, não podemos empregar palavras como "capitalismo" ou "globalização" para entender sociedades antigas. No entanto, é um erro muito comum entre não historiadores que querem escrever História cometer erros grosseiros como o de utilizar palavras como estas para sociedades às quais elas não se aplicam. Um historiador de fato – seja formado ou não – precisa compreender aspectos como este, que são universalmente aceitos pelos historiadores de hoje. Este é apenas um pequeno exemplo.

pirâmides e tabletes sumérios de argila), para assegurar que os fatos e feitos que dão identidade aos povos não caiam no esquecimento (como propunham os gregos antigos), para estabelecer uma unidade e elo de religação com a fundação da sociedade (como pensavam certos historiadores romanos), ou para ensinar através de exemplos históricos os políticos e cidadãos (como ocorre com a história *magistra vitae*). Há realizações historiográficas que buscaram celebrar o progresso, como ocorreu com alguns historiadores iluministas, e outras que se inscrevem nos quadros de determinada religião, como a historiografia católica de cunho teológico do século XVII. Podemos falar, para estes vários casos, em diversos tipos e modelos de historiografias que compõem uma Cultura Histórica mais ampla. É oportuno ressaltar, ainda, que cada época ou lugar-tempo – no interior de determinado regime de historicidade[5] – termina por realizar a sua própria cultura histórica, a qual inclui a historiografia elaborada pelos próprios historiadores profissionais.

Mesmo na historiografia científica que é praticada nos dias de hoje por historiadores de formação – e por aqueles que se aproximam de maneira autodidata e com efetiva seriedade dos parâmetros historiográficos aceitos pela ciência histórica – temos também diversas modalidades historiográficas conforme as finalidades visadas por um texto, ou de acordo com os vários tipos de leitor aos quais este se dirige. Os historiadores escrevem, por exemplo, para os seus pares – e, neste momento, produzem teses, tratados, artigos, livros e obras historiográficas nas quais pressupõem um leitor já especializado – mas também escrevem, ou deveriam escrever, para muitos outros públicos que não apenas o dos pares acadêmicos. É preciso produzir uma historiografia didática nos seus diversos níveis – do ensino fundamental ao ensino médio, e daí ao ensino de graduação, e não apenas visando exclusivamente o ensino de graduação em história, já que muitas outras áreas incluem a História como disciplina que faz parte do seu elenco curricular. É importante elaborar uma historiografia para o leitor instruído – o apreciador de História mais familiarizado com este campo de saber que existe já há muitos séculos – mas também para o leitor menos erudito. É preciso ser desenvolvida uma historiografia voltada especialmente para crianças, e talvez para crianças de diferentes faixas etárias. Com a multiplicação dos diferentes grupos identitários, é imprescindível ofertar também uma historiografia para cada um destes grupos (ao mesmo tempo que os participantes destes grupos também precisam se tornar historiadores, e produzir os seus próprios representantes historiográficos).

---

5. A expressão foi cunhada por François Hartog, e refere-se, em uma mesma sociedade, ao conjunto dos modos de sentir o tempo e perceber as relações entre as temporalidades (passado, presente e futuro).

Há uma historiografia direcionada aos movimentos sociais de todos os tipos. Estas e muitas outras formas de historiografia – atentas a toda uma diversidade de possíveis leitores – tem sido uma preocupação crescente dos historiadores nas últimas décadas, e temos nos dias de hoje uma expressão própria para designar esta preocupação em romper os muros da universidade no que tange à produção de conhecimento historiográfico: a História Pública[6].

A História Pública, que também faz parte deste universo mais amplo que estamos chamando de Historiografia, manifesta-se não apenas através de escritos mais acessíveis – ou mais específicos quando direcionados para grupos singulares de leitores – mas também através de práticas diversas, como as exposições em museus, o uso de mídias diversas (o Cinema, a Televisão, as mídias digitais), as aulas públicas, o uso de historiografia aliado a intervenções artísticas de diversos tipos (o Teatro, a Música, as artes visuais, novamente o Cinema). A História Pública está ainda no horizonte dos projetos de extensão universitária. Ela incorpora também novos recursos expressivos, como por exemplo o uso da linguagem dos quadrinhos (HQ). A História Pública pode se dirigir a amplas audiências, mas também a grupos específicos que compõem a variedade da tessitura social. Um dos historiadores mais influentes nos meios acadêmicos, Edward P. Thompson (1924-1993), ministrou durante muitos anos de sua vida cursos não acadêmicos voltados para grupos de trabalhadores, e este é apenas um pequeno exemplo entre muitos outros que poderiam ser dados.

Todas estas realizações – da Historiografia Científica voltada para os pares acadêmicos às manifestações da História Pública e aos trabalhos historiográficos voltados para grupos identitários e sociais mais específicos – geram um universo muito amplo de textos, no sentido semiótico ampliado que podemos dar a esta palavra. São "textos" não apenas os escritos de todos os tipos – livros, teses, artigos, manifestos, resenhas, conferências, verbetes, materiais didáticos, registros de aulas, relatórios, projetos, crônicas e notícias especializadas nos jornais – mas também os documentários, filmes, exposições, intervenções, aulas públicas, HQs (quadrinhos), podcasts, lives na Internet, e diversas outras possibilidades.

Tudo isto – esta vasta produção a cargo de historiadores de todos os tipos – compõe a ampla base textual que conforma a Historiografia. Podemos dividi-la em setores, é claro, de modo a entender que cada gênero e tipo de texto pode ter em vista suas

---

6. A expressão "História Pública" foi cunhada nos anos 1970 pelo historiador estadunidense Robert Kellei. Entrementes, a prática disto que podemos entender como uma História Pública já fazia parte, há muito, do horizonte de trabalho dos historiadores.

próprias finalidades e leitores em potencial, mas acredito que não devamos excluir do universo mais amplo da Historiografia o que é produzido fora do circuito acadêmico ou o que não se fecha no interior do círculo da historiografia profissional. Também devemos entender que os historiadores de hoje têm à disposição diversos formatos, mídias e tipos de suporte para a difusão de suas pesquisas e reflexões historiográficas.

Ao lado da importância desta base textual ampliada para a Historiografia, devemos avançar agora para a compreensão de que a Historiografia não é configurada apenas por aquilo que os historiadores "fizeram" em termos de realizações textuais concretas. A Historiografia é constituída por tudo o que os historiadores fizeram (sua *poiésis*), pensaram (sua *teoria*), assim como pelos modos como agiram (sua *práxis*)[7]. Por isso – ainda que a dimensão produtiva já enseje por si um vasto universo textual a considerar – estas realizações historiográficas concretizadas na forma de textos ou de quaisquer outras mídias constituem apenas a ilha de topo deste imenso *iceberg* que é a Historiografia.

Na "Figura 1", representamos em um esquema visual complexo tanto as realizações mais visíveis, como também aquelas intrínsecas e de menor visibilidade que constituem o conjunto das realizações da Historiografia até hoje. O quadro proposto pretende registrar esquematicamente tanto o patrimônio material e objetivado da historiografia – as obras que os historiadores produzem sob formas textuais diversas – como o seu patrimônio imaterial (os modos de pensar, fazer e agir que mobilizam os historiadores, e a própria constituição deste campo de saber que é o da Historiografia como uma disciplina que tem as suas próprias normas aceitas pela ampla maioria dos seus praticantes).

As realizações mais visíveis, imediatamente perceptíveis ou palpáveis para qualquer um que se disponha a acessá-las (os leitores de livros de história, por exemplo), foram situadas acima da "linha do mar", metaforicamente falando. O que está situado acima deste horizonte de visibilidade, representado no esquema através de uma linha horizontal mais reforçada, é tudo aquilo que assume a forma concreta de um produto final e específico do trabalho historiográfico. Os historiadores realizaram muitos e muitos textos de todos os tipos até hoje – e tivemos o cuidado de sinalizar acima da linha do horizonte cada um dos diversos gêneros e tipos textuais pertinentes (considerado, como já foi dito, o sentido mais abrangente que podemos atribuir à palavra "texto").

---

7. A divisão do universo mais amplo da intervenção humana entre os âmbitos da produção (*poiesis*), da *theoria* (modos de pensar), e da *práxis* (modos de agir, muitas vezes referidos à ética e à política), já aparece entre os gregos antigos, a exemplo de Aristóteles, que discorre sobre a distinção entre poiésis e práxis nos capítulos IV e V do Livro VI da *Ética a Nicômaco* (ARISTÓTELES).

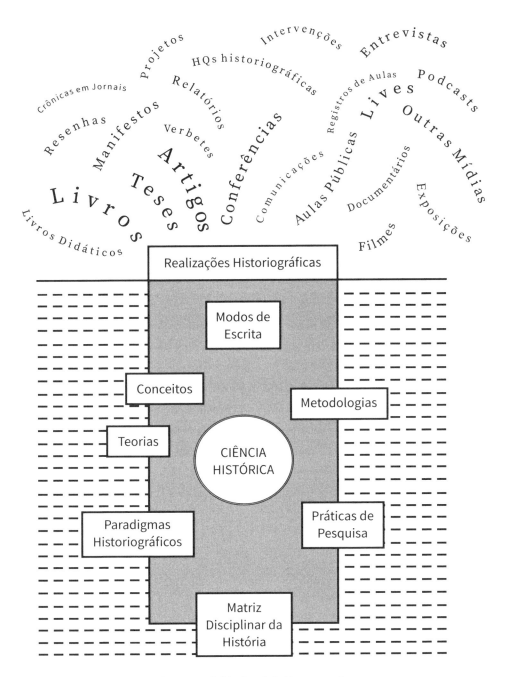

Figura 1. O "*Iceberg*" da Historiografia.

[Acima da "linha do mar" estão as realizações historiográficas concretas (livros, artigos, conferências, e muitas outras). Abaixo dela, na parte submersa, está tudo aquilo que faz parte da Historiografia como dimensões e elementos que a estruturam: a Teoria, Metodologia, a própria ciência histórica como campo, com sua matriz disciplinar]

O *livro* – forma textual tradicional e de destaque para divulgação de um trabalho historiográfico consistente – é apenas uma das várias possibilidades disponíveis, que vão desde aquelas realizações textuais produzidas pela escrita, à esquerda do esquema, até aquelas transmitidas oralmente ou através de mídias e suportes variados, à direita. A *conferência*, no horizonte, é também um produto muito típico e utilizado para difundir uma pesquisa recente produzida pelo historiador. Nada impede, claro, que alguns destes tipos de realizações sejam convertidos em outros em um novo momento (*conferências* e *comunicações* podem ser transformadas depois em *livros* e *artigos*, e assim por diante). Certos gêneros de realizações textuais vinculam-se a outros obrigatória ou casualmente. Uma *resenha*, por exemplo, deve discutir um *livro* que foi publicado por outro autor; um *projeto* tem a função de preparar e planejar a pesquisa que resultará em uma *tese*, e esta poderá ser mais tarde convertida em *livro*. Da mesma forma, uma transmissão historiográfica radiofônica ou em podcast pode se referir a um livro que acabou de ser publicado, e ainda poderá ser oportunamente convertida em texto de conferência de modo a ser incluído em uma revista. Há mesmo livros de história famosos que já foram transformados em *HQs historiográficos*. Fora isso, as *intervenções* dos historiadores na sua própria realidade social podem se dar de diversas maneiras: eles podem proferir discursos em passeatas ou manifestações públicas, subscrever abaixo-assinados com textos acordados por um coletivo de historiadores, ou publicar *manifestos* relacionados a uma escola historiográfica específica. Tudo isto – cada uma destas ações e realizações – pode resultar em produtos historiográficos que passam a fazer parte do patrimônio material da historiografia.

Não obstante, de modo subjacente a estes "textos" de todos os tipos – e às pesquisas que os proporcionaram – os historiadores também elaboram teorias e metodologias, as quais aplicam a estes textos e às pesquisas e reflexões que os sustentam. Abaixo da linha do mar, na figura, está representada toda esta parte oculta ou menos visível que subjaz ao trabalho historiográfico, mas que é fundamental para a sua constituição, para a história da historiografia, e para inspirar ou orientar sucessivas gerações de historiadores que podem se beneficiar de um vasto patrimônio imaterial de ideias e modos de fazer já produzido pelos historiadores precedentes. Para compreender toda a grandiosidade desta vasta e profunda realização coletiva que é a Historiografia, precisamos tanto olhar para o que já foi produzido objetivamente através de resultados concretos de vários tipos – o que coincide com tudo o que está acima do horizonte ou limiar de visibilidade – como também mergulhar em um profundo oceano de realizações menos visíveis, que estruturam tudo o que já se manifestou sob a forma de "textos". Este oceano profundo da Historiografia não representa apenas o passado já realizado, pois as teorias, conceitos, métodos e práticas introduzidas por historiadores do passado ou do presente podem ser retomadas e desenvolvidas de novas maneiras por outros historiadores no futuro.

Além da multiplicação de teorias e metodologias variadas, a Historiografia assistiu à formação, ainda, dos mais distintos paradigmas historiográficos – o Historicismo, Materialismo Histórico e Positivismo são apenas três dos exemplos que já se fazem presentes a partir do século XIX. De igual maneira, diante dos diferentes objetos historiográficos a serem estudados – e a partir dos mais variados tipos de fontes históricas – estabeleceram-se, no patrimônio imaterial historiográfico, múltiplas metodologias ou campos de métodos e práticas, os quais abarcam possibilidades as mais variadas, as quais vão desde as análises de discursos e de conteúdos de todos os tipos até as metodologias seriais e quantitativas. Como os historiadores dialogam muito uns com os outros, através de suas várias realizações textuais, foi se fixando na comunidade historiográfica um amplo repertório de alternativas teóricas e metodológicas. Isto também é Historiografia. Distintos modos de pensar a história (e a História), assim como diferentes maneiras de agir perante os vários desafios que surgem com a pesquisa histórica – sem contar as possibilidades de intervenção dos historiadores na própria realidade que os cerca – conformam a parte oculta de um *iceberg* que expõe na sua superfície os inúmeros textos produzidos até hoje pelos historiadores de todas as épocas.

Na verdade, uma boa análise de uma realização historiográfica qualquer – um livro produzido por um historiador do século XIX, uma conferência proferida por um historiador do século XX, ou uma *live* difundida por um historiador do século XXI, por exemplo – pode revelar as teorias e metodologias que subjazem ao texto, assim como os diálogos que o autor estabeleceu com outros historiadores. Se este autor se vincula de alguma maneira a algum paradigma historiográfico ou corrente teórica, isto também deixa suas marcas no texto por ele produzido. Os contextos históricos que incidem sobre cada espaço-tempo historiográfico, e as suas marcas na realização historiográfica examinada, também se acham ali, ambientando um esforço historiográfico que não escapa, obviamente, ao seu próprio tempo e à sua inserção histórica. A dimensão histórica da própria historiografia, enfim, também faz parte desta parte submersa do oceano, cuja análise está a cargo dos historiadores da historiografia. Se conduzida com a devida eficiência, uma boa análise da "ponta do *iceberg*" termina por dar a perceber o *iceberg* inteiro.

A realização mais ampla da Historiografia – além dos seus textos, teorias e métodos – é a própria ciência histórica (e, antes desta, que é mais específica do período contemporâneo, a configuração mesma de um campo de saber específico que é a própria História). Por isso, também se usa a palavra historiografia como sinônima do campo de saber "História" – e podemos recuar este campo não apenas ao limiar da dita historiografia científica, mas ao surgimento do próprio gênero historiográfico nas mãos dos historiadores antigos ou a cargo das primeiras civilizações que o demandaram. Frequentemente, para fins didáticos ou práticos, também dividimos a Historiografia – no sentido de campo de saber – por setores mais específicos. Podemos falar em uma historiografia medievalista, em uma historiografia que aborda a História Antiga, em uma historiografia que estuda o mundo contemporâneo, e assim por diante. Também podemos organizar o universo historiográfico por espaços – a Historiografia sobre a África – ou por espaço-tempos (a Historiografia do Brasil-Império ou do Brasil-República, por exemplo).

Convém sempre explicar o que entendemos por estes termos, claro, pois quando falamos na Historiografia do Brasil-Império sempre podem ser geradas dúvidas se estamos nos referindo à historiografia produzida pelos historiadores que estudaram o Brasil-Império como objeto, ou se nossa intenção é nos referirmos à historiografia produzida pelos historiadores que viviam no período que ficou conhecido como Brasil-Império. É comum também usar a palavra historiografia para nos referirmos às realizações historiográficas sobre determinados assuntos (a Historiografia sobre a Revolução Francesa, a Historiografia sobre o Nazismo, ou a Historiografia sobre a Conquista da América pelos espanhóis). Muitos usos, enfim, podem ser atribuídos à palavra historiografia; e de modo geral estes sentidos podem se combinar criativamente.

Voltando ao universo da Historiografia que foi representado pelo nosso *iceberg* esquemático, na "Figura 1" situamos à esquerda da parte submersa a dimensão teórica da Historiografia (suas teorias, conceitos e diferentes paradigmas historiográficos). À direita, situamos a dimensão metodológica (práticas de pesquisa e metodologias). Próximo ao topo da parte submersa, estariam os modos de escrita, pois devemos sempre considerar que uma realização historiográfica textual não se faz apenas com a combinação de teoria e metodologia, mas também com uma elaboração textual que precisa trazer uma forma final ao texto do historiador. Os historiadores são também escritores: eles precisam tomar decisões estéticas, lógicas, estruturais e vocabulares com relação ao texto que terão de produzir. Por isso, a Historiografia também é composta pelos diferentes modos de escrever história, e isto também pode ser desvendado através de uma boa análise textual quando abordamos uma obra específica de um historiador.

Na parte inferior do esquema, situei uma base que chamei de "Matriz Disciplinar da História". Esta é composta por aquilo que normalmente é acordado pelos historiadores de uma mesma época (ou de certo espaço-tempo social), como conjunto de aspectos que devem ser compreendidos como inerentes à historiografia. A matriz disciplinar da História foi mudando com o tempo, até chegar aos aspectos mínimos que os historiadores de hoje consideram inerentes a qualquer produção historiográfica legítima. Nos dias de hoje, a identidade mínima prevista para um autêntico conhecimento de tipo historiográfico – tal como a concebem os historiadores na sua ampla maioria – pode ser evocada a partir de alguns elementos básicos (Figura 2).

Figura 2. A Matriz Disciplinar da História[8].

---

8. Este esquema, e o conjunto de reflexões que trazemos nos próximos parágrafos, foi também apresentado no livro *Teoria da História, volume 2: Os Primeiros Paradigmas* (BARROS, 2011-b).

A Matriz Disciplinar da História define, por exemplo, um determinado padrão aceito de *Escrita* – independente das especificidades textuais de cada autor que conformam o seu estilo específico e os modos de escrita por ele empregados. Vale dizer, existe um modo de Escrita mais geral que é autorizado pela comunidade de historiadores e pelas expectativas já consolidadas pelos diversos gêneros historiográficos. O padrão habitual de escrita do texto historiográfico sofre naturalmente transformações ao longo da própria história da historiografia, mas podem ser identificados alguns elementos permanentes desde que surgiram as primeiras obras historiográficas. Essencialmente, a Escrita da História tem, desde os primeiros tempos, alternado ou combinado o *relato*, sob a forma de narrativa ou descrição, e a *análise*, por vezes com o predomínio de um ou outro destes polos conforme o paradigma, a época historiográfica de produção do texto, a escola histórica ou o estilo pessoal de cada historiador. Podemos partir deste aspecto para começar a compreender, nos seus componentes fundamentais, a matriz disciplinar do conhecimento histórico, tal como é hoje aceita.

Conforme ressalta Michel de Certeau em um texto importante sobre o assunto (1974), a Historiografia produz necessariamente um discurso que se "desdobra sobre si mesmo", uma vez que ela coloca em interação ou alterna o discurso do historiador e o discurso de suas fontes, de múltiplas maneiras[9]. Essa forma de escrita alicerçada na consideração do texto ou da "fala do outro" (do "outro histórico") tem sido uma constante no trabalho dos historiadores desde os primórdios da história da historiografia, embora admitindo inúmeras possibilidades expressivas. Um historiador sempre precisa trazer o texto das fontes históricas que está examinando – de maneira direta ou indireta – para o corpo do seu próprio texto. Este aspecto pode ser indicado como um traço essencial da identidade mínima definida pela Matriz Disciplinar da História, na verdade presente na ampla maioria dos paradigmas historiográficos e modelos de escrita histórica até hoje surgidos.

Existem, por fim, os aspectos da Matriz Disciplinar da História que se relacionam a uma *Prática*. Faz parte da prática historiográfica, por exemplo, o trabalho obrigatório e metodologicamente conduzido a partir das Fontes Históricas – isto é, evidências, vestígios e materiais de toda espécie deixados pelos processos históricos

---

9. Na parte de seu ensaio "A operação Historiográfica" que se refere à "Escrita da História" propriamente dita, Michel de Certeau busca esquadrinhar sistematicamente as características deste discurso histórico que constituiria uma espécie de "texto folheado" no qual um discurso produzido pelo historiador compreende seus "outros" – a saber, os discursos de outros tempos, alcançados através do diálogo com as fontes históricas (1975, p. 65-119).

e pelas ações humanas. Essa base da pesquisa do historiador fundada no diálogo incontornável com a "fonte histórica", ou em documentos e vestígios de todos os tipos, faz parte da identidade mínima da História no que se refere à sua Prática. Bem entendido, a maneira de se trabalhar com as fontes históricas, ou ainda o que pode e deve ser definido ou constituído como fonte histórica... tudo isto pode mudar com os próprios desenvolvimentos da história da historiografia, mas dificilmente mudará algum dia o fato de que o historiador deve necessariamente trabalhar com fontes históricas de modo a legitimar as afirmações e reflexões que produz sobre as sociedades, processos e realidades históricas que está examinando. Não há como se aproximar historiograficamente dos processos ou realidades históricas sem estes materiais discursivos de outras épocas. Até o atual momento, a Fonte Histórica é de fato o único recurso que permite ao historiador acessar uma época e uma sociedade que não estão mais presentificados[10].

A prática do historiador, poderíamos acrescentar, também inclui muitos outros aspectos, como a necessidade de estabelecer uma determinada representação do Tempo, ou como a intenção de produzir algum tipo de conhecimento verdadeiro[11]. A historiografia contemporânea, a partir do século XX, estabeleceu ainda como exigência mínima para o historiador profissional que ele elabore a sua historiografia a partir de "problemas". Deste modo, já não é possível, pelo menos para um historiador que almeje ser reconhecido pela comunidade de historiadores profissionais, que se faça uma historiografia meramente narrativa ou descritiva, sem incluir algum tipo de análise ou

---

10. Isso só poderá se modificar, algum dia, se surgir futuramente alguma tecnologia capaz de visualizar períodos no passado ("visores do tempo", por exemplo), ou se um dia forem descobertas formas de viajar através do tempo, como nas "máquinas do tempo" que têm sido propostas pela imaginação dos autores de iniciação científica. Até lá, sem recursos como estes, que até o momento fazem parte da ficção, a Fonte Histórica tem sido ela mesma a única "máquina do tempo" disponível para o historiador.

11. Este último aspecto da Matriz Disciplinar da História tem sofrido com a vertente pós-modernista os seus abalos. Este traço disciplinar é nos dias de hoje uma arena de disputas entre historiadores. Felipe Fernández-Armesto, em seu ensaio *Verdade – uma história* (1997), assim se expressa a respeito dos atuais torneios em torno da verdade histórica: "Os historiadores de hoje são sacerdotes de um culto à verdade, convocados para servir a um deus de cuja existência estão condenados a duvidar. Enquanto seus colegas de outras disciplinas abandonam antigas crenças, destronando a verdade de seus altares em favor de novos deuses, os historiadores, ao menos alguns, permanecem entre as ruínas, como guardiães de um templo pagão durante o declínio e a queda do Império Romano. Os bárbaros nos portões incluem os céticos filosóficos, os críticos pós-modernos, os reavaliadores científicos dos critérios de evidência; todos os vândalos e vítimas da doutrina de que a objetividade é uma ilusão" (FERNÁNDEZ-ARMESTO, 2000, p. 189-190).

interpretação dos fatos e dados. A historiografia, nos dias de hoje, é necessariamente problematizada – é uma "História-Problema", por excelência, se retomarmos aqui uma famosa expressão consolidada por Lucien Febvre[12]. O trato com o "Tempo", a "Intenção de Verdade", a "Problematização" – estes e outros, enfim, são alguns elementos que constituiriam a Prática hoje definida pela Matriz Disciplinar da História, consistindo naquilo que aparece no trabalho de qualquer historiador, independente do seu Paradigma, da escola historiográfica a que se filia, de seu estilo pessoal, do sistema conceitual com o qual habitualmente lida.

Deve-se acrescentar ainda que, tal como observa Michel de Certeau em seu célebre texto "A Operação Historiográfica", os historiadores não escrevem seus textos descolados de um meio social específico: eles escrevem, sim, apoiados em um certo "lugar de produção", e este inclui não apenas o meio social envolvente como também uma comunidade de historiadores à qual, de uma maneira ou de outra, eles precisam prestar contas[13]. O lugar de produção de todo texto historiográfico, desta maneira, contribui não apenas para dar a cada produção historiográfica a forma mais geral deste tipo de conhecimento, como também para o apoiar com uma forma social de reconhecimento.

Como em todo campo de saber – da Física à Biologia ou à Antropologia – os praticantes deste campo que é a História também precisam de seus pares, não se achando

---

12. Existe ainda um outro aspecto que pode ser postulado como um traço que foi incorporado à Matriz Disciplinar da História no último século: a tendência do campo da história à "Abertura Interdisciplinar". A História, mais do que qualquer outra disciplina, passou a incluir na sua prática corrente a Interdisciplinaridade. A História tem incorporado muito naturalmente conceitos e métodos oriundos de outros campos de saber, reapropriando-os para seus próprios fins, e no decurso do século XX conheceu sucessivas vagas de interdisciplinaridade que a trouxeram para o diálogo com ciências sociais diversas como a Economia, Geografia, a Sociologia, a Antropologia, a Linguística, a Psicologia, e ainda outras.

13. A princípio, o célebre texto "A Operação historiográfica", de Michel de Certeau (1974), consistiu em uma espécie de resposta a outro notório texto que havia sido escrito por Paul Veyne em 1971, com o título *Como se Escreve a História* (1982). O discurso historiográfico sistematicamente decifrado por Certeau situa-se, neste texto, bem ancorado na encruzilhada de "um lugar social", "uma prática", "uma escrita". O estudo historiográfico aparece, assim, mais como produto de um lugar, que de uma disposição individual, e afirma-se de maneira particular a tradicional tônica da relação do trabalho historiográfico com o Presente, esta que já era lugar-comum nos anos 1970 e que remonta ao antigo dito de Benedetto Croce que proclamava que "toda história é contemporânea". O texto de Michel de Certeau – sistematicamente preocupado em identificar as relações do produto historiográfico com "um lugar social, uma prática e uma escrita", tornou-se um clássico, tão importante para a compreensão dos problemas da história contemporânea como se tornara imprescindível para a compreensão da História das Ciências o ensaio de Thomas Kuhn sobre a *Estrutura das Revoluções Científicas*, publicado em 1962.

deles descolados, ainda que conservando a sua evidente autonomia. Esta comunidade invisível e indefinida, mas bem real, pressiona cada historiador de muitas formas, impedindo que ele se afaste significativamente da matriz disciplinar da História sob pena de que seu trabalho perca a legitimidade entre os praticantes reconhecidos da área. A comunidade historiográfica – formada por todos os historiadores atuantes no campo, pressiona cada um dos seus pares conforme o seu lugar na rede humana configurada pela totalidade de historiadores. Estes enfrentam os limites que o campo lhes oferece em cada época: podem desafiá-lo, inovar, introduzir desenvolvimentos inesperados, propor novos temas, mas sempre enfrentando pressões para que não se afastem muito daquilo que se espera de um historiador em cada momento da história da historiografia. Obviamente que, se não tivessem coragem ou vontade para desafiar em alguma medida o campo, ainda que respeitando os limites implícitos, os historiadores sempre escreveriam as mesmas coisas e do mesmo jeito, e a historiografia como um todo se modificaria muito pouco. Mas não é isto o que ocorre, como sabemos, pois existe uma relação dialética entre cada historiador e a comunidade historiográfica como um todo. De todo modo, no que tange à matriz disciplinar da História, ela pode mudar um pouco com os sucessivos espaço-tempos, mas há certamente um conjunto mais geral de regras e procedimentos que é aceito por todos, tal como ocorre em qualquer campo de saber.

    A própria dimensão social mais ampla, as circunstâncias que envolvem o historiador, e as práticas sociais específicas que envolvem o saber historiográfico em cada espaço-tempo também interagem com cada trabalho historiográfico, pois o lugar social mais amplo também é um componente do lugar de produção historiográfico. Assim, se pensarmos na historiografia produzida por uma determinada civilização, como a da Grécia Antiga, poderemos encontrar nesta complexa relação entre sociedade e historiografia algumas demandas que contribuem para produzir *nuances* entre os modos de pesquisa ou escrita encaminhados por sucessivos historiadores. Com a *História da Guerra do Peloponeso* de Tucídides, começa a se afirmar na escrita histórica a importância da "prova" (*autópsia*). Os novos leitores ou ouvintes deste gênero nascente que era a História parecem estar interessados particularmente em provas acerca do que se diz, e a nova geração de historiadores se apressa em satisfazer a este desejo de comprovação. Enquanto isso, na geração precedente, as *Histórias* de Heródoto – voltadas não apenas para os acontecimentos políticos e militares, mas também para os aspectos cultural e o geográfico – são animadas por uma escrita que deveria culminar em uma declamação perante o público, o que valorizava a habilidade de assegurar a atenção do ouvinte através da vivacidade com a qual se devia contar o que se viu e ouviu[14]. Desta maneira, os modos de escrita não constituem apenas uma decisão isolada do historiador, mas também um caminho que é sugerido por uma prática social específica. Cada historiador é ao mesmo tempo instado tanto a seguir as práticas e modos de fazer e escrever a história que já são conhecidos na comunidade historiográfica, como a desafiá-los em alguma medida, pois o saber histórico também é criativo e cada um de seus praticantes pode ajudar a transformá-lo nos limites possíveis de uma Matriz Disciplinar.

1.2. Historiografia e história: relações possíveis

Os dois polos mais acima comentados – a *Historiografia* produzida pelos historiadores e outros agentes humanos, e a *história* enquanto campo de processos e acontecimentos que se dão nos diversos momentos do tempo – podem desenvolver muitas relações interessantes. Os próprios historiadores, ao invés de estudar a história propriamente dita, também podem estudar a historiografia – e neste momento precisarão compreender a historiografia como história (como acontecimento). Ou seja, ao estudar a obra historiográfica de Plutarco, posso compreendê-la como um evento histórico: o historiador Plutarco – um escritor grego do século I d.C. – escreveu as célebres *Vidas Paralelas*, e com estas biografias comparadas de personagens ilustres interferiu de alguma maneira na sua própria época. Posso estudar esta produção historiográfica como objeto (como um acontecimento), e também posso abordá-la como fonte para compreender outras coisas que estavam acontecendo naquele espaço-tempo (ou seja, meu interesse não é tanto analisar a obra historiográfica de Plutarco por ela mesma, como objeto, mas sim tomá-la como fonte, junto a outras, para analisar a sociedade que a viu ser produzida).

Por outro lado – se uma obra historiográfica pode ser abordada por um historiador como fonte ou objeto – outros historiadores podem utilizar uma obra historiográfica como diálogo de apoio (ou de confronto) para o seu estudo sobre determinado tema. Neste caso, estamos abordando a obra historiográfica conforme a finalidade a que ela se presta: a de oferecer uma representação da história, ou uma visão sobre determinado tema produzida por um historiador. Por exemplo, digamos que me dispus a estudar o Nazismo como processo histórico. Vou analisá-lo a partir de diversas fontes – documentos da época, portarias publicadas pelo regime nazista, jornais que apoiaram

---

14. Sobre isto, ver Catroga, 2006, p. 11, e Lozano, 1994.

ou fizeram oposição ao hitlerismo, diários de figuras célebres ou desconhecidas da época, e assim por diante. Entrementes, os historiadores costumam dialogar com outros historiadores quando pesquisam determinado tema, seja para buscar apoio, interagir com pesquisas anteriores, ou criar espaços de confronto. Em uma pesquisa sobre o Nazismo, é adequado que o historiador consulte também as obras de outros historiadores sobre o tema, mesmo que para confrontá-las. Nestes casos, se pretendo desenvolver uma pesquisa sobre o Nazismo – à qual não poderão faltar as fontes de época – também posso dialogar com a historiografia que já se escreveu sobre o assunto. Neste momento, estarei utilizando a historiografia não como fonte ou objeto, mas como aquilo que ela é na sua finalidade declarada: historiografia. Ou seja, neste momento, a historiografia estará funcionando como um *meio de representar a história*, que foi realizado por outro historiador, e com o qual estou dialogando. Minha própria obra historiográfica – meu artigo ou livro sobre o Nazismo, neste caso – é também historiografia neste sentido, e outros autores que vierem a estudar novamente o tema do Nazismo poderão também consultá-la com esta mesma finalidade de buscar apoio (ou contraste) em outro historiador que já estudou o tema antes deles.

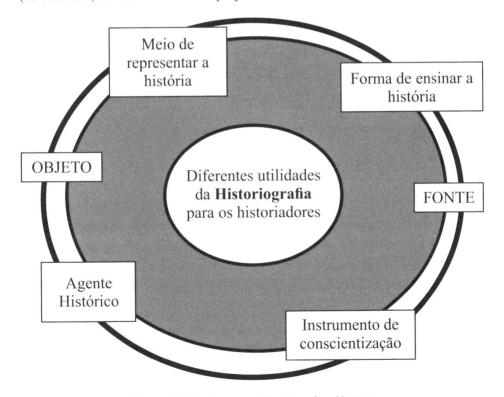

Figura 3. Relações entre Historiografia e História.

Do que vimos até aqui, há algumas relações possíveis entre Historiografia e história (Figura 3). Quando a obra historiográfica estuda um determinado objeto histórico (o antigo Império Romano, a Conquista da América) ela está produzindo uma determinada visão sobre a história, e sendo encaminhada pelo seu autor como um "meio de representação da história". Já quando um historiador toma a obra de outro historiador não para dialogar com ele sobre certo assunto – como um "igual" no qual estamos buscando apoio ou contraste – mas sim para analisá-lo, com vistas a compreendê-lo como um indivíduo de certa época que agiu de certa maneira sobre a sua sociedade, estamos utilizando esta obra historiográfica como objeto de análise. E também podemos, como foi visto, usar a obra historiográfica para compreendermos outras coisas que não ela mesma, mas sim como fonte através da qual podemos alcançar outras questões da época.

A "Figura 3" também procura sintetizar visualmente outras formas de relações entre Historiografia e história. Por exemplo, a obra historiográfica torna-se um agente histórico no momento em que ela interfere na sua própria sociedade. Escrever História, de certa maneira, é também Fazer História, no sentido de que através da Historiografia que produzimos podemos agir sobre a nossa própria época – por exemplo, favorecendo novas formas de consciência que terão repercussões sociais e políticas, combatendo distorções que estão sendo impingidas por outros agentes, e assim por diante. A "Figura 3", enfim, procura trazer para a discussão algumas formas importantes de relações que podem ser estabelecidas entre Historiografia e história; podemos entendê-la ainda como uma síntese visual das diferentes funções que a historiografia – ou uma obra historiográfica específica – podem desempenhar em nossos dias do ponto de vista mais recorrente entre os historiadores.

Se a historiografia pode funcionar como meio de representação para a história, como objeto para estudos historiográficos onde os historiadores estudam os próprios historiadores, ou como fontes através das quais os historiadores procuram entender as próprias sociedades que produziram estas obras de historiografia, não devemos esquecer que a Historiografia produz ainda uma importante função na área de Ensino. O Ensino de História é já de si importante para produzir consciência social, identidade cultural, respeito à alteridade e mesmo ampliar os modos de compreender a própria passagem do tempo. Mais adiante, sustentarei que o Ensino de História também pode nos ensinar a sermos mais críticos diante dos diversos discursos, informações e desinformações que invadem os horizontes dos homens e mulheres contemporâneos que vivem nas sociedades digitais e globalizadas. Além disso, falando mais especificamente de Historiografia, veremos que o estudo das obras dos historiadores não é a única forma de aprender História ou desenvolver uma capacidade de reflexão histórica; mas é certamente um recurso imprescindível para se juntar a outros, como a análise direta das fontes históricas a serem criticadas. Colocar-se no ponto de vista dos historiadores – isto é, situar-se no patamar de análise proposto pela própria Historiografia – é, ademais, um instrumento poderoso para estimular a conscientização social com relação ao próprio mundo social em que vivemos. Não é à toa que não foram poucos os governos ditatoriais, interessados em alienar grandes faixas da população, que impuseram limites à produção historiográfica e ao próprio Ensino de História.

1.3. A historiografia como representação da história

Produzir historiografia como "representação da história" é o próprio ofício do historiador. Para isto ele – historiador – existe em sua própria época. Espera-se que ele apresente aos seus contemporâneos informações e análises sobre diferentes processos históricos, descrições de sociedades distintas ou análogas às nossas, interpretações sobre os acontecimentos – enfim, um discurso sobre coisas que já aconteceram no tempo e que tenham certo interesse social, cultural, político ou científico para a comunidade que acolhe o trabalho dos historiadores. Em uma palavra, espera-se que os historiadores construam, de acordo com a matriz disciplinar que ampara o seu campo de estudos em sua própria época, uma "representação da história".

Os homens e mulheres de todas as épocas, ou ao menos de muitas destas épocas em diferentes espaços-tempos sociais, têm mostrado um vívido interesse em conhecer outros mundos – ao mesmo tempo *diferentes* e *análogos* aos seus – sejam estes mundos totalmente inventados, ou sejam mundos que existem ou já existiram efetivamente. Para saciar a sede de total invenção, ou de uma aparente total invenção, os seres humanos contam com seus literatos, que podem criar romances que vão da escrita realista à imaginação surrealista ou fantástica. Para saciar a sua sede de mundos que possam compreender como realidades que existem ou já existiram um dia, os seres humanos contam com os geógrafos, antropólogos e historiadores. Estes últimos são os encarregados de transportá-los no tempo, às épocas mais antigas e mais recentes.

Também se buscam no passado elementos de identidade: os franceses de hoje gostam de ler sobre a França Medieval, sobre os povos merovíngios e carolíngios; no que concerne à Idade Moderna, apreciam, sobretudo, as histórias sobre a Revolução Francesa, uma vez que nelas encontram um pouco de suas atuais raízes políticas.

Talvez muitos deles já não apreciem ler sobre a *Estranha Derrota* que sofreram para os exércitos nazistas que os invadiram e dominaram rapidamente na década de 1940; ou, quem sabe, talvez gostem de ler sobre aquele processo para que ele não se repita[15]. Já os alemães gostam de ler sobre o Nazismo não porque se identificam hoje com aquele regime, mas porque querem compreender por que seus antepassados aderiram a ele, e como foram capazes de cometer tais brutalidades. No Brasil, de nossa parte, os historiadores estudam muito o período escravista, apenas para dar o exemplo de um dos temas mais procurados para estudo pelos historiadores brasileiros contemporâneos. Trata-se de um processo que já se encerrou, mas se transformou em outra coisa – em um mundo onde existem desigualdades sociais e problemas de racismo ainda não resolvidos.

A historiografia tem se mostrado como uma necessidade para a maior parte das sociedades que conhecemos, em nossa época e em outras épocas. Precisamos criar e recriar, a cada instante e continuamente, novas representações da história, e é esse o trabalho que esperamos dos nossos historiadores profissionais e diletantes. Também não estudamos tão somente aquilo que nos diz diretamente respeito: os vikings, por exemplo, exercem um estranho fascínio sobre muitos estudiosos – muitos deles de países bem distantes da Noruega e da Dinamarca – e também sobre muitos leitores em vários países. A Revolução Francesa, dada a sua importância para a história como um todo e em decorrência do seu pioneirismo entre as revoluções modernas e contemporâneas, tem sido um tema de interesse quase universal. Eventos que impactaram ou mesmo traumatizaram os seres humanos por alguma razão, como o Nazismo, também costumam atrair a atenção e interesse em distintas sociedades historiográficas.

Embora o interesse de grandes faixas da população por História seja recorrente, e tenha existido em todas as épocas e em boa parte das sociedades até hoje conhecidas, pode-se dizer que variaram muito, até hoje, as funções sociais destas diferentes representações de processos históricos que são elaboradas permanentemente através dos tempos. Assim, entre os povos das antigas civilizações da Acádia e do Egito, os registros históricos desenhados nas paredes de templos e pirâmides, ainda anônimos, parecem ter atendido essencialmente à demanda de glorificar os grandes impérios e

---

15. *A Estranha Derrota* (1940) é o título do penúltimo livro escrito pelo historiador francês Marc Bloch (1886-1944), que viveu na sua própria época o processo de ocupação alemã da França. Depois desta obra, que faz uma sincera e comovente avaliação da derrota dos franceses perante os alemães, Marc Bloch escreveu ainda o famoso manual historiográfico *Apologia do Historiador*, que no entanto acabou deixando inacabado pela ocorrência de sua morte em 1944.

suas dinastias de soberanos. Já na Grécia clássica (séculos V e IV a.C.), os historiadores – já nomeados e respondendo por uma responsabilidade autoral que faz de Hecateu de Mileto (546-480 a.C.), Heródoto (485-420 a.C.) e Tucídides (460-400 a.C.) os seus primeiros representantes – destacavam-se com a função primordial e metafórica de salvar os grandes feitos do desaparecimento no Lethe, o mitológico rio do esquecimento. Com Marco Túlio Cícero (106-43 a.C.), senador da antiga República Romana, já encontraremos bem estabelecida a ideia de que "a História é Mestra da Vida"; ou seja, afirma-se aqui a proposição de que o conhecimento produzido pelos historiadores seria capaz de instruir ou prevenir os seres humanos – e principalmente os líderes, políticos e governantes – para que não cometessem os mesmos erros do passado, desde que pudessem aprender com a narrativa dos fatos históricos já vividos[16]. Os séculos se sucederam, e a História, ou as Histórias, foram assumindo novas agendas de acordo com as sociedades e circunstâncias que as contextualizaram[17].

Já sinalizamos para o importante fato de que, no trânsito do século XVIII para o século XIX, a História (Historiografia) começou a se reconstituir rapidamente em disciplina científica. A História já era, até então, um gênero milenar, pois desde a Antiguidade historiadores como Heródoto e Tucídides já assinavam os seus relatos e análises sobre o passado, sem contar as práticas historiográficas ainda anônimas e não autorais que eram demandadas em antigas civilizações como as dos antigos habitantes da civilização acádica ou do Antigo Egito. Mas no trânsito para o século XIX começa a ocorrer algo especial, pois a História – enquanto campo de saber – é refundada de modo a configurar um campo de saber de tipo científico.

É o modelo científico de representação da história que teremos a partir de então. De outra parte – se os historiadores passam a se ver como praticantes de um saber de tipo científico – impunha-se a partir daquele momento a incontornável questão de saber que tipo de ciência deveria ser a História. Seria ela uma ciência aparentada às ciências naturais, ao buscar generalizações e mesmo leis gerais que poderiam medir e até prever o funcionamento das sociedades humanas? Esta ciência – à maneira de uma fisiologia coletiva ou de uma física social – poderia almejar alcançar uma perspectiva de observação neutralizada que aproximasse os historiadores e cientistas

---

16. Cícero, *De Oratore*, II, c.9. A *Historia vitae magistra* sintoniza-se com um modo narrativo específico – a "história exemplar" – que foi dominante até meados do século XVIII. Sobre isto, cf. Rusen, 2016, p. 51.
17. Discorro sobre as diferentes agendas da historiografia euro-americana dos séculos XIX, XX e XXI no livro *Seis Desafios para a Historiografia no Novo Milênio* (BARROS, 2019-a).

sociais das ciências naturais e das ciências duas? O modelo do Positivismo envereda por esta ambição, mas de sua parte irá contrastar com o modelo Historicista de representação do conhecimento histórico.

Para este segundo paradigma, também surgido no século XIX, a História deveria buscar as singularidades das diversas sociedades e conjuntos de ações humanas examinadas, inexistindo as pretensas leis gerais que supostamente regeriam as tendências sociais e os comportamentos humanos. Por isso mesmo, a História ao lado das ciências humanas e sociais como um todo – deveria se fortalecer como um modelo científico próprio e específico, atento às suas próprias demandas e capaz de inventar as suas metodologias específicas, colocando-se em um patamar de criação científica bem distinto daquele que ampara o modelo das ciências naturais. O próprio historiador ou cientista social deveria compreender que estava, ele mesmo, mergulhado no rio da história – lutando contra e a favor das diversas correntes do rio, ao lado de outros seres humanos como ele – de modo que não se deveria cultivar qualquer ambição de que as ciências humanas chegassem à objetividade absoluta na análise de seus objetos, como se estes fossem estrelas distantes observadas por um astrônomo. Relativa, a objetividade historiográfica contracena – no teatro de operações proporcionado pelo paradigma Historicista – com as subjetividades e intersubjetividades trazidas pelos próprios historiadores. Como se vê, o reconhecimento de que o historiador está mergulhado no rio da história e sendo por ele levado não quer dizer que este paradigma abrisse mão de uma metodologia objetiva, uma vez que qualquer historiador deveria trabalhar sistematicamente com fontes históricas muito bem definidas, valendo-se de metodologias adequadas de análise e de um sistema conceitual coerente.

Os paradigmas historiográficos são muitos, ao lado das correntes teóricas diversificadas que também constroem diferentes representações da história e da Historiografia[18]. Eles também permitem combinações entre si, além de se desdobrarem em correntes internas, e de cada historiador – mesmo que compartilhando eventualmente um paradigma com outros – ter outras singularidades que compõem a sua própria

---

18. As diferentes representações da história são as variadas análises historiográficas sobre problemas historiográficos específicos que os historiadores produzem. As diferentes representações da historiografia são as várias visões e expectativas que os historiadores produzem acerca de seu próprio campo de saber – a História – conforme os paradigmas e perspectivas historiográficas que defendem. Um historiador historicista enxerga seu campo de saber, a História, de certa maneira; um Positivista ou Materialista Histórico de outra; um historiador foucaultiano ou weberiano talvez também produziram as suas próprias expectativas sobre o que é escrever História ou ser um historiador, e assim por diante.

identidade historiográfica. Apenas para contrapor um terceiro exemplo, o Materialismo Histórico desponta, ainda em meados do século XIX, como um campo de lutas que proporciona mais um modelo historiográfico disponível à ciência histórica que se refundava naquele mesmo século. A partir da abordagem simultaneamente dialética e materialista proposta pelo Materialismo Histórico, novas perguntas se fazem. Seria a história obra de indivíduos excepcionais, capazes de mudar sozinhos o curso de todas as coisas, ou ela seria na verdade sempre realizada por *grupos* e, mais do que grupos, por classes sociais em luta de acordo com seus diferentes interesses econômicos, políticos e culturais? Em seu célebre livro *O Dezoito Brumário* (1852) – obra publicada através da mídia impressa pelos meios revolucionários de sua época, Karl Marx já vaticinava: "os homens fazem sua própria história, mas não a fazem sob circunstâncias de sua escolha, e sim sob aquelas com que se defrontam diretamente, legadas e transmitidas pelo passado"[19]. Um novo modelo de representação da história – que tenta entendê-la simultaneamente como *lugar da luta de classes* e como *dialética dos modos de produção* – surge aqui, em um dos paradigmas mais bem-sucedidos da Historiografia, por si só gerador de diferentes correntes internas e inspirador de novas questões à historiografia.

19. O texto de Marx que ficaria conhecido como O *Dezoito Brumário de Luís Bonaparte* foi publicado pela primeira vez na revista *Die Revolution*. Sua proposta era analisar os acontecimentos políticos que ocorrem na França entre 1848 e 1851, os quais principiam com os movimentos revolucionários e proletários de 1848 e terminam por se conduzir à autocoroação de Luís Bonaparte a partir de um golpe de estado que o declara Imperador. Luís Bonaparte, que passou a se chamar Napoleão III, era sobrinho de Napoleão Bonaparte. Nesta série de acontecimentos – que inspiraram a Marx uma análise ao mesmo tempo brilhante e irônica onde consegue estudar o próprio capitalismo através da política – tudo rescende a uma atmosfera farsesca. Paradoxalmente, Luís Bonaparte havia sido o primeiro presidente francês eleito por voto direto – na verdade valendo-se da imagem que o tio célebre ainda evocava junto aos eleitores franceses. Ao ambicionar um segundo mandato, e achando-se impedido, termina por tramar o golpe de autocoroação que, ironicamente, Marx chamou de *O Dezoito Brumário de Luís Bonaparte*. A referência irônica é ao golpe que o próprio Napoleão Bonaparte havia dado em sua época, no dia 9 de novembro de 1799 – correspondente, no calendário da França revolucionária, ao dia Dezoito Brumário. O golpe de Luís Bonaparte é uma espécie de imitação farsesca do golpe de Napoleão Bonaparte; o próprio Napoleão III é uma farsa de seu tio, que também havia, à sua época, coroado a si mesmo como Imperador. E, por fim, os acontecimentos situados entre 1848 e 1851 tornam-se uma farsa do célebre caminho revolucionário da Revolução Francesa, que começa com uma revolução que depõe um rei e se encaminha para a esquerda – ao contrário da Revolução de 1848, que começa à esquerda e se encaminha cada vez mais para a direita até culminar com a coroação de um novo Imperador. Por isso, Marx abre seu texto com estas palavras, que se tornariam célebres: "Hegel observa em uma de suas obras que todos os fatos e personagens de grande importância na história do mundo ocorrem, por assim dizer, duas vezes. E esqueceu-se de acrescentar: a primeira vez como tragédia, a segunda como farsa" (MARX, 2011).

Analisar os distintos paradigmas historiográficos constitui, conforme veremos no próximo item, uma das tarefas da História da Historiografia – especialidade historiográfica que tem o projeto de refletir sobre o próprio campo de realizações passadas já realizadas pelos historiadores. Esta especialidade historiográfica, por outro lado, pode se deter também na análise de historiadores mais específicos – abordando o conjunto de suas obras – ou mesmo tomando para análise uma única de suas obras. Uma história comparada da Historiografia também pode comparar, contrastar ou cruzar diferentes historiadores, ou distintas realizações historiográficas de um mesmo historiador em dois momentos, ou realizações elaboradas por dois historiadores distintos.

Examinar problemas mais específicos dentro da Historiografia é a tendência predominante a partir do século XX. Podemos desde estudar os modos de escrita e de representação mobilizados pelos historiadores de todas as correntes e escolas, até analisar o uso de conceitos específicos por estes mesmos historiadores, seu tratamento singularizado de certos temas, ou inúmeros outros recortes problematizadores. Nos tempos mais recentes, busca-se ultrapassar a antiga ambição de compartimentar a contribuição deste ou daquele historiador dentro de um único paradigma, como se este último pudesse defini-lo de uma vez por todas. Compreende-se que os historiadores são intelectuais complexos, que absorvem muitas influências, desenvolvem intertextualidades diversas a partir de seus textos, e combinam elementos diversos em sua identidade historiográfica, de modo que a presença ou não de um paradigma em sua identidade é apenas um elemento importante da sua configuração intelectual específica. Utilizei em obra anterior, por exemplo, o conceito musical de *acorde* para mostrar que a identidade de um historiador é construída a partir de muitos elementos – ou de muitas "notas" que constituem um certo acorde historiográfico[20].

Sobre a identidade historiográfica que torna cada historiador único, aliás, muitos outros elementos e características – alguns individuais e subjetivos, e outros advindos de suas relações coletivas com a área – podem se tornar significativos para delinear o seu perfil ou acorde historiográfico. Devemos lembrar, a este respeito, que os paradigmas teóricos ou historiográficos não são de maneira alguma as únicas formas de agrupamentos que nos permitem pensar as associações entre historiadores. O per-

---

20. Abordo o uso da ideia de acorde para a compreensão de identidades historiográficas complexas no quarto volume da série *Teoria da História*, que intitulei "Acordes Historiográficos" (BARROS, 2011-d). Um acorde, na Música, é um combinado interativo de diversas "notas" ou sons musicais, que termina por produzir um som compósito não apenas a partir da soma das notas envolvidas, mas também do conjunto de relações que se estabelecem entre as notas umas com as outras.

tencimento (ou não) a *escolas*, ou a sua inserção possível em modalidades historiográficas específicas, por exemplo, estão incluídos entre os aspectos que nos ajudam a compreender melhor o perfil de alguns historiadores – seja nos momentos em que os tomamos como *pares* científicos que escreveram obras ("representações da história") que podem nos ajudar a construir novas "representações da história" nas pesquisas que nós mesmos desenvolvemos sobre um tema qualquer, seja nas ocasiões em que analisamos diretamente estes historiadores como "objetos" para a História da Historiografia.

Em uma obra anterior, discuti de maneira mais aprofundada o que é uma *escola*[21]. Uma escola é um agrupamento específico entre historiadores de uma mesma época que interagem entre si unidos ou articulados por um *programa* em comum – um programa que pode envolver não apenas aspectos teóricos, como aqueles que aparecem nos paradigmas, mas também propostas metodológicas, tendências ou ações relacionadas ao mundo historiográfico ou político (uma práxis), um modelo de ação historiográfica com o qual todos os praticantes da escola concordam, uma ou mais bandeiras levantadas como se fossem causas a defender no interesse do campo de saber em questão, e assim por diante. A escola também demanda ou possibilita trabalhos em comum (livros coletivos ou coletâneas organizadas pelos próprios membros da escola), bem como congressos regulares promovidos pelos historiadores da escola, a eventual publicização de um manifesto que revela à sociedade o programa e linha de ação da escola historiográfica em questão, além de também ser bastante comum que uma escola histórica crie e mantenha em edição uma revista historiográfica especializada.

Tudo isto ocorreu, por exemplo, com a célebre Escola dos *Annales* – um grupo de historiadores franceses que publicou os seus manifestos, produziu livros coletivos, organizou congressos, apoiou-se em um programa de fundo, levantou certas bandeiras acerca da sua proposta para um novo tipo de historiografia interdisciplinar e problematizadora, e, por fim, publicou a sua própria revista de história – a *Revista dos Annales*, que aliás existe até hoje. Por fim, é também muito comum que uma escola crie as suas próprias instituições, e muitas vezes se estabeleça em um lugar físico (um centro de pesquisas, uma sessão em uma Universidade, e assim por diante). Isso ocorreu com a Escola dos *Annales*, que dominou a sexta seção da École Pratique des *Hautes Eu-*

---

21. *Teoria da História,* volume V: *A Escola dos Annales e a Nova História* (BARROS, 2012, p. 13-39). No primeiro capítulo desta obra, discuto o que é uma escola nos diversos campos de saber, e também o que é uma escola neste campo de saber mais específico que é a História.

des, em Paris, e que também criou e administrou a *Maison des Sciences de l'Homme* (1962). Pode ser que uma escola histórica exista apenas durante uma única geração de historiadores que se juntaram e passaram a interagir entre si, ou pode ocorrer que ela se estenda no tempo através de algumas gerações, tal como ocorreu com a própria Escola dos *Annales*. Muitos preferem chamá-los de "movimento" ou de "grupo", mas, de fato, os historiadores de três distintas gerações que se ligaram ao círculo dos *Annales* construíram, juntos, uma configuração coletiva que apresenta perfeitamente as características de uma escola[22].

Outro elemento importante de identidade, para a Historiografia, tem sido a organização interna deste campo de saber em diferentes *campos históricos* ou modalidades historiográficas. Sempre que um campo de saber vai ficando mais complexo – ao incorporar novas temáticas de estudo, elaborar novas teorias e desenvolver novos métodos – começa a se diversificar por dentro. Na Historiografia, existe um primeiro modo de divisão do campo que diz respeito aos espaços-tempos por eles examinados: História Antiga, História Medieval, História Moderna, História Contemporânea, História da América, História do Brasil, História da África, e assim por diante. Mas existe um segundo modo de divisão do espaço interno da Historiografia que considera a divisão da Historiografia a partir de três critérios[23].

De um lado temos as *dimensões* sociais examinadas em primeiro plano pelos historiadores – História Política (Poder), História Cultural (Cultura), História Econômica (Economia), História Demográfica (População), História das Mentalidades (modos de pensar e de sentir), entre outras. De outro lado temos as *abordagens* (História Oral, História Comparada, História Local, Micro-História e outras mais). E, por fim,

---

22. Outras escolas famosas no campo historiográfico podem ser citadas. A Escola Inglesa do Marxismo foi formada, nas últimas décadas do século XX, por alguns dos historiadores mais importantes da Inglaterra e de outros países de língua inglesa, como a Escócia e a Austrália – entre os quais Edward Thompson, Eric Hobsbawm, Christopher Hill e Gordon Childe. A Escola de Frankfurt, formada essencialmente por filósofos e sociólogos muito preocupados com a história contemporânea, incluía nomes importantes como os de Theodor Adorno, Max Horkheimer, Herbert Marcuse, Erich Fromm e Jürgen Habermas. Na Itália, pode-se falar em uma Escola Italiana da Micro-História, que inclui historiadores como os de Carlo Ginzburg, Giovanni Levi e Edoardo Grendi. No século XIX, o campo da Historiografia também conheceu muitas escolas, como a Escola Alemã – uma escola de historicistas germânicos como Ranke e Niebuhr – ou como, na França, a chamada Escola Metódica – muito combatida depois pela própria Escola dos *Annales*. Todas estas escolas tiveram as suas revistas, e seus historiadores realizaram obras coletivas e defenderam, de alguma maneira, um programa de fundo em comum.

23. Examinei estes diferentes campos históricos no livro *O Campo da História* (BARROS, 2004).

temos uma grande profusão de domínios temáticos de número indefinido, que geram modalidades historiográficas nomeadas conforme os seus objetos de estudo: História da Arte, História do Direito, História da Educação, História de Gênero, História da Vida Privada, História da Família, História do Livro, História da Imprensa e assim por diante em número indefinido de possibilidades, pois mesmo que quiséssemos apenas poderíamos mencionar uma parcela ínfima do grande número de domínios temáticos que podem se constituídos e percorridos pelos historiadores.

Chamo atenção para o fato de que os campos históricos não podem ser tratados como compartimentos. A Historiografia não é um conjunto de muitas caixas isoladas umas das outras. Na verdade, os campos históricos devem ser entendidos como linhas de força que se interconectam diante de um determinado objeto de pesquisa, conforme as dimensões mobilizadas pelos historiadores em suas observações de primeiro plano, as abordagens por eles empregadas na constituição de seus recortes, fontes e metodologias a serem aplicadas, e de acordo com os diferentes domínios temáticos que se ajustam na constituição de seus objetos.

Por exemplo, digamos que um historiador deseje estudar a Censura à Música Popular Brasileira durante as duas ditaduras que se estabeleceram neste país, durante o período Vargas (1930-1945) e durante a ditadura militar (1964-1985)[24]. Em decorrência deste tema, e também dependendo de como o historiador pretenda trabalhá-lo, podemos formar para uma pesquisa como esta uma conexão entre vários campos históricos. A Censura é sempre instrumentalizada como um instrumento de poder; portanto podemos pensar, como um primeiro par em conexão, na associação da dimensão "História Política" com o domínio temático "História da Censura". Mas não se trata de censura de modo mais geral, e sim de censura a músicas populares, de modo que este aspecto nos conecta a uma "História da Música". É claro que, sendo a Música um campo evidente da Cultura, também podemos pensar em trazer para esta conexão a História Cultural. Como na explicitação do tema foram apresentados dois recortes de tempo – a Ditadura Vargas e a Ditadura Militar –, é evidente que o autor estará trabalhando com a História Comparada, que é a abordagem historiográfica que compara, contrasta ou cruza dois recortes distintos. Pode ser que o autor pretenda trabalhar ainda com entrevistas realizadas junto a pessoas que viveram nestes períodos – o que

---

24. Este tema foi objeto de estudo do historiador Alberto Moby Ribeiro, no livro *Sinal Fechado*, decorrente de sua Tese de Doutorado sobre o mesmo tema. O recorte do autor, na verdade, ateve-se aos anos 1937-1945, para a Ditadura Vargas, e ao período 1969-1978, no que concerne à Ditadura Militar Brasileira.

será mais factível para o recorte relacionado à ditadura mais recente – e neste sentido a História Oral também fará parte desta conexão de campos históricos. Pode ser que o autor tenha planejado analisar densamente a trajetória de dois ou três compositores – e inclusive compositores anônimos e menos conhecidos do que aqueles que se celebrizaram na História da Música Brasileira –, e também se proponham a seguir as práticas de dois censores desconhecidos, tudo isto com vistas a compreender, a partir destes casos examinados em lentes de aumento, o universo mais amplo da Censura e das formas de resistências que a ela se opõem. Este tipo de abordagem ficou conhecido como Micro-História, e é também o nome de um campo histórico que tem sido muito mobilizado pelos historiadores contemporâneos.

O exemplo – entre outros que poderiam ser dados com relação a qualquer tema de pesquisa histórica que tenhamos em vista – mostra que as distintas modalidades historiográficas não devem nunca ser entendidas como compartimentos estanques, mas sim como linhas que interagem para a formação de um campo dentro do qual se desenvolve a constituição do seu objeto, ou como um acorde de campos históricos no qual cada modalidade historiográfica ressoa como uma nota que está pronta a interagir com as demais. De todo modo, os historiadores frequentemente têm os seus campos de predileção. Muitos se denominam "historiadores da arte", "historiadores da música" e praticantes da História Política ou da História Cultural, além de realizarem congressos de História Comparada, de História Oral e de Micro-História. Por isso, o conceito de campo histórico, e as diversas modalidades historiográficas que a este se referem, pode contribuir para um estudo de profundidade da historiografia. No Ensino de História, os historiadores também costumam se distribuir nos espaços-tempos que atrás mencionamos, de modo que ao ler a obra de um historiador costumamos levar em conta se ele é um medievalista, um historiador da contemporaneidade, um historiador da América, ou um pesquisador ligado a outras áreas de estudos relativas a combinações de tempo e espaço.

Todos estes elementos, discutidos até aqui, compõem um conjunto de fatores que pode interferir no perfil de diferentes historiadores ou grupos de historiadores. Quando um historiador desenvolve uma pesquisa, que pode resultar em um livro, conferência ou qualquer outro resultado, estes fatores deixam suas marcas indeléveis no seu modo de analisar a história ou de escrever a História. O conjunto formado por aspectos como estes, e outras características que podem compor um perfil, contribui para a realização autoral de uma obra.

A Historiografia apresenta-se, neste primeiro momento a ser considerado, como um *meio de representar a história*. O importante é se ter em vista que, nesta função, cada construção historiográfica que já existe sobre determinado tema ou assunto pode ser acessada ou convocada por novos historiadores que estejam interessados em examinar ou abordar aquele mesmo tema, de modo que, a partir daí, os historiadores se intercomunicam como pares que participam de uma mesma comunidade científica. Desta maneira, ao analisar determinado problema histórico, os historiadores costumam dialogar com outros historiadores que o precederam na análise do mesmo tema – e neste sentido valem-se das representações históricas e análises historiográficas que estes historiadores anteriores construíram. O diálogo crítico com os pares é constante entre os historiadores, que no mínimo devem começar qualquer pesquisa com um bom balanço do estado da questão, mesmo que o conservem exclusivamente para seu uso e não o exponham no seu produto final historiográfico – um livro, um artigo, uma conferência – para os seus leitores (o que, de resto, também costuma ocorrer). Por outro lado, se a Historiografia é um meio de representar a história ou de construir discursos e análises sobre problemas históricos específicos – análises com as quais outros historiadores irão necessariamente dialogar – a Historiografia ou a obra historiográfica produzida por um historiador também pode se tornar objeto ou fonte histórica para outros historiadores no futuro, como veremos nos próximos itens.

1.4. A Historiografia como objeto historiográfico

O campo da História que estuda a Historiografia como objeto histórico, é a *História da Historiografia*. A própria ciência histórica como um todo – ou outras formas de fazer História do passado, além de modos historiográficos alternativos no presente – tornam-se aqui objetos privilegiados para este tipo de estudo histórico. Estuda-se também historiografia de determinado espaço-tempo (a historiografia francesa da Belle Époque), a historiografia de certos grupos ou escolas historiográficas específicas (a Escola Alemã do historicismo oitocentista, a Escola dos *Annales*, e assim por diante), e, mais comumente, a produção historiográfica de historiadores específicos. Pode-se mesmo estudar uma única obra historiográfica produzida por determinado autor. É claro que, para este tipo de estudo, as próprias obras dos historiadores que estão sendo examinados tornam-se fontes privilegiadas, de modo que neste tipo de estudo o objeto de pesquisa e a fonte histórica tendem a se confundir ou confluir um para o outro.

Para que este tipo de estudo não se transforme em mera galeria de obras historiográficas – perfiladas como ocorre em um verbete de dicionário que procura elaborar um panorama geral para compreendermos uma escola ou a produção historiográfica de certo autor – convém ter em vista a especial importância da problematização no modelo de historiografia que hoje em dia vigora. Faz-se incidir um problema sobre o universo historiográfico a ser estudado – seja este uma questão que afeta a historiografia como um todo (a prática da retrodição na historiografia, o modelo da História *magistra vitae* na historiografia de determinado espaço-tempo, ou outra questão qualquer) ou um problema historiográfico específico que incide na produção geral ou específica de certo historiador (o conceito de "helenismo" em Droysen; a dialética das temporalidades em Fernand Braudel; a defesa de uma História Comparada por Marc Bloch). As possibilidades são múltiplas.

De modo geral, é importante para todo e qualquer campo de saber a elaboração de uma história do campo pelos seus próprios praticantes. Assim, existe uma História da Física, uma História da Química ou uma História da Biologia. No caso da História, o interesse e caráter imprescindível de uma renovada História da Historiografia é evidente. É importante lembrar ainda que, ao estudarmos a História da Historiografia, estamos nos colocando em contacto direto com as realizações do campo, com as metodologias desenvolvidas pelos historiadores, com os aportes teóricos por eles criados, com as hipóteses que eles pensaram para problemas historiográficos específicos. Por isso, pode-se aprender o *métier* historiográfico – e aplicá-lo para pesquisas atuais – ao se estudar a obra dos grandes historiadores do passado e do mundo contemporâneo. Por esta razão, a História da Historiografia costuma fazer parte do currículo de formação de historiadores nos cursos de Graduação em História.

Mesmo quando existe um objeto histórico específico de pesquisa – a abolição da escravidão no Brasil, por exemplo – os historiadores que iniciam uma reflexão própria costumam precedê-la pelo já mencionado balanço da historiografia que já existe sobre o tema, de modo a oferecer ao leitor um estado da questão até hoje antes de se começar a desenvolver o trabalho específico que vai demarcar a originalidade do autor em relação ao tema. Fazer uma reflexão e pesquisa específica ser precedida pelo balanço da historiografia pertinente ao tema é uma prática recorrente na historiografia científica, pois uma de suas conquistas mais importantes foi a percepção muito clara de que, se tudo é histórico, o próprio historiador e a historiografia que ele desenvolve são igualmente históricos. O balanço da historiografia pregressa situa a própria obra do historiador em um devir histórico que precisa ser considerado. Os balanços historiográficos tornam-se muito comuns já a partir do século XIX, com a contribuição de historiadores como Ranke (1795-1886), da mesma maneira que também são comuns as histórias de historiografia, em autores da mesma época como Gervinus (1805-1871).

Por outro lado, um dos campos de trabalho mais frequentados pelos historiadores da Historiografia é o estudo de certos historiadores específicos, ou de suas obras, como um objeto histórico a ser compreendido pelo interesse que possam despertar por si mesmos. Historiadores os mais diversos fascinaram multidões de leitores no passado – ou, em outros casos, ainda que não tenham tido o mesmo sucesso de projeção editorial, mostraram-se crucialmente importantes para a historiografia de sua época. Podemos estudar desde aqueles intelectuais humanistas que produziram obras historiográficas importantes, embora não fossem historiadores exclusivamente especializados neste *métier* – tal como os iluministas Voltaire e David Hume, do século XVIII – ou examinar os historiadores especializados que começam a surgir cada vez mais no decurso do século XIX, tal como Ranke, Droysen, Thomas Carlyle, Alexandre Herculano, e mais tarde outros como Fernand Braudel, Marc Bloch ou Edward Thompson. Os historiadores existem desde Heródoto e Tucídides, e é ainda mais antiga a Historiografia – compreendendo-se esta palavra no sentido mais geral, e não como historiografia já de tipo científico. Os egípcios, embora não saibamos os nomes de seus autores, escreviam História nas paredes de suas pirâmides, assim como historiadores anônimos ou de autoria não declarada deixaram seus discursos e relatos sobre a história nos antigos tabletes de argila da civilização suméria. Ao nos aplicarmos ao estudo da historiografia como objeto, podemos examinar tanto a singularidade de historiadores que assinaram autoralmente suas realizações concretas e objetivas (livros, artigos, conferências, e assim por diante), como examinar em sentido mais alargado a historiografia que foi produzida pelas antigas civilizações – sempre entendendo esta palavra no seu sentido mais geral de "escrita da história". Ou seja, podemos examinar as realizações objetivas de autores historiográficos individualizados, ou estudar grupos historiográficos – como aqueles formados pelos membros de uma mesma escola histórica, ou pelos praticantes de um determinado paradigma, ou, ainda, pela historiografia de determinado país ou cidade.

Os recortes que podem ser feitos pelos historiadores da historiografia são múltiplos, e relacionam-se muito habitualmente a problemas bem definidos. Podemos estudar, por exemplo, a emergência da ideia de "ateísmo" na historiografia, ou do conceito de "progresso" entre os historiadores iluministas – ou, ao contrário, a crítica a este conceito em filósofos como Friedrich Nietzsche (1844-1900) ou Walter Benjamin (1892-1940). Os filósofos da história – ou os filósofos que, de maneira mais geral, refletiram em algum momento sobre a história ou sobre a historiografia – também podem ser objetos de estudo para aqueles que examinam como *objeto* a Historiografia, ou o conjunto maior das representações da história.

O campo de estudos da História da Historiografia é vasto e demanda aprofundamentos de vários tipos, assim como investigações em muitas direções e à luz de problemas históricos os mais diversos. Por outro lado, veremos a seguir uma outra possibilidade, que é a de tomar a obra ou realização historiográfica não como objeto, mas como *fonte* que permite examinar outras coisas em uma sociedade que não a própria historiografia propriamente dita.

1.5. A Historiografia como fonte histórica

Quando um historiador escreve nos dias de hoje uma obra historiográfica, ele deixa concomitantemente uma fonte histórica para o futuro. Embora esta não seja a sua finalidade ao escrever sobre um assunto histórico qualquer – já que a obra de todo historiador é motivada pelo desejo de atender às demandas de sua própria época e à predisposição de seus contemporâneos de consumir obras de história – isto é inevitável. Outros historiadores virão, um dia, talvez dali a muitas décadas e mesmo séculos, e tomarão esta obra como fonte histórica para compreender a nossa sociedade, no século XXI. Pode ser que o nosso historiador tenha escrito, ancorado no momento atual, sobre o Antigo Egito. Mas isso não importa, pois os historiadores do século XXIII possivelmente examinarão a sua obra sobre o Antigo Egito não para entender aquela civilização do passado, mas sim para compreender o próprio século XXI.

Muito provavelmente – se considerarmos que este historiador do futuro fez uma escolha bem peculiar ao desejar resgatar da poeira dos tempos uma obra do século XXI sobre o Antigo Egito – o interesse explícito dele será o de analisar como um homem do século XXI viu a antiga civilização do Egito. Se o historiador do futuro estivesse realmente interessado no próprio Antigo Egito, certamente ele iria em busca de fontes primárias daquela época – isto é, textos do próprio Egito Antigo que mostrassem, através de um discurso da época, como os antigos egípcios pensavam, no que acreditavam, como se comunicavam, como eram sinceros e como mentiam, como falavam de si mesmos e dos outros povos que com eles conviviam. Mas ao invés disso, ali está ele, um historiador do século XXIII, examinando um livro escrito por um historiador do século XXI. Pode ser que ele esteja interessado em compreender como nós víamos o Antigo Egito, ou pode ser que ele esteja interessado em compreender qualquer outra coisa: como os historiadores de hoje se comunicavam, que métodos utilizavam para analisar a história, como lidavam com os conceitos para abordar temporalidades anteriores à sua, como eles terminavam por interferir sobre a sua própria época ao produzir uma nova representação sobre uma época pregressa, e assim por diante. Ao eleger para análise uma obra historiográfica do século XXI – não importa o assunto sobre o qual esta obra verse – o historiador do século XXIII está mesmo interessado é em perceber, através de nossos textos, algo de nossa própria época. É isto o que significa tomar uma obra historiográfica como fonte histórica.

Fazemos o mesmo quando resolvemos analisar algumas obras do século XIX ou do século XVIII sobre o Antigo Egito. O nosso objeto de estudo, em situações como esta, não é de nenhuma maneira o Antigo Egito, mas sim o imaginário sobre o Antigo Egito que foi construído pelos historiadores dos séculos XVIII e XIX. Ou pode ser que tenhamos tomado estas obras para compreender outras coisas. Muito frequentemente – e obviamente sem que se dê conta disto – um historiador projeta em seus estudos sobre épocas anteriores elementos que são reveladores de sua própria época. Utiliza certas palavras que são as de sua própria época, e não as de épocas anteriores, e muito menos as próprias palavras do Antigo Egito (embora estas possam aparecer citadas no seu texto à maneira de fontes). As próprias escolhas de temas de estudo decididas por um historiador já falam de sua época. Por que o Antigo Egito? Por que as mulheres da Revolução Francesa? Por que a Peste Negra do período medieval? Talvez a busca de alteridades antigas seja um traço historiográfico de sua época; talvez as mulheres politizadas tenham se tornado extremamente relevantes, de um ponto de vista social da atualidade, e agora compreendemos que precisamos estudá-las nas épocas anteriores. Talvez a pandemia que tivemos de enfrentar no início da terceira década do século XXI nos leve a deixar que se aflore um novo interesse pelo estudo das pandemias do passado.

As escolhas de estudo dos historiadores, como é de se esperar, revelam tendências da própria época deste historiador, talvez de seu país, de sua cidade, da comunidade em que vive, do Departamento de História de sua Universidade. Tudo o que acontece presentemente, no mundo à sua volta, também pode interferir nestas escolhas, mesmo que inconscientemente ou sem que nos apercebamos exatamente por quê. Por que as novas modas surgem e os antigos modos são ultrapassados? Por que algumas tendências retornam inesperadamente? Quando as Torres Gêmeas de Nova York foram derrubadas por dois aviões sequestrados por terroristas islâmicos, no início do século XXI, os livros de historiografia sobre as Cruzadas medievais despertaram interesses inusitados. Por volta da mesma época, foi filmado também um novo filme tematizando as Cruzadas (*Kingdom of Heaven*, 2005, dirigido pelo cineasta Ridley Scott). Este logo se tornou sucesso de bilheteria. Isto diz muita coisa. Escolhemos certos temas para estudo historiográfico, preponderantemente, porque estas escolhas são favorecidas pela nossa própria época. Assim que terminou a Segunda Grande Guerra, muitos livros foram escritos sobre o Nazismo, na ânsia de que pudéssemos compreender aquele processo histórico que nos pareceu uma barbárie. E, significativamente, sempre que partidos de ultradireita surgem ou se afirmam no horizonte político, os historiadores se animam a escrever mais análises sobre o nazismo hitlerista, e os leitores se mostram prontos a comprar estes livros.

O estudo da Historiografia como fonte histórica implica perceber como a obra de um certo historiador nos diz não apenas algo sobre as próprias épocas que este historiador examina como objeto histórico, mas também sobre a própria época do historiador que produz a sua representação da história sobre outras épocas. Ao ler uma obra historiográfica, estamos nos colocando diante de uma fonte histórica que nos permite refletir sobre a própria época em que ela foi produzida. E esta fonte – esta obra historiográfica – não nos fala apenas sobre o historiador que a produziu. Fala-nos sobre os leitores que leram a obra, sobre o editor que decidiu publicá-la, sobre o estado da historiografia naquele momento, mas também sobre o estado da tecnologia de editoração de livros naquele espaço-tempo e sobre o mercado livreiro da época. Ao examinarmos as palavras que foram empregadas, podemos compreender o universo linguístico de uma sociedade, ou o dialeto discursivo trazido à tona pelos jargões presentes na obra. Certa escolha de temas pode evidenciar os problemas que mais preocupavam e ocupavam os viventes de uma certa sociedade. Há uma moral que pode transparecer na análise encaminhada por determinado historiador em uma obra específica, e esta não dirá respeito apenas a ele, mas também a todo um conjunto maior dentro do qual ele se insere.

As lutas políticas de uma época, e também as reivindicações sociais dos diversos grupos que compõem uma sociedade, também se projetam de modo enviesado nas escolhas temáticas e no padrão das análises realizadas sobre determinados temas. A afirmação do nacionalismo demanda certos tipos de temas, mas os desastres produzidos pelos nacionalismos exacerbados também podem dar origem até mesmo a novas perspectivas historiográficas. Tal ocorreu, por exemplo, com a emergência da História Comparada entre as duas guerras mundiais[25].

---

25. Este assunto, que aqui retomamos de maneira exemplificativa, foi abordado em um dos capítulos do livro *História Comparada* (BARROS, 2014).

Quando Marc Bloch publicou há cerca de oitenta anos o seu famoso artigo sobre a "História Comparada" (1928)[26] – e quatro anos antes, quando publicara o primeiro livro no qual já realizava uma pesquisa de História Comparada, *Os Reis Taumaturgos* (1924) – o mundo já conhecera os horrores da Primeira Grande Guerra, e outros horrores ainda maiores estavam por vir com a ascensão do Nazismo e a eclosão do segundo grande conflito mundial. Respirava-se então, em uma parte pelo menos significativa da intelectualidade europeia, certo ar de desânimo em relação aos caminhos que tinham sido trilhados através daquele exacerbado culto ao nacionalismo que tanto caracterizara a estruturação dos estados-nações nos séculos anteriores e também as suas expansões colonialistas. Mais ainda, de modo geral os historiadores tinham desempenhado um papel bastante relevante na organização institucional dos estados-nações, na estruturação de arquivos para o registro da memória nacional, na construção de narrativas laudatórias que exaltavam cada nação em particular, e que por vezes chegavam mesmo a conclamar indiretamente à Guerra. Como François Guizot (1787-1874)[27], alguns tinham mesmo ocupado postos governamentais, e outros, como Jules Michelet (1789-1874), chefiaram arquivos nacionais em seus países[28]. A obra destes historiadores oitocentistas revela a importância do nacionalismo para a sociedade que os envolvia. A sociedade esperava dos seus historiadores um culto aos heróis de sua nação, ou uma exposição histórica dos aspectos importantes para a formação de sua identidade nacional, de modo que vemos na historiografia desta época muita História Política relacionada ao poder exercido pelo Estado sobre seus súditos (governos), sobre outras nações (Guerras e Diplomacias), ou sobre os poderes emergentes que ajudaram a refundar ou fortalecer os estados nacionais (as revoluções bem-sucedidas ou reprimidas).

Agora, nos anos 1920 do novo século – diante dos aspectos nefastos daquele processo de exacerbação nacionalista que resultara no tão terrível desastre da Primeira Guerra Mundial – era compreensível que, no já complexo e multidiversificado circuito dos historiadores profissionais, começassem a surgir aqui e ali os vestígios de um certo "mal-estar" da historiografia. Não era um sentimento necessariamente predominante em todos os países e ambientes, mas este mal-estar certamente se fazia presente. Não é de se estranhar que, neste mesmo contraclima de desapontamento em

---

26. BLOCH, 1928, p.15-50.
27. François Guizot ocupou o cargo de primeiro-ministro da França entre 19 de setembro de 1847 e 23 de fevereiro de 1848. Antes, fora ministro da Instrução Pública.
28. Jules Michelet foi chefe da seção histórica dos arquivos nacionais na França.

relação ao nacionalismo radicalizado – que de resto seguiria adiante pelas décadas vindouras – tenham se fortalecido os primeiros sonhos de ultrapassagem dos antigos modelos propugnados por aquela velha historiografia nacionalista, que até então estivera sempre tão bem acomodada às molduras nacionais. É neste ambiente que surgem os primeiros esforços de sistematização de uma História Comparada – ou melhor, é neste ambiente que emerge a assimilação mais sistemática do comparativismo histórico pelos historiadores profissionais. Comparar era de algum modo abrir-se para o diálogo, romper o isolamento, contrapor um elemento de "humanidade" ao mero orgulho nacional, e, por fim, questionar a intolerância recíproca entre os homens – esta que logo seria coroada com a explosão da primeira bomba atômica.

Quando examinamos uma obra de História Comparada no contexto de sua emergência durante as conturbadas décadas da primeira metade do século XX, podemos estar interessados no que esta obra nos oferece como "representação da história" que aborda um certo período no espaço-tempo. A obra *Os Reis Taumaturgos* (1924), de Marc Bloch, aborda uma crença popular específica que grassou no período medieval e na primeira modernidade em dois países, França e Inglaterra – aquela segundo a qual o simples toque dos reis das dinastias que governavam estes países podiam curar escrófulas. Podemos dialogar com esta obra, como se conversássemos com um de nossos pares para dele discordar ou com ele concordar, se estivermos interessados em estudar a Idade Média. Mas também podemos transformar esta obra em fonte, se quisermos estudá-la diretamente como o nosso próprio tema de estudos.

Pode ser que nosso interesse seja perceber como a construção de uma abordagem de História Comparada, neste livro, revela a preocupação de um historiador que se afligia com as mútuas hostilidades nacionalistas de sua época. Os artigos que Marc Bloch publicou nos anos seguintes (em 1928 e 1930) reforçam a percepção desta preocupação. Ela não é, por outro lado, apenas uma preocupação presente em Marc Bloch (1886-1944) – e o desenvolvimento da História Comparada como uma nova abordagem possível também não diz respeito apenas a este historiador francês. Veremos a mesma preocupação em historiadores como Henri Pirenne (1862-1935) e Arnold Toynbee (1889-1975), entre outros. Tampouco a aflição produzida pela Guerra e pela exacerbação do nacionalismo foi somente uma preocupação de historiadores – ela reflete um sentimento igualmente presente em parte da sociedade. Quando enxergamos o confronto entre nacionalismo e o desejo de paz entre as nações em uma obra historiográfica como algo que fala sobre a própria época que a produziu, estamos abordando esta realização historiográfica como uma fonte histórica.

Poderíamos também utilizar a mesma obra – *Os Reis Taumaturgos* (1924), de Marc Bloch – para perceber outras coisas, ou outros problemas históricos. Poderia o tema escolhido por este livro – ao se referir a um estudo de uma crença relacionada a uma doença – revelar algo sobre a preocupação com doenças por parte das pessoas que viviam na primeira metade do século XX? Isso também é possível, e é sintomático que, em períodos ou sociedades que enfrentam problemas coletivos de saúde, surjam mais obras que estudem a história das doenças do passado ou que, da mesma forma, obras sobre o tema que já existam sejam reeditadas. Existe uma relação entre o mercado livresco e os problemas que afetam a sociedade que o envolve, da mesma forma que os filmes que são produzidos em algum momento – inclusive os filmes históricos, sobre outras épocas – também se relacionam a coisas que estão acontecendo na própria época de produção do filme, ou de maneira direta, ou de forma enviesada.

Por vezes, também ocorre que o estudo específico sobre um determinado tema já emblemático por si só – como a Revolução Francesa – seja polemizado de novas maneiras em uma determinada época e dê origem a uma série de novas interpretações historiográficas em decorrência de questões que dizem respeito a esta nova época. Deste modo, uma época pode se projetar sobre as representações que foram elaboradas por outros. Na França, por exemplo – mas também em outros países na Europa e nas Américas –, os estudos e linhas interpretativas sobre a Revolução Francesa foram renovados ou revistos várias vezes sob o calor e iluminação de novos eventos e processos históricos, de modo que podemos tomar muitas obras historiográficas sobre a Revolução Francesa como fontes históricas para compreender as épocas em que foram produzidas. Os historiadores franceses da restauração, por exemplo, elaboraram novas leituras sobre a Revolução Francesa: com autores como Guizot já se desenvolve a ideia de uma luta de classes que opõe o burguês revolucionário ao Antigo Regime. Interessava a historiadores franceses desta época descrever a vitória apoteótica de todo um modo de vida que agora se consolidava na restauração, passando a classe revolucionária a se tornar dominante. É oportuno lembrar que Marx e Engels retomaram dos historiadores franceses da Restauração esta nova tábua de leitura da história como luta de classes, e a conduzem a novas direções e potencialidades em vista de novos acontecimentos que estavam ocorrendo em sua época, como os movimentos revolucionários de 1848.

A Revolução Francesa – ou melhor, as representações historiográficas sobre os processos relacionados à Revolução Francesa – foram produzindo, como se disse, novas e novas leituras e realizações historiográficas; e estas obras também podem ser tomadas como fontes para compreender os novos espaços-tempos e contextos que as proporcionaram. Um novo evento, em uma nova época, pode se combinar a um antigo evento e, então, uma nova representação historiográfica sobre este antigo evento se produz; mas depois, em um terceiro momento, a obra historiográfica decorrente deste encontro poderá ser tomada como fonte para compreender a época mais recente – a que a produziu sob o clamor de novos contextos e acontecimentos.

Quando, em 1989, o segundo centenário da Revolução Francesa coincidiu com a inesperada dissolução da União Soviética, este segundo evento como que terminou por fertilizar a historiografia sobre a Revolução Francesa, levando os historiadores interessados naquele processo já tão emblemático (Revolução Francesa) a arriscarem novas interpretações ou polemizarem contra as novas interpretações que então surgiam. Revisionismos que comparavam indiretamente a mãe das Revoluções Burguesas – a *Francesa* – à mãe das revoluções socialistas – a *Russa* –, mas agora sob o signo de uma derrocada, grassavam agora nas discussões historiográficas produzidas em certa quantidade nas comemorações sobre o processo revolucionário francês. Para o historiador François Furet – ex-comunista que já se considerava há muito desiludido – era uma oportunidade para dizer que, na verdade, teria ocorrido a boa revolução liberal de 1789 e, logo depois, a perniciosa revolução do Terror – a que transcorreu entre 1792 e 1794[29].

De outra parte, é claro, deve-se considerar que – aos novos revisionismos historiográficos sobre a Revolução Francesa – logo passaram a se contrapor contrarrevisionismos que as criticavam, ao lado de outras interpretações historiográficas indicando novas direções, de modo que a polêmica se instalava ali com toda a sua intensidade. As diversas realizações historiográficas que compõem esta polêmica, no seu diversificado conjunto, podem ser hoje tomadas como interessantes fontes para compreender os acontecimentos decorrentes da crise do socialismo real, e o seu impacto em um

---

29. A conexão interpretativa entre os dois eventos revolucionários – ou entre a Revolução Russa, que desabava em 1989 na crise do socialismo real, e a revolução do Terror de 1792 (mas não a revolução liberal e reformista de 1789) – mostra-se também na obra que François Furet sob o título de *O Passado de uma Ilusão*. Neste, o filho de banqueiro e ex-comunista, agora assumidamente conservador, planejava discutir "não a história do comunismo, nem a da Rússia, propriamente ditas, mas sim a da ilusão do comunismo". Ou seja, no fundo queria contar um pouco da história de sua própria desilusão pessoal. De todo modo, a conexão entre as duas revoluções retorna mais uma vez na análise de Furet – como um baixo *ostinato* sempre presente – já que ele chega à conclusão de que parte do fascínio inspirado pela revolução russa sobre as esquerdas do mundo inteiro decorria do fato de que ela lhes parecia representar a continuação das ideias jacobinas de 1789.

mundo que brevemente iria adentrar uma nova era na política internacional. Ou seja, sem os acontecimentos em torno da derrocada da União Soviética, talvez estas interpretações sobre a Revolução Francesa não tivessem surgido. De igual maneira, o debate revela de maneira subjacente as distintas correntes do pensamento político atual – as quais, através da polêmica sobre a Revolução Francesa, encontravam um novo caminho para a sua contraposição. Isso ocorre muito nas guerras historiográficas.

Neste próximo exemplo, quero recuar para um período anterior – a Roma Antiga. Suetônio (69-141 d.C.) foi um historiador romano que traçou um perfil crítico para cada um dos Imperadores até a sua época, os quais compõem a sua obra *Vida dos Doze Césares* (121 d.C.)[30]. De modo geral, ele os deprecia bastante. De igual maneira, outros autores da época – muitos deles senadores romanos – também produziram uma depreciação exagerada de imperadores romanos como Calígula, Tibério e Nero. Podemos encontrá-las nas obras de senadores-historiadores como Sêneca (4 a.C.-65 d.C.) e Cássio Dio (155 d.C.-229 d.C.). Este último escreveu uma *História de Roma* em oitenta volumes, muitos dos quais chegaram até nós reforçando as cores depreciativas com as quais foram pintados diversos dos imperadores romanos. Algumas das descrições negativas elaboradas pelos antigos historiadores-senadores acerca dos imperadores romanos – e também as misturas de narrativas históricas e narrativas lendárias elaboradas por Tito Lívio – foram recolocadas em suas redes de interesses políticos pela *História de Roma* (1812) escrita pelo historiador oitocentista Berthold Georg Niebuhr (1776-1831). A partir dele, muitas destas fontes passam a ser mais examinadas como discursos sobre os imperadores, a serem analisados e criticados, do que como textos informativos em si mesmos. Ou seja, Niebuhr se preocupou em tratar o trabalho daqueles historiadores romanos não como "meios de representação da história" (historiografias na sua função habitual), mas sim como *fontes históricas* que nos permitem identificar nelas os conflitos da própria época entre senadores e imperadores, o imaginário local, as ideias políticas em confronto, aspectos culturais, relações de gênero expressas nas representações de figuras femininas encaminhadas nestas construções biográficas, e assim por diante.

Questões como estas, e muitas outras, colocam-nos diante da possibilidade de abordar a Historiografia como fonte histórica. As obras historiográficas, conforme veremos, são fontes reveladoras de uma época porque elas também implicam projetos conscientes ou demandas inconscientes de interferir nos próprios problemas da época

---

30. SUETÔNIO, 2002 [original: 121 d.C.].

que as viu nascer. Neste sentido, o historiador é ainda um *agente histórico*, capaz de agir e de atuar, com suas realizações, na sociedade que o envolve.

1.6. A Historiografia como agente histórico

Ao escrever História, um historiador pode interferir na história. Deste modo, o seu trabalho precisa ser acompanhado de muita responsabilidade, e existe certamente uma ética própria que precisa ser considerada pelos historiadores. Quando o filósofo, cientista social, historiador e economista Karl Marx[31] escreveu a sua análise sobre o *Dezoito Brumário* (1852), atrás mencionada, estava de alguma maneira interferindo na própria história de sua época, pois oferecia aos seus contemporâneos um parâmetro de conscientização social para que estes pudessem compreender um processo ocorrido na sua história recente. Marx também advogava a necessidade de agir mais diretamente na própria história, e por isso se tornou também um importante organizador de grupos políticos, participando da fundação da primeira Internacional de Trabalhadores. Posto isto, mesmo que só tivesse escrito *O Capital* (1867) – ou quaisquer outras de suas importantes obras – já estaria interferindo significativamente na história de sua época e de outras épocas.

Escrever, de modo mais geral – ou escrever História, de modo mais específico –, é um gesto político, capaz de interferir, mesmo que em muitos casos de maneira indelével e pouco perceptível, na trama política e social que nos cerca. Produzimos cultura ao escrever história, mas com isso também abrimos caminhos políticos – no âmbito dos poderes e dos micropoderes – e sempre ajudamos de alguma maneira a mudar a própria configuração social. É da soma e da combinação exponencial de tudo o que se produz em termos de realizações, pensamentos e ações – ou de tudo aquilo que é humano – que se faz a história na sua dimensão mais ampla. A escrita da História é também um elemento importante inserido neste conjunto de ações que pode mudar o mundo. Escrever História é fazer história.

---

31. É difícil a tarefa de encontrar palavras específicas para classificar Karl Marx (1818-1883) – um escritor multidisciplinar e também um ativista político durante certo período de sua vida. De suas obras, a maior parte entre a Filosofia e a Economia, mas todas diretamente atravessadas pela consciência histórica, as que mais diretamente se assemelham a análises historiográficas – tal como um historiador profissional as faria – são *O Dezoito Brumário* (1852), *As Lutas de Classe na França de 1848 a 1850* (1850), e *A Guerra Civil na França* (1871), esta última complementada depois por Engels, em 1891, e já tomando como objeto a Comuna de Paris, de 1871. Todas eram obras sobre processos históricos muito recentes, de modo que na terminologia de hoje poderíamos considerá-las como Histórias do Tempo Presente.

O papel da História como *agente histórico* tem dois lados, pois o historiador tanto pode atuar para conscientizar a sociedade que o cerca – implicando benefícios como aqueles que se articulam à luta pelo fim ou atenuação das desigualdades sociais, ao combate contra preconceitos, ao fortalecimento da democracia, à consolidação da paz mundial ou à edificação de um ensino de qualidade voltado para todas as faixas da população – como sua atuação pode incorrer em uma direção contrária, subserviente a governos ou a poderes econômicos com interesses particulares.

A Inglaterra das últimas décadas do século XX nos oferece um duplo exemplo, pois enquanto os renomados historiadores da Escola Inglesa do Marxismo – a exemplo de Edward Thompson (1924-1993) e Eric Hobsbawm (1917-2012) – estavam preocupados tanto em desenvolver uma "História Vista de Baixo" como em ministrar cursos de História para os trabalhadores pertencentes às classes subalternizadas, já a primeira-ministra Margareth Tatcher financiava na mesma época um grupo de trabalho – o History Working Group – com vistas a planejar um currículo escolar que pudesse dar mais atenção aos "valores mais apropriados à sociedade britânica", evitando a "história dos de baixo". Da mesma forma, enquanto não apenas os historiadores marxistas ingleses – mas quase todos os historiadores contemporâneos, de maneira mais geral – preocupavam-se em elaborar uma história problematizada, Margareth Tatcher se escandalizava nas páginas de seu diário porque o grupo por ela instituído terminou por oferecer-lhe um plano de História que enfatizava "a interpretação e o questionamento", em detrimento do "conteúdo e conhecimento" (que, para ela, pareciam ser sinônimos de fatos históricos desproblematizados e restritos à esfera política)[32]. Um projeto historiográfico conservador e arcaico como este – completamente divergente de todos os parâmetros que passaram a demarcar o pensamento dos historiadores a partir do século XX – talvez arrancasse aplausos, nos dias de hoje, dos estranhos modelos historiográficos previstos pela proposta chamada de "escola sem partido", no Brasil recente.

A instrumentalização da História para atender a objetivos governamentais diversos foi praticada em diversos momentos da história. No período da Guerra Fria, ela foi aplicada tanto pelo governo estadunidense e seus aliados, como pela União Soviética, particularmente no período stalinista. Nestes casos, a História já nem é mais propriamente um agente histórico, mas um *instrumento histórico* nas mãos de interesses

---

32. Sobre este projeto de ensino de História da primeira-ministra britânica Margareth Tatcher, ver os comentários de Josep Fontana em *A História dos Homens* (FONTANA, 2004, p. 357-358).

diversos. Ao lado disto, eventualmente, poderes diversos podem cooptar historiadores sem escrúpulos para que estes atuem a favor de suas causas e interesses, e até para que deformem a realidade examinada com deslocamentos e esquecimentos estratégicos que terminam por fazer a história pender a favor dos interesses dos financiadores de tais estranhas operações historiográficas. Vamos dar o exemplo de um caso negativo de atuação de historiadores como agentes históricos – que aliás lhes rendeu muitas críticas da própria comunidade historiográfica –, pois ao fim deste livro abordaremos a situação contrária, isto é, a atuação de historiadores em benefício da sociedade que os envolve[33].

Uma polêmica teórica e historiográfica que ficou bastante conhecida foi trazida por uma das grandes vagas de discussões sobre o Nazismo, entre os historiadores alemães. A polêmica, desencadeada em 1998, envolveu o trabalho de historiadores alemães que haviam sido contratados para escrever a história empresarial de grandes indústrias alemãs que haviam cooperado com o Nazismo na época do Terceiro Reich, e até mesmo se beneficiado e enriquecido com o trabalho escravo produzido nos campos de concentração ou com a implantação de repressão ao estilo nazista contra os seus próprios trabalhadores. Temendo serem surpreendidas por processos de reparação pelo trabalho escravo ou pelas práticas repressivas e violentas das quais participaram, ou mesmo receando a culpabilização criminal de seus dirigentes – isto sem contar os óbvios receios relacionados às ressonâncias negativas que estes processos poderiam produzir no mercado consumidor de seus produtos – estas empresas haviam resolvido antecipar-se ao problema contratando historiadores conceituados para escreverem a sua "história empresarial". Na verdade, o objetivo último era "limpar o seu nome" de qualquer referência à cooperação ou, pior, à inserção no próprio sistema nazista. A Volkswagen, a Faber, e mesmo o Deutsche Bank, foram alguns destes grandes contratantes que encomendaram realizações historiográficas sintonizadas com os seus próprios interesses.

Um artigo de Michael Pinto-Duschinsky, publicado em 1998 no *Times Literary Supplement*, abalou os meios historiográficos alemães por trazer a nu esta questão incômoda. Seu título era "Vender o Passado" (1998), e sua temática central girava em torno da denúncia contra historiadores que tinham aceitado o questionável encargo de elaborar aquelas histórias empresariais manipuladas. Análises do autor

---

33. A polêmica examinada a seguir foi também abordada no livro *A Construção da Teoria nas Ciências Humanas* (BARROS, 2018, p. 77-90).

do artigo-denúncia mostravam que os historiadores que aceitaram escrever histórias amenizadas das empresas alemãs pró-nazistas incorreram nas práticas de ignorar fontes que as comprometiam, de desenfatizar situações que as implicariam, ou de contornar fatos que não se encaixavam na imagem a ser construída, entre outras práticas análogas. O artigo provocou réplicas dos envolvidos, mas também uma rediscussão sobre a ética na História. Vemos aqui que as leituras teóricas da realidade histórica, e a própria pesquisa empírica a cargo dos historiadores, podem eventualmente se tornar produtos negociáveis no mundo capitalista, e interferir na realidade através de reconstruções da memória visando certos interesses.

Como mostram fartamente exemplos diversos no decurso da própria história – e particularmente nesta atualidade capitalista na qual o poder econômico parece se fazer acompanhar da máxima de que "tudo tem seu preço" – a Historiografia e a Teoria da História enfrentam, de fato, não apenas o problema de serem vistas como objetos vendáveis, mas também a possibilidade de que os próprios historiadores possam ser vistos como passíveis de serem comprados. De igual maneira, o uso da historiografia para manipular a sociedade também tem deixado seus registros ao longo da história. Marc Ferro dá-nos exemplos bastante diversificados sobre *A manipulação da História no Ensino e nos Meios de Comunicação*, em uma série de ensaios interligados que foram publicados com este título em 1981.

O controle ou tentativas de controle da História (e da história) pelo Estado pode ser ilustrado tanto com situações que têm ocorrido no decurso da história, como em obras de literatura ou ficção que imaginaram distopias nas quais os seus governos estatais montaram verdadeiras estruturas de desinformação, deformação e repressão para tentar reescrever a História e, pretensamente, alterar a história a seu favor. Em *1984*, célebre obra de Georges Orwell (1948), temos o exemplo ficcional de uma sociedade distópica que manipula a memória coletiva e que reinventa a história a cada instante, com vistas a atender a interesses políticos, militares e de controle da população. O romance de George Orwell descreve o aparelho estatal – repressivo, totalitário, alienante e vigilante – que domina uma certa nação de proporções continentais, em um futuro planeta Terra que passou a ser partilhado por três grandes Impérios em guerra permanente. O aparelho estatal descrito por Orwell chegou ao requinte de institucionalizar um Ministério da Verdade, cuja principal função é a de reescrever diariamente a realidade, a História e os próprios registros históricos. No caso, os historiadores ou anti-historiadores – que são os funcionários públicos deste Ministério – são autorizados e instados a inventar ou alterar as próprias fontes históricas. Os jornais do passado, por exemplo, são reescritos por eles todas as semanas, pois é preciso passar a ideia de que o atual inimigo da nação – um dos outros dois impérios rivais, que talvez somente tenha entrado em Guerra contra o país no ano passado ou mesmo há alguns dias atrás – sempre foi o brutal e desprezível inimigo histórico da Oceania (nome do continental Império distópico descrito por Orwell, o qual abrange as três Américas, a Oceania, a África do Sul e a Grã-Bretanha).

Ao mesmo tempo, é preciso reclassificar semanalmente os heróis e os traidores, pois ainda que alguns dos fiéis funcionários do Estado se transformem em inimigos públicos da noite para o dia, as fontes precisam apresentá-los como eternos inimigos da nação. Suas fotos precisam desaparecer das solenidades oficiais, seus prêmios e honrarias precisam ser apagados, crimes e atos inaceitáveis precisam ser a eles atribuídos, de modo que os jornais que os mencionam também precisam ser totalmente retificados nas notícias em que estes personagens aparecem. É oportuno, ainda, alterar certidões de nascimento, descendências, ligações familiares, atestados de óbitos – de modo que todas as vidas precisam ser reinventadas e a documentação que as sinaliza precisa ser criada ou alterada de acordo com os interesses estatais naquele momento. Com relação aos censos e dados econômicos, estes são sempre alterados, pois é preciso se mostrar que o Império está em franco desenvolvimento. As pandemias também não existem: seus dados são alterados para que se mostre que também os serviços públicos que cuidam da saúde pública estão indo bem. A estranha metodologia historiográfica, aplicada pelo Ministério da Verdade nesta distopia imaginária, volta-se deste modo para a alteração de dados, e não para o seu levantamento preciso ou para o esclarecimento da realidade histórica efetivamente percebida, tal como ocorre (ou deveria sempre ocorrer) na historiografia habitual. Alterando-se o Passado – diz-se no Ministério da Verdade da distopia orwelliana – alteramos o Presente. Paradoxalmente, contudo, é também o Presente que altera o Passado.

A alteração de dados, no entanto, não pode mudar a história. Imaginando-se que nesta distopia totalitária, descrita por Georges Orwell, os dados relativos a uma pandemia pudessem ser mudados – no caso redesenhando-se um novo gráfico que alterasse irrealisticamente o número de mortos e atingidos pela doença – isso não significaria que a doença deixaria de fazer mortos. Chega a ser irônico. O "Ministério da Verdade" da distopia descrita por Orwell tem por finalidade única a de falsificar a verdade. É sintomático o fato de que a "verdade" é frequentemente evocada e invocada – sempre de maneira retórica e prepotente – por todos os governos ditatoriais, os mesmos que, se pudessem, facilmente resvalariam para o mais brutal totalitarismo.

"Conhecereis a Verdade, e a Verdade vos libertará". Esta fórmula religiosa, na boca contraditória de políticos mal-intencionados, costuma ocultar o desejo de torcer e distorcer a verdade; de torturar os fatos para fazê-los confessar o que melhor se encaixar nos seus interesses.

Trouxe um clássico da literatura, mas não precisaria ir tão longe. Governos ditatoriais em diversos momentos da história tentaram instrumentalizar a História a seu favor – e não raramente trabalharam para distorcer a história, ou corrigir a História de acordo com seus próprios interesses[34]. Na União Soviética de Stalin ficaram bem conhecidos os casos das fotografias manipuladas. Uma delas, facilmente encontrável em sites da Internet, mostra Stalin, diante de uma mesa, cercado por quatro de seus então fiéis correligionários. Em uma adaptação da mesma foto, realizada 23 anos depois, três deles já haviam desaparecido. Por fim, a foto se transformou em um cartão-postal no qual só aparece a figura de Stalin. Situações similares envolvendo dissidentes do sistema, como Trotsky, também podem ser encontradas sem grande dificuldade. E o que dissemos relativamente às fotos pode ser igualmente aplicado aos textos escritos.

Não foi nada incomum, nos momentos mais diversos da aventura humana, o uso da História – ou mesmo de registros históricos retificados – para interferir na realidade. Dito isto, devemos lembrar o outro lado: os historiadores também podem interferir positivamente na história, com a devida ética, e se transformarem em importantes agentes históricos. Podem fazer isso como pessoas comuns, é claro – ao se engajarem em causas como qualquer cidadão comum, tal como fez o historiador inglês Edward Thompson ao se engajar em campanhas de desarmamento – ou podem fazer isto como historiadores que escrevem textos importantes para mudar a história, agindo sobre ela, ou para criar conscientização histórica capaz de mudar esta mesma história. Conscientizar a população é oferecer a ela um importante recurso para torná-la agente de sua própria história, e impedir que ela seja tratada como massa manipulável. Deste modo, o papel da comunidade historiográfica como um todo – isto é, do coletivo de historiadores – é imprescindível. Os historiadores também têm a sua luta pela História e para mudar a história. Reúno, no próximo item, comentários relacionados a dez diferentes lutas, todas articuláveis, que constituem os tópicos essenciais em uma agenda geral de lutas para os historiadores.

---

34. A história ou a História – com minúscula ou Maiúscula em cada caso – serão grafias que nos orientarão neste texto com relação aos momentos em que estivermos nos referindo à história "campo dos acontecimentos", ou à História "escrita pelos historiadores ou outros agentes".

1.7. Uma agenda para a historiografia progressista contemporânea

Os historiadores, no mundo contemporâneo, estão em luta. Alguns lutam entre si, dentro da ética historiográfica, para encontrar um lugar na comunidade historiográfica para as suas distintas interpretações históricas sobre os mais diversos processos: a Revolução Francesa, o Nazismo, as causas da queda de grandes Impérios como o Império Romano na Antiguidade ou o Império Soviético no final da Era Industrial, a tardia Abolição da Escravidão no Brasil e suas consequências, as Ditaduras que sofremos neste país, e assim por diante. Mas independente desta luta, que é salutar – e não é bem uma luta, mas um confronto articulado de diferentes interpretações historiográficas – os historiadores também estão em luta a favor do seu campo de saber como Ciência, saber educativo e Prática Social. Os historiadores lutam para conservar (e ter o direito de continuar a desenvolver) tudo o que já foi conquistado pela Historiografia. Às vezes precisam lutar contra governos ou poderes que desejam submetê-los – à sua ciência, campo de ensino ou prática social –, outras vezes devem lutar contra a própria má história que pode surgir de fora dos seus círculos por ignorância dos adequados procedimentos historiográficos, por sujeição a interesses meramente mercadológicos que sacrificam os adequados parâmetros historiográficos, ou por adesões suspeitas a poderes políticos e econômicos, conforme já vimos através de alguns exemplos. Gostaria de finalizar este estudo sobre a relação entre História e Historiografia registrando e comentando alguns tópicos que podem ser importantes para uma agenda de luta dos historiadores contemporâneos, pelo menos no que concerne àqueles que se situam em um campo historiográfico progressista. Consideremos os dez itens propostos abaixo.

1. Luta pela preservação da História como pesquisa, ciência e campo de expressão.

2. Luta pela preservação do Ensino de História em todos os níveis da Educação: dos níveis escolares à Graduação (inclusive através da inclusão de disciplinas nas outras graduações, que não a especializada em História, pois todo campo de saber científico também possui a sua própria história e seu direito ao estudo da história de seu campo científico).

3. Luta a favor da História Pública, voltada para o benefício e esclarecimento da sociedade como um todo.

4. Luta pela pluralidade social da História, atuando para que todos os grupos sociais nela se vejam representados – seja como produtores de história, objetos de estudo ou interesse historiográfico, ou leitores/receptores dos discursos da história.

5. Luta pela polifonia na História (assegurar a exposição de todos os pontos de vista, e de que as diversas vozes sociais circulem em uma análise historiográfica, mesmo que esta seja escrita por um único historiador que defende a sua própria linha interpretativa).

6. Luta contra o monopólio estatal da História, em várias circunstâncias (o que significa lutar pela autonomia da História).

7. Luta contra a deformação historiográfica – seja através de distorções e manipulações de sua base de dados e fontes, seja a partir de um discurso contendo afirmações falsas e falácias argumentativas.

8. Luta pela ética que deve estar presente no trabalho de cada historiador e em sua inserção especializada na sociedade e no mundo político que o envolve.

9. Luta para assegurar o caráter interpretativo e problematizador da História.

10. Luta para que a história seja um instrumento de conscientização (e não de alienação).

Estes aspectos, sintetizados visualmente na "Figura 4", fazem parte de um modelo de ação articulado que pode orientar a Historiografia como um todo, ou ao menos o campo progressista da comunidade historiográfica, que sustento que seja amplamente predominante desde o século XX. Lutar para assegurar as diversas formas de agir na história, eticamente e com responsabilidade social, deve fazer parte da agenda progressista de todos os historiadores. Alguns aspectos mencionados são evidentes. Já à partida, precisamos lutar todos pela preservação da História como prática de pesquisa, ciência com direito ao assento universitário e o concomitante reconhecimento pela sociedade, além de assegurar o papel da Historiografia como campo de expressão ao qual tem direito toda a sociedade, com seus múltiplos e diferenciados grupos. De igual maneira, é óbvio que é preciso lutar ainda pela preservação da História em todos os níveis de Educação – mas, por evidente que isto pareça, não foram raros os governos ou poderes que tentaram excluir a História dos currículos escolares. Também não são raros os programas governamentais de auxílio à ciência que não reconhecem a cientificidade da História e a necessidade de apoiar os seus projetos e pesquisas, tal como é feito com outros campos científicos. A compreensão de que a História é uma prática social fundamental para todos também nem sempre é reconhecida. Por isso a necessidade de afirmarmos constantemente este programa de inserção social, científica e educacional para a Historiografia. Na "Figura 4", organizei esta agenda de uma maneira especial de modo a favorecer a percepção das conexões que podem ser estabelecidas entre os seus diferentes itens.

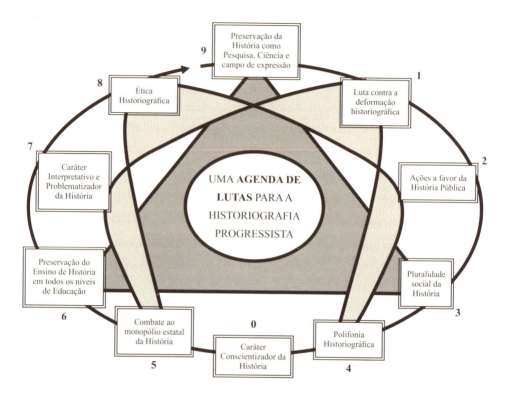

Figura 4. Uma agenda para a Historiografia Progressista.

Na figura proposta estão sobrepostos um triângulo ao fundo e uma figura de seis pontas. A figura é um Eneagrama especial que pode nos levar a compreender visualmente algumas coisas. Nos vértices do triângulo de fundo situei os três itens centrais que nos levam a perceber que a História é simultaneamente uma *Ciência* (ou um campo de expressão), uma *Prática Social*, e um saber que também deve se relacionar à *Educação*. De fato, os pontos 8, 9 e 1 do quadro sinalizam para questões importantes para a dimensão científica da História; os pontos 2, 3 e 4 atentam para aspectos particularmente importantes para a dimensão da História como prática social; e os pontos 5, 6 e 7 sinalizam para aspectos que são hoje muito importantes de levarmos em conta ao pensar a relação entre a História e Educação.

É claro que alguns dos pontos sinalizados são polivalentes. Por exemplo, a compreensão e luta que permite considerar o "caráter interpretativo e problematizador da História" é tão importante para a dimensão científica da História como para a sua dimensão educativa; e, na verdade, também para o papel da História como prática social. Não obstante, preferi aproximar este item do vértice relacionado à dimensão educativa da História. De igual maneira, a História Pública não é apenas uma questão importante para a dimensão social da História, mas também interage com a sua dimensão educativa. Dito isto, organizei a agenda historiográfica de uma maneira que atende a certa lógica. Fora os nove pontos listados, acrescentei um que se relaciona com todos: o Caráter Conscientizador da História (0). Em uma agenda regressista, este aspecto é invertido e investe, ao contrário, no potencial alienante ou desinformador que pode ser promovido por certos tipos de Histórias – com repercussões igualmente nefastas em todos os pontos, a exemplo do Ensino e da dimensão social da História, que nestes casos geram um ensino histórico alienante e uma historiografia na qual a sociedade não se vê representada.

Podemos dedicar o tempo que quisermos à contemplação desta imagem complexa. Por exemplo, vamos nos concentrar por ora no grupo que sinaliza pontos importantes para a dimensão educativa e educadora da História. Se a preservação do Ensino de História em todos os níveis de educação é de fulcral importância (6), a luta dos historiadores também implica assegurar em todos estes níveis de educação o "caráter interpretativo e problematizador da História" (7). Este ensino nos diversos níveis, além disso, não pode ser expressão dos interesses do Estado. Tanto a ciência histórica como o ensino de história precisam ser autônomos, encaminhados por uma comunidade de historiadores e professores de História que trabalhem de acordo com os princípios aceitos pela comunidade historiográfica e tendo em vista as pesquisas que aí se realizam.

Quando me refiro ao "combate ao monopólio estatal da História" (5), refiro-me à resistência contra situações que já ocorreram muitas vezes: monarquias ou poderes políticos que se apropriaram da História para seus interesses e perseguiram a autonomia da ciência e ensino de História, e particularmente situações que vimos em regimes totalitários na primeira metade do século XX. Conhecemos também as tentativas regressistas contra as quais temos de lutar nos dias de hoje. A Historiografia científica desenvolveu-se durante mais de dois séculos para consolidar gradualmente e de maneira decisiva a consciência de que a História é um saber de "caráter interpretativo e problematizador" (7). No entanto, por absurdo que pareça aos historiadores, existem projetos curriculares para a História que advogam que esta deveria "se limitar aos fatos" e não produzir interpretações sobre os processos históricos. Regredir a uma História Factual – ou na verdade a um modelo de História que acredita que é possível, rigorosamente, termos uma História que meramente relate os fatos sem produzir nenhuma interpretação ou se ancorar em nenhum ponto de vista bem fundamentado – é um contrassenso para qualquer bom historiador nos dias de hoje. No entanto, há países que, nesta última década, abriram espaço para propostas direitistas, elitizantes ou regressistas que buscam fazer crer a certos setores da sociedade que a Historiografia poderia recuar aos piores modelos de séculos anteriores (e não aos melhores) e recair em uma mera história factual, não interpretativa, não problematizadora e não conscientizadora, em muitos casos deformadora e representativa de poderes dominantes que querem impor uma certa imagem de História e interferir canhestramente na memória coletiva.

Vejamos agora os itens que, em nosso esquema visual, aproximam-se do vértice que define a História como uma prática Social. O aspecto que definimos como uma luta a favor da "Pluralidade Social" (3) tem sido fundamental desde os desenvolvimentos historiográficos que se deram a partir do século XX. O que é assegurar a pluralidade social na Historiografia? Podemos considerar que a Historiografia lida com o elemento humano em três instâncias interconectadas: na sua Produção, no seu Conteúdo e na sua Recepção. Quem produz a História são seres humanos (os historiadores são mulheres e homens). Ao mesmo tempo, a história estuda seres humanos como objetos de estudo, de modo que o fator humano também está presente no conteúdo examinado ou produzido pelos historiadores (a História, como dizia Marc Bloch, é a "ciência dos homens no tempo"). Por fim, as realizações historiográficas serão recebidas, no ato criativo de serem lidas ou assistidas, por mulheres e homens que são os leitores de livros de história e os espectadores de palestras ou realizações nas diversas mídias. Portanto, como de resto qualquer ciência humana, o trabalho historiográfico lida com o elemento humano nas três pontas de um triângulo: o historiador que a produz; o objeto do qual se fala; e o leitor que a receberá como um produto acabado.

Trazer a pluralidade social para a História é assegurar que os vários grupos sociais e identitários estejam representados como historiadores, objetos de estudo e leitores ou receptores das realizações historiográficas. No Brasil, por exemplo, pelo menos a metade dos historiadores é constituída por mulheres. Isto é um elemento de pluralidade social. Também temos historiadores negros, muitos dos quais engajados nos movimentos sociais que lutam contra o racismo, e nos estados brasileiros onde é relevante a população indígena já temos muitos índios provenientes de diferentes etnias acorrendo aos bancos universitários da Graduação de História para se formarem futuros historiadores. Isto é atender a um projeto social de inclusão da pluralidade social no vértice da produção historiográfica: os historiadores precisam ser pertencentes a todos os grupos sociais, identitários, e muitos deles relacionados aos diferentes movimentos sociais que lutam por assegurar representação social e política. Precisamos também estudar o mundo humano na sua ampla diversidade. A História, como já dizia Walter Benjamin na primeira metade do século passado, não pode se limitar a reverenciar o cotejo dos vencedores. Por fim, é preciso assegurar que a História atinja os diferentes tipos de leitores.

O papel da História Pública (2) torna-se fundamental com relação a este aspecto. Os historiadores não podem mais se limitar, nos dias de hoje, a escrever História apenas para os seus pares científicos e para ficarem acantonadas nos muros das universidades, ou aprisionados nas páginas de livros apenas direcionadas ao público especializado dos próprios historiadores. Escrever para historiadores e para "historiadores em formação" (alunos de graduação em História) é muito importante, sim. Mas a literatura historiográfica não pode se limitar a isto. É importante escrever também para a sociedade como um todo; e é imprescindível escrever também para os diversos grupos e tipos de grupos que compõem a sociedade. Precisamos escrever Histórias para os movimentos sociais, para o público comum, para os apreciadores de História sem formação especializada, para as minorias que se querem ver representadas e que querem compreender a História nos seus próprios termos, para as diversas faixas etárias de público infantil, e assim por diante. O projeto de contribuir para uma História Pública também prevê uma multiplicação de suportes que não apenas o textual – seja aquele em forma de livro, artigo, ou outros – mas também através de realizações historiográficas que podem se manifestar sob a forma de aulas públicas, *lives*, intervenções, exposições, filmes, transmissões radiofônicas, podcasts, blogs e recursos virtuais e tantos outros.

Se a pluralidade social pode ser trazida para o círculo da produção historiográfica – através de uma maior diversificação social, política e cultural no perfil dos historiadores que escrevem as suas "representações da História" – e se esta mesma pluralidade pode ser trazida para a recepção historiográfica através da História Pública, é já uma ambição anterior e importante a de se trazer a pluralidade social para os conteúdos da Historiografia (seus objetos). Conquistar uma maior "abrangência de temas" – trazendo para o interior dos conteúdos historiográficos a serem estudados a pluralidade social da história – foi uma das tarefas mais bem-sucedidas dos historiadores do século XX, e até hoje dela nos beneficiamos. Se todos podem produzir

História, e se todos podem ler produtos e realizações historiográficas, todos também podem ser representados pela História através dos seus diversificados objetos de estudo. A sociedade como um todo frequenta as análises dos historiadores, mas também a sua vida, em cada um dos seus aspectos. A "expansão de temas" da qual se beneficiou a Historiografia contemporânea, desde as primeiras décadas do século XX, pode ser sintetizada através de um aforismo que se tornou bastante célebre: "Tudo é História". A expansão de temas de estudo entre os historiadores do século XX, e a pluralidade social trazida para os conteúdos da análise historiográfica, veio também acompanhada de duas outras expansões: a "expansão dos tipos de fontes históricas" e a "multiplicação de campos históricos", a qual fez da história política do século anterior apenas um dos muitos campos históricos que podiam ser mobilizados por historiadores que passaram também a visar a história econômica, história cultural, história demográfica, história das mentalidades e inúmeras outras modalidades historiográficas que encontraram seu lugar no universo de identidades historiográficas. Deste modo, a pluralidade social representada pela História também assume uma multidimensionalidade. Estudamos a pluralidade social, com todos os seus matizes e identidades, através das várias dimensões que constituem a vida social.

Com tudo isso, podemos sustentar que a "abrangência de temas" foi de fato uma conquista do século anterior ao nosso, e que permanece como um ponto programático importante em uma agenda para a Historiografia progressista do século XXI. A história se expandiu através de uma multiplicidade de campos históricos, no interior dos quais, ou na conexão entre os quais, todos os temas – ou quase todos os temas – tornaram-se possíveis, ao menos em tese. A abrangência de temas, na historiografia, corresponde a um movimento de progressiva inclusão em relação aos assuntos sobre os quais podemos discorrer historiograficamente.

Este movimento continua. Entre diversas alternativas disponíveis proporcionadas por uma Historiografia plural, os historiadores já escrevem uma História Vista de Baixo desde as últimas décadas do século XX; da mesma forma que a Micro-História também tem sido particularmente atenta à possibilidade metodológica de explorar a trajetória de indivíduos comuns de modo a enxergar questões sociais, políticas, culturais e econômicas de maior amplitude (o "micro" permitindo examinar o "todo"). A História Social, de sua parte, é bem mais antiga, remontando às realizações da historiografia marxista no século XX e aos empenhos de historiadores como os que constituíram as primeiras gerações da Escola dos *Annales*.

Para as próximas décadas, esperamos a possibilidade de que a História Vista de Baixo afirme-se cada vez mais na sua tendência a se tornar progressivamente inclusiva, sofisticando-se na direção de algo como uma "história vista de todos os lados", assim compreendida como a História que apresenta adequadamente as diversas perspectivas relacionadas a todos os setores sociais e identidades culturais. A "História Vista de Todos os Lados" seria efetivamente sinônima de uma "História Inclusiva". Acredito que – se a história conscientizadora produzida pelos setores mais progressistas do século XX pôde ser percebida como uma oposição da "História Vista de Baixo" àquilo que muitos categorizam como o campo da historiografia oficial, estatal, atenciosa aos interesses dominantes – já a continuidade da atenção à pluralidade social poderá se colocar, no século XXI, nos termos de uma oposição entre uma "história inclusiva" e uma "história excludente".

Em uma obra anterior[35] destaquei que, em uma perspectiva mais abrangente, a História Vista de Baixo torna-se um capítulo fundamental da História Inclusiva, que por outro lado se empenha em atravessar a compreensão da sociedade de alto a baixo, por todos os lados, em todas as profundidades. As desigualdades decorrentes do capitalismo podem ser em boa parte afrontadas por uma História Vista de Baixo. Existem, contudo, vários outros tipos de assimetrias, como aquelas derivadas do pós-colonialismo – tais como a discriminação racial e a xenofobia – ou ainda outras derivadas da longíssima duração e da infindável extensão histórica do patriarcalismo, tais como a discriminação sexual e o sexismo. Unir o pleno reconhecimento da pluralidade social (3) a um investimento sempre crescente no caráter conscientizador da História (0) é a base de uma Historiografia Inclusiva que enfrenta todas as assimetrias produtoras de desigualdades[36].

A História como prática social – além das ações a favor da História Pública (2) e do reconhecimento da pluralidade social nas três pontas de um triângulo que envolve a produção, conteúdo e recepção das realizações historiográficas (3) – implica

---

35. *Seis Desafios para a Historiografia no Novo Milênio* (BARROS, 2019-b).
36. Sobre esta tríade de modernas dominações, assim se expressa Boaventura de Sousa Santos em um texto particularmente oportuno: "Tenho defendido que a dominação moderna é constituída desde o século XVI por três modalidades principais de dominação: o capitalismo, o colonialismo e o patriarcado. Desde suas origens, esses três modos de dominação sempre atuaram articulados. As épocas e os contextos sociais de cada país se distinguem pelo modo específico de articulação entre os diferentes modos de dominação que prevaleçam. O colonialismo não terminou com o fim do colonialismo histórico. Continua hoje sob outras formas, como o colonialismo interno, o racismo, a xenofobia e a islamofobia" (Santos, 2018, p. 77).

a possibilidade de uma escrita polifônica (4). Pode ser a Historiografia enunciada a muitas vozes?

Vivemos em um mundo desigual e diferenciado, onde grupos sociais diversos lutam cada quais pelos seus interesses e necessidades, em muitos casos combatendo as desigualdades que os afetam. Além disto, neste mundo complexo as distintas identidades lutam pelo seu direito de se afirmarem como diferenças. Em um mundo desigual e diferenciado como este, a necessidade de dar voz a todos os que precisam ser ouvidos e que têm algo a dizer, ou de abrir espaços para que sejam expressos os inúmeros pontos de vista possíveis, leva a historiografia a se abrir para a ressonância de muitas vozes.

Perceber a possibilidade de uma escrita polifônica da história e pela Historiografia é trabalhar com a ideia de sua emissão simultânea por diversas vozes. A História torna-se tanto mais inclusiva quanto mais abriga ou abrange dentro de si um número cada vez maior de vozes. O conceito de *polifonia* vem da Música. A palavra expressa a possibilidade de encaminhar vozes distintas que interagem no interior de uma composição musical na qual cada voz tem a sua importância e o seu próprio protagonismo, inter-relacionando-se todas elas de forma harmônica, seja para produzir tensões ou apaziguamentos que devem ser trabalhados esteticamente pelo compositor. Na História, escrever uma história a muitas vozes – ou seja, uma "história polifônica" – permite trazer a esta História o já mencionado reconhecimento da pluralidade social da História.

Já mostramos que, de acordo com o princípio da pluralidade social da História (3), cada voz social tem o direito de contar a sua história, isto é, de expor em linguagem historiográfica o seu ponto de vista, os seus elementos identitários, as suas demandas, as narrativas construídas no seio do próprio grupo. Neste sentido, já ressaltamos que haveria uma História a ser narrada por cada grupo social, por cada minoria, por cada gênero, por cada identidade que precisa se afirmar social ou culturalmente. Multiplicar as vozes historiadoras é uma tarefa para as novas gerações que buscam uma historiografia inclusiva, e por isso é importante atrair para os cursos de graduação em História uma variedade grande de sujeitos sociais. No conjunto de trabalhos produzidos em um mundo ideal no qual todos tivessem a sua voz historiográfica, chegaríamos a uma razoável "polifonia de Histórias".

Além disto, existe outra interessante possibilidade de pensar a efetividade de uma História Polifônica. Seria possível, a um mesmo historiador, ao escrever um mesmo texto, ter sucesso em expor a história sob diversos pontos de vista? Pergunta-se, portanto, se podemos entrever alternativas para além da mera soma de fragmentos que apenas realiza a possibilidade polifônica ao nível do conjunto da comunidade de historiadores[37]. Seria o caso de indagar: pode a polifonia explícita ser trazida, através de recursos da escrita, para o interior de uma mesma obra historiográfica, produzida por um só historiador, por exemplo?

Enfrentar os limites tradicionais da narrativa tem sido um dos desafios que se colocam para os historiadores nos dias de hoje no que concerne à própria escrita do texto historiográfico. Muito habitualmente, o modelo de narração que tem sido abraçado pelos historiadores é aquele que produz um ponto de vista unidirecional. Estejamos diante de uma "história narrativa" no sentido tradicional, de uma história analítica, ou de uma história que lide com dados e quantificações, o que se vê no modelo mais praticado pelos historiadores, até hoje, é aquele em que a voz do historiador – única e unidirecional – ergue-se acima de todos os personagens da trama impondo-lhe um único direcionamento e, frequentemente, uma perspectiva que submete todas as outras. Já se argumentou que esta – a escrita unidirecional – constituiu o grande modelo narrativo do romance do século XIX, embora os literatos do século XX o tenham superado de muitas maneiras[38].

Conforme já sustentei em uma obra anterior, a experimentação voltada para a apreensão polifônica do mundo histórico apresenta-se como uma das muitas tarefas da historiografia do novo milênio[39]. Do ponto de vista da polifonia, não basta ao his-

---

37. Os problemas pertinentes à fragmentação historiográfica em temáticas de ocasião foram evocados emblematicamente por François Dosse no célebre livro *A História em Migalhas* (1987), o qual critica a chamada *Nouvelle Histoire* francesa. Nesta obra, François Dosse acentua o significativo distanciamento dos historiadores franceses da chamada Nova História em relação ao projeto de "história total" da Escola dos *Annales*, embora aqueles referidos historiadores quase sempre divulguem o discurso de que são os herdeiros diretos das duas primeiras gerações dos *Annales* (de Bloch e Febvre a Braudel), a exemplo do prefácio de Jacques Le Goff para a obra coletiva *A Nova História* (1978). Ver ainda, sobre a tendência francesa da Nova História, o ensaio de Philippe Carrard intitulado *Poetics of the New History. French Historical Discourse from Braudel to Chartier* (1992).

38. A observação é de Peter Burke, em "A História dos Acontecimentos e o Renascimento da Narrativa" (1992, p. 327-348). Os exemplos na Literatura contemporânea seriam inúmeros. Já desde 1906, com o *Ulysses* de James Joyce (1882-1941), temos um exemplo impactante da literatura experimental, com um vasto romance que se passa em um único dia e no qual o autor trabalha com os fluxos de consciências dos personagens e com o confronto de vários gêneros e estilos interagindo formalmente na mesma obra, sem mencionar a instigante intertextualidade com o *Ulisses* homérico. Para o caso da literatura de língua portuguesa, basta lembrar os livros de José Saramago. Não haveria limites para os exemplos que poderíamos dar, mas um grande marco para a escrita polifônica no gênero romance pode ser identificado com os livros de Dostoievski (1821-1881).

39. *Desafios para a Historiografia no Novo Milênio* (BARROS, 2019-b, p.83-90).

toriador reconhecer no próprio mundo histórico examinado os seus diversos personagens e agentes, portadores de suas vozes específicas, de suas singularidades e de posições ideológicas independentes, se, ao final da construção narrativa, estes personagens terminam por produzir, no seu conjunto de interações contraditórias, apenas uma única ideologia dominante. É preciso explorar alternativas para além deste padrão narrativo mais habitual no qual os historiadores, ainda que acostumados a administrar nos seus textos as diversas vozes sociais, nem sempre se empenham em transcender um modelo de escrita monódica no qual, no fim das contas, apenas uma única voz faz-se ouvir. Para que possa se realizar, a escrita polifônica precisa ser por um lado desejada (já que nem todos estão dispostos a abrir mão de um pensamento único). Por outro lado, o escrever polifônico também precisa ser aprendido. Podemos nos inspirar, para tal, tanto nos literatos que o praticaram, a exemplo de Dostoievski ou Machado de Assis, como nos historiadores que desde os tempos mais recentes começam a se empenhar em trazer um pouco de polifonia social e cultural para a própria escrita da História.

Os pontos (8), (9) e (1) de nosso esquema visual referem-se à necessidade de pensar a Historiografia como ciência, ou pelo menos como campo de expressão que possui suas normas, é amparado por procedimentos bem especificados no âmbito da comunidade de seus praticantes e que cumpre suas funções dentro da sociedade que o acolhe. Lutamos aqui com aspectos já discutidos anteriormente. Um deles é a deformação historiográfica (1) que pode ser produzida seja no seu âmbito argumentativo, seja na sua dimensão empírica, com o ocultamento ou falsificação de fontes, afirmações não amparadas efetivamente em fontes, descontextualizações e deslocamentos indevidos de eventos e uma série de outros procedimentos relacionados a contraoperações historiográficas que podem ser decorrentes ou de ignorância ou de má-fé. No âmbito argumentativo, temos as mais diversas falácias de argumentação, além do uso indevido de certos conceitos – a exemplo dos chamados "anacronismos". A luta contra a deformação historiográfica (1) e a atenção à ética entre os historiadores (8), são os dois fatores que apoiam a possibilidade de termos um conhecimento historiográfico científico (9), considerando que, tal como ocorre com qualquer outro campo de saber, a pseudociência também pode rondar a História de muitas maneiras e precisamos combatê-la.

Conforme sustentamos em obra anterior[40], os fatores que comprometem mais frontalmente a veracidade historiográfica, aqui entendida como a possibilidade de

---

40. *Verdade História – arqueologia de uma relação* (BARROS, 2014).

realização de um conhecimento historiográfico que possa ser aceito pela comunidade de historiadores como verdadeiro – o que está longe de significar "exato", "único", "definitivo" – relacionam-se em muitos casos a falhas metodológicas (sejam estas intencionais ou não). A própria escolha de fontes, por exemplo, requer decisões metodológicas com vistas a convencer o leitor e a comunidade de historiadores de que o material do qual partirá o historiador satisfaz do ponto de vista da veracidade. Entre os problemas que podem comprometer a veracidade estão as escolhas de fontes não representativas, a desconsideração ou ocultamento de fontes e fatos com vistas aos posteriores falseamentos da base dados, o aproveitamento descontextualizado de fontes e de informações nelas contidas, o tratamento isolado de fontes e de informações, neste caso desconsiderando a rede de outras fontes ou a sua excepcionalidade. Questões como estas, de cunho francamente metodológico, devem ser enfrentadas não apenas pelo modelo progressista de historiografia, mas por qualquer historiador que se esmere por trazer dignidade ao seu campo de estudos.

De igual maneira, seria comprometedor para a veracidade historiográfica uma ausência de crítica dirigida à verossimilhança de informações presentes nas fontes, o que ocorre quando ignoramos aspectos como as circunstâncias de produção das fontes, os interesses que produzem os discursos por elas encaminhados, ou a parcialidade dos pontos de vistas envolvidos na sua elaboração. As inadequações do método podem se dar involuntariamente, por falhas na competência historiográfica, ou premeditadamente, por má-fé historiográfica, tal como vimos no episódio que mais atrás chamamos de "venda de historiadores" (episódio no qual alguns historiadores aceitaram a bem paga tarefa de reescrever a história da Alemanha Nazista com vistas a inocentar grandes empresas alemãs que tinham cooperado ou enriquecido com aquele regime).

Os aspectos relacionados aos abalos na legitimidade de um conhecimento histórico que se pretenda verdadeiro também podem se ligar ao outro gesto da operação historiográfica, que é a formulação de interpretações que possam ser reconhecidas como dotadas de veridicidade. Admitida a pluralidade de pontos de vista e o "caráter interpretativo e problematizador da História" (ponto 7 do nosso esquema), podemos nos perguntar quais são os aspectos que comprometem a *veridicidade* de uma determinada interpretação[41]. Podemos dizer que, de uma maneira mais geral, os aspectos

---

41. Na obra anteriormente mencionada – *Verdade e História: arqueologia de uma relação* (2014) – contrastamos e nuançamos estas palavras semanticamente próximas: a *veracidade*, afetada na História pelos procedimentos metodológicos falhos, e a *veridicidade*, relativa às falhas decorrentes de exposições teóricas ou linhas interpretativas inadequadas (BARROS, 2014, p. 10-14).

que comprometem a veridicidade – ou seja, que produzem interpretações historiográficas inaceitáveis – são relativos às inadequações teóricas e argumentativas. Vale dizer: mesmo que trabalhando com correção metodológica sobre uma base de dados e sobre um conjunto adequado de fontes, podem facilmente surgir interpretações frágeis do ponto de vista da veridicidade quando ocorrem inadequações teóricas e argumentativas. Assim, os elementos factuais podem estar corretos quando enunciados isoladamente; mas a conexão que uma operação historiográfica estabelece entre eles pode ser equivocada, não convincente, ou mesmo manipuladora. Falácias argumentativas de toda ordem também podem comprometer a veridicidade de uma interpretação acerca de um problema histórico. Ao mesmo tempo, construir uma interpretação sem uma adequada base demonstrativa – ou sem apoio em elementos dotados de veracidade – também inviabiliza a veridicidade de uma interpretação historiográfica.

Combater a deformação historiográfica e assegurar a ética entre os historiadores unem-se, por fim, como todos os demais aspectos até aqui mencionados, ao ponto "0" de nossa agenda de lutas: o caráter conscientizador da História. Precisamos atentar para este fator em todos os momentos, seja para que a História possa seguir como conhecimento cientificamente construído (9), seja para que funcione como "prática social" aceitável (3), seja para que possamos oferecer à sociedade um Ensino de História com efetiva qualidade (6).

Com um comentário final sobre este aspecto encerraremos a nossa agenda para uma historiografia progressista. Proporcionar uma crescente conscientização histórica é a principal função da História (0)[42]. A principal forma de cumprir esta função social – além da produção de realizações historiográfica honestas, corretas e relevantes – é o que chamo de "transferência de criticidade". Os historiadores científicos, na sua trajetória de mais de dois séculos, sofisticaram cada vez mais a sua capacidade de criticar as fontes. No mundo atual – onde as massas manipuladas pelas mídias parecem não ser movidas a desenvolver uma capacidade maior de criticar o que lhes é exposto diariamente através dos jornais, TV e Internet – a Historiografia poderia exercer precisamente o importantíssimo papel de instrumentalizar o cidadão comum com uma maior e cada vez mais necessária capacidade crítica.

Parte significativa das fontes escritas utilizadas pelos historiadores é constituída pelo que podemos chamar de *discursos*: textos emitidos por um autor – seja individual,

---

42. Esta reflexão também encerra o livro *Desafios para a Historiografia no Novo Milênio* (2019-b, p. 91-103). Dada a sua importância, optei por encerrar este capítulo com este tema incontornável para a Historiografia contemporânea.

institucional ou coletivo – que elaboram e encaminham determinadas mensagens visando certos setores de públicos receptores ou o atendimento a determinada finalidade no seio da sociedade em que se insere o texto. Uma carta pode ser dirigida a um único leitor; um diário pode ser dirigido a si mesmo; um jornal pode visar milhares ou milhões de leitores; um edito governamental pode alcançar o gerenciamento de uma população nacional inteira. Variando nos gêneros de discurso – e, portanto, nas suas especificidades e metodologias que podem ser a eles aplicadas – todos esses tipos de textos, e inúmeros outros, precisam ser analisados com *criticidade* – com a capacidade de entendê-los como discursos que representam interesses, posições sociais, visões de mundo, demandas culturais, ideologias, lances circunstanciais nos jogos de poder, ambições políticas ou econômicas, esforços de enquadramento da população em sociedades disciplinares, interesses de dominação e gestos de resistência a poderes rivais. Todo discurso possui um universo subjacente que o conforma e que pode ser compreendido a partir de análises atentas, menos ou mais sofisticadas.

O que mais fizeram os historiadores ao longo de dois séculos de aprimoramento de sua ciência histórica foi adquirir capacidades de analisar criticamente os textos. Quando um historiador examina uma notícia de jornal, ele não a toma meramente como fonte de informações, mas sim como discurso a ser analisado, compreendido, problematizado. Fazemos isso ao ler criticamente um jornal do século XIX ou da primeira metade do século XX: identificamos o seu polo editor, o conjunto dos seus anunciantes, as suas diferentes faixas de leitores, a polifonia de textos que estão abrigados em um exemplar de um jornal diário. Ao analisar um texto jornalístico, avaliamos o seu vocabulário, bem como a escolha, nada neutra, de palavras. Deciframos o conjunto de interesses que o movem, indagamos sobre as pressões que o confrontam, identificamos as distorções e manipulações, avaliamos as informações seletivas que são oferecidas pelo texto, e os silêncios que gritam nas suas entrelinhas.

Jamais examinamos um texto jornalístico apenas em si mesmo, como se ele dissesse tudo apenas com as palavras que nele estão abrigadas. Investigamos a sua intertextualidade, comparamos o texto em análise com outros, antecipamos os seus efeitos (que também foram antecipados pelos autores do texto jornalístico). Embora um jornal de determinada época possa trazer *informações* a um historiador, são principalmente os *discursos* que nele se entrelaçam que se tornam o principal objeto de análise. Abordar com capacidade crítica os discursos (e as informações que por estes são disponibilizadas, e como são disponibilizadas) é a base da metodologia de análise de fontes da qual precisam se valer os historiadores, e que tem sido a sua grande conquista metodológica ao longo de séculos. Tudo isso corresponde ao que poderíamos sintetizar em uma palavra-chave: "criticidade".

A criticidade é o produto mais refinado da História enquanto campo de saber. Dos historiadores mais ingênuos que aceitavam acriticamente as descrições depreciativas elaboradas pelos antigos senadores romanos sobre os Imperadores, seus rivais políticos imediatos, aos primeiros historicistas que situaram estas descrições nos seus contextos políticos, sociais e circunstanciais, há um primeiro salto relevante. Das análises historiográficas ingênuas, que não decifravam os discursos laudatórios das antigas crônicas régias, aos métodos sofisticados de análises de discursos, temos um longo desenvolvimento que é talvez a principal conquista dos historiadores. De fato, dos primórdios da crítica documental aos dias de hoje, nos quais os historiadores diversificaram extraordinariamente as suas técnicas voltadas para a leitura e análise de textos, temos um potencial crítico-interpretativo que se desenvolveu extraordinariamente. Analisar os discursos presentes nas fontes, diga-se de passagem, requer a mesma capacidade crítica que deve ser conclamada para analisar os discursos contemporâneos. Por esta razão, quando alguém aprende a criticar fontes históricas de períodos anteriores, desenvolve concomitantemente a capacidade de criticar textos de sua própria época. Tenho a convicção de que a transferência social desta capacidade crítica é o bem mais precioso que os historiadores podem legar à sociedade que os acolhe, e que ampara a sua existência através das universidades que os abrigam e dos interesses de diversos tipos de público pelos livros de História.

Na última década, acirrou-se em diversas partes do mundo a manipulação das massas pelos meios midiáticos. No Brasil, nosso lugar de observação mais imediato, é impressionante perceber como inúmeras pessoas recebem acriticamente as informações e discursos que lhes chegam através dos jornais impressos, televisivos e virtuais, ou mesmo de recursos digitais de outros tipos, como as transmissões de informação através de aplicativos diversificados ligados à rede mundial de computadores. Para o ouvinte ou expectador acrítico, as notícias de TV são recebidas como fatos – não como discursos de uma emissora que busca agir no meio político em combinação com interesses políticos e econômicos diversos, nacionais e estrangeiros. As *fakes news* são recebidas acriticamente: viralizam no público virtual, são capazes de derrubar governos e ganhar eleições.

Pode-se dizer que boa parte da manipulação de setores expressivos da população brasileira nos tempos recentes – incluindo a apropriação, pela direita conservadora, de sua capacidade de se manifestar nas ruas e nas redes sociais – dá-se precisamente porque muitos cidadãos não sabem ler criticamente nem os jornais, e nem as informações e conteúdos que lhes chegam através da Internet e dos meios digitais. Também é flagrante a dificuldade dos mesmos cidadãos de compreender criticamente as informações relacionadas a índices econômicos divulgados de maneira enviesada, mesmo quando esses índices são falsificados em nítida contradição com as situações da vida real. Matérias de jornais, processos, relatórios governamentais, e mesmo exposições seletivas de dados estatísticos, constituem textos e documentos que se deve aprender a ler criticamente.

Quando se empenham em compreender um período histórico que já se concluiu, os historiadores não têm outra receita que não a de se debruçarem criticamente sobre fontes históricas como os jornais, processos judiciais, documentação de censo, e inúmeras outras fontes às quais têm acesso. Se examinam uma crônica, não é para acreditar em tudo o que diz o biógrafo de um rei, mas sim para analisar criticamente o seu discurso, ao contrário do que fizeram muitos dos leitores da mesma época em que foi escrito este ou aquele texto que se ocupou de apresentar uma narrativa heroica como fato. Os historiadores, ao longo de dois séculos de desenvolvimento de sua ciência, aprimoraram continuamente a habilidade de enxergar como "discursos" o que muitos enxergavam como fatos. No passado, como hoje, compreende-se que a possibilidade de elevação da capacidade crítica da população confronta muitos interesses. Em alguns espaços-tempos – e em alguns países da atualidade encontraremos muitos – certas disciplinas críticas ligadas às ciências humanas, como é o caso da própria História, podem se tornar indesejadas no currículo escolar. Mais do que o aprendizado mais simples de "conteúdos de história", incomoda a estes interesses, sobretudo, que nos alunos dos níveis fundamental e médio sejam estimuladas a "consciência histórica" e a "capacidade crítica". Já vimos isto em exemplos anteriores. Enquanto na Inglaterra das últimas décadas do século XX alguns historiadores progressistas empenhavam-se em elevar a consciência histórica e capacidade crítica da população inglesa – inclusive ministrando cursos relacionados à História Pública – a primeira-ministra Margareth Tatcher financiava uma comissão para planejar um modelo nacional de Ensino que assegurasse um "retorno aos fatos". Persiste, neste e em outros exemplos, a questão final: o que deve ensinar a História?[43]

---

43. Apresenta-se aqui uma questão essencial para a discussão da Didática da História. Deve-se ensinar os alunos a pensar historicamente – isto é, a compreenderem o que fazem os historiadores de modo a se habilitarem, eles mesmos, a desenvolver capacidades historiadoras – ou deve-se simples-

No Brasil de 2022, a ideia de instituir uma pretensa "Escola sem Partido" – que, entre muitas outras formas de vigilância sobre os professores e de interferências na sua autonomia de ensino, preconiza que os fatos históricos devem ser expostos pelo professor sem nenhuma explicitação de uma posição deste em relação a eles – deixa entrever na verdade a proposta de um retorno da História para aquém dos dois séculos de desenvolvimento da capacidade crítica da historiografia. Ou isso – a suposta acomodação factual da disciplina "História" a uma pretensa "Escola sem Partido" – ou a sua exclusão literal dos currículos escolares, sempre rondando o sistema de ensino nas ditaduras de todos os tipos e nos regimes de exceção, parecem despontar aqui as soluções finais previstas pelos setores sociais conservadores para o nosso campo de saber. A História incomoda porque conscientiza – ou pelo menos uma parte importante dela. Talvez o que realmente incomode, mais que a História, seja a autonomia historiográfica: o direito, ou mesmo necessidade, de os historiadores escreverem História livremente e com sua própria consciência, e de ensiná-la ou divulgá-la, para além dos interesses dominantes.

Costumam ainda se fazer presentes, nos regimes de exceção e de opressão, as alternativas de diluição da História em uma disciplina amorfa, de modo a quebrar a matriz disciplinar de um saber que – além de milenar – apresenta em sua trajetória os resultados e conquistas de mais de dois séculos de historiografia científica e crítica. Tal expediente, como se sabe, ocorreu a certa altura do Regime Militar imposto à sociedade brasileira em 1964, quando a disciplina "História" se viu diluída, no Ensino Básico, em um arremedo disciplinar intitulado "Estudos Sociais". Nos tempos recentes, uma medida provisória excluiu a obrigatoriedade da disciplina no Ensino Médio[44]. É sintomático que, nos momentos em que a democracia se vê abalada, e nos períodos mais brutais de ditaduras, explícitas ou não, a História seja combatida de

---

mente "ensinar história"? Para Jörn Rüsen, um dos maiores especialistas da atualidade no assunto, "a didática da história se situa nessa relação direta com a ciência da história, na medida em que se concebe como ciência do aprendizado histórico e não como ciência da transmissão do conhecimento histórico produzido pela ciência da história. No que segue, entende-se "aprendizado histórico" como o processo de formação da identidade e orientação histórica mediante as operações da consciência histórica" (RÜSEN, 2012, p. 16).

44. A Medida Provisória n. 746/16 propôs a exclusão da obrigatoriedade da disciplina História no âmbito do Ensino Médio brasileiro. Foi aprovada no Senado, em 08 de fevereiro de 2017, por uma impressionante e decepcionante margem de 43 votos contra 13, para depois passar a integrar a Lei 13.415/17.

tantas maneiras, inclusive na sua integridade como disciplina que deve fazer parte do currículo escolar.

Os historiadores, particularmente através de suas principais associações, são conclamados a resistirem. A responsabilidade social deve ser preconizada como um dos valores de resistência da nova Historiografia, no Brasil e no mundo. Através da "transferência de criticidade" para os diversos setores da população – seja através do ensino escolar e superior, seja através da divulgação de obras que estimulem em seus leitores a capacidade crítica, ou seja, por fim, através da utilização adequada da própria mídia contra os interesses conservadores que costumam dominar o universo midiático – a História nestas décadas iniciais do novo milênio demanda combatividade, como já ocorreu em diversos outros momentos.

Segunda Parte

Alguns historiadores

2
Percepções plutarquianas da escrita biográfica

Maria Aparecida de Oliveira Silva

2.1. Introdução

A escrita biográfica de Plutarco é composta de elementos que resultam em um estilo refinado, com bom uso da arte retórica, aliada a reflexões filosóficas que nos remetem a diversas correntes, como a estoica, a aristotélica e a platônica, sendo esta última a mais citada. As composições poéticas ocupam um espaço significativo nas biografias plutarquianas, elas servem de apoio às assertivas de Plutarco sobre o comportamento moral de suas personagens. Em geral, as poesias trágicas e cômicas desempenham o papel de máximas que se assemelham a adivinhações ou premonições. Em outros momentos, as falas das personagens trágicas ou cômicas adquirem valor histórico e atuam como testemunhos de um acontecimento. Artefatos, estátuas, monumentos, entre outros, também são descritos por Plutarco, ora para caracterizar suas personagens, ora para comprovar algum fato.

Além das características apontadas, Plutarco nos apresenta uma escrita biográfica que dialoga com a história, em uma composição que, apesar das imprecisões, pretende ser precisa. O autor analisa o caráter de suas personagens através da história por meio de suas ações, visto que estas são realizações concretas de seu caráter. Desse modo, as ações das personagens plutarquianas dão forma a um construto no qual edificam o seu caráter e fornecem ao seu leitor exemplos e contraexemplos de conduta. Na elaboração de sua narrativa, Plutarco segue a estrutura biográfica mínima, com informações sobre a origem, o nascimento e a infância de suas personagens, logo em seguida vêm os relatos dos acontecimentos da vida adulta[45] até os que desencadeiam em sua morte. Esta estrutura concebida por Plutarco que forma uma tríade constituída de nascimento, vida e morte, a nosso ver, a segue a lógica heraclitiana na qual o número três é considerado o mais perfeito dos números por conter o princípio, o meio e o fim. Tal como as três fases do enigma proposto pela Esfinge de Tebas a Édipo: na infância o homem caminha com quatro pés, porque engatinha; quando cresce, com dois pés; contando com a bengala na velhice, a fase que simboliza a passagem para a morte, o homem caminha com três pés.

Para explicar ao leitor a sua metodologia de escrita ao narrar o nascimento, a vida e a morte de seus biografados, conforme notou Duff, Plutarco estabelece a seguinte divisão em suas biografias: prólogo, primeira parte da vida, segunda parte da vida e a comparação[46]. O prólogo é a parte em que Plutarco apresenta seus objetivos e estratégias de escrita, enquanto a primeira parte da vida trata do nascimento, da origem e da formação de seu biografado. A segunda parte da vida é destinada às atividades políticas e guerreiras desempenhadas pela sua personagem e, por último, vem a comparação, que consiste no paralelo entre as biografias de um grego e um romano, nas maiorias delas. A partir dessa informação podemos entender por que Plutarco nomeou sua obra *Vidas paralelas*.

Em nossas reflexões sobre a escrita biográfica plutarquiana, vamos nos deter nas análises dos prólogos, pois são neles que Plutarco expõe suas percepções sobre o curso de sua escrita e, ao mesmo tempo, ele nos ensina como se deve escrever uma biografia. O prólogo é uma espécie de prefácio onde Plutarco justifica a seleção das personagens bem como os caminhos escolhidos para a escrita e a comparação delas. Como veremos a seguir, nos prólogos também encontramos discussões que nos fazem pensar o lugar do mito na história, a função da história na biografia, o papel da filosofia na história, entre outras questões. E ainda, como assinala Beneker, o prólogo está relacionado ao conteúdo de sua narrativa e versa sobre como o tema será desenvolvido ao longo de sua exposição[47], o que nos permite ver como Plutarco elabora conceitos que nos levam a compreender o processo de composição de sua escrita biográfica.

---

45. Convém notar que os antigos gregos não conheciam o conceito de adolescência, este surgiu apenas no século XIX, as fases da vida eram divididas em infância, vida adulta e morte.
46. DUFF, 2011, p. 213
47. BENEKER, 2014, p. 147.

2.2. Mito e História nas *Vidas Paralelas*

O mito representa a forma de pensar dos gregos, assim nos explica Calame, que nos esclarece ainda que é a partir do pensamento mítico que o grego elabora sua visão de mundo, então não se pode estranhar que o mito se confunda com a história, uma vez que a perspectiva dos gregos do mito também é histórica[48]. O mito atrelado à história é algo que permeia o pensamento dos antigos gregos, especialmente na poesia, em todos os seus gêneros. Por influência da épica homérica e dos tragediógrafos de sua época, Ésquilo e Sófocles, que foram seus amigos, Heródoto também mantém relatos míticos em sua narrativa como forma de interpretar a história[49]. Antes dessa assertiva de Calame, houve a leitura de Friedman sobre mito e história na Grécia antiga na qual concluiu que mito e história respondem pela formação da identidade política dos gregos[50]. Portanto, não é sem propósito que Plutarco insere o relato mítico em sua narrativa biográfica; seu intuito é torná-lo uma personagem histórica para analisar e avaliar suas ações.

No prólogo da *Vida de Teseu*, para justificar a escrita da biografia de uma personagem mítica, Plutarco mune-se dos seguintes argumentos:

> Sósio Senecião[51]:
> Os geógrafos[52] relegam os países que desconhecem às extremidades de seus mapas, anotando ao lado de alguns: "Além daqui existem apenas areais estéreis, infestados de bestas selvagens", ou "pântanos sombrios", ou "a Cítia gelada" ou "um mar glacial". Eu também, depois de percorrer, escrevendo estas *Vidas Paralelas*, as épocas acessíveis à verossimilhança e o terreno consistente da história amparada em fatos, bem poderia dizer dos tempos mais recuados: "Além daqui é a terra dos prodígios e das lendas trágicas, povoadas de poetas e mitógrafos, da qual não se tem nem prova nem certeza". Ainda assim, ao publicar o relato consagrado ao legislador Licurgo e ao rei Numa, concluímos não ser fora de propósito remontar até Rômulo, já que as pesquisas nos tinham

---

48. CALAME, 2003, p. 4-7.
49. Sobre a perspectiva mítica e a narrativa trágica de Heródoto, consultar Silva (2018).
50. CALAME, 1992, p. 194.
51. N. T. Quinto Sósio Senecião era importante personagem romano durante os reinados de Domiciano e Trajano. Frequentou lições de Plutarco, em Roma. Daí resultou perdurável amizade entre os dois. Senecião foi quatro vezes cônsul, e a ele dedicou Plutarco as *Vidas Paralelas*.
52. O tradutor optou por seguir a lógica da geografia e escolheu "geógrafos", por não existir o termo à época. Em razão disso, Plutarco grafa οἱ ἱστορικοὶ (*hoi historikoì*) que pode ser traduzido por "os investigadores" ou ainda por "historiadores".

levado a uma época muito próxima da sua. Perguntando-me, conforme os versos de Ésquilo:

Quem enfrentará semelhante mortal?
Quem contra ele enviaremos? Quem terá tal firmeza?[53]

pareceu-me oportuno contrastar e comparar o fundador da bela e ilustre Atenas com o pai da invencível e gloriosa Roma[54].

(PLUTARCO, *Vida de Teseu*, I, 2)

O primeiro dado a ser notado é que Plutarco nomeia a sua obra, pois afirma que realiza a "escrita das *Vidas paralelas*" (τὴν τῶν βίωντῶν παραλλήλων γραφὴν/ *tēn tôn bíōn tôn parallḗlōn graphḕn*). No caso da biografia de Teseu[55], Plutarco redigiu a de Rômulo e depois fez a comparação (σύγκρισις/ *sýnkrisis*) dessas biografias, tecendo comentários elogiosos e críticos aos seus biografados, mas especialmente cotejando a conduta moral deles. Plutarco busca personagens que tiveram algo em comum, seja um grande revés, ou grande glória, ou, como aqui, dois heróis fundadores de duas grandes cidades para estabelecer suas comparações[56].

Outro aspecto a ser apontado na citação acima é o tratamento que Plutarco destina aos relatos míticos em sua narrativa biográfica, pois entende que o mito também tem seu conteúdo histórico, uma parte que dialoga com a realidade e por isso se enquadra na categoria de fatos, ou de acontecimentos. Como bem notou Sapere, Plutarco faz uso da história e do mito como elementos que formam uma composição que confere coesão ao seu relato[57], e nós entendemos que o mito também é o elemento que confere verossimilhança a sua narrativa, especialmente quando se trata de mitos fundantes de cidades ou de leis. A tendência dos antigos gregos de historicizar seus mitos, segundo Thomas, é um fenômeno que se manifesta desde a Guerra de Troia[58]. Em razão disso, Plutarco argumenta que é possível remontar a épocas distantes por meio da verossimilhança (εἰκότι/*eikóti*) e da investigação dos acontecimentos (ἱστορίᾳ πραγμάτων/ *historíai pragmátōn*), que é campo da história[59]. Dessa percepção plutarquiana da

---

53. N. T. Ésquilo, *Os Sete contra Tebas*, versos 435; 395-396. Citação livre.
54. Tradução de Gilson César Cardoso (1991), de quem pertence, doravante, a tradução de todos os excertos das biografias de Plutarco citados neste capítulo.
55. Para uma leitura mais abrangente sobre a biografia de Teseu, consultar Silva, 2009.
56. Sobre as intenções de Plutarco ao compor sua narrativa biográfica, em especial, as razões para que comparassem gregos e romanos, consultar Silva (2014).
57. PLUTARCO, 2015, p. 78.
58. THOMAS, 2002, p. 6.
59. Sobre o que Plutarco pensa a respeito de como se deve escrever um relato histórico, consultar Silva (2013).

verossimilhança e a possibilidade de uma construção narrativa por meio desse argumento, vemos similitude com o seguinte pensamento aristotélico:

> Pois o historiador e o poeta não se diferem por narrar acontecimentos em versos ou em prosa (pois se poderia colocar em versos os livros de Heródoto[60] e não seriam menos uma história em verso que em prosa); mas por isso diferem, por um narrar as coisas (5) ocorridas e o outro as que poderiam acontecer. Por isso também, a poesia é algo mais filosófico e sério que a história; pois a poesia é mais sobre os acontecimentos em geral, enquanto a história narra os acontecimentos particulares. E porque é próprio do universal ocorre de alguém dizer ou fazer coisas, conforme a verossimilhança e a necessidade, de acordo com o (10) que a poesia almeja mesmo colocando nomes nas suas personagens; enquanto a do particular, algo que Alcibíades fez ou que lhe sucedeu.
> (ARISTÓTELES, *Da arte poética*, 1451b1-10)[61]

O ponto de contato entre esses dois autores está no uso do termo "verossimilhança", que em Aristóteles vem grafado no particípio acusativo neutro τὸεἰκὸς (*tò eikòs*) e em Plutarco no particípio dativo neutro εἰκότι (*eikóti*), para o entendimento de que a verossimilhança se aproxima do que poderia ter acontecido ou acontecer. Sob essa perspectiva, Aristóteles considera a verossimilhança um elemento constitutivo da poesia, por isso ela é mais filosófica que a história. Ora, a história não trata do que poderia ter acontecido, mas do que efetivamente aconteceu. A possibilidade do acontecimento leva à reflexão sobre o ser e o não ser do fato, um atributo que também é característico da filosofia; já o que aconteceu não leva a reflexão do que poderia ter sido, porque foi. Então, a escrita biográfica de Plutarco também contempla um elemento caro à filosofia que é a verossimilhança, isto é, o que parece verdadeiro ou possível; desse modo, a filosofia, assim como a poesia, trata de temas universais, não de um acontecimento específico.

Para sair do terreno arenoso da filosofia e tornar sua narrativa mais consistente, Plutarco o sedimenta com a investigação dos fatos, com a história, pois essa conta o que de fato aconteceu. Notamos que tanto Aristóteles quanto Plutarco acreditam que a história conta o que aconteceu, portanto, ela narra a verdade dos fatos, não o que

---

60. N.T. Historiador nascido em Halicarnasso ou Túrio, 480-425 a.C., autor de *Histórias*, nove livros que narram diversas histórias, mas tendo como foco principal as guerras dos gregos contra os persas, as chamadas Guerras Médicas ou Persas.
61. Tradução de Maria Aparecida de Oliveira Silva (2015).

poderia ter sido. No entanto, quando se trata de um período distante, pouco conhecido pelos historiadores, a técnica sugerida por Plutarco é a investigação amparada em fatos e a análise dos fatos por meio da verossimilhança[62]. Tucídides foi o primeiro historiador a empreender uma narrativa histórica que não interpretasse os fatos sob o viés mítico e também tentou reconstituir a história de uma época bem distante da sua, e Plutarco parece ter se inspirado nessa iniciativa tucididiana. Contudo, as escolhas foram diferentes, vejamos a de Tucídides:

> Pois bem, tais foram de acordo com minhas pesquisas os tempos antigos; sobre eles é difícil dar crédito a todo e qualquer indício. De fato, os homens, mesmo quando as tradições sobre o passado dizem respeito à sua própria terra, sua autenticidade.
> (TUCÍDIDES, *História da Guerra do Peloponeso*, I, 20)[63]

Então notamos que existe essa diferença entre o relato de ambos, de um lado, pela natureza histórica, ou investigativa, de sua narrativa, Tucídides logo descarta o mito e os relatos posteriores, embora tenha tecido hipóteses a respeito do período arcaico com essas informações e suas observações. De outro lado, pela natureza de sua narrativa biográfica, repleta de minúcias do quotidiano, onde há espaço para anedotas e eventos extraordinários, Plutarco aceita o relato mítico e se vale da razão e da verossimilhança para filtrar informações concebidas pela imaginação. Desse modo, Plutarco compõe suas biografias analisando suas informações conforme o caráter do indivíduo, quando ele não tem a certeza da veracidade dos relatos reunidos, ou quando nem mesmo os tem, ele as complementa com o que depreendeu dos dados recolhidos.

2.3. Filosofia e História nas *Vidas Paralelas*

As ações e os feitos servem de base para as reflexões plutarquianas a respeito da conduta moral de seus biografados, seu objetivo é demonstrar o quanto a ausência de uma formação filosófica interfere nas escolhas feitas por personagens históricas que influenciaram as sociedades de seu tempo. Portanto, a história não somente registra o que aconteceu, mas também ensina aos pósteros como agir diante de certas circunstâncias. Contudo, somente a filosofia pode guiar o leitor para a escolha correta, pois somente ela tem a capacidade de tornar alguém virtuoso o suficiente para discernir o

---

62. Sobre o uso da história na composição biográfica de Plutarco, consultar Silva (2006).
63. Tradução de Anna Lia Amaral de Almeida Prado (2008).

bem do mal. Os exemplos de nada valem se não houver alguém apto para recebê-los e compreendê-los da maneira mais sábia. Desse modo, Plutarco revela a principal característica de seu pensamento político que é a ação, a atuação no campo político, porém sempre considerando que o governante governa o povo, não o contrário[64], para isso é necessário que seu biografado tenha recebido uma educação apropriada, nos moldes da paideia grega[65].

Para Plutarco, o cidadão deve participar dos assuntos citadinos, não apenas se manter em estado contemplativo, em uma espécie de apatia filosófica diante dos acontecimentos, e, como analisou Pelling, esta é a mais importante característica do pensamento plutarquiano[66]. Essa visão de que um cidadão é capaz de conduzir o destino de uma comunidade, cidade ou império, leva a um tipo de leitura que Pelling chama a atenção que é a dos conflitos políticos se darem em um modelo de um indivíduo contra a coletividade, ou vice-versa[67]. Inspirada por este estudo, Prandi realiza sua análise da biografia de Díon e conclui que esta *Vida* segue o modelo proposto por Pelling[68].

Em seu extenso prólogo da *Vida de Péricles*, o autor elabora um discurso em favor da filosofia, onde enfatiza a necessidade humana de buscar o bem:

> Não será, pois, razoável – uma vez que a natureza colocou em nossa alma um certo apetite de ciência e contemplação – repreender os que abusam da disposição para ouvir e ver coisas indignas, negligenciando o belo e o útil? Certamente que nossos sentidos percebem, conforme a impressão recebida, todos os objetos que se lhes apresentam, úteis ou inúteis; em contrapartida o entendimento oferece naturalmente a cada um de nós, se dele nos quisermos valer, a possibilidade de nos voltarmos à vontade, e sem percalços, para aquilo que lhe parece bom.
> (PLUTARCO, *Vida de Péricles*, I, 2)

O bem, ou o que é bom, é um conceito fundamental na discussão filosófica de diversas escolas, como a platônica e a aristotélica, por exemplo. Não por acaso, Plutarco segue aconselhando seu leitor:

---

64. PELLING, 2011, p. 50.
65. Para uma leitura mais aprofundada sobre o conceito de paideia em Plutarco, consultar Xenophontos, 2016 e 2017.
66. PELLING, 2014, p. 154.
67. PELLING, 1986, p. 159-187.
68. PELLING, 2005, p. 141-156.

> Devemos, assim, buscar o que há de melhor e não nos contentarmos com sua mera contemplação, mas fazer desta o alimento do espírito. Com efeito, tal como a cor que beneficia o olho é aquela cujo brilho e vivacidade instigam e fortalecem a vista, assim também devemos orientar o pensamento para espetáculos que, pela atração do prazer, conduzem-no ao bem que lhe é próprio.
>
> (PLUTARCO, *Vida de Péricles*, I, 3)

Notamos então a importância do pensamento filosófico para a formação do caráter da personagem escolhida por Plutarco, dado que será analisado ao longo de todas as suas biografias. A conduta de seu biografado é avaliada por meio de suas ações, visto que uma personagem ilustre serve de exemplo para os vindouros que irão se espelhar e emular seus atos e feitos, como lemos a seguir:

> Ora, esses espetáculos são as ações inspiradas pela virtude, as quais evocam naqueles que delas tomam conhecimento o desejo de emulação e o anseio de imitá-las.
>
> (PLUTARCO, *Vida de Péricles*, I, 4)

Os exemplos deixados pelos seus biografados estão no território da história e trazem elementos suficientes para analisarmos sua formação e seu caráter. Notamos em Plutarco o uso da história como *exemplum* e por isso seleciona episódios e acontecimentos que refletem o caráter do seu biografado e que servem de exemplo para os ouvintes e leitores de seu tempo, e os futuros. A história atua como a condutora da narrativa sob a perspectiva temporal, com a mesma linearidade que é exigida de um relato biográfico, que segue o nascimento, a vida e a morte de sua personagem. A história também atua como o principal argumento de Plutarco para emitir seus pareceres sobre as ações de seus personagens e os seus desdobramentos[69], conforme depreendemos desta reflexão:

> A virtude [...] graças aos atos que inspira, imediatamente nos dispõe não apenas a admirar as belas ações como, ao mesmo tempo, a rivalizar com aqueles que se realizaram. Gostamos da posse e usufruto dos bens que provêm da fortuna; mas aqueles que provêm da virtude, esses gostamos de pôr em prática. Os primeiros, desejamos tirá-los de outrem; os segundos, que outrem os tire de nós. Sucede que a beleza atrai vigorosamente

---

69. Para mais detalhes sobre esse tema, consultar Silva (2017).

para si e suscita de pronto, na alma, o anseio de agir. Não forma os costumes de graças ao conhecimento, prática da vida ativa.
(PLUTARCO, *Vida de Péricles*, II, 2-3)

Portanto, a história comprova o que a filosofia ensina. Por seu turno, a biografia registra os preceitos de ambas, que somente os versados em filosofia são capazes de compreender, ao mesmo tempo em que atua como uma espécie de Espelho de príncipe[70] para os que a leem, como vemos no seguinte relato:

> Eis por que que julguei de bom alvitre dar sequência à redação destas *Vidas*, das quais o presente livro é o décimo que componho. Traz as biografias de Péricles e de Fábio Máximo, que sustentou a guerra contra Aníbal, dois personagens que se aproximam pelas virtudes, sobretudo a doçura e a justiça. Por sua paciência em suportar as tolices de seus povos ou colegas, prestaram à pátria serviços relevantes. Se esse julgamento é acertado, meu relato permitirá decidir.
> (PLUTARCO, *Vida de Péricles*, II, 4-5)

Plutarco trata os acontecimentos históricos como resultantes das ações de homens ilustres que se destacaram em suas épocas. Em razão disso, o autor avalia o lugar da filosofia na formação desses homens e relaciona o conhecimento da filosofia às boas ações e a ausência dela às más. Mas por que a filosofia ocupa um lugar tão importante no pensamento plutarquiano? Porque somente ela é capaz de conduzir o ser humano para o caminho da virtude. O aprendizado da filosofia aparece então como a base para a formação de um governante sábio capaz de tomar decisões acertadas. Tal pensamento nos faz lembrar o rei-filósofo idealizado por Platão no segundo livro de sua *República*, 368ss., que é oriundo de um grupo de homens versados nos ensinamentos filosóficos e, por isso, aptos a governar a cidade com sabedoria.

A filosofia platônica presente na escrita de Plutarco aparece como uma releitura dos preceitos platônicos, porque sofre influência de outras correntes filosóficas, como a estoica, a aristotélica e a pitagórica. Nesse sentido, como aponta Dillon, o platonismo de Plutarco é mais eclético[71]. Em sua leitura do prólogo do par Demétrio e Antônio, Duff conclui primeiro que Plutarco faz alusões a Platão para redefinir algu-

---

70. O Espelho de príncipe é um gênero literário que se difundiu na Idade Média, e o mais conhecido deles é *O príncipe*, de Nicolau Maquiavel, escrito em 1513. No entanto, no mundo antigo, o primeiro escrito do gênero que se tem notícia foi a *Ciropedia*, de Xenofonte, século IV a.C., entre os romanos, o mais conhecido é o *Da clemência*, de Sêneca, século I d.C.
71. DILLON, 2014, p. 61.

mas de suas assertivas sobre a literatura, em seguida, afirma que para a leitura de suas biografias há necessidade da participação do leitor, pois este necessita de critérios filosóficos para seu proveito e, por fim, declara que seus biografados são descritos como se fossem heróis trágicos[72]. De fato, em uma digressão que nos remete à filosofia platônica, Plutarco discorre sobre as percepções pelos sentidos (ταῖς αἰσθήσεσιν/ *taîs aisthḗsesin*) e sua relação com as artes e a filosofia no prólogo da biografia de Demétrio. No seu entendimento, apesar dessas percepções pelos sentidos serem necessárias nas artes[73] e na filosofia, ambas possuem finalidades distintas:

> Os primeiros a pensar que as artes se parecem com os sentidos talvez tenham tido em vista, cuido eu, a faculdade de julgamento, que nos torna capazes de apreender os contrários tanto no caso das primeiras quanto no caso dos segundos, pois é o que têm em comum. Diferem, porém, na finalidade. Com efeito, os sentidos não existem só para distinguir o branco do preto, o doce do amargo, o macio e o instável do duro e firme: sua função própria é serem afetados por todos os objetos que se apresentam, e, uma vez afetados, transmitir essas impressões ao entendimento (*pròstòphronoûn*).
>
> (PLUTARCO, *Vida de Demétrio*, I, 1-2)

Para selecionar as impressões que devem permanecer naquele que as recebeu, Plutarco recomenda ao leitor que se muna da razão para avaliar se as impressões recebidas estão de acordo com o conceito de virtude, então propõe que:

> As artes, amparadas pela razão, propõem-se escolher e acolher o que lhes convém, desprezar e repelir o que lhes é hostil; por si mesmas consideram a essência do que lhes é próprio e não se ocupam do que lhes é estranho, a não ser de maneira acidental e por mera prevenção. Assim, é para produzir seus contrários que a medicina examina a natureza da doença e a música a natureza da dissonância. As mais perfeitas das artes, isto é, a sabedoria, a justiça e a prudência, que tratam não apenas do bom, do equitável e do útil, mas também do prejudicial, do vergonhoso e do injusto, não aprovam a inocência que se vangloria de conhecer o mal: ao contrário, consideram-na tola ignorância do que é preciso saber para levar uma existência correta.
>
> (PLUTARCO, *Vida de Demétrio*, I, 4)

---

72. DUFF, 2004, p. 271.
73. O conceito de arte para os gregos vai além da compreensão moderna, inclui aqui ofícios que requerem investigação e prática refinada, como a medicina.

Plutarco entende que os relatos históricos nem sempre são laudatórios, há os que registram acontecimentos vexatórios para os pósteros. Os acontecimentos deploráveis são repudiados por aqueles que veem a história como *magistra*, mestra da vida e dos costumes. Contudo, Plutarco não se exime de refletir de acordo com sua realidade e entende que a história também registra ações que não devem ser repetidas e que também devemos aprender com elas, visto que não podem ser apagadas da memória em face de notórios registros. As difamações fazem parte dos registros históricos, por isso, em seu tratado *Da malícia de Heródoto*, o autor escreve:

> A narrativa histórica também recebe malícia se é contra a natureza do feito, quando se relata que foi por dinheiro e não por virtude que a ação se concretizou, conforme alguns dizem de Filipe; ou que facilmente, sem nenhuma lida, como Alexandre; ou ainda porque não foi sagaz, mas pela boa fortuna, como os inimigos de Timóteo, e os que desenharam em tábuas as próprias cidades caminhando para jaulas, por estarem indefesas, enquanto ele dormia. É evidente que reduzem a grandeza e a beleza das ações os que excluem os nobres, os laboriosos, a virtude de cada um e suas próprias capacidades.
> (PLUTARCO, *Da malícia de Heródoto*, 856B-C)[74]

Em suas conclusões sobre as diferentes interpretações de um fato, Plutarco critica os historiadores que registram fatos que acentuam o mau caráter de uma personagem cujas características são o amor à glória e ao dinheiro ou que é favorecido pela sorte, não por sua sabedoria. Notamos então que o autor critica os excessos, pois, quando analisamos atentamente as suas biografias, encontramos inúmeros exemplos de feitos que tiveram a inveja, o amor à glória, o apreço por riquezas e a aquisição de uma grande fortuna como motivadores das ações. Não sem razão, Plutarco afirma:

> todavia, não será tão mau introduzir, entre os modelos exemplares apresentados por nossas biografias, um ou dois pares de homens que se conduziram de forma inconsiderada e cujos vícios se tornaram mais gritantes devido à magnitude do poder que exerceram e dos negócios que dirigiram.
> (PLUTARCO, *Vida de Demétrio*, I, 5)

Convém ressaltar que Plutarco se espelha no pensamento de seu mestre Platão, como o próprio reconhece nesta passagem:

---

74. Tradução de Maria Aparecida de Oliveira Silva (2013).

> Este livro conterá, pois, a biografia de Demétrio Poliorcetes e a de Antônio, o autocrata, dois homens que confirmaram à perfeição a máxima platônica segundo a qual as naturezas fortes produzem não apenas grandes virtudes, mas também grandes vícios. Inclinados, um e outro, ao amor e ao vinho, bons soldados, pródigos e insolentes, tiveram em consequência destinos análogos: conheceram em vida estrepitosos êxitos e terríveis reveses, empreenderam numerosas conquistas e sofreram perdas numerosas, fracassaram de maneira inesperada e mais inesperadamente se levantaram – para acabar, um prisioneiro dos inimigos, o outro quase vítima da mesma sorte.
>
> (PLUTARCO, *Vida de Demétrio*, I, 6-8)

As palavras do autor nos remetem ao dito por Platão, em *A república*, sobre as causas que levam à corrupção da alma, como "a beleza, a riqueza, a força física, as alianças contraídas na cidade, e toda espécie de vantagens similares" (491c). E a "máxima platônica" citada por Plutarco pode ser lida neste trecho:

> analisaremos as naturezas que imitam a autêntica e que se instalam na sua função, e veremos a qualidade dessas almas que alcançam uma profissão demasiado boa e elevada para elas, e que, desafinando amiúde, de todos os modos e em todo mundo granjearam à filosofia a fama que dizes.
>
> (PLATÃO, *A república*, 491a)

Sob essa perspectiva, notamos que a narrativa biográfica de Plutarco tem como fio condutor o pensamento filosófico, com ênfase na doutrina filosófica platônica. Contudo, a história se mostra imprescindível à construção de sua narrativa por servir de argumento para suas conclusões, como em Platão:

> – O mais espantoso de ouvir que pode haver: que cada uma das qualidades dessa natureza que louvamos deita a perder a alma que as possui e arranca-a à filosofia. Refiro-me à coragem, temperança, e todas as virtudes que enumeramos.
>
> [...]
>
> – Além destes, ainda há outros fatores de corrupção e desvio da alma, todas as chamadas coisas boas; a beleza, a riqueza, a força física, as alianças contraídas na cidade, e toda a espécie de vantagens similares. Aí tens o tipo de coisas de que estou a falar.
>
> (PLATÃO, *A república*, 491c)

A história se revela uma peça fundamental na narrativa biográfica plutarquiana, porque através dela se torna possível a compreensão do caráter de seu biografado, uma vez que é no exercício de seus poderes que homens ilustres revelam a sua essência. Dentro desse pensamento sistêmico de Plutarco, o caráter de suas personagens se evidencia na execução de suas ações em um determinado contexto histórico, tanto na esfera pública como privada. Como exemplos de sucesso do aprendizado de preceitos filosóficos, em particular da filosofia platônica, Plutarco exibe os pares Díon e Bruto, sobre os quais emite o seguinte parecer:

> Assim também, não será natural que nem romanos, nem gregos, se queixem da Academia, que tanto deu a uns e outros como se pode ver por esta obra, que contém as biografias de Bruto e Díon? Este ouviu as lições do próprio Platão e aquele se alimentou de sua doutrina; saíram ambos, por assim dizer, da mesma palestra antes de travar os maiores combates. Não espanta que, realizando inúmeras ações parecidas e como que fraternas, tenham prestado esta homenagem a seu guia na senda da virtude: que a sabedoria e a justiça devem se ligar ao poder e à fortuna a fim de que a conduta política apresente ao mesmo tempo beleza e grandeza.
> (PLUTARCO, *Vida de Díon*, I, 1-3)

Além de ser palco das ações das personagens escolhidas por Plutarco, a história também atua como testemunha da validade do aprendizado da filosofia. Os biografados são avaliados conforme o seu caráter, este moldado de acordo com os ensinamentos filosóficos, a ausência deles resulta em um caráter torpe, que toma decisões impróprias para as circunstâncias, porque é levado pelas paixões, não pela razão.

O aprendizado da filosofia direciona as ações de seu biografado para a virtude. Ao tratar do aprendizado da filosofia, Plutarco nos remete aos ensinamentos que integram a paideia grega, pois a filosofia era ensinada aos cidadãos. Desse modo, o elemento mais importante para a análise do caráter de seu biografado é a educação, por isso Plutarco logo examina se sua personagem foi educada à moda grega, isto é, se aprendeu os preceitos da paideia grega. Como Nerdahl conclui em seu estudo sobre a biografia de Díon, a tônica de Plutarco é demonstrar como a educação de Díon, que aprendeu filosofia com o próprio Platão, foi decisiva na formação de seu caráter virtuoso[75].

---

75. NERDAHL 2011, p. 295-309.

No prólogo da biografia do romano Galba, novamente, o autor lembra os ensinamentos de Platão:

> Já Platão, notando que para nada vale um chefe hábil quando soldados não são disciplinados nem obedientes, pensa que a virtude da submissão, como a virtude real, requer uma índole generosa e uma educação filosófica, únicas capazes de mesclar harmoniosamente, à coragem e à energia, brandura e a humanidade. Incontáveis exemplos testemunham em favor de sua opinião, em particular as desgraças acontecidas em Roma após a morte de Nero. Mostram elas que não há nada mais temível num império do que uma força militar movida por impulsos grosseiros e irracionais.
>
> (PLUTARCO, *Vida de Galba*, I, 3-4)

No excerto acima, Plutarco elabora uma síntese do exposto por Platão nos livros III e IV de sua obra *A república* para ilustrar a importância do aprendizado da filosofia e a sua interferência na história por meio dos atos daqueles que detêm o poder. Para mudar a história é preciso mudar o pensamento daqueles que comandam, é preciso tocar suas almas com os ensinamentos filosóficos. Plutarco nos leva a compreender que a história produz belos exemplos e os povos atingem a felicidade citadina quando seus líderes são sábios, não somente amantes da filosofia, mas também praticantes dos preceitos filosóficos. Nesse sentido, Plutarco responde a um discurso existente desse período clássico da Grécia e que se sustenta até a sua época de que os filósofos pertencem à categoria dos inúteis, pois somente pensam, não agem[76].

2.4. Verdade e História na narrativa de Plutarco

O uso da primeira pessoa e o compromisso com a verdade dos fatos são característicos do fim do período arcaico, elementos que representam um momento de ruptura com o gênero poético até então inspirado por musas e assim o poeta não reivindicava sua autoria. Este momento da história grega, segundo Trédé, evidencia uma revolução cultural que se estende a todas as áreas do conhecimento[77]. O primeiro a registrar seu nome como autor de uma obra na Grécia foi o logógrafo Hecateu de Mileto, século VI a.C., de quem só nos restaram fragmentos de uma obra sobre a des-

---

76. Para um interessante debate sobre a desvalorização do filósofo e da filosofia já na Grécia Antiga, consultar Corrêa (2016).
77. TRÉDÉ, 2007, p. 341.

crição da terra, chamada *Periegese*, e outra que trata dos hábitos e dos costumes dos gregos, bem como de sua mitologia, chamada *Genealogia*.

No primeiro fragmento que temos conhecimento de Hecateu, ele também afirma que escreve o que lhe parece ser a verdade. O fragmento original em grego diz:

"Εκαταῖος Μιλήσιος ὧδε μυθεῖται· τάδε γράφω, ὥς μοι δοκεῖ ἀληθέα εἶναι· οἱ γὰρ Ἑλλήνων λόγοι πολλοί τε καὶ γελοῖοι, ὡς ἐμοὶ φαίνονται, εἰσίν."

(Jacoby'-F 3a, 264, F, fragment 7)

E este trago em minha tradução: "Hecateu de Mileto assim conta: escrevo isto que me parece ser verdadeiro; pois os relatos dos helenos são muitos e risíveis". Portanto, além de ter sido o primeiro a assumir a autoria de uma obra, Hecateu se mostra preocupado com o registro da verdade, do que lhe parece que realmente aconteceu. Desde então, tornou-se um lugar-comum na historiografia grega a afirmação de que o autor almeja registrar a verdade, ou seja, o que realmente aconteceu. Considerado o primeiro historiador do Ocidente e o primeiro a escrever uma composição em prosa de conteúdo histórico, Heródoto repete a fórmula de Hecateu e cita seu nome como autor da obra no seu primeiro, e depois ainda faz uma afirmação muito semelhante no segundo livro: Λέγουσι δὲ πολλὰ καὶ ἄλλα ἀνεπισκέπτως οἱ Ἕλληνες·, ou seja, "os helenos contam muitos e diferentes acontecimentos sem reflexão" (Histórias, II, 45)[78].

E a questão da verdade nas narrativas alcança o pensamento filosófico de Platão, que também demonstra preocupação com as narrativas que não contemplam a verdade, por essa razão critica os poetas, como lemos neste diálogo entre Sócrates e Gláucon:

> – Ora a verdade é que – prossegui eu – entre muitas razões que tenho para pensar que estivemos a fundar uma cidade mais perfeita do que tudo, não é das menores a nossa doutrina sobre a poesia.
> – Que doutrina?
> – de não aceitar a parte da poesia de caráter mimética. A necessidade de a recusar em absoluto é agora, segundo me parece, ainda mais claramente evidente, desde que definimos em separado cada uma das partes da alma.
> – Que queres dizer?
> – Aqui entre nós (porquanto não ireis contá-lo aos poetas trágicos e a todos os outros que praticam a mimese), todas as obras dessa espécie se

---

78. Tradução de Maria Aparecida de Oliveira Silva (2016).

> me afiguram ser a destruição da inteligência dos ouvintes, de quantos não tiverem como antídoto o conhecimento da sua verdadeira natureza.
>
> (PLATÃO, *A república*, 595a-b)

Ao se referir aos poetas trágicos como imitadores, Platão se volta para a questão da realidade, porque a considera necessária à compreensão correta das coisas. Essa crítica platônica também é moralista, pois quer retirar da poesia ações que considera impróprias aos jovens. Uma parte desse pensamento platônico é acolhida por Plutarco, quando o autor reconhece que a leitura de narrativas edificantes de personagens históricas ou míticas desperta o leitor para a emulação de um bom caráter. Outra parte dessa assertiva platônica é descartada por Plutarco, quando este entende que as narrativas depreciativas de personagens históricos ou míticos também ensinam seu leitor a como não ser. E a solução que Plutarco apresenta para a questão é dar ao leitor a formação necessária para que possa julgar o que é bom e o que é mau, porque conhece por meio da filosofia as concepções de bem e de mal; do mesmo modo, o leitor é capaz de descartar os relatos fantasiosos e de apreender a verdade dos fatos por meio da razão.

No prólogo da biografia de Timoleão, Plutarco coloca-se na posição de testemunha dos benefícios que recebeu da história presente em sua narrativa biográfica, por meio das ações de suas personagens, e o autor se coloca na posição de aprendiz, conforme lemos neste registro:

> Se empreendi a composição destas biografias foi, de início, para proveito dos outros; mas agora é para mim mesmo que persevero nesse agradável desígnio. A história dos varões ilustres é como um espelho que observo para, de algum modo, tentar regular minha vida conformemente à imagem de suas virtudes. Ocupando-me deles, parece-me estar vivendo com eles. Graças à história, pode-se dizer que os vou recebendo um a um debaixo do meu teto e aí os conservo: "Como foi grande e belo!"[79], exclamo ao considerar cada qual e ao escolher, entre suas ações mais destacadas, as mais dignas de serem conhecidas.
>
> *Oh, haverá prazer maior do que esse,*
> mais eficaz para a reforma dos costumes?
>
> (PLUTARCO, *Vida de Timoleão*, Prólogo, 1-3)[80]

---

79. N.T. Homero, *Ilíada*, XXIV, 630.
80. O prólogo da biografa de Timoleão tem numeração diferente da biografia.

Plutarco reconhece a magnitude de seu trabalho ao escrever mais de cinquenta biografias de homens ilustres, em sua maioria oriundos da Grécia e da Roma antigas, bem como admite que sua escrita lhe trouxe conhecimentos e reflexões que não haviam sido feitas antes. O autor mostra assim que o trabalho elaborado para outros com intuito de instruí-los para o caminho da virtude também resulta no aprendizado de quem o realiza, que não existe perdas quando se executa algo digno, que todo o trabalho exigido é compensador. Como vimos antes, a história exerce um papel crucial na construção da narrativa plutarquiana, porque é a base que sustenta seus argumentos, e por isso escreveu:

> Enquanto a nós, ligados à história e habituados a escrevê-la, trazemos sempre na memória as ações dos personagens mais virtuosos e reputados, estando portanto preparados para repelir tudo quanto a frequentação dos homens nos possa fatalmente trazer de vicioso, de perverso e vil, e para voltar o pensamento, tornado receptivo e calmo, na direção dos melhores modelos.
>
> (PLUTARCO, *Vida de Timoleão*, Prólogo, 4-5)

É interessante perceber que Plutarco vê a história como um lugar de memória, onde registramos os acontecimentos e os feitos dos homens dignos de menção, de recordação. E a utilidade dessa memória está em refletir sobre os acontecimentos, avaliar quais foram as melhores ações e aprender com elas. No entanto, o aprendizado através da história se torna proveitoso quando o leitor possui uma formação filosófica para compreender como um filósofo, ou um sábio, atuaria diante de certas situações. A despeito de sua preocupação com o caráter de seu biografado, Plutarco, como os historiadores que o precederam, também se compromete em narrar a verdade, como registrou no prologo da *Vida de Címon*, quem compara ao romano Lúculo[81]:

> A nosso ver, se a imagem do corpo e do rosto tem seu valor, aquela que reproduz o caráter e a conduta tem mais valor ainda; por isso, vamos

---

81. Plutarco traça seus paralelos de acordo com as semelhanças das circunstâncias vividas entre os seus biografados, nesse prólogo da biografia de Címon, ele nos conta um pouco sobre esse processo: "como quer que seja, concluímos após bem refletir pela conveniência de comparar Lúculo a Címon. Ambos cabos de guerra, lutaram brilhantemente contra os bárbaros, mas foram, igualmente, moderados na conduta política e souberam alcançar para a sua pátria um tempo de repouso em meio às discórdias civis, enquanto, no exterior, erigiram troféus e logravam vitórias retumbantes. Nenhum grego antes de Címon, nenhum romano antes de Lúculo levou a guerra tão longe [...] Outro ponto comum a Lúculo e a Címon é que suas campanhas ficaram inacabadas, pois um e outro venceram, mas não destruíram seu adversário" (PLUTARCO, *Vida de Címon*, III, 1-3).

narrar neste tomo das *Vidas Paralelas* os feitos desse grande homem, mas fá-lo-emos respeitando a verdade: o relato bastará como prova de gratidão, e Lúculo não teria aceito como recompensa de seu testemunho em favor da verdade um quadro mentiroso e fictício de sua carreira[82]. [...] Cabe-nos não mostrá-los com complacência e insistência, mas, por assim dizer, corar pela natureza humana ante o fato de que ela não nos oferece nenhum caráter inteiramente nobre ou de virtude inconteste.

(PLUTARCO, *Vida de Címon*, II, 1-5)

Na lacuna apresentada no excerto acima, Plutarco direciona suas críticas ao trabalho dos pintores, afirmando que:

Aos pintores que vão representar bonitas e graciosas figuras que apresentam um pequeno defeito, pedimos que não suprimam por completo esse defeito, nem o realcem em demasia, sob pena de enfearem o retrato ou torná-lo diferente do modelo.

(PLUTARCO, *Vida de Címon*, II, 4)

Com essa crítica, Plutarco reforça a validade da investigação, isto é, da história, para a compreensão dos acontecimentos que de fato aconteceram, dado que viabiliza a Plutarco a elaboração de uma narrativa biográfica pautada na verdade dos fatos e, desse modo, construir uma narrativa biográfica que reflita o verdadeiro caráter de suas personagens. No prólogo de sua biografia do político ateniense Nícias, Plutarco esclarece o uso que faz da narrativa histórica para compor uma narrativa que retrate seu biografado de modo verdadeiro, ou verossimilhante, como vimos antes. Em defesa de sua metodologia, o autor escreve:

não podendo omitir as ações contadas por Tucídides e Filisto sobretudo porque esclarecem o caráter e as disposições do personagem, dissimulados sob o número e a magnitude de suas vicissitudes, mencionarei as essenciais a fim de não parecer omisso e preguiçoso. Todavia, aquilo que quase todos ignoram por estar disseminado nas obras de outros

---

82. A partir desse ponto, Plutarco passa a tecer críticas ao trabalho dos pintores, afirmando que "Aos pintores que vão representar bonitas e graciosas figuras que apresentam um pequeno defeito, pedimos que não suprimam por completo esse defeito, nem o realcem em demasia, sob pena de enfearem o retrato ou torná-lo diferente do modelo" (PLUTARCO, *Vida de Címon*, II, 4). Com essa crítica, Plutarco reforça a validade da investigação, da história, para a compreensão dos acontecimentos que de fato aconteceram, dado que viabiliza a Plutarco a elaboração de uma narrativa biográfica pautada na verdade dos fatos e, desse modo, construir uma narrativa biográfica que reflita o verdadeiro caráter de suas personagens.

>escritores ou inscrito em monumentos consagrados e antigos decretos, eis o que fiz questão de coletar não para compor uma história inútil, mas para oferecer algo que leve à compreensão de um caráter, uma conduta.
>
> (PLUTARCO, *Vida de Nícias*, I, 5)

Com esse relato, Plutarco nos revela seu pensamento acerca da finalidade da história, que não tem por objetivo somente recolher os acontecimentos e colocá-los em um papiro, seguir uma linha cronológica com cunho meramente informativo. No entender de Plutarco, a função da história é a de despertar o leitor para reflexões acerca do caráter do biografado, para que tenha exemplos verdadeiros da história e assim possa aprimorar o seu por meio da comparação e da emulação, conforme vimos no prólogo da biografia de Timoleão.

Plutarco aconselha a quem tem a intenção de escrever uma obra histórica que se dirija a um grande centro, onde encontrará material para sua investigação e escrita. Certamente, o autor pensa nas bibliotecas públicas e particulares, nos monumentos e testemunhos orais mais qualificados de homens que estão mais próximos dos acontecimentos; alguns conhecem seus agentes, elementos próprios de grandes cidades. Sob essa perspectiva, escreve:

> Todavia, quando se planeja compor uma obra histórica a partir de textos que não estão à mão, mas dispersos por diferentes localidades, seria realmente necessário, antes de tudo, residir numa "cidade famosa", muito povoada e devotada à beleza, para se ter livros variados em abundância e também recolher oralmente os pormenores que escaparam aos escritores, mas ostentam autoridade mais manifesta por se terem perpetuado na memória dos homens. Dessa forma, poder-se-ia publicar uma obra que não faltasse nada de essencial.
>
> (PLUTARCO, *Vida de Demóstenes*, II, 1)

Mas isso não significa que o pesquisador tenha de residir por toda a sua vida em uma cidade grande, mas somente quando necessitar realizar uma investigação, conforme depreendemos desta afirmação: "Eu moro numa cidade pequena e gosto de nela permanecer para que não fique menor ainda." (*Vida de Demóstenes*, II, 2). O conselho de Plutarco revela sua intenção de que o investigador deve estar próximo às bibliotecas e aos testemunhos, orais ou materiais, para que possa ter o máximo de informação possível e com isso atingir o grau máximo da verdade em seu relato.

Entendemos que é infrutífera a busca da verdade dos fatos simplesmente confrontando as informações contidas em Plutarco com as de outros autores antigos. Com esse procedimento, os autores apreendem aspectos pontuais de sua narrativa e colocam de lado seu conteúdo e sua metodologia. Os estudiosos costumam estudar uma biografia em particular e deixam de analisar sistematicamente o conjunto da obra. Afinal, como sugere Momigliano, Plutarco tinha um conhecimento respeitável de cronologia histórica e trabalhava conforme as evidências[83].

2.5. História Linear ou Circular?

Pensar em uma história sob o ponto de vista linear ou circular é também refletir sobre a cronologia dos fatos. Plutarco, em várias passagens de suas biografias, mostra-se a par da datação dos acontecimentos. Na vida de Temístocles, por exemplo, ela enfatiza o domínio tucidiano da ordenação dos fatos e critica a confusão predominante na cronologia de sua época:

> Tucídides e Caronte de Lâmpsaco sustentam que Xerxes já havia morrido, tendo Temístocles ido ao encontro de seu filho; mas Éforo, Dinão, Clitarco, Heráclides e vários outros autores afirmam que o próprio Xerxes é quem o recebeu. Tucídides parece mais de acordo com as tábuas cronológicas, se bem que estas sejam um tanto confusas.
>
> (PLUTARCO, *Vida de Temístocles*, XXVII, 1-2)

Apesar da competência cronológica de Tucídides, Plutarco confere independência à sua própria narrativa ao questionar, na vida de Nícias, a sequência dos acontecimentos narrados por Tucídides sobre Citera, Trácia e Corinto[84]. A troca de nomes e a ambiguidade dos fatos teriam levado Plutarco a consultar a cronologia e, com isso, a discordar da sequência dos acontecimentos registrada pelo historiador ateniense. Do ponto de vista de Plutarco, o historiador deveria, de posse das informações, ordená-las, mas desconfiar da cronologia, pois esta estaria repleta de contradições, como pode ser visto neste trecho:

> Alguns autores dizem provar, com base na cronologia, que a entrevista de Sólon com Creso é pura invencionice. Para mim, esse relato tão célebre, atestado por tantas testemunhas e, acima de tudo, tão conforme ao caráter de Sólon, tão digno de sua grandeza de alma e de sua sabedoria, não deve ser rejeitado em nome de pretensas tábuas cronológicas que

---

83. MOMIGLIANO, 1993, p. 180.
84. Ao compararmos o capítulo VI da biografia de Nícias com os livros III e IV da *História da Guerra do Peloponeso* de Tucídides, notamos que a cronologia dos fatos foi distintamente organizada.

uma multidão de pessoas vem tentando corrigir até nossos dias sem jamais se pôr de acordo e assim resolver-lhes as contradições.

(PLUTARCO, *Vida de Sólon*, XXVII, 1-2)

Sua desconfiança frente aos registros cronológicos deve-se às vagas datações dos fatos nas suas próprias fontes. Como as pesquisas de Cavaignac indicam, a cronologia dos antigos era incerta em virtude da multiplicidade de sistemas na medição do tempo decorrido[85]; em um estudo específico sobre Heródoto e Tucídides, Hammond notou incongruências nas datações do encontro de Creso e Sólon, da Guerra Iônia, entre outros eventos, o primeiro se pautando na datação dos arcontes e o segundo nas estações dos anos, o que resulta em variações temporais que escapam a uma datação precisa dos fatos[86]. Em um estudo de fôlego sobre a cronologia em Grécia e Roma antigas, Samuel (1972) nos esclarece os diversos métodos utilizados para a cronologia dos anos, meses, semanas e dias, e o mais importante é notar a variação das balizas, cada cidade tinha a sua forma de contar e de marcar o tempo decorrido. Plutarco tinha ciência desses problemas na cronologia antiga, porque a organização cronológica dos fatos contribui para a veracidade dos acontecimentos e a credibilidade de sua narrativa.

Ainda nesta passagem, Plutarco indica o caminho para a resolução do impasse surgido no momento da datação dos fatos. Segundo ele, o historiador deve se apoiar em um autor reconhecido, ter em conta a multiplicidade de relatos sobre o mesmo acontecimento, bem como ponderar sobre os costumes de sua personagem e a situação descrita pelas fontes para analisar se há concordância entre o que foi dito e o caráter de seu biografado.

O argumento de Plutarco para o uso da história em sua narrativa biográfica nos leva a refletir sobre se a história em sua narrativa tem seus eventos desencadeados de forma linear ou cíclica. E, para nosso contentamento, em outra biografia, Plutarco discorre sobre essa questão:

> De fato, ou a quantidade dos acontecimentos possíveis é ilimitada (e a fortuna escolhe na abundância de seus materiais uma ampla provisão de analogias), ou, ao contrário, os acontecimentos se encadeiam a partir das situações em número limitado, sendo necessário que causas idênticas conduzam a idênticos resultados.
>
> (PLUTARCO, *Vida de Sertório*, I, 1-2)

---

85. CAVAIGNAC, 1934, p. 34.
86. HAMMOND, 1955, p. 371-383.

Então, o autor se questiona se é possível uma combinação infinita de acontecimentos e que alguns deles se repitam por se tratar de situações semelhantes, ou se os acontecimentos são limitados, por isso circulam e de tempos em tempos voltam a acontecer. E estes que estão sempre buscando coincidências nos acontecimentos, como se fossem cíclicos, são assim descritos:

> Pessoas há que, curiosas dessas aproximações, recolhem daquilo que leem ou ouvem dizer tudo o que empresta a acontecimentos fortuitos um caráter de cálculo ou Providência.
> (PLUTARCO, *Vida de Sertório*, I, 3)

Em outro prólogo, ao justificar a escrita do par Sertório e Eumênes e sua respectiva comparação, Plutarco nos dá a entender que concorda com a visão de que os acontecimentos são ilimitados, mas que trazem um certo número de coincidências das quais retiramos ensinamentos por meio de comparações, tal lemos a seguir:

> O grego que melhor se presta a uma comparação com Sertório é Eumênes de Cárdia. Foram ambos guerreiros e chefes astuciosos, exilados da pátria e comandantes de soldados estrangeiros. Finalmente, os dois pereceram vítimas de uma fortuna cruel e injusta, porquanto caíram, em seguida a conjurações, pela mão daqueles com quem haviam vencido seus inimigos.
> (PLUTARCO, *Vida de Sertório*, I, 11)

Diante dessa explicação sobre a escolha do par Sertório e Eumênes, que são comparados entre si, podemos compreender melhor esta afirmação do autor:

> Não é de espantar que, na sequência interminável das idades, já que a fortuna varia em todos os sentidos, o acaso frequentemente reproduza as mesmas circunstâncias.
> (PLUTARCO, *Vida de Sertório*, I, 1)

Com isso, Plutarco se alinha ao pensamento de que existe uma infinidade de acontecimentos dos quais alguns têm circunstâncias semelhantes que resultam em ações e resultados semelhantes. Se pensarmos, por exemplo, em nossa época, vivemos circunstâncias semelhantes às vividas em outras épocas de pandemia. Há os que acreditam no poder divino para alcançar a cura ou até mesmo em uma imunidade divina que os afastem de um vírus, enquanto há outros que acreditam na ciência e na sua capacidade de cura por meio de uma vacina. Então vemos que dentro de nossa concepção de história linear encontramos eventos que se assemelham não somente nos problemas surgidos, mas também nas soluções adotadas.

No entanto, além das circunstâncias semelhantes, Plutarco também seleciona seus pares de biografados pela semelhança de caráter entre eles, como lemos neste excerto:

> Parece que a divindade, desde o começo, fez Demóstenes e Cícero parecidos um ao outro implantando em sua natureza diversos traços idênticos, como por exemplo o anseio e o gosto da liberdade na vida pública, e a pusilanimidade em face do perigo e da guerra. Também parece ter engendrado muitas semelhanças no desenrolar da carreira de ambos. [...] se houvesse rivalidade entre a natureza e a fortuna, como há entre os artesãos, seria difícil decidir se a primeira tornou esses homens mais semelhantes pelo caráter do que a segunda pelas circunstâncias de sua vida.
> (PLUTARCO, *Vida de Demóstenes*, III, 3-5)

Por seu interesse nas semelhanças das circunstâncias vividas por seus biografados e nas similitudes do caráter de suas personagens, Plutarco justifica por que não traça comparações entre o estilo retórico de Demóstenes e o de Cícero, exímios oradores:

> Por isso, ao falar de Demóstenes e Cícero neste livro, que é o quinto das *Vidas Paralelas*, cumpre-nos examinar o caráter e as disposições morais dos dois homens com base em seus atos públicos e privados. Teremos então um paralelo; mas comparar seus discursos e concluir qual deles é o orador mais hábil e gracioso, achamos que isso não é conveniente.
> (PLUTARCO, *Vida de Demóstenes*, III, 1)

Antes do trecho acima selecionado, o autor faz uma pilhéria sobre o fato de não conhecer tão bem o latim, mas há indícios de que se trata de um expediente retórico, visto que Plutarco circulou por quinze anos em Roma e tinha amizade com romanos, até mesmo com imperadores, como foi o caso de Trajano e Adriano. Somado a isso, Plutarco também cita fontes latinas ao longo da composição de suas biografias de romanos ilustres. O prólogo do par biográfico Demóstenes e Cícero segue o modelo dos demais no sentido de relatar ao leitor qual a finalidade da sua composição, trata de questões filosóficas e justifica a escolha desses homens ilustres.

2.6. Biografia e História na visão de Plutarco

Apenas no século XX, com a introdução de novas abordagens na história, conforme notou Momigliano, houve a utilização das biografias plutarquianas como fonte histórica[87], isso ocorreu porque o tipo de informação que elas continham não interessava à história universal produzida no século XIX. Em outro texto, o autor conclui que foi reduzido o número de pesquisadores que considerou as biografias plutarquianas convenientes para a narrativa histórica[88]. Na biografia de Alexandre, Plutarco estabelece a diferença entre biografia e história. Para o nosso autor, os acontecimentos dignos de memória são as inúmeras guerras de que Alexandre participou, típicas do gênero historiográfico. Então, Plutarco justifica para o seu público, conhecedor da história de Alexandre, o Grande, a ausência de registros sobre as grandes batalhas que foram preservadas pela tradição, afirmando que escrevia biografias.

Plutarco se mostra herdeiro da tradição historiográfica iniciada no final do século VI a.C.[89], pois sua definição de história coincide com a do pensamento dos antigos historiadores gregos. A história era a guardiã dos grandes acontecimentos e à biografia cabia a narrativa de acontecimentos considerados menores. Em razão disso, na biografia de Alexandre, em seu mais famoso prólogo, Plutarco nos apresenta sua concepção de biografia e de história. Não por acaso, como vimos na *Vida de Teseu*, I, 1, Plutarco nomeia sua obra *Vidas Paralelas* (τῶν βίων τῶν παραλλήλων/*tôn bíōn tôn parallélōn*), e claramente difere sua obra de uma narrativa histórica. As biografias de Alexandre, o Grande, e Júlio César eram as mais propícias para que o autor nos explicasse o gênero literário que escolheu pela grande quantidade de guerras e batalhas que teria de narrar, conforme lemos a seguir:

> Neste livro, escrevendo a vida de Alexandre, o rei, e a de César, que destruiu Pompeu, não faremos outro preâmbulo, em virtude do grande número de fatos que o tema comporta, senão pedir aos leitores que não nos considerem sicofantas e, em lugar de narrar pormenorizadamente todas as ações célebres desses dois varões, abreviarmos o relato e colocarmos de parte muitas delas.
>
> (PLUTARCO, *Vida de Alexandre*, I, 1)

O conceito de história entre os antigos ainda seguia o modelo inicial proposto por Heródoto e desenvolvido por Tucídides em que a investigação histórica está voltada para os grandes feitos militares, marcantes e determinantes na história da Grécia. As narrativas de ambos os historiadores estão centradas nas grandes batalhas e em

---

87. MOMIGLIANO, 1979, p. 146.
88. MOMIGLIANO, 1993, p. 2.
89. A respeito dessa tradição, consultar Momigliano (1984).

duas grandes guerras, as dos gregos contra os persas, conhecida como Guerras Persas, e a guerra de atenienses e aliados contra Esparta e seus aliados, a chamada Guerra do Peloponeso. Portanto, a vida privada, os fatos do quotidiano e as pequenas ações de suas personagens históricas estão em segundo plano, os fatos mais importantes e dignos de memória são os que têm como palco a guerra e a tribuna. A respeito disso, Plutarco nos esclarece:

> Em verdade, não escrevemos histórias, mas biografias, e nem sempre é nos feitos mais rumorosos que se manifesta a virtude ou o vício. Ao contrário, sucede com frequência que um fato comezinho, uma palavra, uma pilhéria revelem bem mais nitidamente o caráter que os combates onde se contam milhares de mortos, as batalhas cerradas e os assédios mais espetaculares.
>
> (PLUTARCO, *Vida de Alexandre*, I, 2)

O propósito do autor é narrar a história de uma vida a partir de suas ações quotidianas; ocorre que este pode coincidir com a vida de um comandante militar que passa muitos dias, ou meses, até anos, guerreando e vivendo em um acampamento militar, como é o caso das biografias de Alexandre e César. É interessante notar que Plutarco deixa claro que não são as batalhas nem as guerras que lhe interessam, mas as ações privadas, ainda que em campo de batalha ou em cima de uma tribuna, pois no decorrer desses acontecimentos existem as pequenas ações que também revelam o caráter de seu biografado, como o autor nos explica neste excerto:

> Assim como os pintores captam a semelhança a partir dos traços do rosto, que denunciam o caráter, e pouco se ocupam das outras partes do corpo, assim também seja-nos lícito penetrar de preferência nos sinais distintivos da alma e, com a ajuda deles, representar a vida de cada qual, deixando para outros o aspecto grandioso dos acontecimentos e das guerras.
>
> (PLUTARCO, *Vida de Alexandre*, I, 3)

De fato, os grandes historiadores gregos de outrora e os historiadores gregos romanos de seu tempo tratam essencialmente das grandes guerras e dos grandes feitos militares. Embora encontremos alguns relatos que nos leve a entendê-los como biográficos, a obra de um historiador em si não se atém somente à vida privada de nenhuma personagem ilustre, a vida pública é para onde se voltam os olhares dos historiadores gregos e romanos. Igualmente, devemos destacar que o gênero biográfico em

Roma já encontrara seus representantes antes mesmo de Plutarco, como por exemplo o biógrafo Cornélio Nepos. Plutarco não inova ao escrever sobre a história de vida de uma personagem histórica, mas contribui com uma escrita mais abrangente e detalhada em suas biografias, o que explica o uso de anedotas, mitos e fábulas, por exemplo. Como Momigliano nos lembra, o gênero biográfico já era escrito pelos peripatéticos, os discípulos de Aristóteles, cuja finalidade era reflexão em torno do caráter, sob a perspectiva moral (1978, p. 9)[90]. Por seu estilo refinado e poético, Plutarco confere um tom romântico a sua narrativa; por vezes, temos a impressão de ler um romance histórico ou uma peça de teatro[91].

2.7. Conclusões

Plutarco escreveu biografias de generais, legisladores, heróis, oradores, entre outros, para proporcionar exemplos de vida aos de seu tempo e aos vindouros. A complexidade de suas biografias se manifesta na tessitura de sua narrativa que contém fios mesclados com história, filosofia e literatura, o que nos leva a ver sua narrativa com matizes diferentes. Plutarco surge então como um erudito que conhecia diversas áreas do saber e sobre elas discorria, algo comum entre os antigos gregos e romanos; o rigor e as especificidades são frutos de nossa era. Portanto, mostra-se improdutivo olhar para Plutarco como se fosse um biógrafo, ou um historiador, ou filósofo contemporâneo.

Nem mesmo Platão escapa às críticas daqueles que não veem uma doutrina filosófica clara em seus diálogos, o mesmo ainda ocorre com as imprecisões do racional Tucídides. O mais importante, quando nos deparamos com os autores antigos, é entender que sua escrita nos transmite o pensamento de uma época e que esses autores, como todos os que escrevem hoje, têm um objetivo; não se trata de manipular os fatos, mas de selecionar os que interessam para a sua narrativa. Informações contraditórias e anacrônicas correm e se difundem entre as análises acadêmicas, todas fundamentadas por indícios. Essas imprecisões abrem espaços para novas análises e descobertas, não se trata de erros, mas de construções narrativas que refletem o pensamento de um autor e que ao mesmo tempo nos permite entrever o pensamento de uma época.

---

90. Para um outro ponto de vista, Gentili e Cerri rebatem os argumentos sustentados por Momigliano em um interessante debate (1978, p. 7-27).
91. Em sua análise da biografia de Catão, Zadorojnyi conclui que o episódio do suicídio do político romano é narrado de forma trágica por Plutarco, que narrou sua morte do modo mais trágico de todos os seus biografados (2007, p. 217).

A narrativa mítica assumiu o papel que seria considerado da história no sentido de que explica não somente a origem do mundo, a ordenação e a hierarquia dos deuses no universo, mas também explica a origem das famílias ilustres que fundaram cidades e geraram reis, rainhas e heróis. Dessa narrativa mítica, passamos para a narrativa histórica que se pretende mais verdadeira porque se apoia em fatos, não em relatos míticos transmitidos pela tradição oral. Nesse contexto, temos a filosofia como a novidade que vem dar sentido, de modo racional e epistêmico, ao ser humano e a suas relações com os outros por meio dos conceitos de cidade e cidadania. A partir desse momento, existe um amplo debate em torno do que é particular e do que é público, e entra em cena a dicotomia que se mantém até os nossos dias na discussão sobre o que deve ser público e o que deve ser privado.

Os autores antigos giram em torno dessa discussão entre o público e o privado, assim o gênero biográfico aparece como espaço para que essa discussão encontre o seu lugar apropriado, uma vez que a história trata das grandes batalhas e guerras, do homem no espaço público. Embora, como analisa Momigliano ao longo de seu relevante estudo sobre a biografia antiga (1971), existam pequenos relatos biográficos já em Homero, que se desenvolveram em Heródoto e Tucídides até adquirir o modelo proposto por Plutarco. E o autor fez uso do mito, da história, da filosofia e da literatura, leia-se poesia em seus mais diversos gêneros, para construir a imagem de uma personagem histórica ou mítica que sirva de exemplo, ou não, para as gerações futuras.

Os prólogos das biografias elaboradas por Plutarco reúnem suas percepções sobre como se deve escrever uma biografia. O olhar de Plutarco se volta para explicar qual a finalidade de sua narrativa, porque utiliza a história para compô-la, que a história serve como base para suas análises das ações de suas personagens. Ele também postula um aprendizado da filosofia e requer de seu leitor conhecimentos de história e literatura, principalmente de filosofia. Esta atua como um filtro que seleciona as boas ações e os atos virtuosos dos biografados, pois este leitor munido de conhecimentos filosóficos é racional e capaz de ler de modo crítico biografias de homens que não foram completamente virtuosos, mas que tiveram momentos virtuosos. Plutarco propõe uma outra forma de aprendizado que é a do contraexemplo; em razão disso, encontramos ações deploráveis em diversos biografados que realizaram feitos virtuosos. Portanto, é preciso ter uma formação pautada na paideia grega para ler criteriosamente cada uma das biografias apresentadas pelo autor e delas retirar ensinamentos para uma vida virtuosa.

3
Voltaire: um filósofo-historiador antigo, moderno e visionário[92]

José D'Assunção Barros

3.1. Introdução

Voltaire, um dos mais conhecidos filósofos iluministas, fez-se cedo historiador, junto a inúmeras outras tarefas intelectuais às quais se propôs, entre as quais a discussão filosófica, a polêmica política, a dramaturgia, a livre criação literária e a investigação de caráter antropológico. A historiografia de Voltaire, conforme proporemos neste capítulo, apresenta desde traços da velha historiografia do Antigo Regime até elementos e prenúncios da nova historiografia que começaria a se gestar na transição do século XVIII ao século XIX com vistas a se constituir finalmente em historiografia científica. Isto porque, se a verve filosófica de Voltaire se comprazia em alvejar a historiografia ingênua e fabulista dos séculos anteriores, e de parte da historiografia que era realizada em sua própria época, não se pode dizer que o historiador Voltaire tenha efetivamente se apropriado mais consistentemente da cientificidade historiográfica que mal começava a se insinuar nas décadas iluministas, e que só tomaria corpo com os primeiros historicistas.

Um pouco surpreendentemente, também veremos em Voltaire – e mais no Voltaire filósofo do que no Voltaire historiador – vislumbres de práticas e expansões his-

---

[92]. Este texto deriva de um artigo originalmente publicado com o título "Voltaire: Considerações sobre sua Historiografia e Filosofia da História" (*Revista de Teoria da História*, vol. 7, n. 1, p. 7-4-, 2012).

toriográficas que só se tornariam correntes no século XX, de maneira que não é à toa que os historiadores franceses ligados ao movimento ou à herança da Escola dos *Annales* tenham reconhecido em Voltaire um distante precursor da historiografia moderna. Atento às ambiguidades de uma concepção e produção historiográfica que se mostra simultaneamente antiga, moderna e visionária, este texto pretende refletir sobre a visão de história de Voltaire. Nossa intenção, ao lado disto, é dar a perceber que – embora suspensa ou alternando-se eventualmente entre estas três perspectivas – a historiografia e as proposições historiográficas de Voltaire revelam, em toda intensidade, a sua época.

3.2. Alguns dados bibliográficos

François Marie Arouet, o Voltaire, nasceu em 21 de novembro de 1694, em Paris, no seio de uma família formada por um pai burguês e uma mãe aristocrata. De certa maneira, essa confluência social explica a habilidade de Voltaire em circular em todos estes meios sociais, inclusive na Corte – habilidade que o conduziria ao recebimento, em 1745, de uma carta de *gentilhomme*, no auge de seu sucesso social. Com relação ao seu período formativo, Voltaire cedo se viu em contato com escritores e filósofos de sua época, e sua educação o dotou dos instrumentos de erudição necessários para o devido reconhecimento intelectual de seus pares, inclusive os conhecimentos de latim e de retórica, além da leitura dos clássicos e da erudição historiográfica e literária. A educação original em um colégio jesuíta também ajudou a trazer uma feição deísta à sua filosofia, embora, conforme logo veremos, não impediu que ele assumisse uma posição crítica em relação à Igreja de sua época. Voltaire, aliás, incorporou não apenas os ensinamentos jesuítas, como também se pôs a par da crítica protestante de nomes como Pierre Bayle (1647-1706). Está presente, em sua rede de influências autorais e na sua complexa maneira de conceber o mundo, esse rico entremeado formativo, que inclui a presença da burguesia e da aristocracia em sua formação familiar, o contato com o ensino jesuíta e com a crítica protestante através dos livros, a familiaridade com a literatura imaginativa e com a escrita historiográfica e filosófica.

A produção de Voltaire é vasta e diversificada. Para além das realizações historiográficas, que já comentaremos, percorreu gêneros que vão da poesia e da literatura romanceada, passando pela sátira filosófica desenvolvida em *Candido* (1759), ao drama teatral de *Irène* (1778) e às obras de reflexão filosófica ou mesmo científica, como os *Elementos da Filosofia de Newton* (1738) – estes publicados em parceria com Madame de Châtelet, cortesã francesa que foi sua amante e parceira em inúmeros empreendimentos. Com *Micromégas* (1752), Voltaire chega a prenunciar o gênero da ficção científica, e com alguns de seus verbetes para a *Enciclopédia* (1756), integra-se a este notável empreendimento literário iluminista ao discorrer sobre assuntos diversos. O *Dicionário Filosófico Portátil* (1764) reintegra, em uma nova obra, alguns destes verbetes escritos por Voltaire para a *Enciclopédia*, e esta ainda serve de referência para a sua última obra filosófica publicada, as *Questions sur l'Encyclopédie* (1770). Vale ainda lembrar o *Tratado sobre a Tolerância* (1763), obra motivada por um caso de julgamento injusto ocorrido em sua própria época, e a partir do qual Voltaire adentra com habilidade o campo filosófico da Ética. Mesmo a crítica bíblica é percorrida por Voltaire em algumas obras como *A Bíblia enfim explicada* (1776).

3.3. Concepção política e social

Com relação ao âmbito político e à sua concepção social, pode-se dizer que, por um lado, apesar de ter passado à história como o grande nome do iluminismo francês e ser um contumaz crítico das tiranias políticas, Voltaire não ultrapassou totalmente o patamar tradicionalista. Em um mundo no qual começavam a se insinuar as posições contrárias à monarquia, esta ainda é a forma de governo preferida por Voltaire (embora não a monarquia absoluta que decaiu em tirania, e sim a monarquia constitucional, à maneira dos ingleses de sua época)[93]. Parte mesmo da produção historiográfica do filósofo francês ainda expressa, vividamente, o interesse em contribuir para a educação dos governantes, à maneira dos antigos "espelhos de príncipes". O rei ideal de Voltaire é o rei-filósofo, sábio, esclarecido, de modo que – se Voltaire será um crítico das tiranias e do obscurantismo – será, não obstante, simpático ao modelo do déspota esclarecido. Em 1740, por exemplo, ele publica um prefácio favorável ao "espelho de príncipe" de Frederico II, um *Anti-Maquiavel* no qual o monarca prussiano retomava a figura idealizada do governante sábio e esclarecido que paira magnanimamente so-

---

93. Diz uma das *Cartas Filosóficas*, que trata da política inglesa: "[a Inglaterra] foi a única nação na terra que conseguiu regular o poder dos reis resistindo a ele, e que, de esforço em esforço, estabeleceu enfim um governo sábio, no qual o príncipe, todo-poderoso para fazer o bem, tem as mãos atadas para fazer o mal; no qual os senhores são grandes, sem a insolência e sem vassalos, e o povo participa do governo sem confusão" (VOLTAIRE, 1964, p. 21). A posição de Voltaire pode ser contraposta à de Rousseau (1762), para o qual o despotismo, mesmo o esclarecido, é incompatível com a liberdade dos cidadãos.

bre uma sociedade igualmente idealizada, depurada do realismo político que Maquiavel trouxera a nu em sua célebre obra *O Príncipe* (1513)[94].

Por outro lado, Voltaire foi pioneiro em defender de forma extremada alguns itens programáticos que lhe deram a justa fama de paladino do Iluminismo, e pode-se dizer que foi um precursor da luta pelos direitos humanos, ao mesmo tempo em que foi um incansável defensor da liberdade de expressão[95]. Ao se bater corajosamente contra instituições organizadas e coesas, e ao enfrentar também indivíduos proeminentes e bem ancorados em confortáveis posições de poder – sob o risco de sua própria liberdade pessoal, conforme veremos – Voltaire tornou-se também, com justa razão, o arauto de um novo tempo que logo traria as lutas civis e sociais da Revolução Francesa[96]. Por vezes sob a capa da irreverência e do sarcasmo, por vezes através de um discurso impiedosamente claro que era levado até as últimas consequências, Voltaire foi questionador de muitos dos valores de sua época (embora não de todos) e um crítico impiedoso das superstições e arcaísmos dos quais se valiam as instituições dominantes para impor a imobilidade das hierarquias e privilégios sociais que davam substância ao Antigo Regime.

Em relação à Igreja e à Religião, Voltaire situava-se em uma peculiar conexão de deísmo e anticlericalismo. De um lado era um filósofo deísta (mas não um historiador deísta, uma vez que acreditava que Deus criara o mundo, mas depois o abandonara

---

94. O *Anti-Maquiavel* (1740), de Frederico da Prússia (1712-1786), empenha-se na refutação, ponto a ponto, do célebre *O Príncipe*, de Nicolau Maquiavel. O livro de Frederico da Prússia, escrito em 1740, iria ao prelo em 1741. A literatura anti-Maquiavel é farta entre os séculos XVI e o início do século XIX, quando o livro é reconduzido a uma posição modelar após o seu sucesso no século XVI e a sua rejeição por diversos autores nos séculos seguintes. Napoleão Bonaparte, que tinha o *Príncipe* como livro de cabeceira e campanha, será um de seus admiradores nos novos tempos. A literatura anti-Maquiavel é analisada por Michel Foucault no último capítulo de *Microfísica do Poder*, um ensaio intitulado "A Governamentalidade" (FOUCAULT, 1985, p. 277-293).

95. O texto mais enfático de Voltaire em favor da ideia de "liberdade de pensamento e de expressão" é o da segunda parte do verbete "Liberdade", do *Dicionário Filosófico*, o qual é organizado sob a forma de um diálogo entre dois personagens.

96. A vida pessoal de Voltaire é entrecortada por prisões, exílios, perseguições e admoestações decorrentes de sua atitude crítica, que não poupou as instituições, os poderosos da época. A primeira crítica social contra instituições aparece em 1717, em uma sátira contra a Regência sob Luís XV, o que lhe rendeu a antipatia do monarca francês pelo resto de sua vida. Já o primeiro caso de punição em decorrência de sua verve crítica contra indivíduos poderosos foi o chamado "caso Rohan", em 1726, no qual Voltaire respondeu à altura a um nobre da mais prestigiosa família francesa, atraindo contra si agressão e a necessidade de se exilar na Inglaterra. Sobre sua própria verve crítica, Voltaire teria dito: "Na França é preciso ser prego ou martelo: eu era prego" (LOPES, 2001, p. 18).

à sua própria sorte e destino sem mais interferir na história). De outro lado, Voltaire sempre foi um crítico em relação à Igreja de sua época[97]. Não poupou as autoridades eclesiásticas em seus comentários, e tampouco a Igreja Católica como instituição. Mas isso não o impediu de criticar também, de um ponto de vista filosófico, o setor antirreligioso da intelectualidade iluminista, sobretudo os filósofos que professavam o ateísmo. Ao mesmo tempo, Voltaire também era crítico do fanatismo religioso, e estas críticas também aparecem na polêmica obra *Mahomet e o Fanatismo* (1704).

A Crítica, aliás, é um traço particularmente importante do pensamento filosófico de Voltaire. Se o "Voltaire-Historiador" não avançou mais decisivamente até a crítica documental, que seria tão típica dos historiadores profissionais do século XIX, pode-se por outro lado dizer que ele antecipa Kant na importância que atribui à Crítica no seio das produções intelectuais e dos sistemas de pensamento. Há uma passagem interessante do verbete "História", escrito para a *Enciclopédia*, que mostra esta predisposição para a crítica como um aspecto fundamental para a produção do conhecimento, de acordo com a concepção de Voltaire:

> "Esse dicionário é consagrado à verdade, um artigo deve corrigir o outro, e, se aqui for encontrado algum erro, ele deve ser corrigido por um homem mais esclarecido".
>
> (VOLTAIRE, 2010, p. 55-56)

Voltaire, aliás, sofreu em vida muitos reveses relacionados ao livre-exercício de sua habilidade crítica, que por vezes deixou de ser a crítica no sentido filosófico-científico e adquiriu as entonações da sátira e do sarcasmo voltadas contra personagens notórios, não poupando mesmo os reis e poderosos de sua época. Em 1717, Voltaire escreveu versos críticos e satíricos que foram considerados ofensivos à imagem do então regente da França, o príncipe Filipe de Orleães (1624-1723), e foi por isso confinado nos calabouços da Bastilha por onze meses. Em 1726, sua crítica mordaz adquiriu novamente a forma de versos satíricos que o levaram à prisão e ao exílio na Inglaterra. Em 1747, já novamente na França, ele é obrigado a deixar Paris após se indispor com poderosos locais, em vista de comentários que foram tomados como insultos pela administração régia. Em 1753, já vivendo na corte de Frederico da Prússia, é expulso do novo país em que se instalara por ter satirizado um erudito local com a *Diatribe Du docteur Akakia* (1753).

---

97. Sobre a concepção religiosa de Voltaire, ver POMEAU, 1974.

O envolvimento apaixonado de Voltaire com a sua época e com as lutas que nela se davam revelam outro traço do Voltaire-filósofo, configurando uma práxis que dele fez um dos filósofos mais engajados de sua época. Esta imagem de um Voltaire atuante no seu próprio tempo, verdadeira e justa, é também uma construção da qual participou o próprio Voltaire, cioso de sua própria imagem como alguém capaz de interferir e abalar a política, a cultura e o cotidiano de seus contemporâneos. La Harpe, convidado a proferir um discurso na ocasião da morte de Voltaire, teria dito as seguintes palavras que bem que poderiam ser fixadas em epitáfio: "não lhe bastava ser o herói do século, ele desejava ser a novidade do dia"[98].

3.4. O diversificado perfil intelectual de Voltaire

Tal como já foi dito, Voltaire esmerou-se nos mais diversos gêneros textuais, científicos e criativos, inclusive a própria escrita historiográfica. Este padrão não era propriamente incomum entre muitos dos grandes nomes da intelectualidade iluminista, pois Rousseau, Montesquieu e David Hume – apenas para citar outros três filósofos importantes do século ilustrado – também exploraram muitos campos de saber e gêneros textuais variados, expressando uma versatilidade que configura uma característica mais geral dos humanistas. Jean-Jacques Rousseau (1712-1778) escreveu romances, ensaios políticos, obras filosóficas, óperas musicais, críticas e tratados musicológicos; escritos sobre a Educação, e cartas sobre botânica[99]. David Hume (1711-1776) escreveu seis volumes de uma *História da Inglaterra* (1754-1795), mas também tratados sobre ética ou textos sobre metodologia. Montesquieu (1689-1755) escreveu romances, obras filosóficas, reflexões historiográficas e obras políticas, além da sua obra e atuação jurídica, área na qual atuou profissionalmente[100]. Deste modo, a versa-

---

98. LOPES, 2001, p. 23 e POMEAU, 1994, p. 8.

99. Apenas para citar alguns exemplos, Rousseau escreveu obras políticas, como o *Contrato Social* (1762) ou o *Discurso sobre a Origem da Desigualdade* (1754); obras musicais como a ópera *Le Devin du Village* (1752); ou o singular *Emílio (ou da Educação)* (1762), que é uma narrativa romanceada que funciona como fio condutor para a reflexão filosófica e para o desfiar de uma teoria sobre a Educação. Isso sem mencionar o original gênero das *Confissões* (1770), nas quais responde às críticas que lhe haviam sido feitas por Voltaire.

100. São exemplos da variada produção de Montesquieu as *Cartas Persas* (1733) – um relato imaginário sob a forma epistolar – *As Considerações sobre as causas da grandeza dos romanos e sua decadência* (1734), no caso uma reflexão historiográfica; e *O Espírito das Leis* (1748), obra jurídica e política. Como Rousseau e Voltaire, também contribuiu com verbetes para a *Enciclopédia* (1750-1772) dirigida por Diderot e D'Alembert.

tilidade de Voltaire – autor de obras históricas, antropológicas, filosóficas, científicas, literárias e dramáticas – não é uma característica isolada, mas articula-se de fato a um traço típico do humanismo iluminista do século XVIII, o qual favorecia a reflexão e criação diversificada em detrimento da hiperespecialização que se tornaria cada vez mais típica dos séculos posteriores.

Ao lado da diversificação autoral de Voltaire, isso não impede que a História tenha desempenhado, no conjunto de sua obra, uma posição bastante especial – tanto concretizada em algumas realizações historiográficas específicas como espraiada na forma de uma consciência histórica que habita não apenas as crônicas e obras historiográficas produzidas pelo filósofo francês, mas também suas obras ligadas a outros gêneros de escrita ou de saber. Assim, uma de suas primeiras obras de sucesso, o poema *La Ligue* (*Henriade*) [1926], o qual circulou oculto sob autoria clandestina na Paris de 1723, referia-se ao reinado de Henrique IV (1553-1610) – monarca que em 1598 assinara o célebre Edito de Nantes como resposta à violenta guerra civil religiosa que era vivida pelos franceses daquela época. Esta obra, ademais, revela o historiador mais do que apenas através de sua escolha e interesse por um tema histórico específico. O Voltaire historiador inscreve-se nesta obra poética através de uma cuidadosa pesquisa prévia sobre fontes da época de Henrique IV[101].

Depois de *Henriade*, viriam obras especificamente historiográficas – como a *História de Carlos XII* (1731), *O Século de Luís XIV* (1751), *Annales de l'Empire* (1753), a *História da Rússia sob Pedro o Grande* (1759), e, por fim, sua mais destacada realização, o *Ensaio sobre os Costumes* (1756). A exposição de uma habilidade historiográfica através da estrutura em versos, concomitantemente, não seria descartada em realizações posteriores, como atesta o poema sobre a *Batalha de Fontenoy* (1745), escrito ao abrigo e perturbação do próprio calor dos acontecimentos, o que faz desta obra uma combinação de poesia, comentário histórico, jornalismo e discurso de exaltação. É também a forma poética que Voltaire utiliza em *Poème sur Le desastre de Lisbonne* (1755).

O *corpus* criativo de Voltaire também inclui outras obras que, se não são propriamente historiográficas, não deixam de incluir a perspectiva historiográfica e a sensibilidade relativista que é tão cara aos historiadores profissionais. É o caso, por exemplo, das célebres *Cartas Filosóficas* (1734), que colocavam em cena uma arguta

---

101. Maria das Graças de Souza, no capítulo relativo a Voltaire de sua obra *Ilustração e História* (2001, p. 95), assinala o cuidado historiográfico de Voltaire em documentar os fatos narrados em seu poema, indicando notas ao final de cada um dos cantos de *Henriade* (1723).

comparação entre a Inglaterra e a França de seu tempo presente, com elevada carga crítica desfechada contra aquela última[102]. É também oportuno lembrar que o recurso ao deslocamento imaginário para o Oriente – empregado por alguns autores iluministas para discorrer sobre problemas típicos de seu próprio espaço-tempo – é ainda utilizado por Voltaire, a exemplo da novela filosófica *Zadig* (1747)[103].

Por fim, é importante lembrar ainda a contribuição de Voltaire para a *Enciclopédia*, a partir de 1756, considerando que nesta grande obra coletiva aparecem textos importantes de Voltaire, entre os quais o seu verbete sobre a "História" (1756), além de vários outros que examinam temas importantes para a historiografia[104]. Resta lembrar,

---

102. No verbete "História", aliás, Voltaire chama atenção para o fato de que a exploração de documentação de um determinado país também pode iluminar a história de um outro: "A Inglaterra é, de todos os países, aquele que tem, sem dúvida, os arquivos mais antigos e mais contínuos. Esses atos recolhidos por Rimer, sob os auspícios da rainha Ana, começam com o século XII e foram continuados sem interrupção até nossos dias. Eles espalham uma grande luz sobre a história da França. Eles fazem ver, por exemplo, que Guienne pertenceu aos ingleses em soberania absoluta, quando o rei da França Carlos V a confiscou por um decreto, e dela se apodera pelas armas. Ali descobrimos que somas consideráveis, e que espécie de tributo pagou o rei Luis XI ao rei Eduardo IV, que ele poderia combater, e quanto dinheiro a rainha Elisabeth emprestou a Henrique o Grande para ajudá-lo a subir ao trono" (VOLTAIRE, 2010, p. 52).

103. *Zadig, ou O Destino*, aborda diversos problemas filosóficos e desfecha várias críticas em relação à sociedade – além de propor um paradigma indiciário de pensamento através da práxis de seu principal personagem. A narrativa que expõe os altos e baixos na vida de um jovem oriental chamado Zadig. É interessante destacar que diversos autores dos séculos seguintes, vinculados às mais diversas áreas de saber, valorizaram o personagem criado por Voltaire como emblema literário de um novo modelo científico, uma vez que Zadig era capaz de desenvolver uma leitura complexa e rica da realidade a partir de poucos indícios. *O Método de Zadig* é estudado, por exemplo, por T. H. Huxley, um dos parceiros de Charles Darwin na difusão da teoria da evolução. O detetive C. Auguste Dupin, protagonista do conto *Os Assassinos da Rua Morgue*, de Edgar Alan Poe (1840), é também nele inspirado. Posteriormente, o micro-historiador Carlo Ginzburg – em um dos ensaios de *Mitos, Emblemas e Sinais* (1986) – evoca o Zadig de Voltaire para ilustrar a proposta de um novo paradigma indiciário para a pesquisa histórica. Curiosamente, Voltaire idealizou este paradigma na *práxis* de um de seus personagens literários, mas não parece ter se preocupado em aplicá-lo em sua obra histórica.

104. A *Encyclopédie*, organizada com 35 volumes que contêm 71.818 artigos e 2.885 ilustrações, foi um empreendimento do filósofo e físico D'Alembert (1717-1783) e do filósofo e escritor Denis Diderot (1713-1784). O papel da *Enciclopédia* como projeto de ação social fica bem explicitado logo no prólogo escrito por Diderot, que indica como uma de suas metas trazer mudanças na maneira de pensar dos seus leitores. Assim, além da função de incorporar sistematicamente tudo aquilo que era considerado pelos seus idealizadores como o conhecimento científico, filosófico, literário e artístico da época, a Enciclopédia deveria ter um destacado papel político na sociedade que a viu nascer – e, de fato, alcançou este objetivo. É ainda um documento que expõe o próprio estado tecnológico da civilização industrial, então nascente. Entre os 130 autores que com ela colaboraram, Voltaire se destacou com verbetes inseridos no campo da História, Literatura e Filosofia.

por fim, a historicidade presente em algumas das peças teatrais de Voltaire, as quais revelam o cuidado em recriar ambientações históricas específicas.

A posição de Voltaire entre os historiadores é singular. Podemos dizer que, de certo modo, sua obra está no ponto de inflexão entre toda uma antiga era historiográfica – na qual coexistiram os mais diversos tipos de fazeres históricos – e uma nova era historiográfica na qual passará a predominar uma História que reivindica um *status* de cientificidade. A segunda metade do século XVIII é este momento no qual surgem tanto as "filosofias da história", como já se prenunciam as condições que breve permitiriam o surgimento dos primeiros paradigmas da historiografia científica, no século XIX. Voltaire, aliás, é o primeiro pensador a utilizar a expressão "filosofia da história". Além disto, ele mesmo foi historiador, e, como já vimos, escreveu algumas obras historiográficas entre os diversos outros gêneros literários que percorreu com habilidade em sua trajetória intelectual[105].

A singularidade de Voltaire nesta inflexão para os novos tempos historiográficos é ambígua. Para utilizar uma imagem significativa, podemos dizer que Voltaire está, com relação à historiografia, em três épocas ao mesmo tempo: um de seus pés está bem firmado nesta antiga era historiográfica que vai de Heródoto e dos antigos ao século XVIII; outro de seus pés parece tocar o terreno ainda incerto dos primeiros anseios da historiografia científica que se estabeleceria no século XIX; e seus braços evocam retoricamente um futuro historiográfico ainda mais distante, que só se estabeleceria definitivamente a partir da terceira década do século XX. Esta imagem requer algumas explicações.

De um lado, Voltaire intuiu certas tendências que seriam típicas e decisivas da historiografia futura, inclusive para além da própria época inicial da historiografia científica. Vislumbrou a possibilidade de uma historiografia demarcadamente não factual,

---

105. "Filosofia da história" é o título de uma Introdução que aparece vinculada a uma segunda edição de *Ensaio sobre os Costumes*. No entanto, não temos aqui, mais propriamente, o gênero que ficaria logo conhecido como "filosofia da história" nas mãos de outros iluministas. Em alguns destes, como Kant e Condorcet – e mesmo, mais tarde, em Hegel – a obra de filosofia da história se define como um texto que reflete (ou especula) sobre a finalidade da história. A história tem um fim? Existe um plano secreto que a conduz? Há um conjunto de princípios que orienta os seus acontecimentos? Existe uma providência ou uma mão invisível que conduz o progresso da civilização no decurso dos sucessivos acontecimentos? Os filósofos que escreveram filosofias da história fizeram perguntas como estas, na sua tentativa de compreender o "sentido da história". Mas não é o caso de Voltaire com o seu ensaio introdutório "Filosofia da história". Neste, ele dedica-se apenas a visitar panoramicamente a história universal, e a criticar algumas coisas que foram ditas sobre os diversos povos. Submete estes "erros" à crítica da verossimilhança e tenta refutar tudo aquilo que não lhe parece sensato.

voltada para um âmbito mais amplo de instâncias a serem examinadas para além da mera história política, como a história cultural, a história antropológica, e outras possibilidades (mesmo sem ter, é claro, colocado estes vislumbres nestes termos). No entanto, uma curiosa contradição faz-se visível ao flanarmos pela obra filosófica e historiográfica de Voltaire. Aqueles vislumbres voltairianos que se sintonizam com uma historiografia futura – os quais aparecem quando ele está refletindo filosoficamente sobre a História como campo de saber – encontram-se em contraste em relação a uma parte significativa da historiografia que ele mesmo praticou: no caso, uma historiografia ainda perfeitamente centrada nos acontecimentos políticos e nas figuras dos grandes homens, ao menos na sua historiografia de primeira fase[106].

De resto, esta tendência factual, política e centrada nos indivíduos que movem a história continuaria muito comum entre os historiadores profissionais do século XIX (embora não todos), de modo que não é propriamente este apego factual ou a sua escolha de abordar grandes indivíduos o que faz de Voltaire ainda um historiador antigo. Há, de outra parte, aspectos que relacionam Voltaire nitidamente ao final da velha época historiográfica, e que faz dele ainda um filho de Heródoto. É sobre estes aspectos, que ligam Voltaire ao grande arco da historiografia pré-científica, que gostaríamos de falar inicialmente.

3.5. Voltaire: "historiador de tipo antigo"

O primeiro indício do tradicionalismo historiográfico de Voltaire pode ser encontrado na abertura do verbete "História" para a *Enciclopédia* (1756), texto que, de modo geral, ainda parece fazer de Voltaire um historiador de tipo antigo, apesar de intuições significativas que apontam para práticas historiográficas que ainda estariam por se estabelecer. Na abertura de seu verbete, Voltaire define a História como um gênero literário. Não lhe passa pela mente a possibilidade de pensá-la como um tipo de conhecimento científico ou cientificamente conduzido, apesar de discutir o necessário rigor de que deveriam se munir os historiadores. A História é definida pelo filósofo

---

106. De certo modo, a historiografia de Voltaire pode ser dividida em dois movimentos. Há uma primeira historiografia que gira em torno dos grandes personagens – dos quais nos dão exemplo a *História de Carlos XII* (1731) e a *História de Pedro, o Grande da Rússia* (1759) – e há uma modalidade de historiografia na qual começa a despertar o interesse de Voltaire por uma história universal que pode ser mais bem exemplificada pelo *Ensaio sobre os Costumes* (1756). Não são propriamente fases que se sucedem, uma vez que o *Ensaio sobre os Costumes* precede a *História de Pedro, o Grande*.

francês como um gênero literário, que ele situa por oposição à fábula ao dizer que "a História é o relato dos fatos tidos por verdadeiros, ao contrário da fábula, que é o relato dos fatos tidos por falsos"[107].

É sintomática esta preocupação de Voltaire em definir primordialmente a História como um gênero literário, um tipo de relato, ao invés de evocar logo de saída os aspectos que fazem da história um campo de produção de conhecimento e uma práxis relacionada à pesquisa. Não que Voltaire não vá tocar nestes aspectos na sequência de seu texto, mas a questão é que a centralidade, aquilo que delineia primordialmente o que é a História, é apresentada por ele apenas como algo relacionado ao tipo de relato que a História produz e ao tipo de objetos que a História investiga. Em uma época na qual já se começa a se manifestar com maior insistência a preocupação em definir um campo de cientificidade para além das ciências naturais, este traço é significativo.

Assim mesmo, logo após esta rápida definição da História como "um relato dos fatos tidos por verdadeiros", já aparece no verbete de Voltaire uma primeira intuição importante. Ele dá a perceber a necessidade de subdividir a história em várias modalidades de história, mesmo que tenhamos aqui uma preocupação ainda embrionária. É assim que Voltaire irá lembrar que existe a "história das opiniões", que de alguma maneira equivale ao que bem mais tarde seria chamado de "história das ideias", a "história das artes", por ele elevada a uma honrosa posição, e, por fim, a "história dos acontecimentos". Esta última, conforme postula Voltaire, dividir-se-ia em "sagrada" e "profana". É apenas à última que Voltaire irá dedicar o seu verbete, notando-se que Voltaire – um filósofo deísta – irá reconhecer um relevante valor à contrapartida sagrada da História. A história profana, todavia, é aquela à qual ele irá dedicar as suas reflexões sobre a História, bem como aquela que ele mesmo praticou como historiador[108].

A concepção do verbete de Voltaire sobre a documentação da qual devem se valer os historiadores – os então chamados "monumentos" – é ainda pouco sofisticada. De um lado, percebe-se que o autor está sobremaneira preocupado com a informação histórica, e que ainda não valoriza suficientemente a importância da

---

107. VOLTAIRE, 2010, p. 42. As primeiras partes do verbete "História", de Voltaire (1756), são dedicadas a esta análise dos contrastes, interação e deslizamentos entre os gêneros da fábula e da história (VOLTAIRE, 2010, p. 42-53), trazendo inúmeros exemplos que vão da história antiga à história de sua época.

108. "Há a história das opiniões, que nada mais é do que a coletânea dos erros humanos" (VOLTAIRE, 2010, p. 42).

instância interpretativa para o trabalho do historiador[109]. De outro lado, ele inclui poucos tipos de fontes históricas entre os monumentos dos quais poderiam se valer os historiadores. Há passagens sintomáticas nas quais se percebe que a sua subvalorização de determinados tipos de fontes é decorrente da sua concepção sobre aquilo que para ele é o central no trabalho do historiador: a busca de informações e a recolha de testemunhos, muito mais do que a análise das fontes como discursos a serem decifrados ou compreendidos. É por isto que, ao incluir entre os *monumentos* (os vários tipos de fontes históricas) os "monumentos" propriamente ditos, no sentido que hoje tem esta expressão, Voltaire faz importantes ressalvas. Está preocupado em mostrar que um monumento não é extremamente confiável como fonte de informação historiográfica[110], pois já reconhece que os monumentos são concretizações de uma memória construída conforme o jogo dos poderes dominantes e a dinâmica dos interesses sociais. Mas não dá mostras de perceber que, exatamente por isso, porque peças de um discurso construído, os monumentos podem ser excelentes fontes para apreender aspectos do universo mental e político das sociedades que os ergueram. Ao perfilar diversos exemplos, Voltaire revela ainda estar vinculado à antiga ingenuidade historiográfica que faz do documento apenas um mero caminho para a obtenção de informações relativas àquilo de que se fala diretamente, e não como um excelente meio para obter não apenas informações, mas também discursos relacionados ao lugar de produção da própria fonte examinada.

Com base nesta perspectiva antiga sobre a natureza da fonte histórica, Voltaire propõe um exemplo: seriam de pouco valor historiográfico as estátuas que retratam a passagem mitológica em que Ceres presenteou a humanidade com o conhecimento da agricultura, pois elas informam sobre algo que não teria ocorrido objetivamente. O filósofo francês, todavia, não avança na percepção e entendimento de que estas estátuas mitificadoras são fontes particularmente ricas para expor o universo mental daqueles que as construíram. Os seus limites historiográficos estão na dificuldade – nada rara em todo o longo arco da historiografia antiga – em perceber que os historiadores não precisam somente estar interessados no que dizem as fontes (verdades ou mentiras),

---

109. O verbete "História" apresenta passagens sintomáticas, como esta: "Mas desejar tomar os antigos, esforçar-se em desenvolver suas almas, olhar os acontecimentos como caracteres através dos quais se pode ler seguramente o fundo dos corações é uma empreitada bem delicada, e em muitos uma puerilidade" (VOLTAIRE, 2010, p. 60).

110. VOLTAIRE, 2010, p. 57-58.

mas *como* elas dizem algo, *a quem* se dirigem, *o que revelam* para além do que pretendiam dizer, que perfis podem ser delineados não apenas dos seres humanos nelas retratados, mas particularmente, e sobretudo, dos próprios seres humanos que as produziram como discursos. Enfim, sentimos em Voltaire que um passo foi dado em termos de ceticismo e de inquérito racional que se estabelece sobre as fontes, contestando a validade de seu discurso mais direto para muitos casos, mas que outro passo precisaria ainda ser dado, no sentido de compreender que as fontes revelam muito mais para além do que pretendiam dizer diretamente. As fontes – é este o passo que ainda faltou ser dado por Voltaire para atingir o patamar de análise sistemática e crítica que seria alcançado pelos historicistas do século XIX – não são apenas mananciais de informações, mas discursos que precisam ser analisados. Um exemplo interessante desta postura convenientemente cética, mas ainda não suficiente para dar o próximo passo na direção da crítica historiográfica mais moderna que breve iria se consolidar, pode ser encontrada nesta passagem em que Voltaire expressa-se acerca dos antigos testemunhos acerca dos antigos Imperadores romanos. A passagem faz parte do ensaio *O Pirronismo na História*, uma obra de 1768, que não é não assinada por Voltaire, mas que deixa implícita a sua autoria por trás de um personagem-autor que se intitula "Um Bacharel em Teologia"[111]:

> "Perguntei-me algumas vezes, lendo Tácito e Suetônio: todas as extravagâncias atrozes imputadas a Tibério, a Calígula, a Nero são realmente verdadeiras? Deverei acaso acreditar, com base no relato de um único homem que viveu muito tempo depois de Tibério, que esse Imperador, quase octogenário e que sempre tivera costumes decentes e mesmo austeros, tenha se entregado, na ilha de Capri, exclusivamente a deboches que fariam corar a um Gitão? Quem me garante que transformou o trono do mundo conhecido em um lugar de prostituição como jamais se viu entre os jovens mais dissolutos? Seria realmente verdade que nadava em seus aquários acompanhado por crianças de colo, que também já sabiam nadar e que lhe mordiam as nádegas, embora não tivessem dentes, e lhe lambiam as velhas e repugnantes partes pudendas? Deverei acreditar

---

111. Ao mesmo tempo se esquivando de assinar explicitamente a obra, mas já deixando uma sugestiva indicação de que é ele mesmo o autor, Voltaire inicia seu ensaio com estas palavras: "Orgulho-me de ter as mesmas opiniões do autor de *Essai sur les Moeurs et L'Esprit des nations*: não quero nem um pirronismo extremo, nem uma credulidade ridícula" (VOLTAIRE, 2007, p. 3). Em outros momentos de *O Pirronismo na História*, Voltaire volta a fazer referências a si mesmo algumas vezes, ocultando-se por trás do personagem-autor que se apresenta como o "Bacharel em Teologia".

que se cercou de *spintbriae*, ou seja, bandos dos mais dissolutos libertinos, homens e mulheres, divididos em grupos de três, uma moça sob um rapaz e esse rapaz sob um outro".

(VOLTAIRE, capítulo XII, p. 29)

A depreciação dos imperadores romanos por alguns dos mais notórios historiadores da Roma antiga – que os pintaram como dissolutos, pedófilos, incestuosos, loucos, perversos, matricidas, cruelmente impiedosos ou ridiculamente fracos, conforme cada personagem – foi de fato muito comum, e contribuiu para forjar uma imagem deformada de muitos destes imperadores, mesmo em nosso tempo[112]. Hoje, sabemos

---

112. Tibério (42 a.C.-37 d.C.) foi pintado por Suetônio, na parte mais avançada de sua vida, como um velho senil e pedófilo, que se cercou de mulheres e homens libertinos em seu palácio na ilha de Capri. Calígula (12-41 d.C.) teria mantido relações incestuosas com suas três irmãs, e cometia assassinatos por motivos torpes. Nero (54-68 d.C.), conforme a narrativa de Tácito, mantinha relações incestuosas com a própria mãe, Agripina, que por fim teria sido assassinada a seu mando através de um barco que foi preparado para desmontar em pleno oceano quando Agripina nele estivesse viajando. O Cômodo pintado pela narrativa depreciativa de Tácito também não deixa nada a dever a seus predecessores: além de ser dado a depravações, assassinava gratuitamente, por prazer, e até mesmo se predispunha a mandar assassinar pessoas que não conhecia em troca de dinheiro. Cláudio Druso (10 a.C.-50 d.C.), sobrinho de Tibério – um imperador manco e gago – teria sido um imperador fraco, irresponsável e sem capacidades intelectuais, que se deixava dominar pela esposa Messalina, uma libertina que em seu nome ordenou vários assassinatos e espoliações, até ser condenada à morte pelo marido. Não foi muito diferente quando se casou com sua segunda esposa, sua sobrinha Agripina, mãe de Nero, que terminou por convencê-lo a adotar o filho para a sucessão imperial e por assassinar Cláudio para que o filho assumisse a coroa. E por aí segue a história depreciativa dos imperadores romanos, através da escrita depreciativa dos senadores ligados à classe senatorial. Vários destes dados, naturalmente, não condizem com o que pode ser deduzido de outras fontes: a incapacidade intelectual de Cláudio não subsiste ao contraste com as bem urdidas obras historiográficas que ele mesmo produziu; o governo austero de Tibério não parece condizer com o comportamento dissoluto que os historiadores-senadores imputam à sua velhice. Um estudo mais amplo das fontes – para além dos escritos senatoriais – revela muitas ambiguidades, muitos discursos que se confrontam e se contradizem reciprocamente. Cláudio, por exemplo, antes de ter sido imperador, escrevera uma história da guerra civil romana que foi bastante crítica em relação a Augusto, um imperador que não é tão admoestado pelos historiadores-senadores. Além disso, a imagem do imperador fraco dominado pelas esposas contrasta com os resultados do seu governo, durante o qual o Império conheceu o seu período de maior expansão após a época de Augusto, com destaque para a conquista da Britânia. Resta lembrar, por fim, que as relações de Cláudio com o Senado variaram muito, e que no princípio de seu governo – dadas as circunstâncias de sua ascensão ao título de Imperador – Cláudio procurou se aproximar do Senado com medidas favoráveis a este, o que não o livrou mais tarde de ter de enfrentar várias tentativas de golpe de estado contra o seu governo. Estas, é claro, também terminaram por demandar a condenação à morte de vários senadores, o que contribui para trazer ainda mais densidade à complexidade desta trama histórica (Suetônio, por exemplo, registra a execução de 35 senadores e 300 cavaleiros durante o governo de Cláudio).

com bastante clareza por que alguns dos imperadores foram tão depreciados por um setor da historiografia produzida pelos antigos romanos, particularmente depois que o historicista alemão Berthold Niebuhr (1776-1831) – um dos grandes especialistas em História Romana do século XIX – ensinou às gerações de historiadores que o sucederam como estas fontes precisavam ser lidas. Elas haviam sido escritas por senadores que eram inimigos viscerais dos Imperadores.

A grande era do Senado – que situava os senadores como os agentes históricos mais importantes de Roma e como o centro efetivo do poder – havia sido substituída pela era dos Imperadores. Nesta, os senadores ainda eram atuantes e certamente importantes, mas já não ocupavam mais o centro do palco político, sendo frequentemente secundarizados e afrontados pelos Imperadores e sua *entourage*. Compreende-se que, sendo uma parte significativa dos antigos historiadores romanos formada por senadores, a depreciação historiográfica dos imperadores fosse esperada, como uma resistência da classe senatorial ao circuito imperial que os afrontava em seu tempo presente, e também à maneira de uma espécie de revanche histórica. Niebuhr chamou atenção para a necessidade de avaliar estas fontes senatoriais a partir do seu "lugar de produção".

Ao ter diante de si uma fonte histórica, o historiador precisava indagar: quem a escreveu? Atendia-se, com este texto, a que demandas, suas, e de seu grupo social? Sob que circunstâncias? Em que contexto? Visava-se, com este discurso, a que receptores? Almejava-se que finalidades? Ao reconstruir o lugar de produção de uma fonte, ademais, é ainda mais importante ter em vista o grupo social ou político no qual se insere o autor do que considerá-lo no plano da individualidade. Compreender as redes de alianças e rivalidades é fundamental. Sobretudo, todas estas perguntas devem ser postas a interagir com o contexto específico de cada tempo-espaço, pois em um a dinâmica das classes pode ser o essencial; mas, em outro, a dimensão linhagística ou familiar pode se sobrepor, e assim por diante.

Eventualmente, Voltaire faz algumas das perguntas certas a estas fontes, incidindo sobre elas uma torrente de desconfianças sempre guiada pela *razão* – seu fio de prumo principal na análise histórica. O essencial de sua crítica a estas fontes baseia-se em um desmonte que questiona a sua verossimilhança, tal como se vê em uma das seções de *O Pirronismo na História*. Voltaire limita-se – embora com bastante acurácia e erudição – a ressaltar que as narrativas não são sensatas. Deste modo, inicia uma reflexão perspicaz, mas ainda vaga, e não situa propriamente cada autor-fonte no seu lugar complexo de produção. De todo modo, certamente podemos dizer que o filósofo francês deu um primeiro passo, que mais tarde seria completado e complementado pela crítica historicista, esta sim mais sistemática, recuperando mais plenamente a historicidade de toda fonte histórica.

Com relação à depreciação dos imperadores romanos, Voltaire chega a reconhecer: "Tibério era detestado e, se eu tivesse sido cidadão romano, também o teria detestado, a ele e a Otávio, já que haviam destituído a minha república; execrava-se o duro e pérfido Tibério e, se ele se retirava a Capri em sua velhice, era certamente para se entregar aos mais indignos debaches; mas isso realmente aconteceu?"[113] Mais adiante completa: "Imagino que todo romano tenha a alma republicana em seu gabinete, e se vingava, às vezes, com a pena na mão, da usurpação do imperador"[114]. Por fim, lança mão de uma comparação que atravessa os tempos: "os monges [medievais] estigmatizavam todos os príncipes que não lhes davam nada, como Tácito e Suetônio dedicavam-se a tornar odiosa toda a família do usurpador Otávio"[115].

Passagens como estas – mais frequentemente presentes nos verbetes voltairianos de reflexão sobre a História e nos libelos polemistas, como o ensaio *O Pirronismo na História* – certamente são perspicazes, reveladoras de erudição e particularmente importantes para um ambiente intelectual que prepara a antessala da qual surgirá a crítica historiográfica do século seguinte. Não obstante, de modo mais geral Voltaire ainda trata as fontes históricas como *documentos / monumentos* que conservam (ou não) informações objetivas e confiáveis, mas não como discursos inseridos em "lugares de produção" que podem revelar mais sobre aqueles que os escreveram ou construíram – e possivelmente os preservaram – do que sobre aqueles de quem se fala no próprio documento / monumento. A sua perspectiva é mais a de que algumas fontes, ao se mostrarem comprometidas por certos interesses, tornam-se praticamente inúteis para os historiadores; ao invés de dar a perceber que estas fontes podem apresentar um rico potencial historiográfico precisamente por causa destes interesses – desde que os decifremos e deles extraiamos todas as consequências para a análise[116]. Pode-se dizer

---

113. VOLTAIRE, 2007, p. 30.
114. Ibid., p. 31.
115. Ibid., p. 32.
116. "A coluna rostrata erigida em Roma pelos contemporâneos de Duílius é sem dúvida uma prova da vitória naval de Duílius. Mas a estátua do augúrio Navius, que cortou um calhau com uma navalha, provaria ela que Navius havia operado esse prodígio? As estátuas de Ceres e de Triptolento, em Atenas, seriam testemunhos incontestáveis de que Ceres teria ensinado agricultura aos atenienses? O famoso Laocoonte, que subsiste até hoje tão inteiro, atesta mesmo a verdade do cavalo de Troia?" (VOLTAIRE, 2010, p. 58). As perguntas que Voltaire lança como sarcásticos jatos de luz sobre as estátuas da Antiguidade mostram-se importantes na sua época – tempo de contestar as pretensas ver-

que – em que pese sua contribuição para uma nova historiografia desligada do fabulismo e da perspectiva teológica – Voltaire ainda se acha um pouco distanciado da percepção historiográfica que mais tarde vingaria de modo mais pleno: todo escrito pode ter importância para um historiador, e principalmente pelo que ele revela ao dizer o que diz, seja uma "verdade" ou uma "mentira" com relação a determinadas informações. Dito de outro modo, a dimensão discursiva de toda fonte – e a importância daí decorrente – não pode ser negligenciada pelos historiadores.

A desqualificação de alguns tipos de fontes, em detrimento de outras – ou uma hierarquização dos documentos e monumentos úteis ou inúteis –, parece estar bem presente em parte da reflexão voltairiana sobre a História. A hierarquização sobre a utilidade ou inutilidade de certas fontes históricas também conduz o raciocínio de Voltaire em algumas das passagens do célebre verbete sobre a História, escrito para a *Enciclopédia*, como é o caso do trecho no qual ele secundariza a importância das festas e cerimônias anuais no universo possível de fontes históricas[117]. É também interessante atentar para as observações de Voltaire acerca do uso, como fonte histórica, das medalhas (objetos da cultura material):

> "Uma medalha, mesmo contemporânea, por vezes não é uma prova. O quanto a lisonja não fez com que fossem cunhadas medalhas sobre batalhas muito indecisas, qualificadas como vitórias, e sobre empreendimentos frustrados, que foram concluídos apenas na lenda. Por último, durante a guerra de 1740 dos ingleses contra o rei de Espanha, não se cunhou uma medalha que atestava a tomada de Cartagena pelo almirante Vernon, enquanto na verdade esse almirante desistiu do cerco?"[118]

Essa argumentação sobre as possibilidades ou não de tratar como *prova* a medalha, ou qualquer outro objeto da cultura material, parece indicar aqui, mais uma vez, que o filósofo francês apenas concebe o documento histórico em seu potencial como testemunho ou como depositário de informações ao nível do que é dito objetivamente sobre

---

dades difundidas pela Igreja dominante e pela monarquia absoluta –, mas não são as perguntas que hoje os historiadores fariam a estas fontes. Hoje, como propõe Paul Veyne (1983), outras seriam as questões historiográficas que incidem sobre estas fontes: "Acreditaram os gregos em seus mitos?" "De que maneira acreditaram os gregos em seus mitos"? O que esses modos de crer em seus mitos revelam sobre os antigos gregos? E entre antigos gregos e romanos, ambos partilham o mesmo modo de acreditar nos seus mitos? Estas são as perguntas que hoje faríamos a estas fontes.
117. VOLTAIRE, 2010, p. 58.
118. Ibid., p. 59.

algo. As perguntas de Voltaire, aqui, são as tradicionais perguntas sobre os acontecimentos da história política. Isso o leva a concluir que o documento falso, ou também o documento que falseia o seu dito, é inútil para a história. Enxergar o documento, no caso a medalha, como *discurso*, e não apenas como mero *testemunho*, poderia levar o historiador-filósofo a fazer às suas fontes novas perguntas. Por que um documento, texto ou medalha, inverte uma informação? O que isto nos revela de um discurso? O que nos mostra sobre uma prática? Nos dias de hoje, um historiador não hesitaria em dizer que qualquer documento, incluindo os objetos da cultura material, são fontes não apenas em vista do que dizem ou pretendem dizer, mas também em função dos silêncios que deixam entrever, das mentiras que são impostas, das falsificações eloquentes que nele se escondem.

É claro que, por outro lado, os exemplos evocados por Voltaire em seu verbete "História" têm por finalidade ridicularizar um outro tipo de ingenuidade historiográfica, que é o de acreditar simplesmente na informação objetiva prestada pelo documento ou pelas inscrições presentes no objeto de cultura material. Introduzir um saudável ceticismo na leitura historiográfica é uma preocupação importante de Voltaire, a qual, como já foi dito, pode ser compreendida como um primeiro passo importante rumo a uma nova historiografia. Desconfiar de suas fontes é já se situar em uma posição crítica, o que seria cada vez mais imprescindível para o historiador à medida que avançamos em direção à historiografia científica. Mas desconsiderar a importância e a potencialidade da informação falseada para a análise historiográfica situa Voltaire um pouco aquém de um limite que ainda precisaria ser transposto[119].

O dado mais significativo, que ainda relaciona Voltaire a uma outra era historiográfica – mais antiga – no que diz respeito ao uso da documentação histórica, é a sua priorização dos testemunhos oculares como mais confiáveis. Essa postura historiográfica era a mesma de Heródoto, o pioneiro em uma longa sucessão de historiadores que colocariam o que foi visto diretamente pelo historiador no ponto central de confiabilidade da pesquisa histórica, vindo depois disso a consulta a outras fontes oculares de determinados acontecimentos que se quer relatar ou analisar, para só depois

---

119. Ocorre ainda que a defesa acentuada da "verossimilhança" por oposição à "fábula", em Voltaire, seja dirigida também contra uma tendência que não era incomum na época: a multiplicação de histórias que incorporavam os relatos fabulistas e maravilhosos como modas editoriais. Voltaire pretendia opor "as verdades úteis" que deveriam ser encaminhadas nas boas obras de história aos "erros premeditados" que autores sem escrúpulos e ética historiográfica gostavam de difundir com o fito sensacionalista de atrair leitores incautos. É esse o principal tema de reflexão de Voltaire no "Prefácio histórico e crítico" que aparece como introdução à "História da Rússia sob Pedro o Grande".

considerar outros registros (os que já se referem a discursos sobre uma outra época, ou que são os resíduos materiais e escritos de sociedades que já desapareceram). É significativa esta passagem do verbete "História":

> "Se dois ou três historiadores somente tivessem escrito a aventura do rei Carlos XII [...], eu teria suspenso meu julgamento; mas tendo falado com várias testemunhas oculares, e jamais tendo ouvido alguém colocar essa ação em dúvida, é bem necessário nela acreditar, porque, depois de tudo, se ela não é nem sábia, nem ordinária, ela não é contrária nem às leis da natureza, nem ao caráter do herói"[120].

A especial atenção de Voltaire às fontes orais aparece em diversas obras dele, particularmente as direcionadas para a história recente, que era o seu principal campo de predileção. Em *O Século de Luís XIV*, Voltaire entrevistou antigas cortesãs e diversos notáveis que conviveram com o rei, e mesmo serviçais da Corte; na História de Carlos XII colheu depoimentos de um dos seus favoritos primeiros-ministros, o barão Henri de Gôrtz; e na *História do Império Russo sob Pedro o Grande* volta a utilizar os depoimentos de um ministro como fonte ocular privilegiada[121]. Hoje, esta utilização da História Oral para o exame de um problema historiográfico – que de resto retornou como abordagem importante para a historiografia a partir das últimas décadas do século XX – precisaria vir muito bem acompanhada de uma avaliação crítica do lugar de produção dos depoimentos. A História Oral trabalha com os depoimentos também para captar informações, mas é principalmente uma produção e coleta de discursos orais que precisarão ser analisados rigorosamente em todas as suas implicações, incluindo a inserção do depoente em um lugar social bem definido, que permita apreender contradições, lidar adequadamente com a história humana e comparar os discursos orais uns com os outros. O mesmo cuidado que se tem ao analisar o lugar de produção de uma fonte escrita ocupa o historiador que trabalha com os discursos orais, de modo que haveria todo um cuidado especial em estudar as intrigas palacianas e a vida da corte a partir dos depoimentos daqueles que delas participaram.

A atenção privilegiada dedicada aos depoimentos orais distinguirá de Voltaire toda uma estirpe futura de historiadores, que passará a valorizar em primeiro plano os documentos que foram deixados por sociedades, indivíduos ou processos históricos

---

120. VOLTAIRE, 2010, p. 55.
121. Sobre isto, ver o prefácio de Acrísio Torres para a obra *O Pirronismo na História* (VOLTAIRE, 2007, p. X).

que já desapareceram no tempo, e que na verdade revelam não apenas um pouco dos acontecimentos e sociedades que são retratadas pelo autor do documento, mas também muito do próprio autor e do "lugar de produção" deste autor. A centralidade que a documentação escrita iria adquirir para os historiadores de novo tipo, e a metodologia que faz desta documentação escrita o índice de um lugar de produção mais do que um depósito de informações, ainda parece ser pouco considerada por Voltaire. Sob esta perspectiva, e considerando estes aspectos em especial, Voltaire está mais ligado à antiga era historiográfica do que aos novos tempos que trariam os historiadores profissionais e científicos, a exemplo dos historiadores oitocentistas ligados à Escola Histórica Alemã ou também dos historiadores franceses do período da Restauração. Se o compararmos com Berthold Georg Niebuhr (1776-1831), historicista alemão do século XIX que escreveu em sua época uma inovadora *História de Roma* (1831), podemos ter um vislumbre de como a posição do historiador Voltaire diante das fontes chega a ser ainda ingênua em contraste com a habilidade de Niebuhr em se interrogar sobre os lugares de produção e o jogo de interesses que presidem a elaboração das diversas fontes antigas sobre a História do Império Romano com as quais os historiadores habitualmente contavam[122].

Pode-se dizer que a habilidade propriamente historiográfica de Voltaire encontra seus limites na crença de que é suficiente, à operação historiográfica, a "crítica da verossimilhança" (a separação do "verossímil" em relação ao "fabuloso", que tantas vezes vemos em Voltaire). Dedica-se – em textos como o *Pirronismo na História* e

---

122. Assim como coloca em terceiro plano o uso de documentação escrita pelos historiadores, o Voltaire do verbete "História" também secundariza, em relação ao testemunho ocular do historiador, alguns dos relatos colhidos pelo historiador a partir de outros testemunhos: "Mas quando Heródoto relata os contos que escutara, seu livro não passa de um romance que se assemelha às fábulas do Milhão". No entanto, já vimos que – em suas próprias obras historiográficas sobre Luís XIV, Carlos XII ou Pedro o Grande – Voltaire também se valeu amplamente daquilo que ouviu dizer dos personagens que conviveram com estes monarcas. Não é incomum encontrarmos dissonâncias entre o filósofo Voltaire que reflete sobre a História e o historiador Voltaire, que pratica diante de um objeto historiográfico específico. Ainda sobre os relatos de segunda mão, Voltaire parece valorizar os relatos de terceiros quando estes mesmos são historiadores, e as obras dos historiadores, em sua percepção, reforçam-se reciprocamente. O final do século XV é por ele saudado como um momento-chave, e o filósofo francês ressalta que "a arte da imprensa e a restauração das ciências fazem com que enfim tenhamos histórias suficientemente fiéis, ao invés das crônicas ridículas encerradas nos claustros desde Gregório de Tours" (VOLTAIRE, 2010, p.51). De acordo com o filósofo, a quantidade de textos historiográficos termina por promover a qualidade da historiografia de uma época, principalmente em relação àquelas nas quais apenas contamos com obras historiográficas patrocinadas pelos soberanos.

Filosofia da História – a mostrar que diversas descrições de acontecimentos que os historiadores repetem acriticamente, copiando uns aos outros, não são sensatas ou racionais, e que, por isso, foram provavelmente inventadas e depois difundidas à maneira de erros propagados. Mas não avança para muito além da denúncia à insensatez ou do inventário das falácias que ocorrem na historiografia impregnada de opiniões e descrições aceitas acriticamente. Enquanto isso, os primeiros historicistas, já no século XIX, avançariam por dentro da crítica dos próprios "relatos verossímeis", mostrando que, nestes, temos que identificar ainda as posições de classes e os interesses políticos daqueles que os produziram, e que introduzem nestes relatos deformações igualmente perigosas, até mesmo porque, em muitos casos, podem estar protegidas pelo manto da aparente verossimilhança.

Niebuhr, como já vimos, procurou decifrar em sua *História de Roma* (1830) o ponto de vista senatorial que estava oculto em muitos dos relatos deformadores sobre os imperadores romanos. Procurou refletir, enfim, sobre o lugar de produção daqueles que escreveram textos antigos, mesmo que verossímeis. Sobretudo, não descartou estes textos apesar de serem deformadores, e transformou o próprio ato de deformar os acontecimentos em um objeto histórico a mais a ser investigado pelos novos historiadores. Ou seja, historicistas como Niebuhr passaram a reconhecer as fontes históricas – os textos de época de todos os tipos – como discursos a serem analisados, e não como depósitos de informações cuja veridicidade tinha de ser simplesmente submetida ao crivo da razão.

Há insuficiências metodológicas perceptíveis em Voltaire, quando o comparamos aos mais típicos historiadores profissionais que passariam a ser tão comuns do século XIX em diante. Apesar da importância que o filósofo-historiador francês atribuía, em verbetes e outros escritos sobre a História, ao cuidado sistemático que os historiadores deveriam ter em trabalhar e citar suas fontes, a verdade é que quando examinamos as obras historiográficas de Voltaire não vemos esses conselhos serem cumpridos à risca por ele mesmo, uma vez que o filósofo frequentemente se descuida em citar suas próprias fontes[123].

Outro aspecto também pode ser ressaltado para identificar a conexão de Voltaire com os antigos tempos historiográficos que precedem a historiografia científica. Com o filósofo francês, a História ainda é apresentada como possuindo, como principal

---

123. BRUMFITT, 1958, p. 129.

finalidade, a de "*Magistra Vitae*". Voltaire chega a lembrar que os governantes podem (e deveriam) aprender com os exemplos históricos[124]. A História, ademais, tem a função de oferecer comparações entre diferentes sociedades, o que não deixa de se relacionar à mesma função de instrutora dos espíritos. Voltaire ainda não empreende a ultrapassagem de avaliação da História como um tipo de saber que se justifica por seu utilitarismo ou por seu auxílio a outros âmbitos que a instrumentalizam, como a Política. O estudo da história moderna, por exemplo, é lembrado por Voltaire como fundamental para reforçar a crítica às tendências tirânicas e às concentrações de poder que desequilibram o mundo político e a dinâmica das relações entre as nações[125].

Na mesma linha da "história *magistra vitae*", iremos encontrar a tendência de Voltaire a utilizar os cenários históricos como um grande tribunal que oferece ao historiador a oportunidade de julgar. Essa tendência ao impulso de julgar as ações humanas no "tribunal da história", a qual seria tão rejeitada pelos historiadores e filósofos dos séculos seguintes – reunindo nesta crítica nomes tão diversificados como Ranke, Nietzsche e Marc Bloch – é claramente assumida por Voltaire. Seria para se contrapor a este *modus operandis* que Leopold Von Ranke (1795-1886) cunharia mais tarde o seu célebre dito, que seria tão mal-interpretado e superinterpretado por algumas das gerações de historiadores que o sucederam: "só pretendo contar os fatos como eles aconteceram". Este dito, tido por muitos como uma apologia da história factual, era na verdade apenas uma prédica de Ranke à humildade do historiador e ao seu dever de rejeitar a função de juiz na história[126]. Quando comparamos Ranke a Voltaire neste aspecto em particular, podemos perceber mais claramente este traço do tradicionalismo

---

124. "VOLTAIRE, 2010, p. 53. Os exemplos causam um grande efeito sobre o espírito de um príncipe que lê com atenção. Ele verá que Henrique IV empreendeu sua grande guerra, que deveria mudar o sistema da Europa, apenas depois de haver se certificado o suficiente do vigor da guerra para poder sustentá-la por vários anos sem nenhum socorro às finanças" (VOLTAIRE, 2010, p. 47, p. 53).

125. VOLTAIRE, 2010, p. 54. "Enfim, a grande utilidade da história moderna, e a vantagem que ela apresenta em relação à antiga, é ensinar a todos os potentados que desde o século X sempre nos reunimos contra um poder demasiado preponderante" (VOLTAIRE, 2010, p. 54).

126. Um dos grandes equívocos da crítica historiográfica da primeira metade do século XX foi entender que, com esta frase, Ranke pretendia dizer que o que somente importava para o trabalho historiográfico era a enunciação linear dos fatos, sem agregar interpretações. Na verdade, Ranke apenas pretendia rejeitar as interferências moralistas e a assimilação da função de "juiz" pelo historiador, além de criticar o excesso de floreios literários e ornamentais que percebia na escrita de alguns dos historiadores de sua própria época. As bandeiras antifactualistas do século seguinte – o século da Escola dos *Annales* e da nova historiografia marxista – é que fizeram esta leitura específica do célebre dito de Ranke.

historiográfico voltairiano. Tanto a análise política como a análise historiográfica, em Voltaire, são atravessadas por uma perspectiva eivada de moralidade[127].

3.6. O Voltaire moderno, em sua conexão com uma nova história em formação

À parte os traços mais caracteristicamente antigos de sua historiografia, Voltaire também pode ser considerado um historiador moderno, sintonizado com as transformações historiográficas que começavam a se processar em sua época, por duas entradas. De um lado, ele acompanha as mudanças que começavam a se afirmar com as "filosofias da história" – obra de filósofos da segunda metade do século XVIII e além, que se puseram a refletir sobre a História (disciplina ou campo de saber) e sobre a história (processo de transformações humanas). De outro lado ele sintoniza-se parcialmente com as mudanças que começavam a se operar no mundo dos historiadores propriamente ditos – uma nova classe de especialistas que começava a se formar discretamente, e que logo se afirmaria profissionalmente ao reivindicar um espaço específico nas universidades e ao constituir algo que poderia ser entendido como uma efetiva comunidade de historiadores profissionais.

Em que pese que as "filosofias da história" compostas por filósofos como Vico (1725), Herder (1774), Condorcet (1793), Kant (1784) e depois Hegel (1830) constituam um campo de realizações em separado daquele outro campo mais rigoroso que começava a ser discretamente constituído por historiadores especializados como Edward Gibbon (1737-1794)[128] – e que logo inundaria o século XIX com uma plêiade

---

127. Marcos Antonio Lopes, um historiador brasileiro que se dedicou ao estudo de Voltaire em pelo menos três obras significativas ("Voltaire Historiador", "Voltaire Literário" e "Voltaire Político"), contrasta, no quinto capítulo de *Voltaire Historiador* (LOPES, 2001, p. 101-126), as posturas diferenciadas de Maquiavel e Voltaire. Maquiavel, que em suas análises políticas e obras historiográficas não se permite a avaliações éticas ou moralizantes, desenvolve um padrão que muitos chamariam de "realismo político". Em Voltaire, a perspectiva moral é um fio condutor claramente perceptível.
128. Edward Gibbon ficou conhecido, principalmente, por seu monumental trabalho historiográfico sobre a *História e Declínio do Império Romano*, publicado em seis volumes entre 1776 e 1788. Muitos consideram esta obra uma das primeiras modernas obras historiográficas, em especial pelo seu trabalho sistemático sobre as fontes de época e pelo seu esforço de se colocar criticamente em relação a elas. Além disso, já se distancia muito claramente das posições historiográficas que, com maior ou menor intensidade, ainda consideravam um plano divino subjacente à história. Ao analisar o papel do cristianismo e dos cristãos como agentes históricos, por exemplo, já o faz imparcialmente – em contraste com diversos historiadores cristãos de sua época – e isto fez com que muitos chegassem a insinuar que ele seria um pagão moderno. Os escritos da Igreja sobre a Antiguidade, com os quais muitos lidavam como se fossem fontes inquestionáveis, já são abordados por Gibbon como fontes parciais, atravessadas por um ponto de vista que precisa ser considerado.

de novos historiadores profissionais como Ranke, Guizot ou Michelet – há certamente conquistas importantes que permeiam os dois grupos. Voltaire – ao mesmo tempo filósofo e historiador – está bem sintonizado com várias destas mudanças nos modos de entender a história. Um pouco das ambiguidades que aparecem quando contemplamos o conjunto de suas realizações historiográficas reside inclusive no fato de que ele era simultaneamente um "filósofo da história" e um "historiador praticante" – o que não se pode dizer de Kant ou Hegel, que foram apenas filósofos que refletiram sobre a história de um ponto de vista exclusivamente filosófico.

A primeira mudança importante na historiografia do século deve ser compreendida por contraste – seja no que se refere às filosofias da história ou à historiografia profissional – com as "teologias da história", que tiveram seu apogeu no século XVII através da pena de homens como o teólogo francês absolutista Jacques Bénigne Bossuet (1627-1704)[129], e que se estende até autores como Charles Rollin (1730-1738)[130]. Para os teólogos da história, homens quase sempre diretamente ligados institucionalmente à Igreja, a história equivale à realização progressiva da vontade de Deus, e não havia problema para diversos deles em pensar que o próprio dedo de Deus interferia na história redirecionando os destinos humanos, favorecendo batalhas, ou operando através de milagres. Deus, onipotente e onisciente, conduziria *literalmente* a história em meio ao caos de acontecimentos, de modo a dotar-lhe de um sentido que acaba por favorecer o seu "povo eleito" – primeiro os judeus do Antigo Testamento e, a partir da vinda de Cristo, a boa parte cristã da humanidade.

Nesta perspectiva teológica o acaso – a "roda da fortuna" – é reorientado por Deus em uma "roda dos desígnios", e não é de se estranhar que nesta história teológica os conquistadores, inclusive os que estão excluídos do povo bíblico, transformem-se

---

129. Entre muitas obras de cunho teológico diversificado, Bossuet escreveu o seu *Discurso sobre a História Universal* em 1681. Nesta obra, o teólogo francês apóia-se na ideia de que a história é derivada da vontade de Deus e que, deste modo, a principal função do historiador deveria ser a de descrever como ocorrem os desígnios providenciais. O conceito de providência, portanto, é central no modelo historiográfico proposto por Bossuet. A sucessão dos diversos Impérios, por exemplo – narrada por Bossuet à maneira de uma Teodiceia – seria perfeitamente regulada pela Providência. / Sobre Bossuet, cf. DOSSE, 2012, p. 231.

130. O abade Charles Rollin (1661-1741), autor de uma *história antiga* totalmente explicada a partir do divino providencialismo, foi o adversário eleito por Voltaire para representar a história teológica nos escritos em que critica esta modalidade historiográfica. De igual maneira, Bossuet também é tomado como contramodelo, o que ocorre por exemplo nas páginas iniciais de *O Pirronismo da História* (VOLTAIRE, 2007, p. 4-6). Sobre a oposição de Voltaire e dos iluministas aos teólogos da história, ver Moureaux, 1978, p. 16.

em instrumentos da cólera divina ou em agentes de seus secretos desígnios, de modo geral sem saberem que são utilizados pelo Criador para esta finalidade. Nabucodonosor, o rei babilônico conquistador, cumpre a seu tempo a vontade de Deus, para depois disso ser por este mesmo impiedosamente descartado. E o mesmo ocorreria com uma extensa lista que vai dos conquistadores assírios a Átila, o huno. Para a "teologia da história", ou para as "histórias teológicas", é Deus quem dá um sentido à história, quem reordena os acontecimentos para servir a uma finalidade que é a salvação do seu povo e, no interior deste, dos seus eleitos. Neste padrão narrativo, a própria noção de Providência Divina é o que deve conferir coesão e unidade ao relato dos historiadores.

Ao contrário, para os filósofos da história – eruditos que além de filósofos incluíam formações tão diversas como a do matemático Condorcet (1743-1794) ou a do filólogo Giambattista Vico (1668-1744) – a História-relato dá conta apenas do progresso do espírito humano, e, sobretudo, Deus não interfere na história enquanto campo processual de acontecimentos. Ao menos – mesmo que este ou aquele filósofo ou historiador iluminista considere a Providência como uma força secreta a atuar na história – essa atuação seria discreta, e não espetacular e explícita, de modo que mesmo filósofos deístas como Voltaire não acreditam "que seja possível ao homem ler na sucessão dos eventos os desígnios providenciais"[131].

Ou bem Deus não interfere na história, a qual teria abandonado ao livre desenvolvimento humano a partir das leis e linhas gerais por Ele estabelecidas, ou, se o faz, não rompe os limites da verossimilhança. É também por isso que, no *Ensaio sobre os Costumes* de Voltaire (1756), podemos recolher inúmeras passagens nas quais o filósofo francês se entrega à tarefa de separar, nos antigos relatos históricos, o verossímil do fabuloso e do miraculoso[132]. Rigorosamente falando, a única intervenção mais direta e enfática de Deus na história humana teria sido a invenção do seu mecanismo primordial, ao qual, para alguns dos filósofos da História, como Kant, já estavam bem acomodados os caminhos futuros da Razão desde o princípio dos tempos, e também o irrefreável movimento da humanidade "na direção do melhor", em vista da realização do inevitável progresso humano[133].

---

131. POMEAU, 1994, p. 62.
132. Ver alguns exemplos sobre isto em SOUZA, 2001, p. 140-141. Diz Voltaire: "Não podemos ser imbecis a ponto de acreditar que Deus fez milagres por meio desses monges [São Bernardo e seu exército] a fim de assegurar o sucesso da cruzada" (VOLTAIRE, 1990, p. 800). De igual maneira, "é verdade, por exemplo, que Clóvis se torna cristão; mas não é verdade que no dia de sua conversão lhe apareceu uma pomba lhe trazendo a água para o batismo, nem anjo algum desceu do céu para lhe entregar um estandarte" (SOUZA, 2001, p. 140).
133. KANT, 2008, p. 113.

Esta distinção entre uma história transcendente e sagrada dos "teólogos da história" e a história imanente e laica dos "filósofos da história" e dos historiadores profissionais – um ponto crucial para o futuro desenvolvimento da historiografia – é um verdadeiro divisor de águas. Homens como Voltaire já possuem uma concepção moderna de História porque a ideia de uma história diretamente guiada por Deus era já inaceitável. Voltaire, aliás, era fortemente deísta, mas isso não o impedia de acreditar que, embora Deus tivesse criado o mundo, depois o abandonara à sua própria sorte. A História, acompanhando esta perspectiva, deveria ser um relato das ações e realizações humanas, e não das intervenções da Providência Divina. Podia ser vista também como o grande relato sobre o desenvolvimento da civilização, conforme o viés iluminista fundado na perspectiva do progresso, e mais adiante veremos que os grandes personagens examinados pela historiografia de Voltaire, ao menos os que funcionavam como exemplares positivos a serem imitados, eram basicamente "agentes da civilização".

Para muitos iluministas como Kant (1784), a Razão seria o grande personagem da história universal, e a humanidade sempre caminha na direção do melhor e do mais aperfeiçoado. Hegel (1830) também desenvolveria uma concepção similar, embora colorida por uma releitura dialética da caminhada da Razão, e Condorcet (1793) imaginava a história como uma grande escada cujos degraus tinha de ser galgados pelas diversas sociedades[134]. A posição de Voltaire, conforme veremos no item deste capítulo que discutirá a sua concepção de tempo, é bem singular ou mesmo original, pois pode-se dizer que Voltaire conseguiu unir o tempo linear dos iluministas e novos historiadores a resquícios do tempo cíclico dos antigos, e sua concepção de que podiam ocorrer retrocessos e recaídas na história das sociedades humanas não o impedia de imaginar que o desenvolvimento humano se espiralava e, na linha mais geral, o progresso efetivamente se consumava, uma vez que cada nova grande época, mesmo que entrecortada por períodos de estagnação ou barbárie, era superior às grandes épocas que a precederam. A última grande época, pensa Voltaire, fora o século de Luís XIV.

Aspectos metodológicos também afinam o pensamento historiográfico de Voltaire em relação aos novos tempos. O rigor documental pelo qual se deve orientar o

---

134. Sobre a centralidade da Razão na concepção histórica de Kant ver ZINGANO, 1988. Sobre a filosofia da história de Hegel, ver HYPPOLITE, 1983. Para a concepção histórica de CONDORCET, ver REY, 1989.

historiador foi reconhecido por Voltaire como um aspecto importante, o que o aproxima dos historiadores profissionais que logo surgiriam no trânsito do século XVIII para o século XIX e que estabeleceriam definitivamente a crítica documental, que aliás já vinha sendo aperfeiçoada por contribuições diversas como a dos antiquários e dos eruditos da Igreja que trabalhavam com documentos antigos. Mesmo que nem sempre praticando a leitura direta das fontes, em vista da necessidade de administrar seu tempo de modo a produzir extensivamente textos relacionados a diversos gêneros literários, Voltaire demonstra ter uma clara consciência da importância desta questão para a historiografia da nova era.

Já observamos também que não foi a escolha de Voltaire em retratar grandes personagens, em algumas de suas obras historiográficas, o que traz ao filósofo francês o seu quinhão de historiador típico do antigo regime, particularmente considerando que muito se cultivou uma "história dos grandes homens" na própria historiografia do século XIX – ainda que já em um formato de historiografia de pretensões científicas. É interessante ter sempre em vista o que Voltaire pensava da história que se desenvolve em torno dos grandes personagens. Em alguns momentos e passagens de sua obra, Voltaire admoestou toda uma historiografia sobre reis, por ele considerada inútil. Mas ele mesmo produz três grandes obras em torno de grandes governantes: Carlos XII, Luís XIV e Pedro o Grande.

Essa contradição é apenas aparente. Na verdade, Voltaire considerava necessárias as histórias de reis que tivessem um caráter exemplar. Em certa passagem de Carlos XII, ele afirma que não seria digna de ser lembrada a vida que não oferece "nenhum exemplo para ser imitado ou para ser evitado"[135]. É oportuno comparar esta posição de Voltaire com a história de exemplares preconizada por Nietzsche em seu texto *Da utilidade e desvantagens da História para a Vida* (1874), uma obra na qual o filósofo alemão critica diversos dos setores da historiografia de sua época. Se bem que os exemplares de Nietzsche fossem grandes intelectuais ou artistas como Rafael ou Goethe, e mais dificilmente governantes, essa perspectiva de que existiriam certos exemplares cuja história deveria ser escrita lembra a proposta de Voltaire ao escolher reis exemplares para fios condutores de três de suas obras historiográficas. Nietzsche, diga-se de passagem, foi um admirador de Voltaire, o que já nos diz alguma coisa quando consideramos que o filósofo alemão costumava ser

---

135. VOLTAIRE, 1957, p. 53.

um crítico contumaz e pouco benevolente contra a maior parte de seus antecessores e contemporâneos[136].

O prefácio ao *Carlos XII*, de Voltaire, é de fato tanto uma crítica ao excesso de histórias inúteis sobre reis e imperadores, como uma defesa da ideia de que alguns poucos reis, que poderiam ser assimilados a exemplares (positivos ou negativos), deveriam ser abordados pelos historiadores. A crítica ao furor de escrever histórias inúteis, aliás, é também algo que aparece em Nietzsche, já desde o ensaio sobre as *Vantagens e Desvantagens da História para a Vida* (1874), uma obra que também critica o excesso de história, mas já se referindo ao próprio século XIX. De todo modo, é oportuno lembrar que os exemplares de Voltaire, diferentemente dos exemplares de Nietzsche, vinculam-se de certo modo ao objetivo de oferecer modelos para a educação do príncipe esclarecido, seu máximo leitor em potencial. Em Nietzsche, por outro lado, os grandes heróis e os grandes homens instruem-se a si mesmos através da História e no decurso da história, e a principal função do historiador é ligá-los, estabelecer uma ponte entre eles, permitir que um verdadeiro grande homem olhe para o passado e que, através do trabalho do historiador-artista, encontre atrás de si os seus pares, contra a insistente torrente mundana de mediocridades[137].

Também é oportuno ressaltar que tanto os grandes homens elevados ao nível de exemplares por Voltaire, como os "quase super-homens históricos" propostos por Nietzsche, oferecem ambos alternativas bem distintas daquele modelo que seria expresso pelas mais tradicionais "Histórias de Grandes Homens", frequentemente povoadas por reis e soberanos que receberam hereditariamente os seus destinos, e também por toda a sorte de "campeões da mediocridade". Esta plêiade de heróis e grandes homens estava muito longe de coincidir com os mesmos grandes homens que poderiam ser valorizados por Voltaire e por Nietzsche. Este último, aliás, foi

---

136. A obra de Nietzsche costuma ser dividida, por um grande número de comentadores, em três grandes fases. A primeira é bem representada pela *Origem da Tragédia* (1872) e pelas quatro considerações extemporâneas, entre as quais o ensaio sobre as *Vantagens e Desvantagens da História para a Vida* (1874). A segunda fase é bem sinalizada pelos livros *Humano Demasiado Humano* (1878). *Aurora* (1881) e *Gaia Ciência* (1882). A terceira traz entre as suas principais obras *Assim Falou Zaratustra* (1883), *Além do Bem e do Mal* (1886) e *Genealogia da Moral* (1887). As obras de Nietzsche que trazem um maior diálogo com a obra e figura de Voltaire são as da segunda fase.

137. Na Segunda Consideração Extemporânea, que trata das *Vantagens e Desvantagens da História para a Vida* (1874), Nietzsche se refere aos seus grandiosos e solitários exemplares históricos como "gigantes que clamam por outros através dos intervalos desérticos do tempo" (NIETZSCHE, 2005, p. 157)". Logo adiante voltaremos a esta passagem.

autor de um conceito de "super-homem" (*übermensch*) que com bastante frequência tem sido malcompreendido[138].

Para Nietzsche, os "grandes homens" que poderiam interessar efetivamente a uma história de maior quilate deveriam ser aqueles indivíduos excepcionais que formam "uma espécie de ponte sobre a torrente selvagem do devir" (NIETZSCHE, 2005, p. 157). Comunicando-se através da história, e por vezes profundamente solitários em suas próprias épocas e localidades, seriam estes notáveis que poderiam trazer um significado maior à História:

> Um gigante chama outro através dos intervalos desérticos do tempo, sem levar em conta os anões ruidosos que se agitam a seus pés; assim, eles perpetuam o elevado diálogo dos espíritos. A tarefa da história é a de servir de mediadora entre eles, para, fazendo isso, suscitar constantemente e promover o nascimento da grandeza. Não, o fim da humanidade não pode residir no seu termo, mas somente nos seus exemplares superiores.
> (NIETZSCHE, 2005, p. 157)[139].

Os exemplares de Nietzsche, além dos exemplares de Voltaire, poderiam ainda ser comparados com os heróis e Grandes Homens do historiador escocês Thomas Carlyle[140]. Mas por hora vamos nos concentrar nos exemplares de Voltaire. Ao invés de se ofereceram como conforto e estímulo aos seus pares em grandeza, separados por "intervalos desérticos de tempo", os grandes homens de Voltaire são apresenta-

---

138. Em certa passagem da *Segunda Consideração Extemporânea*, Nietzsche dirá: "E se buscardes biografias, que não sejam aquelas que têm como refrão 'Um Tal Senhor e seu tempo', mas sim aquelas que deveriam ter como título: 'Um lutador contra o seu tempo'" (NIETZSCHE, 2005, p. 228). Neste ponto, podemos confrontar a proposta de Nietzsche contra a de Voltaire, tipificada por sua obra *O Século de Luís XIV* – uma realização historiográfica produzida entre as décadas de 1730 e 1740.

139. O modelo de grande homem para Nietzsche é Goethe, citado diversas vezes em seu opúsculo, e também em outras obras. Na 2ª *Consideração Intempestiva*, ele contrasta o poeta alemão com intelectuais medianos de sua época: "Alguém quis recentemente nos ensinar que Goethe, chegado aos 82 anos, tinha já esgotado todas as suas virtudes. Porém, eu trocaria muitas carradas de vidas jovens e ultramodernas por alguns anos deste Goethe 'esgotado', só para poder ainda participar de diálogos como aqueles que ele teve com Eckermann, e assim me abster dos ensinamentos da atualidade transmitidos pelos legionários do momento presente. Em comparação com estes mortos, como são poucos aqueles que têm ainda o direito de viver!" (NIETZSCHE, 2005, p. 148). Também em *Crepúsculo dos Ídolos* (1888), o filósofo se expressa com admiração a respeito do poeta: "Ele se submeteu à integridade; ele se autocriou".

140. Estes serão abordados no sexto capítulo deste livro, de autoria da historiadora Débora El-Jaick Andrade, a primeira a estudar mais sistematicamente, no Brasil. o historiador escocês Thomas Carlyle.

dos como protagonistas de um espetáculo educativo que se oferece para um âmbito maior de leitores: a todos os leitores cultos, por um lado, mas aos soberanos de todos os tipos, em particular. A leitura de suas vidas, em tese, poderia proporcionar a todos um poderoso instrumento de aperfeiçoamento da política. O governante, através dos exemplares (e neste caso tanto dos exemplares positivos como dos negativos), pode se instruir através da História: *magistra vitae* e mestra da política.

É preciso neste ponto esclarecer que os exemplares de Voltaire, contra tudo o que possa parecer, não são meramente indivíduos excepcionais, mas sim constructos bem elaborados. Carlos XII não é apenas um guerreiro exemplar, mas sim o "valoroso herói, por fim vencido". Pedro o Grande da Rússia é o "herói civilizador", o magnífico legislador que, ao início de sua trajetória política, tem diante de si "um país imenso e quase desconhecido", "comercialmente isolado das demais nações" e fortemente atado por costumes e leis antigas, e que, com imensa habilidade e tenaz persistência, terminará por transfigurar definitivamente este vasto império trazendo-lhe a civilização, organizando cidades, construindo academias, dotando a Rússia de bibliotecas[141]. Luís XIV, por fim, é aquele que eleva ao nível mais alto e à densidade mais intensa a relação entre arte e política: o monarca que soube não apenas fazer dele mesmo o maior espetáculo do seu reino como também transformar a França no maior espetáculo da terra civilizada, promover as artes à sua quinta essência, vestir Versalhes com a mais deslumbrante e esplendorosa arquitetura. Sua principal tarefa histórica, levada a termo, foi a de proteger as artes e as ciências, e é principalmente nisso que precisa ser imitado, de acordo com as lições historiográficas de Voltaire.

É interessante, aliás, considerar a sofisticada construção de Voltaire em torno da figura de Carlos XII (1682-1718), o seu primeiro exemplar estudado. Como indivíduo, Carlos XII é um exemplar positivo – é o valoroso herói, conhecedor da guerra, inexcedível em coragem e virtude –, mas, como constructo, este "herói por fim vencido", que terminaria por ser o destino de Carlos XII, apresenta-se como exemplar negativo para as futuras gerações de governantes. A trajetória histórica do soberano sueco é na verdade utilizada por Voltaire para atender a suas próprias finalidades e discursos antibelicistas: se depois de tantas vitórias e conquistas, e apesar de ter sido

---

141. VOLTAIRE, 1957, p. 76. Rousseau, em algumas das páginas do capítulo VIII do Livro II do *Contrato Social*, nas quais menciona Pedro o Grande como exemplar negativo, considera-o antes como o "civilizador prematuro", como aquele que traz civilização a um reino que ainda não estava preparado para ela e que corrompe irreversivelmente a ordem e o ritmo natural

dotado de tantas qualidades, Carlos XII terminou por ser derrotado e por ter um destino tão infeliz, que soberano não se sentiria desmotivado a insistir em suas ambições de conquistas ao ler sobre a vida de Carlos XII?

O conjunto final de ações do rei sueco, e o seu projeto de conquistas, constituem deste modo um exemplar negativo: algo não a ser imitado, mas sim uma lição a ser aprendida. Sua vida pode ser contraposta à de Pedro o Grande da Rússia, e não é por acaso que Voltaire antecipa uma alentada análise sobre este czar russo já no primeiro capítulo de seu estudo sobre Carlos XII (1957, p. 69). Bem ao contrário deste último – ao se ver imbuído, pela história, daquela finalidade positiva que foi a de trazer a civilização a um povo tão inculto e a uma sociedade tão primitiva – Pedro o Grande, da Rússia, oferece uma vida exemplar cuja leitura poderia inspirar nos futuros governantes o sentimento de que, neste caso, um único homem poderia até mesmo mudar o destino do maior império do mundo.

Os exemplares de Voltaire, ao contrário dos de Nietzsche, são grandes homens a favor de seu tempo, homens cuja missão sintoniza-se com o progresso, que se tornam a mais pura e gloriosa expressão deste mesmo progresso, e não "lutadores contra o seu tempo", como é o caso dos grandes homens de Nietzsche[142]. Alguns dos grandes personagens, precisamente aqueles que devem ser imitados – e Luís XIV e Pedro o Grande seriam os grandes exemplares – seriam agentes civilizadores. Eles se tornaram grandes para a história, segundo Voltaire, porque foram bem-sucedidos em realizar em si mesmos a sintonia do "espírito de um povo" com o "espírito de uma época", e em conduzir suas sociedades para um patamar civilizacional mais alto. Mesmo que o desfecho do reinado de Luís XIV tenha sido marcado pelo recrudescimento da intolerância, e que o reinado do Rei-Sol tenha retrocedido para uma zona de penumbras, no cômputo geral o governante francês deixara a sua contribuição efetiva para a história, e principalmente, além do esplendor nas ciências e nas artes, com ele haviam se aperfeiçoado as formas de interação e comunicação entre governo e súditos.

---

142. NIETZSCHE, 2005, p. 228. É por isso que, ao lado de tomar a vida de soberanos exemplares como fios condutores para as suas histórias, Voltaire é também o introdutor da tendência a pensar a história a partir da baliza dos séculos. Ele pode falar resolutamente no "século de Luís XIV", e, para ele, até certo momento de sua vida, o seu próprio século seria "o século de Frederico da Prússia". Depois, Voltaire se decepcionaria em relação a Frederico da Prússia, terminando por abandonar esta imagem. Ironicamente, mais tarde o século XVIII ficaria conhecido como "o século de Voltaire", e, já na ocasião da própria morte de Voltaire, La Harpe se refere ao amigo falecido como "o herói do século", acrescentando que o filósofo também desejava obsessivamente ser "a novidade do dia" (ver LOPES, 2001, p. 23).

3.7. Intuições para uma História futura

Além de suas obras historiográficas propriamente ditas, Voltaire estabeleceu um outro gênero histórico que chamou de "história filosófica", e é neste gênero textual que encontraremos mais bem apresentados os vislumbres que sintonizam com a futura historiografia, para além de seu tempo e mesmo do século XIX. Na "história filosófica", apresentada em um texto intitulado "Filosofia da história", e realizada parcialmente do *Ensaio sobre os Costumes* (1756)[143], Voltaire não almeja mais o leitor culto de modo geral e o "príncipe esclarecido a ser instruído". A "história filosófica" seria escrita por um "historiador filósofo" visando um "leitor-filósofo"[144]. É interessante perceber que é precisamente neste segundo tipo de texto historiográfico que encontraremos os comentários mais visionários sobre a História, bem como as tentativas voltairianas mais consistentes de colocá-los em prática de modo a fazer da História um campo de conhecimento que poderia ir além do factual e estabelecer uma reflexão complexa e diversificada sobre as diversas instâncias do social – a cultura, os hábitos, os modos de pensar e de sentir – e não apenas sobre a instância política[145].

Conforme se pode perceber a partir do contraste entre os textos mais propriamente historiográficos de Voltaire (Carlos XII, Pedro o Grande e Luís XIV) e a "história filosófica" bem representada pelo *Ensaio sobre os Costumes* (1756), a produção historiográfica de Voltaire desdobra-se nestas duas matrizes distintas: a historiografia propriamente dita e a "história filosófica", sendo que é nesta última matriz que se encontram aqueles mais enfáticos vislumbres que levam a sua concepção de História para muito além de sua época e mesmo daquela que o sucedeu no século XIX. Fica

---

143. Voltaire dedicou-se aos estudos e à elaboração de textos que comporiam o *Ensaio sobre os Costumes* desde 1740, embora a obra só viesse a ser publicada integralmente em 1756. O filósofo francês, de todo modo, publicou sucessivas edições desta obra, a cada vez acrescentando novos capítulos ou corrigindo significativamente capítulos anteriores. A última revisão dos *ensaios* foi feita por Voltaire em 1778, no mesmo ano de sua morte.

144. VOLTAIRE, 1990, p. 3.

145. O *Ensaio sobre os Costumes*, além de ser o exemplar voltairiano para a "história filosófica", dialoga também com uma rede de obras que já começara a surgir com pretensões de escrever uma História Universal. Nas primeiras edições, inclusive, Voltaire chama a sua obra de *Essai sur l'histoire universalle*. Mas o próprio filósofo francês substituiu o antigo título pelo de *Ensaio dos Costumes*, precisamente porque percebeu que o gênero que tinha em mãos não era o mesmo que já vinha sendo percorrido por autores de seu próprio século como Calmet (1735) e Lambert (1750), entre outros. Montesquieu, por outro lado, com *O Espírito das Leis* (1758), investe em uma história filosófica análoga à de Voltaire, embora mais centrada nos aspectos políticos do que nos culturais, que constituem o centro da análise voltairiana.

claro, ademais, que a função da "história filosófica" – além deste grande baixo *ostinato* de Voltaire que é o combate às falsificações da história pelos historiadores contemporâneos e à perpetuação de "fábulas" impostas pelos historiadores de épocas anteriores – não é de modo algum falar extensivamente sobre a história, esgotando-a factualmente, mesmo que atenta a todas as instâncias da sociedade para além da política. A principal função da "história filosófica" (sua grande utilidade) é oferecer "verdades úteis" em lugar dos "erros inúteis". A "história filosófica", deste modo, opera um recorte problemático na história. Não se trata de recolher dados indiscriminadamente. A história filosófica confronta tanto os "erros" (as fábulas e inverdades) como também, de alguma maneira, as "verdades inúteis" (o excesso de história, por assim dizer)[146].

Devemos neste ponto contrastar o projeto de "história filosófica" de Voltaire com a sua tentativa de realização no *Ensaio sobre os Costumes*. Esta obra termina por apresentar ao seu leitor uma grande quantidade de informações distribuídas desigualmente através de cerca de duzentos capítulos, e de alguma maneira pode-se dizer que Voltaire recai no "excesso de história", embora não mais no "excesso de história política". Por outro lado, o *Ensaio sobre os Costumes* realiza de alguma maneira outro vislumbre voltairiano importante, que é a comparação efetiva entre civilizações, evitando de fazer das histórias das demais civilizações um mero anexo da história da civilização ocidental, e o indício mais evidente desta nova postura é que a obra surpreende por começar precisamente pela civilização chinesa.

Se o Voltaire visionário encontra nos prefácios e textos de "história filosófica" o seu espaço natural de reflexão, é preciso ainda lembrar que algumas intuições e afirmações expressas no verbete "História" – um texto que visava uma ampla divulgação de acordo com o espírito da *Enciclopédia*, para a qual foi concebido – e também trechos dos prefácios e algumas passagens das obras historiográficas de Voltaire, permitem que vejamos no filósofo francês antecipações similares que se transformariam em tendências importantes em futuros tempos historiográficos, ainda distantes. Podemos surpreender, em alguns trechos do verbete "História" (1756), esta crítica aos excessos

---

146. Há ainda um curioso detalhe. Voltaire postula que o material útil para a construção de "história filosófica" é apenas relacionado aos períodos históricos que começam com o Renascimento. A história antiga pode ter algum valor para oferecer algumas lições morais, e, sobretudo, para ilustrar com relação a temáticas importantes que são reapropriadas constantemente pela arte e pela literatura, além de seus temas serem interessantes nas rodas de sociabilidade. Contudo, é apenas a história do período moderno em diante que teria valor para a "história filosófica", inclusive porque é para a história deste período mais recente que os relatos históricos tornam-se mais confiáveis, no entender de Voltaire.

factuais e à erudição inútil, em favor de uma História que se ocupe das grandes linhas, daquilo que realmente importa no devir histórico, e com a amplitude de questões a serem consideradas para além dos fatos políticos e, mais ainda, ultrapassando as anedotas pessoais relacionadas aos grandes personagens:

> A antiga indigência [carência de história entre os antigos] transforma-se em excesso: não há nenhuma cidade que não queira ter a sua história particular. Estamos prostrados pelo peso das minúcias. Um homem que quer se instruir é obrigado a se ater ao fio dos grandes acontecimentos, e a descartar todos os pequenos fatos particulares que vêm atravessados; ele colhe na multiplicidade de revoluções o espírito dos tempos e os costumes dos povos.
> (VOLTAIRE, 2010, p. 51)

Essa posição, de certo modo, antecipa percepções do modernismo historiográfico que teria na Escola dos *Annales* um dos exemplos mais significativos, e não é à toa que Marc Bloch (1886-1944) e Lucien Febvre (1878-1956), assim como outros historiadores posteriormente ligados à Nouvelle Histoire, incluem Voltaire entre outros historiadores franceses que, como Guizot ou Michelet, diferenciam-se dos historiadores factuais de suas épocas[147]. Por outro lado, há muito de factual e narrativa sobre grandes personagens nas obras historiográficas concretamente realizadas por Voltaire. Há de todo modo outro aspecto notável nestas considerações de Voltaire sobre a História, que é a sua percepção sobre a gradual formação de uma comunidade historiográfica. Voltaire dá a entender que o período moderno, a partir do final do século XV, já é significativamente distinto dos tempos anteriores porque começam a surgir mais historiadores. E em outra passagem comenta que a quantidade de escritos de historiadores sobre um mesmo processo ou acontecimento traz mais confiabilidade às informações por ele levantadas, como se a rede de historiadores reforçasse o valor da História repercutindo em cada uma de suas realizações. Essa formação de uma comunidade historiográfica, o que de fato só se daria em toda a sua plenitude no século XIX, será certamente um dos elementos importantes para a constituição da futura historiografia científica. A percepção de Voltaire é aqui, de algum modo, visionária.

De modo geral, existe certo contraste entre certas intuições de Voltaire sobre a História e a historiografia que ele mesmo praticou, muito atenta às batalhas, aos acontecimentos típicos da história política, às ações humanas praticadas pelos

---

147. LE GOFF, 2011, p. 145.

"grandes homens". O contraste maior situa-se entre o plano historiográfico exposto em *Ensaio sobre os Costumes e o Espírito das Nações* (1756) e as obras historiográficas (*História de Carlos XII*, O século de Luís XIV, *História do Império da Rússia sob Pedro, o Grande*).

Percebemos através deste contraste que Voltaire não se entregou efetivamente, nas obras propriamente historiográficas, à intuição de uma nova historiografia que ele mesmo enuncia no *Ensaio sobre os Costumes* e no verbete "História" (1756). Ao invés de adentrar por uma História que, além da política, incluiria entre as suas principais preocupações a economia (comércio), os modos de pensar, os padrões culturais, tal como parece prometer o filósofo francês em *Ensaio sobre os Costumes*, é mesmo em uma tradicional "história (da) política" que Voltaire mergulha por ocasião de suas realizações especificamente historiográficas. Já vimos que nestas, sintomaticamente, as grandes balizas de tempo são grandes monarcas – Carlos II, Luís XIV, Pedro o Grande – e para complementar esta história balizada nos grandes reinados, seus poemas historiográficos descrevem grandes batalhas. De todo modo, já mencionamos o fato de que os grandes reis que balizam as histórias de Voltaire são justificados pelo fato de, na argumentação do filósofo francês, poderem ser considerados grandes *exemplares* através dos quais se poderia aprender, com a História, o que deve ser imitado e o que deve ser evitado.

3.8. O conceito de "tempo" de Voltaire: entre duas concepções do tempo histórico

Como quase todos os iluministas, o pensamento filosófico-histórico de Voltaire está banhado e mergulhado na ideia de *progresso*, conceito que se desenvolve precisamente em sua época e que estenderia suas repercussões pelos séculos posteriores. Segundo esta concepção – expressa em quase todos os iluministas à exceção de nomes isolados como Rousseau (1750) – a humanidade caminha para o melhor e existiria uma linha ascendente de civilidade que passa a ser vislumbrada pelos iluministas, consolidando-se aqui uma perspectiva que será herdada também, aliás, por boa parte da historiografia científica do século XIX e de além. Com o surgimento das filosofias da história do século XVIII e da nova historiografia científica do século XIX, o tempo cíclico dos antigos tenderá a ser substituído pelo tempo linear, pela seta que aponta para o futuro em filósofos como Kant e Hegel, e nas gerações de historiadores positivistas e historicistas do século XIX e dos séculos seguintes.

O tempo, em Voltaire, é, no entanto, ambíguo. Parece haver nele um esforço de conciliação entre o tempo cíclico dos antigos e o tempo linear dos modernos. Essa ambiguidade permeia a visão historiográfica de Voltaire.

Se as "filosofias da história" de Kant (1784), Condorcet (1793) ou Hegel (1830) apresentam a característica comum de conceber o tempo como linear e progressivo – de resto uma maneira de configurar o tempo que é assimilável à ampla maioria das "filosofias da história" da época, e que pode ser considerada uma novidade trazida pelo iluminismo setecentista – já em algumas obras de Voltaire veremos a mescla desta temporalidade progressiva com um tempo cíclico que remete aos clássicos. Para Voltaire, o progresso efetivo da humanidade, embora de fato termine por se afirmar em um arco mais abrangente, é entretecido em primeiro plano por avanços e recuos – ou pela alternância entre épocas iluminadas e épocas de decadência – já que para o filósofo francês teriam ocorrido, até a sua época, apenas quatro grandes "épocas felizes": a Grécia Clássica, o Império Romano, o Renascimento, e a França de Luís XIV.

Estes magníficos períodos, em sua opinião, teriam sido sucedidos por épocas de profunda decadência e regressão, como que a perfazer um ciclo de nascimento, apogeu e morte. Por outro lado, conforme assinala Goulemot em sua análise sobre a filosofia da história em Voltaire[148], cada época memorável não é apenas o mero renascimento da grandeza que se tornou possível nas demais épocas felizes que a precederam. Cada "época feliz" também implicaria uma "ultrapassagem", uma condução para um ponto mais alto. No que concerne a esta peculiar conciliação entre os ciclos de grandeza e decadência, de um lado, e um progresso efetivamente alcançado no arco maior da história humana, de outro lado, o tempo histórico terminaria por apresentar uma forma espiralada, embora esta imagem não tenha sido explicitada com estas palavras pelo próprio Voltaire[149].

---

148. GOULEMOT, 1975, p. 464.
149. Outro autor do século XVIII a conceber uma história espiralada que assegura o progresso, no arco maior, foi Giambattista Vico (1668-1744). Este filósofo-historiador italiano, entrementes, concebia que o que assegurava o espiralamento histórico para o progresso – diante de uma humanidade que tende sempre a retroceder às suas origens (lei dos *ricorsi*) – seria a interferência da Providência. Já em Voltaire, como já foi dito, Deus está fora da história: Ele existe e criou o Universo, mas depois o deixou à sua própria sorte, e assim também o desenvolvimento da história humana. Com isso, Voltaire não apenas contrasta com a perspectiva de Vico, mas é também um crítico do modelo teológico de autores como Bossuet.

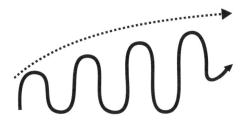

Figura 1: O tempo mesclado da filosofia da história de Voltaire.

Esta maneira de entender o tempo humano traz à filosofia da história de Voltaire uma singularidade que pode ser contraposta às tendências que encontramos nos filósofos da história dos séculos XVIII e XIX. Para os historicistas, a linha reta que aponta para o futuro pode ser compreendida como uma simples seta. Para os dialéticos, como Hegel e Marx, a linha do tempo acomoda um enredado de sucessivos círculos dialéticos. Para Kant, a linha do tempo seria como uma estrada pavimentada pelo secreto plano da natureza. Para Condorcet, teríamos uma eurocêntrica escada evolutiva que avança inexoravelmente, alcançando diferentes patamares a cada era. Mas com Voltaire, delineia-se uma criativa solução que permite equilibrar a perspectiva dos antigos e a perspectiva dos modernos. Sintonizando-se com a perspectiva dos modernos, a história é progressiva no longo arco – ou no movimento da espiral para cima. Em ressonância com os antigos, no entanto, a história voltairiana não deixaria de alternar eras de grandeza e de decadência. Esta peculiaridade permite que Voltaire se apresente simultaneamente como um entusiasta do progresso, no plano geral, e como um crítico das sociedades que lhe foram contemporâneas. Recorrentemente, em suas obras, o filósofo francês costumava utilizar a comparação como recurso para realçar a grandeza ou a decadência de cada povo. Podia mostrar uma mesma sociedade em diferentes tempos – como a França de sua época e a grandiosa França de Luís XIV – ou contrapor distintos espaços nacionais em uma mesma época: a Inglaterra progressista na qual se exilou, e a França decadente que o havia expulsado.

3.9. Voltaire e a visão universalizante

A obsessão pela ideia de uma unidade, generalizável para todas as sociedades humanas, foi tão típica de Voltaire como em outros iluministas de sua época. Possivelmente, a dinâmica entre a crença em uma natureza humana universal e a diversidade evidente das sociedades e indivíduos humanos, no espaço e no tempo, constitui a contradição mais evidente do pensamento iluminista. Como conciliar a ideia de uma natureza humana que não se move e que em sua regularidade permanece sempre a mesma e o irrefreável devir histórico, que necessariamente deve impulsionar a humanidade através de transformações, até mesmo para que ocorra o progresso humano? Diante de uma contradição como esta, a posição do historiador revela-se particularmente ambígua[150]. De modo geral, Voltaire, como outros iluministas como Montesquieu e David Hume, acreditam em uma universalidade e constância da natureza humana, embora reconheçam a diversidade de nações e sociedades e estejam conscientes de um devir histórico que valorizam com a importância por eles atribuída à História. A busca das leis que se ocultam sob a diversidade. Montesquieu, por exemplo, explicita isto em seu *Espírito das Leis* (1748):

> Acima de tudo, considerei a humanidade, e o resultado dos meus pensamentos foi que, no meio de uma diversidade infinita de leis e usos, estes não se nortearam exclusivamente pelo capricho da imaginação. Estabeleci os primeiros princípios e descobri que os casos particulares decorrem naturalmente deles; e que cada lei particular está relacionada com outra lei ou depende de outra de alcance mais geral.
> (MONTESQUIEU, *O Espírito das Leis*, 1748) [1973, p. 27]

Também David Hume, na sessão "Sobre a Liberdade e a Necessidade" dos *Inquéritos sobre o Entendimento Humano* (1777), registra as seguintes palavras:

> A humanidade é de tal modo a mesma, em todas as épocas e lugares, que a história não nos informa de nada de novo ou estranho a este respeito. A sua utilidade principal é apenas a de descobrir os princípios constantes e universais da natureza humana, mostrando-nos os homens em todas as variedades de circunstâncias e situações e fornecendo-nos os materiais que nos permitem formar as nossas observações e travar conhecimento com as causas primárias e regulares da ação e do comportamento humanos.
> (HUME, 2008, p. 40)

Já Voltaire (1694-1778), no *Ensaio sobre os Costumes e o Espírito das Nações* (1756), menciona esta natureza humana "cujo âmago é em todo o lugar

---

150. CASSIRER, 1992, p. 293.

o mesmo"[151]. Assim mesmo, iremos encontrar na *História de Carlos XII* (1730) este trecho, que lembra a autoconsciência histórica que seria desenvolvida pelos historicistas:

> É preciso, ao ler-se uma história, ter-se em conta a época em que o autor a escreveu. Quem lesse apenas o cardeal de Retz, tomaria os franceses por seres furiosos, respirando somente a atmosfera da guerra civil, do faccionismo e da loucura. Quem lesse somente a história dos belos tempos de Luís XIV diria: os franceses nasceram para obedecer, para vencer e para cultivar as artes. O que só lesse as memórias dos primeiros anos de Luís XV notaria em nosso país apenas a indolência, uma avidez extrema de enriquecer-se e indiferença absoluta por tudo o mais. Os espanhóis de hoje não são os espanhóis de Carlos V, mas podem voltar a sê-lo dentro de alguns anos. Os ingleses de hoje já não se assemelham aos fanáticos de Cromwell, assim como os monges e os *monsignori* de que Roma está povoada não se parecem com os Cipiões.
>
> (VOLTAIRE, 1957, p. 56)[152]

De igual maneira, encontraremos no *Ensaio sobre os Costumes* (1765) comentários como este, que chamam atenção para a necessidade de apreender a diversidade humana:

> [os muçulmanos] são tão diferentes de tudo o que se passa entre nós, que devem nos mostrar o quanto o quadro do universo é variado, e o quanto devemos estar prevenidos para evitar o nosso hábito de julgar tudo segundo os nossos usos.
>
> (VOLTAIRE, 1990-I, p. 236)

De modo geral, entretanto, Voltaire acompanha o movimento geral do pensamento iluminista, que busca tomar consciência da universalidade humana, da regularidade e constância de leis que possivelmente são as responsáveis pelo comportamento humano. Deve-se notar que a leitura universalista da história podia levar um pensador a simplesmente descartar as evidências mais incômodas acerca da alteridade radical que podia ser encontrada entre sociedades distintas. Isto ocorreu com Voltaire em alguns momentos. Michèle Duchet cita na sua *Antropologia de Voltaire*[153] uma

---

151. VOLTAIRE, 1963, p. 314.
152. Sobre estes aspectos, ver LOPES, 2003, p. 36.
153. DUCHET, 1995, p. 310.

ilustrativa passagem deste filósofo ilustrado, que também é retomada por Marcos Antônio Lopes em seu estudo sobre o *Voltaire Historiador*[154]. Ao se informar sobre o relato de um viajante, no qual este afirmara que "um rei em Cochin transmite seu poder ao filho de sua irmã, e não a seu primogênito", Voltaire tende a duvidar do relato como uma "fábula de viajantes". Para o filósofo ilustrado, "uma tal regra contraria demasiado a natureza; não há homem, absolutamente, que queira excluir seu filho de sua herança"[155].

Entre o historiador que se rende à clara percepção das diferenças e o filósofo iluminista que anseia pela apreensão da unidade da natureza humana, Voltaire tendeu, como se vê, a acompanhar a tendência universalizadora predominante entre os filósofos do século iluminista. Neste aspecto em particular, ele é um filósofo bem sintonizado com o movimento das ideias iluministas, e afasta-se da valorização da diversidade historiográfica que logo seria tomada como um fio condutor pelos historicistas do século seguinte.

3.10. Considerações finais

O que a obra historiográfica de Voltaire, e suas reflexões sobre História e Filosofia da História, revelam sobre a sua época, a sociedade na qual se inscreveu esta produção historiográfica, e o próprio autor? Vemos acima de tudo um século rico e efervescente que se coloca na transição entre o Antigo Regime e o mundo moderno que se tornaria cada vez mais consolidado a partir das duas revoluções industriais – a revolução termo-mecânica que se inicia no trânsito do século XVIII para o século XIX, e a revolução elétrica da segunda metade do século XIX. O novo mundo industrial – mas também o novo mundo político que logo iria culminar com a Revolução Francesa e com o futuro espraiamento das revoluções burguesas por boa parte da Europa – formarão o esteio maior para uma nova historiografia científica a partir do século XIX. Voltaire ainda não a conhece, por precedê-la em algumas décadas, mas não é exagero dizer que ele faz parte do conjunto de historiadores e filósofos que a preparam de alguma maneira.

---

154. LOPES, 2001, p. 75.
155. Passagens como esta contradizem, obviamente, o comentário do próprio Voltaire citado na nota anterior. Duchet acrescenta seu próprio comentário à passagem de Voltaire: "é-lhe mais fácil admitir os erros e as loucuras do espírito humano, os excessos da superstição e os furores do despotismo do que colocar em xeque a ideia de uma moral universal" (DUCHET, 1995, p. 311; LOPES, 2001, p. 75).

Situado neste portal entre dois mundos – o Antigo Regime e o mundo moderno – Voltaire produziu uma historiografia rica em ambiguidades que procuramos expor neste trabalho. Ele consegue ser ao mesmo tempo um historiador no estilo antigo e, em outros momentos, prenunciar um padrão que será o dos historiadores modernos. Se não trabalha com uma crítica historiográfica aprimorada, como aquela que será característica dos historicistas do século XIX, ele ao menos faz a crítica da veradicidade: coloca em xeque as fábulas historiográficas que chegaram até a sua época, os comentários maledicentes que se espalhavam por obras historiográficas copiadas umas das outras, e as afirmações que contradiziam francamente a razão. O antigo e o moderno dialogam, em sua obra historiográfica, de uma maneira que não deixa de levá-lo à crítica arguta das demais produções historiográficas, antecipando também esta tendência a submeter toda a historiografia à crítica, a qual seria bem característica da prática historicista do século que ainda estava por vir. Da mesma forma, conforme vimos, a estas duas posições que convivem na historiografia de Voltaire podemos ainda acrescentar uma terceira: a de um Voltaire que intuitivamente prenuncia questões que só seriam recolocadas pela historiografia do século XX.

Voltaire, da mesma forma – e tal como ocorreu com a maioria dos intelectuais iluministas de sua época – foi um entusiasta do progresso, compreendendo-o não apenas como progresso tecnológico, mas também como progresso social e espiritual. Nesta mesma esteira, vimos também como Voltaire conciliava este traço francamente progressista do ambiente europeu de sua época com uma visão muito crítica que tinha acerca da França em que vivia. Esta ambiguidade o levou a conceber um formato especial para o tempo histórico, no qual se conciliam a antiga perspectiva de um tempo cíclico que prevê grandes lugares-épocas (para ele, até hoje, apenas quatro) e o tempo linear progressista, que, em última instância, sanciona a ideia de progresso da humanidade, tão em voga no século iluminista.

A produção historiográfica de Voltaire, enfim, ao lado de suas reflexões filosóficas sobre a história, constituem um conjunto muito rico de textos, atravessados por continuidades e descontinuidades deste filósofo-historiador em relação a outros modelos historiográficos e à historiografia que começava a se gestar já na sua época. Muito mais haveria a ser dito sobre a historiografia de Voltaire, inclusive aspectos relacionados ao seu estilo e aos modos de escrita presentes em sua obra, à influência da escrita teatral no seu modelo narrativo, a visualidade da escrita histórica voltairiana, bem como uma discussão mais aprofundada sobre a rede autoral de influências que interage em seu pensamento historiográfico. A recepção de Voltaire, em seu século e nos séculos seguintes – inclusive pelas tendências da nova história do século XX que o indicam como um dos precursores da ultrapassagem da história meramente política – também poderia constituir objeto de considerações mais aprofundadas, as quais apenas pudemos alinhavar de modo mais geral nos limites deste ensaio. A obra filosófica e historiográfica de Voltaire segue sempre como um convite para novas reflexões no campo da historiografia e da teoria da história.

4
O historiador e o visionário: Thomas Carlyle e a "questão da condição da Inglaterra" no século XIX

Débora El-Jaick Andrade

4.1. Introdução

Atualmente está muito em voga referir-se à história pública, à forma de despertar o interesse pelas épocas do passado em amplas audiências. Pode-se dizer que, se existiu um historiador público no século XIX, este foi o escocês Thomas Carlyle. Fora do circuito profissional, não apenas possuía a capacidade de comunicar suas teorias aos contemporâneos, seduzindo-os com suas narrativas coloridas sobre a Revolução Francesa e sobre a biografia dos heróis na história, mas, preocupado com as questões do presente, transformou em púlpito seu ofício no qual pregava apaixonadamente contra "a lei do mecanismo" e as reformas para multidões de admiradores[156].

No início da década de 1840, Thomas Carlyle era um autor reconhecido no meio literário e jornalístico, prestigiado junto ao público leitor da Grã-Bretanha. Ao longo de vinte anos, notabilizou-se pelos ensaios sobre a língua, a história e a cultura alemães, especialmente pelo estudo e divulgação da obra de Goethe, pela qual se tornou respeitado no mundo intelectual, ao ponto de, em 1837, ministrar aulas no Willis Rooms em Londres a um grupo seleto de eruditos e aristocratas, palestras estas publicizadas pelo

---

156. Gertrude Himmelfarb afirmava que foi o tom profético de Thomas Carlyle que fez seu estilo apropriado e aceitável. HIMMELFARB, 1985, p. 203.

The Times, o mais influente periódico da época[157]. O jornal londrino afirmava que o senhor Carlyle era reconhecido por ser um homem de erudição, de capacidade de pensamento autônomo e original, "dotado de gênio para solucionar as dificuldades e lidar vigorosamente com materiais pesados e nunca antes tratados"[158].

Gozava de uma fama que atravessou o outro lado do Atlântico e capturou a atenção de intelectuais americanos do movimento transcendentalista, como Ralph Waldo Emerson, desde a publicação de *Sartos Resartus*[159]. Em 1837, finalizou sua *História da Revolução Francesa*, que tinha sido iniciada quatro anos antes, e cuja primeira versão foi incinerada acidentalmente pelo descuidado admirador, o filósofo utilitarista John Stuart Mill[160]. Esta obra, que entrou para a história da historiografia da Revolução Francesa, o consagrou como historiador perante seus conterrâneos britânicos, tendo sido descrito por um prestigiado periódico escocês como "uma promessa no campo da História". *The Edinburgh Review* assinalava que Carlyle adotou "um tom épico e coloração pictorial que podem ser dados à verdade literal, quando materiais são abundantes, e quando o escritor reúne o rigor laboral do cronista, com a vívida imaginação de poeta"[161]. Embora o resenhista do periódico o tenha comparado à grande novidade da historiografia francesa Jules Michelet[162], o próprio grande mestre francês refutava qualquer comparação e desqualificava inteiramente a obra carlyleana sobre a Revolução Francesa, tratando-o por um "fantasionista" desta história[163].

Sua reputação como historiador e biógrafo firmou-se quase duas décadas mais tarde, quando os 6 volumes biográficos sobre o rei Frederico II da Prússia lograram

---

157. As conferências ocorreram em 1º de maio de 1837.
158. LECTURE on the German literature. *The Times*. Londres, 2 de maio de 1837, p. 5.
159. A tal ponto seus escritos sobre os filósofos alemães repercutiram sobre Emerson que conseguiu a publicação da primeira edição de *Sartos Resartus* em Boston, nos Estados Unidos em 1836, obra que foi escrita em 1831 e publicada em facículos na Fraser's Magazine entre 1833-1834. A edição britânica foi lançada apenas em 1838. VANCE, Norman. Leaping on Tables. 2000. Disponível em: https://www.lrb.co.uk/the-paper/v22/n21/norman-vance/leaping-on-tables
160. *The Times* também divulgava as conferências no ano seguinte, em 30 de abril de 1838, do autor e tradutor de ensaios sobre os alemães e de *The History of the French Revolution*.
161. *Histoire de France*. Par M. Michelet. The Edinburgh review. vol. LXXIX, Jan-April, 1844, p. 1-40. pp. 1-2.
162. *Histoire de France*. Par M. Michelet. The Edinburgh review. vol. LXXIX, Jan-April, 1844. p. 1-40, pp. 1-2
163. Jules Michelet escrevendo a M. Vapereau afirmava não ter lido os livros do autor senão pela História da Revolução Francesa que considerava "lamentável, sem nenhuma pesquisa, e nada mais do que falsos lampejos" carecendo de recisão rigorosa. Ver AULARD. [1913]. Études et leçons sur la Révoltution Française, 2011, p. 197.

sucesso, inclusive na Alemanha[164]. Ele dedicou-se a outras biografias relevantes, como a de Oliver Cromwell, Lord Protector da Inglaterra, Escócia e Irlanda, a do poeta escocês Robert Burns e o literato Samuel Johnson, além de ter sido de sua autoria um ensaio teórico sobre a Biografia. Ao lado destas, saíram de sua pena um conjunto de ensaios reflexivos sobre a História, "On History" (1830) e "On History Again" (1831), e uma filosofia da história que está centrada no relato de vida de figuras históricas ou mitológicas heroicas e revolucionárias, adquirindo sua forma mais acabada nas lições que ele proferiu em 1840 e que foram registradas no livro *Hero and Hero worship* (1841). Segundo esta filosofia, quanto mais se progride no tempo, mais os homens aperfeiçoam sua forma de saudar o grande homem, o que não invalida outras crenças e outras formas de heroísmo que foram verdadeiros em seu próprio tempo.

Apesar das edições e reedições das suas obras e da recepção favorável, este escocês de formação presbiteriana de Ecclefechan, pequena cidade ao sul do país, foi esquecido pela tradição historiográfica, por razões que não cabe aqui examinar em profundidade[165]. Notadamente, a predominância da história whig no ambiente historiográfico do século XIX tornava o legado carlyleano e sua incidência sobre a geração de meados do século uma excepcionalidade. A história do ponto de vista liberal refletia em seu enredo o triunfo da monarquia parlamentar e a expansão do imperialismo britânico do presente, constatando os prenúncios de liberdade e de progresso das instituições nas épocas passadas. É preciso assinalar, além disso, o processo de profissionalização dos historiadores que avançava por volta de 1860, com a expansão da carreira professoral e tutorial, quando Carlyle ocupou o cargo de reitor da Universidade de Edinburgh, sem nunca ter sido professor universitário[166]. Nesta ocasião nem ele, nem o liberal Thomas Babington Macaulay (1800-1859), figuravam no rol de notabilidades acadêmicas; eram, antes, considerados escritores que abusavam da retórica e de imagens literárias. Por outro lado, como constata Philippa Levine na obra *The amateur and the Professional*, Macaulay e Carlyle ambos tiveram um alcance mais amplo a leitores e admiradores de diferentes áreas do conhecimento. Pouco depois, além do constitucionalismo e do

---

164. Em 1874, a pedido de Bismarck, o Kaiser Frederico III lhe conferiu a Ordem prussiana ao Mérito em reconhecimento pela sua biografia heroica de Frederico o Grande (1858-1865).
165. A exceção disto é George Gooch que cita Carlyle dentre os historiadores oitocentistas. Ver GOOCH, *Historia e historiadores en el siglo XIX*, 1977.
166. Em 1865, Carlyle foi eleito reitor da Universidade de Edinburgh e compareceu, no ano seguinte, à aula inaugural, única incumbência de um cargo honorífico, ocasião também em que soube da morte de sua esposa Jane.

liberalismo, o campo historiográfico seria atraído pelo positivismo e pelo darwinismo social de Herbert Spencer.

Antes que estas tendências estivessem consolidadas, durante a primeira metade do século XIX, ainda havia espaço para experimentos estilísticos e diletantes. Alguns historiadores se travestiam em poetas, outros em filósofos sociais. Não obstante, respirando a atmosfera intelectual do Romantismo, os pensadores que se dedicaram a compreender a sociedade foram influenciados, de fato, pelas formas de sentir e de se expressar dos grandes escritores românticos[167], assim como pela concepção de passado de filósofos alemães, franceses e ingleses, que privilegiavam a Idade Média como fonte de inspiração, modelo de religiosidade e de harmonia. Thomas Carlyle foi um destes que se voltaram com nostalgia para a época medieval em *Past and Present* (1843), obra de história nada convencional em que tratou de forma pioneira da "questão da condição da Inglaterra", criticando o presente industrial à luz do passado feudal.

A temática das reformas sociais e da condição da Inglaterra contagiou uma geração de ficcionistas e de publicistas sociais, fomentando a polêmica na esfera pública. Raymond Williams destacou em seu estudo clássico *Culture and Society* a qualidade da resposta direta de Carlyle à conjuntura da sociedade inglesa do seu tempo, especialmente à industrialização, e seu impacto sobre a cultura, entendida como pensamento, sentimentos e reações gerais, aos quais o crítico marxista denominou "estrutura do sentimento contemporâneo"[168]. Neste ensaio, Williams insere Carlyle em uma tradição do pensamento socialista, destacando o panfleto *Signs of the times*[169], um dos primeiros textos de polêmica do autor sobre a chamada "condição da Inglaterra". *Signs of the times* e *Chartism,* antes mesmo de *Past and Present*, são testemunhos históricos e documentos para compreender-se o avanço do industrialismo, a reação intelectual ao liberalismo e a um movimento paulatino de organização

---

167. PICARD, *El Romanticisme social*, 1986.
168. WILLIAMS, *Culture and Society, 1780-1950*, 1983, p. 72. Em outros textos e no conjunto da sua obra, Williams define "estrutura do sentimento contemporânea" que para alguns autores permanece um conceito nebuloso. Para ele a estrutura é sempre a do sentimento real, ligado à particularidade da experiência coletiva histórica e de seus efeitos reais nos indivíduos e nos grupos, mais acessível na arte e na literatura, em livros de história social ou de cultura de pensamento dos dominados. É forçoso compreender como se relacionam a processos gerais, a práticas culturais e sociais de produção que consistem na comunicação reflexiva da experiência e estão na raiz da estabilidade e mudança das sociedades. Para esta discussão ver FILMER, "A estrutura do sentimento e das formações socioculturais: o sentido de literatura e de experiência para a sociologia da cultura", de Raymond Williams. *Estudos de Sociologia*, 2009, p. 371-396 (p. 374).
169. Signs of the times. *Edinburgh Review*. volume 49 n. XCVIII, 1829, p. 439-459.

da classe trabalhadora que irrompia na conservadora sociedade vitoriana. Tais escritos históricos e sociais também contêm um projeto social, uma resposta às questões e desafios do tempo em que foram elaborados e revelam um posicionamento que, em algum grau não obedece a filiações partidárias ou a uma ideologia exclusiva, mas sugerem um programa original para seus contemporâneos.

4.2. Tempo de reformas e de revoluções

O contexto ao qual se reportava neste conjunto de textos é fundamental para compreender seu posicionamento intelectual e viés político. Duas décadas de agitação revolucionária abalaram as pretensões aristocráticas de retorno ao poder em muitas partes da Europa. Em 1820 as ondas revolucionárias foram circunscritas à Espanha, Itália e Grécia, bem como a emancipação das colônias espanholas. Nos anos subsequentes, de 1829 a 1834, uma segunda onda revolucionária contagiou a Europa a oeste da Rússia[170]. As revoluções de 1830 possuíam duplo caráter de revoluções liberais e nacionais. Como sustenta René Rémond, "uma internacional liberal" varreu a Europa, afirmando a primazia do indivíduo à frente da razão de Estado, dos interesses de grupos sociais, das exigências da coletividade[171], opondo-se às ordens estamentais, a associações e a privilégios de nascimento. Os liberais nutriam profunda desconfiança do Estado e do poder centralizado, sobretudo do absolutismo e da autoridade sem limites, e queriam reduzi-lo e fracioná-lo através de uma gama de fórmulas institucionais e do princípio da separação dos poderes como regra fundamental, prevista na Declaração dos Direitos do Homem e do Cidadão. Preconizavam um governo invisível, que não interviesse na economia, na livre-concorrência, de forma que sua ação praticamente não se faria sentir[172]. Até meados do século XIX, o liberalismo era o combustível revolucionário que inspirava as revoluções, as barricadas, e o sacrifício de milhares de pessoas.

Em várias partes, ainda por volta de 1830, viu-se através do nacionalismo o caminho para o triunfo do liberalismo. Na França, durante as "jornadas de julho", Carlos X revogava a liberdade de imprensa e de voto, dissolvia a Câmara de Deputados, provocando uma insurreição armada em que a população erguia barricadas nas ruas, com-

---

170. A Bélgica se tornou independente da Holanda em 1830, a Polônia foi subjugada em 1830 e agitações liberais tiveram lugar na Alemanha, Itália, Portugal, Espanha e na França. Esta última culminou com a monarquia de julho de 1830.
171. RÉMOND, René. *Século XIX 1815/1914*. São Paulo: Cultrix, 1983, p. 16.
172. Ibid., p. 17-18.

batendo até se concretizar a abdicação do rei. Na Bélgica, a revolução, além do aspecto liberal, apresentava um caráter nacional, dirigido contra a unidade dentro do reino dos Países Baixos protestantes. Uma vez emancipada, graças à aliança entre liberais e católicos, as instituições liberais, a partir da Constituição de 1831, passam a vigorar na Bélgica. O nacionalismo igualmente fomentou as lutas dos cristãos dos Bálcãs contra o Império Otomano, assim como dos eslavos ortodoxos, especialmente os sérvios, contra a Áustria ou a Hungria católicas. Neste contexto, a religião também era um elemento identitário que impulsionava a onda revolucionária. Na Irlanda católica a luta se deu contra a Inglaterra protestante, na Polônia católica, os polacos se insurgiram contra a dominação da Rússia ortodoxa e da Prússia luterana. Em seu território aliavam-se os brancos, aristocratas, fiéis ao passado e à tradição, e os vermelhos, solidários com o patriotismo polonês e com os princípios revolucionários.

Desde os anos 1820, a organização secreta carbonários, da qual participava Giuseppe Mazzini e outros revolucionários, agitava a Itália e reunia monarquistas e republicanos contra a ocupação francesa, e depois contra o Absolutismo. No exílio, após 1830, Giuseppe Mazzini propagou os princípios republicanos de unificação italiana através de levantes populares a partir de uma nova organização, a "Jovem Itália", e na Suíça, com outros exilados poloneses e alemães, fundou o movimento da "Jovem Europa"[173].

Foi o mesmo Mazzini, a esta altura residente como emigrado em Londres, que passou a fazer parte do círculo de amizade de Thomas e Jane Carlyle[174], quem o alertou para a falta de engajamento de *History of The French Revolution*. Mazzini escrevera em uma resenha que Carlyle procurou tornar sua obra dramática, mas não forneceu a ela as "linhas gerais para aplicar as lições do passado para as necessidades do presente"[175] e para guiar a ação revolucionária futura, sugerindo que não existia uma filosofia da história contida nela.

O alerta do revolucionário italiano surtiu efeito e repercutiu nos trabalhos posteriores *Chartism* e *Past and Present*. Mas a Inglaterra nunca havia sido palco de uma revolução análoga àquela da França, pelo contrário, em fins do século XVIII,

---

173. WEIBEL, "Giovane Europa" In: *Dizionario storico della Svizzera (DSS)*, versione del 11.02.2008 (traduzione dal tedesco). Online: https://hls-dhs-dss.ch/it/articles/017237/2008-02-11/
174. Mazzini se tornou amigo dos Carlyles em 1829, os visitava, discutia opiniões e trocava correspondência. Carlyle inclusive se dispôs a ajudar financeiramente o revolucionário italiano, em verdadeira penúria no exílio londrino.
175. KAPLAN, 1993, p. 276.

os liberais (whigs) aliaram-se aos conservadores (tories) defendendo a tradição, proibindo sindicatos, prendendo agitadores e detratando o sufrágio universal, retratado enquanto forma de anarquia. Apenas voltariam a vislumbrar no horizonte reformas políticas às vésperas da década de 1830, quando o voto escalonado por propriedade seria critério para excluir dos direitos políticos os trabalhadores mais pobres com a justificativa de assegurar a propriedade privada[176].

Por esta época Carlyle escreveu suas impressões a respeito das agitações no primeiro texto panfletário *Signs of the Times,* que era o meio mais direto e rápido de o historiador comunicar suas ideias a respeito de rupturas rápidas frente à profusão de acontecimentos imediatos da história política. Nele se encontra uma crítica contundente às reformas liberais e à onda revolucionária que tomou conta da Europa, porque ele as localiza junto ao industrialismo e ao mecanismo como parte de um todo[177]. A vitória dos liberais, que passam a governar à igual distância da contrarrevolução e da democracia, significou o estabelecimento de uma nova ordem, valores e instituições. Porém, na Inglaterra, nos Países Baixos e nos países escandinavos, o liberalismo transformou pouco a pouco o regime e a sociedade por meio de reformas. Eric Hobsbawm ressalta que a Revolução de Julho de 1830 na França, em que o ramo mais antigo da realeza é destronado e uma aliança com a burguesia financeira é estabelecida, corresponde ao Ato de Reforma de 1832 na Inglaterra, país em que o capitalismo industrial estava mais avançado[178]. Para o autor, a Revolução de Julho teve impacto direto nas mobilizações que convergiram no *Reform Act*[179]. A reforma parlamentar interessava aos liberais que estavam alijados do poder de 1815 a 1830, mas era uma pauta espinhosa para os tories[180] que representavam o *establishment*[181]. Mas além do despotismo e dos privilégios de nascimento, contestados pelo clamor liberal, surge um

---

176. MACPHERSON, 1978, p. 44.
177. A primeira reforma ocorreu em 1829 mesmo quando o ministro do interior Robert Pool, do gabinete conservador do Duke de Wellington, criou uma força policial que seria chamada de "Pollers" à época, com o intuito de combater crimes e preservar a ordem.
178. HOBSBAWM, Eric. *A era das revoluções, 1789-1848*. 1977, p. 128.
179. Ibid.
180. *Tory* designa os partidários dos reis Carlos I e II que faziam parte da aristocracia rural tradicional e anglicana. O partido tory era conservador e consistia da aristocracia fundiária. Era rivalizado pelos *Whig*, liberais que se opunham à sucessão de Jaime, irmão de Carlos II, que no século XVII e nos séculos seguintes representaram o clamor por mudanças sociais e, principalmente, eleitorais.
181. WOODWARD, Lewellyn. *The age of Reform, England*, 1992, p. 54.

novo ator político, uma alta burguesia e uma *middle class*[182] que ainda eram insipientes no resto da Europa, mas que lá se mostravam com capital político suficiente para reformar politicamente o sistema eleitoral.

Antecipando este conjunto de acontecimentos, o panfleto *Signs of the Times* foi publicado no volume 49 da *Edinburgh Review* em 1829. Sempre adotando uma linguagem amaneirada e uma forma de expressão cifrada, repleta de repetições e de metáforas bíblicas, como se professasse suas ideias em um púlpito, Carlyle expunha seu diagnóstico acerca da crise que afetava as pessoas na sociedade no presente. Ele observava:

> Se realmente fôssemos sábios, poderíamos discernir verdadeiramente os sinais de nosso próprio tempo, e por conhecimento de suas carências e vantagens, sabiamente ir ajustando sua própria posição nele[183].

O presente, negligenciado na análise dos filósofos, historiadores, pensadores de forma geral, propensos a realizar predições em longo prazo, dava sinais de crise[184]. É assim que, constatando os ventos da mudança que despontavam com a onda de revoluções liberais de 1830 que assolou a Europa e que, na Inglaterra, impulsionou a aliança entre classe trabalhadora e classe média pela ampliação do sufrágio, desfeita em 1832 com a aprovação do *Reform Act*, Carlyle acrescenta no fim de *Signs of the Times* uma reflexão a respeito do embate entre o novo e o velho:

> Onde quer que possamos coletar indicações do pensamento do público, seja em livros impressos, como na França ou Alemanha, ou nas rebeliões Carbonari e em outros tumultos políticos, como na Espanha, Portugal, Itália e Grécia, a voz que eles emitem é a mesma. As mentes pensantes em todas as nações clamam por mudanças. Existe uma luta profundamente enraizada em toda a máquina da sociedade; uma colisão demolidora entre o novo e o velho. A Revolução Francesa, como é hoje bastante visível, não era a mãe deste poderoso movimento, mas seu resultado. Estas duas influências hostis, que sempre existem nas coisas humanas, e a constante comunhão da qual depende sua saúde e segurança, ficaram em esferas separadas, acumulando-se através de gerações e na França onde eram assuntos [de interesse público] centrais não foram

---

182. É o que no século XIX se chamou de "classe média" (no século XX, passou-se a preferir o plural e a se dizer classes médias). A expressão caracteriza bem sua situação intermediária entre as classes tradicionalmente dirigentes – a nobreza e a burguesia – e, na outra extremidade da escala social, as massas populares, rurais ou urbanas.
183. CARLYLE, Thomas. *Signs of the times*, 1986, p. 63.
184. Ibid., p. 61.

solucionados; nem se encontram ainda em lugar nenhum resolvidos. A liberdade política é então o objeto destes esforços; mas eles não pararão e não podem parar por aí. É por uma liberdade mais elevada do que a mera libertação da opressão, empreendida pelos demais companheiros da raça humana, que o homem anseia[185].

O autor voltaria a explicar os equívocos da luta pela liberdade política em *Past and Present*, mas assevera que ela não é suficiente e, outrossim, é um sintoma de um anseio mais elevado. O mundo preexistente, antes visto como estático e imóvel, vivendo em perpétua tranquilidade como uma ilhota no meio do Atlântico, está desaparecendo sem retorno possível. Por conta disto, a aristocracia que começou a perder seus direitos tradicionais e os liberais temerosos de Revoluções fazem previsões nefastas, alardeando que o Estado e a Igreja estão em crise e que logo chegará o fim dos tempos para toda a Nação. Carlyle percebeu que os sinais da crise estavam visíveis, e que a Igreja, a Monarquia, o Estado estavam inertes e desacreditados como lideranças. Todos pareciam contagiados pelo pânico e frenesi, levados pelo discurso apocalíptico de filósofos, como os utilitaristas, discípulos de Jeremy Bentham[186], desviavam-se dos acontecimentos da atualidade e fixavam-se no princípio da máxima felicidade em um breve espaço de tempo. Os utilitaristas também eram adeptos do ideário liberal que prescrevia que os direitos naturais, entre eles a liberdade e a propriedade e resistência à opressão, são intransponíveis leis naturais para se viver em sociedade. Para Carlyle

---

185. Ibid., p. 84.
186. Jeremy Bentham (1740-1832) nasceu em Londres, filho de um próspero advogado, e estudou direito em Queen's College em Oxford. Entre os anos 1785 e 1788 Bentham esteve na Rússia visitando o irmão mais novo, quando escreveu o livro *Panopticon: Or, The Inspection House* (1787), em que propunha a adoção de um modelo de prisão que poderia servir também como modelo disciplinar de escolas, hospitais, casas de trabalho e asilos dos pobres. Por muito tempo usou sua aproximação com políticos *whigs* e juristas de modo a convencer o governo da Inglaterra da urgência da adoção de seu projeto pelo qual recebeu £23,000 em 1813. Apesar de não ter tido êxito anteriormente, e de ter se frustrado com políticos e oficiais públicos, no ano de sua morte estava em curso a reforma eleitoral de 1832 que foi grandemente inspirada por ele e promovida por seu discípulo Lord Henry Brougham, assim como reformas tardias no século, tais quais o voto secreto, defendido por George Grote, amigo de Bentham e eleito para o parlamento em 1832. Seus discípulos James Mill e seu filho, John, difundiram e ampliaram suas ideias. Em 1823 ele começou com seus próprios proventos a *Westminster Review*, uma revista dedicada a visões dos filósofos radicais. Foi líder do movimento pelas reformas jurídica e política, manteve correspondência e contato regular com reformadores, editores e intelectuais com os mesmos propósitos e estava sempre cercado de colaboradores e assistentes editoriais como os Mills, Place, George Grote, Richard Smith, Peregrine Bingham, Thomas Southwood Smith, Edwin Chadwick e John Bowring, além de Thomas Perronet Thompson, Charles Buller, John Roebuck e Joseph Hume.

estas soavam como falsas, uma subversão à ordenação hierárquica da sociedade, regida pelo costume e pelas lideranças naturais.

Carlyle era um fervoroso opositor dos utilitaristas que eram o principal alvo de suas críticas, sobretudo porque, naqueles anos do final dos anos 1820 e início da década de 1840, eram eles proponentes das reformas e em torno de tais reformas girava o debate público. Ativistas, legisladores, juristas visavam eliminar o sistema eleitoral corrompido com os *pocket bouroghs*[187] nas mãos dos grandes proprietários rurais, transformar o sistema prisional arcaico, submetendo os presos ao trabalho e à vigilância, introduzindo uma legislação do trabalho e educacional[188]. Eram alarmistas, como objetava Carlyle, sobretudo James Mill, com o intuito de assustar a oligarquia proprietária para que aprovasse a reforma eleitoral de 1832, anunciando a probabilidade de uma revolução popular[189]. A concessão do sufrágio sem requisito de renda ou propriedade era assunto espinhoso, cuja aprovação também abalaria a opinião das classes médias[190]. Os seguidores desta corrente eram os grandes defensores das reformas, além de James Mill, o filho John Stuart Mill, Edwin Chadwick, secretário de Jeremy Bentham, que fez o relatório sobre as condições sanitárias dos trabalhadores e participou ativamente na elaboração da legislação fabril e da reforma da *Poor Law*, que explorava o trabalho infantil e prescrevia o lucro de empresas privadas através do trabalho compulsório dos pobres, e por isto foi considerado "o homem mais odiado da Inglaterra"[191].

---

187. Eram os distritos eleitorais que estavam nas mãos de grandes senhores da aristocracia rural, cujo peso era superdimensionado em função da diminuta população e eram usados para eleger parlamentares, seja dos tories, seja do partido liberal.

188. A legislação trabalhista foi resultado de uma aliança temporária entre *tories* e radicais, pois os *whigs* eram avessos à intervenção nos negócios fabris.

189. As reformas sociais, políticas e, principalmente, nas leis criminais que defendeu, se sustentavam teoricamente nos princípios do utilitarismo que Bentham cunhou em várias obras sobre filosofia, direito e política, especialmente em *An Introduction to the Principles of Morals and Legislation* escrita em 1780 e publicada em 1789. Ele acreditava que toda lei ou ação deveria ser avaliada de acordo com o princípio ético da utilidade, ou seja, uma lei só deveria estar em vigência se promovesse o maior benefício, prazer ou felicidade ao maior número de pessoas. Disto decorre também que em alguns casos, os indivíduos agiriam seguindo seu interesse egoísta, no sentido do maior interesse do ponto de vista da coletividade. VERGARA, 1995, p. 31. As ideias do utilitarismo não foram tão relevantes na época quanto o foram depois, e as reformas sofreram muita resistência dos dirigentes.

190. MACPHERSON, 1978, p. 44 (Coleção Biblioteca de Ciências Sociais).

191. Chadwick foi secretário de Bentham em 1831. Inspirando-se nele, adicionou partes do ensaio de Bentham sobre a *Poor Law* no relatório para a Comissão da *New Poor Law* e publicou algumas partes em 1838. Por muitos anos, Bentham preocupou-se com a reforma da *Poor Law*, além do policiamento, de questões econômicas e financeiras, da administração judicial e das leis da evidência contra arcaísmos da jurisprudência e contra o caráter arbitrário das leis aplicadas por juízes. Os en-

4.3. Sinais dos tempos: crítica ao utilitarismo e ao mecanismo

Em *Signs of the Times*, o propósito de Carlyle era reabilitar a crítica do mecanicismo e do utilitarismo e exercer tal análise da condição social da Inglaterra. Veiculava esta crítica através de um periódico de orientação política whig (liberal) com maior tiragem daquele tempo e mais prestigiado pelos economistas políticos que nele publicavam seus artigos[192]. Apesar de ser uma revista liberal, publicar na *Edinburgh Review* aumentava o alcance das reflexões do publicista dentre a *middle class* e os formadores de opinião. A mensagem de *Signs of the Times* era, não obstante, bem diferente do *mainstream* editorial da revista:

> Se fôssemos requisitados a caracterizar esta nossa época por qualquer único epíteto, nós deveríamos estar tentados a chamá-lo, não de Heroica, Devocional, Filosófica, ou uma Época Moral, mas sobre todos estes, de Época Mecânica. Esta é a era da Maquinaria, em cada sentido implícito e explícito das palavras, uma época em que, com um poder indivisível, impulsiona, ensina e pratica a grande arte de adaptar meios aos fins. Nada é feito agora diretamente, ou manualmente; tudo é feito por regras e por artifício calculado. Porque na operação mais simples, algum complemento, algum processo ardiloso de abreviação está em curso. Nossos velhos modos de empenho estão todos desacreditados e deixados de lado. Sob todos os ângulos, os artesãos são expulsos da sua oficina para deixar espaço para um [executor] mais rápido e inanimado. A lançadeira sai dos dedos do tecelão e cai nos dedos de aço que manuseiam mais rápido[193].

---

saios sobre a *Poor Law* foram escritos entre 1796–1798, no contexto do aumento de preços dos alimentos e aumento do pauperismo. Eles indicavam projetos para um sistema das "casas industriais" dirigidas por uma sociedade anônima (National Charity Company) para abrigar os indigentes, providenciar empregos, assistência para os doentes ou deficientes. Ver BAHMUELLER, C. F., 1981.

192. O periódico foi fundado em 1802 por um grupo de estudantes escoceses de orientação *whig* e tem clara herança do iluminismo escocês, sendo batizado com mesmo nome da revista criada por Adam Smith no século XVIII. Desde o início do século XIX a *Edinburgh Review* polemizava com a *Quaterly Review* fundada por Sir Walter Scott, cuja intenção era propagandear o ideário *tory* (conservador).

193. "Were we required to characterise this age of ours by any single epiphet, we should be tempted to call it , not an Heroical, Devotional, Philosophical, or Moral Age, but above all others , the Mechanical Age. It is the Age of Machinery, in every outward and inward sense of the words, the age which, with the whole undivided might, forwards, teaches and practices the great art of adapting means to ends. Nothing is now done directly, or by hand; all is by rule and calculated contrivance. For the simplest operation, some helps accompaniments, some cunning abbreviating process is in readiness. Our old modes of exertion are all discredited, and thrown aside. On every hand, the living artisan is driven from his workshop, to make room for a speedier, inanimate one. The shuttle drops from the fingers of the weaver, and falls into iron fingers that ply it faster". CARLYLE, Thomas. Signs of the times. *Thomas Carlyle: Selected writings*. Harmondsworth: Penguin Books, 1986, p. 64.

De fato, Carlyle estava constatando o estabelecimento da hegemonia liberal, com sua visão de mundo, teorias econômicas e imaginário político, moldando as instituições, ganhando as consciências e impondo sua moral e a lógica do mercado sobre a cultura e os costumes relacionados aos pobres. Edward Thompson denominou esta hegemonia de cultura da *gentry* nos capítulos do livro *Costumes em Comum*. A lógica e a lei do mecanismo (*mechanical genius*), como em um pesadelo, aprisionam com correntes mais apertadas do que os laços feudais, invadem toda a forma de nossa existência, "porque o mesmo hábito não regula só nosso modo de ação, mas todo o nosso modo de pensar e de sentir"[194]. Como ele afirma, "não há fim para a maquinaria"[195], esta se infiltra em todos os campos do conhecimento, em todas as atividades sociais, nos aspectos físicos do corpo social, mas também na alma. Então o mecanismo ganha a forma de burocracia estatal, de filosofia liberal e utilitária e de obrigações corporativas e mercantis que separam o artesão (assim como o filósofo ou escritor) de sua arte. A Ciência, a Música, a Política, a Filosofia, a Literatura todas estavam subordinadas à lógica do mecanismo, segundo o qual a notoriedade de alguém é mediada por jantares de negócio, conclaves editoriais, ingresso em academias e interesses de corporações[196]. Nenhuma destas instituições seria capaz de produzir gênios como Bacon, Kepler, Newton, Shakespeare e Homero que surgiram espontaneamente e foram amparados por grandes mecenas[197]. Esta lógica do mecanismo prejudicava o culto aos gênios, sábios de conhecimento mais elevado, conhecedores da verdade espiritual. Suas grandes mentes estariam acima da de milhares de homens comuns.

A primazia das ciências físicas sobre as ciências morais, psicológicas e metafísica é um outro traço da imposição do mecanismo enquanto sistema. Esta é a imagem da máquina penetrando a dimensão humana do Universo; a sociedade civil é vista como parte do mecanismo do qual derivam outras máquinas individuais[198]. Trata-se de uma crítica explícita à ideologia liberal que tem seu fundamento no paradigma newtoniano e na Filosofia das Luzes[199]. Ele a atribui aos filósofos, John Locke, Adam

---

194. CARLYLE, *Signs of the times*, 1986, p. 66.
195. Ibid., p. 64.
196. Ibid., p. 65.
197. Ibid., p. 73.
198. Ibid., p. 70.
199. Esta filosofia, segundo ele, apenas se preocupou com a origem das ideias para quem o pensamento é só mais uma função do organismo humano. Ao invés disto, propõe a existência de dois departamentos, o mecânico ou exterior, e o dinâmico ou interior, do invisível e infinito, que cultiva amor, medo, entusiasmo, especulação, poesia, religião. Estes dois departamentos precisavam ser

Smith, Jeremy Bentham por colocarem a felicidade na dependência de fatores externos, em condições físicas, práticas, econômicas reguladas pelas leis públicas, e não no mérito, honra, moralidade e condição espiritual do povo[200]. Predomina a percepção de que, se o governo, as leis, a ordem estão bem regidos então o resto virá por si[201]. Assim, para estes filósofos, todas as condições de felicidade estariam na verdade relacionadas ao Estado, sua preservação ou reestruturação: se o governo estivesse bem estruturado, as leis, a ordem pública, ou seja, todo o resto, então, resultaria em harmonia, independente da honra, do merecimento, da moralidade encontrarem-se em crise. Por outro lado, o governo tornou-se, por conta da mecanização, um corpo político, que ao invés de possuir uma "alma política", teria se transformado em uma máquina, destinada a assegurar a propriedade[202] – atribuições muito diferentes das de um pai, as quais Carlyle considera ideais para qualquer bom governo. O autor observa que um governo notável não produz um povo notável, mas, ao contrário, um povo grandioso edifica um governo valoroso[203].

Critica os "profetas milenaristas" – como os utilitaristas – que alegavam ter encontrado as soluções para os males sociais em suas reformas, prometendo a felicidade como se ela fosse algo exterior ao ser humano. Toda a população se entregaria à "ilusão", confiando que a mudança seria instantânea, e que dependeria de modificações políticas e não de reformas morais, como sempre defendeu o escritor escocês. A incapacidade dos legisladores e de filósofos políticos de enxergarem algo além da contabilidade, dos "lucros e perdas", impossibilitou-os de lidar com a verdadeira causa dos problemas da época, isto é, a degeneração da "força moral". A moralidade também se converteu em ambição, a honra em dinheiro, o altruísmo em individualismo, orientada pela opinião pública. Leis do mecanismo, a fé no mecanismo, é, segundo o escritor, o refúgio para a fraqueza e descontentamento[204]. Como admitiria mais tarde, em 1840, em *Hero and Hero Worship* o benthamismo era, também ele, uma filosofia, que condicionou todo pensamento do século XVIII e, portanto, seria

---

equacionados. Ver CARLYLE, *Signs of the times*, 1986, p. 70. Segundo Carlyle, sábios, padres, moralistas e poetas de outros tempos, sem negligenciar o aspecto mecânico, dedicavam-se ao dinâmico, aumentando e purificando os poderes primários interiores dos homens. Enquanto isto, os sábios do século XIX os filósofos políticos, apenas se importavam com a contabilidade de lucros e perdas. Ver CARLYLE, Thomas. *Signs of the times*, 1986, p. 72.
200. CARLYLE, *Signs of the times*, 1986, p. 71.
201. Ibid.
202. Ibid.
203. Ibid., p. 75.
204. Ibid., p. 83.

uma forma de heroísmo. Entretanto, esta filosofia só enxergava o mecanismo, e assim não teria olhos para o "segredo do Universo". Acabou por perder a capacidade de acreditar no espiritual e deixou de discernir entre o bem e o mal, reduzindo-os a aspectos quantitativos, mensuráveis através de lógica de "lucros e perdas".

Ao lado de avaliar moralmente as consequências do benthamismo, Carlyle aponta como a questão mais importante para a Economia Política aquela relativa ao incremento da potência física humana com a introdução do maquinismo, que teria acarretado não apenas melhoramentos na forma de alimentação, alojamento etc. em troca de uma dada quantidade de trabalho, mas afetou o sistema social e as antigas relações. A riqueza produzida foi concentrada, aumentando a distância entre ricos e pobres[205]. Na contracorrente das interpretações hegemônicas sobre a condição da classe trabalhadora, ele sentencia que o *laissez-faire* vinha demonstrando toda sua ineficiência em efetivamente fazer governar as classes superiores sobre as superiores[206]. Em outras palavras, o *laissez-faire* era, no fundo, uma declaração de "abdicação da parte dos governantes, uma admissão de que eles são, a partir de então, incompetentes para governar", de que as classes dirigentes[207], a aristocracia e os clérigos da Igreja da Inglaterra perderam sua função social de liderar.

Carlyle se ressente que não seja mais a condição espiritual, moral, religiosa do povo a principal preocupação de reformas reivindicadas pelos movimentos em todo continente europeu, e sim o interesse egoísta[208]. Nesta época de conturbações (as Revoluções europeias de 1830) em todas as "nações civilizadas" do mundo reivindicava-se reforma de governo, uma boa estrutura de legislação, formas de vigiar o executivo, uma estruturação mais sensata do judiciário, direitos políticos mais amplos, como se estas fossem condições únicas para a felicidade humana. O autor caminha para diagnosticar as rebeliões e os movimentos políticos como sintoma de um problema que ainda não foi identificado por economistas políticos, legisladores e filósofos utilitaristas. Para ele a liberdade política é o objetivo destes esforços, mas não deveriam parar por aí, pois é uma liberdade acima da liberdade da opressão que se deve almejar[209]. Como ressalta Fred Kaplan, Mazzini acreditou que ele e Carlyle partilhavam o mesmo ideal contrário ao autoritarismo, porém mais tarde mudou sua percepção.

---

205. Ibid., p. 65.
206. CARLYLE, *Chartism*, 1986, p. 187.
207. A expressão que o autor usa é *Ruling classes*, que é mais do que *governing classes*.
208. CARLYLE, *Signs of the times*, 1986, p. 71.
209. Ibid., p. 84.

4.4. A questão da condição da Inglaterra e a falta de liderança

A mesma reticência em relação às aspirações populares apareceria em *Chartism*, que foi publicado por James Fraser em dezembro de 1839. Carlyle já vinha elaborando um artigo sobre "as classes trabalhadoras" dois anos antes, e articulava com Stuart Mill publicá-lo na revista liberal *London and Westminster Magazine*, e, ao mesmo tempo foi convidado a publicá-lo na *Quaterly Review* dos *tories*, acabando por não querer se posicionar em nenhum dos campos políticos, publicou-o de forma independente[210]. O panfleto despertou o interesse geral, tendo uma edição de mil cópias sido vendidas imediatamente. Nele encontramos pela primeira vez a expressão "Condition of England Question" (Questão da Condição da Inglaterra) que sustentava, antes de Disraeli[211], que o industrialismo havia produzido duas Inglaterras, opostas e inconciliáveis.

Chartism foi escrito ainda no contexto das décadas de 1830 e 1840, em que os acontecimentos revolucionários se precipitavam em toda a Europa Ocidental. As revoluções de 1830 e as jornadas de 1848 foram marcadas pelo liberalismo e socialismo. Na historiografia, a Monarquia de Julho é a consagração da alta burguesia, especialmente financeira, na direção do Estado francês, deslocando a já combalida aristocracia de sangue e instituindo uma outra hierarquia baseada na detenção do capital.

Internamente na Grã-Bretanha, a nobreza e a alta burguesia haviam atuado para evitar a revolução jacobina e movimentavam-se contra as reformas eleitorais para frear a nova onda revolucionária, através da expansão gradual do sufrágio eleitoral. A lei de 1832 frustrou os trabalhadores organizados e o Cartismo consistiu em uma das formas desta mobilização que estava em curso desde 1790[212]. Trabalhadores de toda Grã-Bretanha estavam envolvidos em uma campanha pelos seis pontos da Carta do Povo[213], esboçada por William Lovett em 1838, uma petição com milhares de assinaturas ao parlamento, pleiteando, sobretudo, o sufrágio universal[214]. O início da

---

210. KAPLAN, 1993, p. 262.
211. Benjamin Disraeli (1804-1881) foi um político conservador que se tornaria primeiro-ministro e autor de *Sybil, or the two nations* (1845) em que trabalha a condição dos trabalhadores pobres urbanos na sociedade inglesa.
212. Imprescindível consultar-se a obra clássica de Edward Palmer Thompson, *A formação da classe operária inglesa* (1963).
213. Os seis pontos eram eleições anuais, voto secreto, pagamento aos deputados, sufrágio universal, igualdade dos distritos eleitorais e fim dos requisitos de propriedade para ser considerado eleitor da Câmara dos Comuns.
214. Em 1839 os peticionários ambicionavam coletar 6 milhões de assinaturas, porém haviam conseguido apenas 500 mil assinaturas, enquanto em 1842 conseguiram 3,3 milhões de assinaturas em favor do sufrágio universal, embora muitas assinaturas repetidas ou forjadas.

organização remonta a 1838, quando associações e sindicatos de trabalhadores se reuniram e realizaram sua própria eleição para a "Convenção das classes industriosas" que aconteceria paralelamente à eleição oficial para o Parlamento, em 4 de fevereiro de 1839. Os ministros do partido whig protelaram medidas de repressão entre 1836 a 1839, acreditando que o descontentamento popular se dissiparia. Após divergências na Convenção[215] programaram agitações, manifestações e distúrbios pelas cidades. O movimento foi enfraquecido pela força armada, não só pela polícia, mas por tropas do exército. Espionagem, a prisão de líderes do movimento e o fuzilamento de 22 cartistas em Newport eram os remédios adotados pelos magistrados.

A petição dos cartistas foi protocolada em três ocasiões: em 1839, foi rejeitada e ridicularizada, como previsto, por 235 votos contra apenas 46; em 1842 e 1848, quando o movimento cartista perde força e em decorrência da repressão, julgamentos, prisões e deportação de lideranças[216]. Porém, o Cartismo viu nascer líderes mais radicais, alguns com posições diversas entre si, que insuflavam as massas trabalhadoras, como Fergus O'Connor, cuja linguagem incendiária passou a ser incorporada pela luta. Diante da precipitação destes acontecimentos recentes, sobre os quais "muitos panfletos estão agora em vias de publicação, e muitos pensamentos não publicados estão sendo concebidos por mentes pensantes e é justamente encarada como um dos mais ameaçadores e ao mesmo tempo, um dos mais estranhos jamais vistos no mundo"[217], Carlyle propõe uma interpretação que impactou e inspirou outros articulistas e escritores. As perguntas fundamentais que ele coloca para o leitor a propósito destes acontecimentos é: "O que significa este amargo descontentamento das classes trabalhadoras? De onde vem, para onde vai? Acima de tudo, a que preço, em que termos consentirá em ir embora e desaparecer?"[218]

Sua resposta é surpreendente: o Cartismo é a Revolução Francesa da Grã-Bretanha. Carlyle busca tornar compreensível este fenômeno, novo na Grã-Bretanha,

---

215. O historiador Asa Briggs descreve minuciosamente a situação durante a Convenção: houve divergências sobre vários pontos, provocando o abandono de muitos deputados, desmotivação por parte de vários devido à certeza de que a Petição seria recusada, falta de adesão de sindicatos em várias regiões do país e a ausência de muitos nas sessões da Convenção etc.
216. O retorno dos líderes colocou outra vez na ordem do dia a questão da reorganização do movimento. Lovett e Collins escreveram *Chartism: A New Organization of the people* na prisão. Criaram em 1840 a National Charter Association (NCA), considerada por Marx e Engels como o primeiro partido da classe trabalhadora que o mundo já produziu, cujo último encontro aconteceu em 1855.
217. CARLYLE, Thomas. *Past and Present*. 1897, p. 1.
218. CARLYLE, Thomas. *Chartism*, 1986, p. 152.

retornando as suas origens ao início dos anos 1830, quando os populares se mobilizaram em torno das reformas eleitorais. A participação das classes trabalhadoras e dos radicais parece ter sido imprescindível para a aprovação da *Reform Bill* de 1832, tanto na Casa dos Comuns quanto na Casa dos Lordes. Elas protagonizaram as greves e manifestações de movimentos organizados liderados por futuros cartistas, os saques, as acusações dos jornais radicais, as *Swing Riots* em 1830, os "dias de maio" em 1832, as depredações. Esta lei e a revogação das *Corn Laws*[219] tinham sido objeto de propaganda da imprensa liberal (do *Leeds Mercury* e do *Manchester Guardian*) e dos parlamentares whigs, que eram reformadores desde 1790[220]. Porém, a Reforma de 1832, que passou após muita protelação, contentou as classes proprietárias criando novos distritos eleitorais no norte industrial, mas acabou frustrando as expectativas das classes laboriosas, ao deixar de fora a maioria da população não proprietária, mais de um milhão de pessoas, da participação política eleitoral[221].

Assim Carlyle define a natureza do Cartismo como resultado da frustração:

> O Cartismo é um dos mais naturais fenômenos na Inglaterra. Não que a existência do Cartismo hoje provoque espanto; mas que as pessoas sedentas que se sentaram por oito anos à mesa dos Barmecidas[222], pacientemente esperando alguma coisa do Ministério da Reforma, somente depois de oito anos ficaram desesperançadas – esta é a face respeitável do milagre.

Ao mesmo tempo que é "natural", Carlyle se refere ao Cartismo como "delirante", cuja existência força as pessoas da comunidade a refletirem sobre este problema vital, sobretudo instando os membros das classes superiores – a *upper class* – a agir.

---

219. Lei protecionista que estabelecia tarifa para os cereais importados do exterior entre 1815 e 1846 para favorecer os produtores rurais britânicos.
220. O primeiro-ministro Grey (1830) procurou convencer os parlamentares *tories* a apoiar a reforma como forma de esvaziar o perigo de Revolução, fazendo concessões a grupos importantes e "respeitáveis" da população (a classe média: industriais, comerciantes e profissionais liberais) e, portanto, "responsáveis". Prometia garantir aos representantes das classes dirigentes, receosos, que as reivindicações dos trabalhadores, por sufrágio universal, eleição secreta e eleições anuais, jamais passariam e que a propriedade não seria ameaçada sob hipótese alguma.
221. D. G. Wright estima que imediatamente antes da reforma, o eleitorado era de 478.000, passando logo depois para 813.000, em uma população de 24 milhões do Reino Unido. WRIGHT, D. G. *Democracy and Reform 1815-1885,* 1970, p. 50.
222. Referidos nos contos das 1001 noites, os Barmecidas foram uma família de nobres persas de grande influência política durante o reinado dos califas abássidas que acabaram executados por ordem do califa Harune.

Fazem parte da *upper class* a velha aristocracia, os industriais, os políticos, os homens de letras. Em vários momentos este delírio é associado à ilusão do radicalismo democrático. A argumentação era de que esta corrente, temporariamente aliada ao liberalismo whig, insistiu e conseguiu tornar uma ideia fixa que o sufrágio seria o remédio para todos os males da Inglaterra. Foi a partir de 1832 que a extensão do sufrágio à *middle class* e a uma "elite" dentro da classe trabalhadora tornou possível a emergência do radicalismo parlamentar – que Carlyle entende como a "voz do descontentamento popular", já que para ele a classe trabalhadora ela mesma é incapaz de expressar-se. Entretanto, este radicalismo de Jeremy Bentham e discípulos havia prometido muito e fez acreditar que suas leis, constituições e reformas legislativas seriam a cura para todos os males: "...iludiu milhões como na festa dos Barmecidas e apenas obteve sombras de alguma coisa"[223]. Depois disso, o ministério reformador tornou-se impotente, ainda que bem-intencionado, na opinião do autor. Quanto aos líderes populares, cartistas e radicais, Carlyle desconfiava dos falsos demagogos – cuja origem remete à Grécia clássica – que se aproveitaram do apoio popular ao fato de serem perseguidos e do voto dos trabalhadores, ao candidatarem-se ao Parlamento, mas que uma vez tendo chegado lá, só defendiam interesses próprios. Ele os compara aos girondinos que instigaram o povo – *a lower class* – a se rebelar, valendo-se apenas de artifícios, aproveitando a miséria das massas, da classe trabalhadora, para derrubar bastilhas e para elegê-los.

Em *Chartism,* Carlyle reconhece mais uma vez a penetração do mecanismo nas relações sociais, constatando que na sociedade atual a luta pela existência "em épocas em que o pagamento em dinheiro se tornou o único nexo de homem para homem!"[224], Na década seguinte esta noção seria recuperada por Karl Marx e Friedrich Engels em um trecho do *Manifesto do Partido Comunista* de 1847-1848:

> Onde quer que tenha conquistado o poder, a burguesia destruiu as relações feudais, patriarcais e idílicas. Ela despedaçou sem piedade todos os complexos e variados laços que prendiam o homem feudal a seus "superiores naturais", para só deixar subsistir, entre os homens, o laço do frio interesse pessoal, as cruéis exigências do "pagamento à vista".

A relação mercantil como a única existente entre os homens é tema do capítulo VI de *Chartism* intitulado *"Laissez-faire"*. Argumenta que os que acreditam que a sociedade é regida pela lei da oferta e da demanda, que resume as relações entre os

---

223. CARLYLE, *Chartism*, 1986, p. 217.
224. Ibid., p. 195.

homens à relação monetária na qual o dinheiro passa a ser o único nexo entre os homens, esquecem que existem outras demandas que não são mercadorias. O que levou os homens a se isolarem, cada vez mais distantes uns dos outros, mais alheios à sorte dos seus irmãos, cada vez mais individualistas.

Assim, Carlyle considera a desigualdade moral e natural entre os indivíduos e passa a refletir sobre a função do governo político. Percebe que o governo perde sua função de liderança natural ao adotar a orientação do *laissez-faire* que é sinônimo de inação. Principalmente no que concerne à classe trabalhadora, o *laissez-faire* vinha demonstrando toda sua ineficiência:

> ...no que tange à classe trabalhadora, o *laissez-faire*, tendo passado sua New Poor-Law, tem chegado a um ponto suicida [...] um governo das classes superiores acima das inferiores baseado em um princípio do "deixa para lá" não é mais possível na Inglaterra nos dias de hoje.

Carlyle caracteriza o *laissez-faire* como, no fundo, uma declaração de "abdicação da parte dos governantes, uma admissão de que eles são, a partir de então, incompetentes para governar" e que esta não é mais sua função. Ao perder sua função de classes governantes, a aristocracia fundiária e feudal e os clérigos da Igreja da Inglaterra, são, com justiça, desacreditados pela população que reivindicaria sua substituição. Assim, o Cartismo, os seis pontos da petição cartista e o sufrágio universal seriam, para ele, sintomas da falta de ensinamentos e de liderança das classes superiores que deveriam tradicionalmente e naturalmente governar.

Além de ter se tornado uma máquina, o governo democrático não possuiria nenhuma figura forte para realizar ações requeridas para tomar decisões acertadas e a democracia só tenderia a instituir no poder figuras fracas e sem méritos, sejam oriundas das classes trabalhadoras, classes médias ou aristocracia decadente, porque a sociedade inteira encontrava-se em meio a uma crise de credulidade, que expandia o ateísmo e tornava a todos incapazes de reconhecer um "verdadeiro líder". Esta época "delirante", feita de pessoas "mutiladas", "mudas", gerava um mundo de "criados": "Digo que o homem está se tornando espiritualmente um homem paralítico, este Universo divino, uma máquina a vapor mecânica e morta..." A alma está morrendo asfixiada, anulada, foi vendida em um pacto faustiano. Nestes tempos nada heroicos, o Evangelho foi substituído pelo "Evangelho de Mammon", que Carlyle chama de "egoísmo iluminado". A moral destes tempos ditava que o bem correspondia à obtenção de lucro, enquanto o mal residia em não obtê-lo. Assombrado por suas próprias dúvidas existenciais, morais e religiosas, tentando lidar com as três filosofias que o influenciaram mais, o calvinismo presbiteriano, o materialismo da escola escocesa, o idealismo alemão, Carlyle sente que não havia mais religião no mundo, que Deus era ignorado.

Por isso Carlyle designa estes tempos terríveis como a "Era do Mecanismo", cuja única moral é a do benefício material, da imagem perante a opinião pública, do interesse privado, do prazer e do lucro, às expensas do altruísmo, da adoração ao belo e ao bem. Em seu diagnóstico a lei do mecanismo invade toda a forma da existência, se infiltra em todos os campos do conhecimento e atividades sociais, assume a forma de burocracia estatal, de filosofia liberal e utilitária e de obrigações corporativas e mercantis que separam o artesão (assim como o filósofo ou escritor) de sua arte.

A grande novidade deste texto foi apresentar a "Questão da Condição da Inglaterra", termo que ele primeiramente empregou em *Chartism*, como título da primeira seção. A "Questão da Condição da Inglaterra" é aquela da maioria da população, e corresponde assim ao diagnóstico do problema do país, da extensa e silenciosa classe trabalhadora, a "classe inferior", como a definiu Carlyle em *Chartism*. Gertrude Himmelfarb avalia que Thomas Carlyle é um dos únicos escritores vitorianos da primeira metade do século a considerar os pobres enquanto trabalhadores. Ele propõe uma investigação sobre o padrão de vida da classe operária, sua "condição econômica, moral, a situação dos seus lares, dos seus corações, a sua realidade e a representação que eles tinham desta realidade, sobre o que tinham razão de reclamar e sobre o que não tinham"[225], de forma diferente da que vinha ocorrendo por iniciativa do legislativo e do Ministério Reformador, que fosse mais profunda no sentido que não se limitasse a estatísticas, mas que considerasse as condições morais e humanas de vida daquela classe, e que buscasse testemunhar através dos próprios olhos tais condições. Como observa Michael Levin, a condição da Inglaterra de Carlyle correspondia, na verdade, à "condição espiritual da sociedade"[226].

A partir de uma pesquisa deste tipo, as classes superiores deveriam agir de forma necessária e urgente. Com a difusão do princípio do *Laissez-faire*, tais classes haviam desertado de suas funções naturais. Ao invés disso, gostariam que os pobres desaparecessem das suas vistas e por isto adotariam a solução malthusiana para conter a pobreza[227]. Carlyle observa que a diminuição da pobreza não significaria que ela não

---

225. CARLYLE, *Chartism*, 1986. p. 156.
226. LEVIN, *The Condition of England Question: Carlyle, Mill, Engels*, 1998, p. 42
227. Thomas Malthus (1766-1834) defendida em seu *Essay on the principle of population* (1826) a tese de que o aumento populacional se dá em progressão geométrica e para restringi-lo a pobreza agia como inibidor da natalidade. Portanto, Malthus condenava a ajuda aos pobres e qualquer intervenção estatal para minimizar a miséria.

estaria mais lá. A pobreza é uma doença sempre presente, supostamente eliminada com a erradicação dos pobres como se estes fossem ratos. Dessa forma, ao contrário, a miséria apenas se agravaria. Como expressa nesta passagem: "Pensam que a miséria de uma classe, da grande classe universal – a classe inferior – pode ser isolada, mantida longe e [a tornam] peculiar, alheia às classes mais altas"[228].

A "Condição da Inglaterra" aparece como a questão política mais importante do momento, embora frequentemente ofuscada pela "questão do Canadá, pela questão da apropriação da Irlanda, a questão da Índia Ocidental, as questões de cabeceira da Rainha; leis de jogatina, leis da usura, leis sobre os negros africanos" e outras que mobilizavam os membros do Parlamento. Para Carlyle, o Parlamento Reformado deveria intuir sobre os descontentamentos populares, cuidar dos interesses desta classe antes que eles chegassem ao ponto de se transformar em manifestações de "lanças e lanternas":

> Quão inútil fora a verdadeira visão da questão; o entendimento genuíno das classes mais elevadas da sociedade a propósito do que a classe de baixo no fundo quer dizer; a clara interpretação do pensamento que atormenta o coração destas almas incomunicáveis, lutando com incompreensível clamor, como criaturas mudas sentindo dor, incapacitadas de dizer o que está errado com elas! Alguma coisa elas querem dizer; alguma coisa verdadeira, que reside dentro de seus corações confusos... [229]

Carlyle acreditava, como explicita várias vezes, que a miséria nunca se resumiria apenas a esta classe mais numerosa; ela acabaria por transbordar e atingir outras classes, tomando conta da nação como um todo. O Parlamento (reformado ou não) zelava simplesmente por interesses particulares dos próprios deputados, assim como sua atuação beirava à inércia, consequência da rotina burocrática. A degradação da classe operária não podia ser de todo expressa através de estatísticas que apontavam para a melhoria da condição material da classe trabalhadora por intermédio dos salários.

Carlyle dedica o segundo capítulo do panfleto *Chartism* às estatísticas e à fragilidade das visões da realidade que elas engendravam. Há aqueles que acreditavam mesmo que uma tabela substituiria a percepção mais profunda e que os dados estatísticos (as tabelas de Northhampton, de Carlisle) seriam o "elixir da verdade". A estatística foi considerada uma ciência nova na época e foi usada pelos parlamentares e governantes

---

228. CARLYLE, *Chartism*, 1986, p. 199.
229. Ibid., p. 155.

para dar maior precisão e credibilidade a sua investigação, que constituiria a base para a criação de políticas públicas. Na contramão das crenças utilitaristas, o escritor considera que nenhum trabalho estatístico empreendido pelos reformadores realmente penetrou na condição da classe operária inglesa porque, como argumentava o autor, "tabelas e gráficos são abstrações, enquanto o objeto é bem concreto, difícil de se captar sua essência". Como todas as demais ciências, a ciência estatística "tem como requisito uma cabeça pensante para fazê-la funcionar"[230]. No lugar de estatísticas que apontavam para o aumento geral de salários, mais confiável é a observação concreta para medir o bem-estar dos trabalhadores[231]:

> Se a condição do homem trabalhador neste país, o que é e tem sido, está melhorando ou retrocedendo, é uma questão à qual estatísticas, no momento, não podem responder. Hoje, após muitas tabelas e relatórios, resta-nos apenas o que podemos constatar com nossos próprios olhos, olhando para o fenômeno concreto. Não há outro método, mesmo que seja este ainda bastante imperfeito[232].

A perspectiva otimista com relação aos salários por parte dos reformadores utilitaristas ocultava certas facetas do cotidiano dos trabalhadores como um todo, como a escassez de emprego para aqueles que estavam dispostos a trabalhar, a insegurança dos empregos ocasionais, que variavam conforme as flutuações da economia e que causavam fomes, alternando com períodos de esbanjamento, agravadas pela ausência do hábito de poupar. Ele denuncia em *Chartism*, e volta a mencioná-lo em *Past and Present*, que trabalhadores são tratados de forma mais cruel e irresponsável do que os cavalos; os primeiros seriam dispensados pelos proprietários fabris durante épo-

---

230. Ibid., p. 157.
231. Sobre a melhora das condições de vida do trabalhador Carlyle ponderava: "Salários, ao que parece, não são índices do bem-estar dos trabalhadores: sem salários decentes não é possível existir bem-estar; mas com eles isto é tampouco possível. Salários de trabalhadores diferem grandemente em diferentes partes deste país; de acordo com as pesquisas com as sugestões do Sr. Symmons, um investigador inteligente e humano, eles nunca variam em menor proporção do que três para um. Fiadores de algodão, como sabemos, são geralmente bem pagos, enquanto estão empregados; com seus salários e com suas mulheres e crianças trabalhando, a soma total permitiria perfeitamente que levassem uma vida confortável. Entretanto, aparentemente não há dúvida de que o conforto ou o razoável bem-estar são estranhos em seus lares. Residem nas suas choupanas frias, sempre sujeitos ao trabalho duro e à fome: nunca têm esperanças; mas a impaciência também não existe em suas vidas. Das coisas externas estes homens já suportaram o bastante, mas das coisas internas existe um enorme vazio". CARLYLE, *Chartism*, 1986, p. 175.
232. CARLYLE, *Chartism*, 1986, p. 158.

cas de baixa ou de nenhuma produtividade, enquanto os últimos continuariam a ser alimentados por seus donos, mesmo quando não houvesse trabalho a ser realizado. Nesta comparação reside o argumento do autor de que o salário não é a recompensa mais digna para o trabalho e que os vínculos pessoais e não contratuais deveriam retornar e prevalecer. Com exceção de algumas ocupações especializadas, a grande proporção de trabalho é pouco qualificada e remunerada pelo preço mais baixo. Além disso, vários fatores aceleravam a deterioração dos membros da classe trabalhadora: a bebedeira [o gin] e outros vícios como jogos de azar, a competição desigual com a massa de imigrantes irlandeses "incivilizados" e desqualificados que partilhavam dos maus hábitos de mentir e roubar, o que denotava, segundo Carlyle, o grau mais baixo de degradação.

O escritor e historiador acreditava que "o legislativo, criando leis para as classes trabalhadoras, em total incerteza sobre estas coisas, está na realidade legislando no escuro"[233]. Exatamente por isso, os legisladores, apesar de estarem centralizando a administração ao criarem *workhouses* e tomando iniciativas de legislar em prol da regulamentação das relações de trabalho, desconheciam a real condição da classe operária e imaginavam, inclusive filósofos radicais como John Stuart Mill, que se tratava de um avanço na situação da classe trabalhadora. O trabalho para Carlyle era uma forma de devoção religiosa, o meio através do qual o homem se torna homem. Sendo assim, pensa como inaceitável se conceber o trabalho como passível de remuneração assalariada e temporária. Apesar de considerar legítima a reivindicação dos trabalhadores, entende que o salário nunca será uma remuneração suficiente, pois uma vez gasto, a força empregada pelo trabalhador permanece inscrita no trabalho que realizou: "Um dia de salário justo para um dia de trabalho é a reivindicação mais irrecusável! Salário em dinheiro, o bastante para manter o trabalhador vivo para que ele possa trabalhar mais, isto, a menos que queira mandá-lo embora do mundo, é indispensável tanto para o trabalhador mais nobre quanto para o menos nobre!"[234]

O Cartismo, assim como a organização política da classe operária, era um fenômeno novo que foi se desenhando através de acontecimentos sucessivos ao longo dos anos 1830. Ao reconhecer legitimidade do pleito do movimento cartista, reconhece que não é uma aberração ou uma explosão insana de fúria popular, mas sim um sintoma da insuficiência do tipo de governo parlamentar à época, que não conseguia

---

233. Ibid., p. 159.
234. Ibid., p. 203.

produzir líderes que colocassem os interesses da coletividade acima de seus próprios interesses, que são de ordem econômica. Tal como a Revolução Francesa[235], os quebra-quebras em Glasgow, as manifestações à luz de tochas promovidas por cartistas, os levantes em Birmingham, as conflagrações do *Swing* são "queimaduras de superfície", feridas de uma doença que permanece infectando o corpo, nas palavras do historiador. Impressionou-o muito a imagem, que ele descreveria em *Past and Present*, das insurreições em Manchester em 1842, quando trabalhadores desempregados e insurretos se amotinavam pelas ruas sem saber contra quem lutar, sem saber a quem apelar. Esta confere com a descrição que Engels reproduziu na sua resenha sobre *Past and Present* nas páginas dos Anais Franco-Germânicos (1844)[236].

Diferentemente do revolucionário alemão, Carlyle considerava que as condições de degradação física e moral da classe trabalhadora estão ligadas de forma proporcional às suas atitudes, ao seu desespero. O movimento do *People's Charter* consistia em "amargo descontentamento que cresceu e se tornou descontrolado". Carlyle entendia os tumultos e o Cartismo como um clamor por fazer seus direitos e deveres serem cumpridos. Naturalmente ele não considera este movimento, como o fazem Marx e Engels, a forma mais desenvolvida de organização partidária da classe operária na década de 1840. No seu entender é a reação das classes baixas à falta de liderança, sintoma da deterioração da sociedade, quando as classes baixas (*lower class*) chegam ao último grau de desespero e despreparo, a ponto de rebelar-se contra os superiores naturais, rompendo com a ordem estabelecida por Deus. Quando a antiga aristocracia não cumpre mais a função de liderança para a qual foi designada pela natureza, que foi criada por uma vontade divina, é justo que a *lower class* grite e é preciso que a *upper class* esteja disposta a ouvir e interpretar este clamor, compreendendo os sinais dos tempos. Carlyle lamenta que esta classe busque vingança contra as classes mais altas, seus superiores temporais e espirituais. Este é o ponto que Engels mais critica na resenha dos

---

235. A História da Revolução Francesa interessa ao presente na medida em que materializa o paralelo da Inglaterra da década de 1830, com a situação da França pré-revolucionária, analogia esta que Carlyle apontou em *Signs of the Times* e em *Chartism* sobre o perigo da negligência e da recusa das classes governantes, da corte francesa, de reconhecer que nenhuma Constituição poderia abrandar a ira e o desespero do povo francês, consequência de sua falta de liderança. Assim a Convenção francesa e o Supremo comitê de Saúde Pública impôs o despotismo mais duro já visto na Europa, antes de ele poder finalmente governar.

236. Friedrich Engels publicou uma resenha e um artigo nas páginas da *Deutsch–Französische Jahrbücher* que saiu em 2 volumes em 1844: "Die Lage Englands", (p. 525-549) e "Umrisse zu einer Kritik der Nationalökonomie", (p. 499-524).

Anais Franco-Germânicos, de que Carlyle censura a revolta dos trabalhadores contra as classes elevadas, pois é a evidência de que o proletariado, como Engels o chamou, rejeita ser tratado como besta e ansiava um dia livrar-se da burguesia.

4.5. A liderança em dois tempos: do passado medieval ao presente industrial

As advertências contidas no ensaio *Chartism* e no livro *Past and Present* sobre a condição da Inglaterra entusiasmou literatos, como Charles Dickens e Elizabeth Gaskell, filósofos como John Stuart Mill[237] e revolucionários como Friedrich Engels. Engels considerou o "proletariado" como um produto da Revolução Industrial, no livro intitulado *The condition of the working class in England* (*A situação da classe operária inglesa*), resultado de convivência com trabalhadores de Manchester entre 1842 e 1844, de visitas a Liverpool, Londres, Dublin etc., de consultas em jornais, revistas, relatórios e livros, e de estudos teóricos sobre economia política e filosofia.

Engels evidencia o pauperismo e a exploração nas relações de trabalho fabris em que o trabalhador convive com o desemprego, a criminalidade, a fome, sem que as classes dirigentes e proprietárias com ele se preocupassem. Estas classes desconheciam o trabalho extenuante, as péssimas condições sanitárias, os fétidos bairros, albergues e habitações dos operários, cujas origens rurais e modo de vida tradicional foram transformados pela Revolução Industrial. Diferentemente de Carlyle, Engels não idealiza este modo de vida tradicional, nem o paternalismo através do qual caracterizava as relações sociais no meio rural, e afirma que trabalhadores já eram:

> ...máquinas de trabalho a serviço dos poucos aristocratas que até então haviam dirigido a história; a Revolução Industrial apenas levou tudo isso às suas consequências extremas, completando a transformação dos trabalhadores em puras e simples máquinas e arrancando-lhes das mãos os últimos restos de atividade autônoma – mas, precisamente por isso, incitando-os a pensar e a exigir uma condição humana"[238].

Engels também enfatiza o poder destrutivo do mecanismo nas relações sociais. A mecanização nos anos 1830 revolucionou o sistema industrial, aumentando

---

237. John Stuart Mill (1806-1873) era filho do filósofo utilitarista James Mill, amigo de Jeremy Bentham. John rebelou-se contra a educação prescrita pelo pai e em 1831 quando os Carlyles se estabeleceram em Londres passou a frequentá-los e a trocar ideias com o escritor escocês.
238. ENGELS, Friedrich. *A situação da classe trabalhadora na Inglaterra*, 2010, p. 7.

a produtividade em vinte vezes, simplificando os movimentos do maquinário para mulheres e crianças substituírem a força de trabalho masculina, redundando na queda dos salários. Para o fundador do materialismo histórico, o operário era considerado não mais do que uma fração do capital, posto à disposição do industrial em troca do salário[239]. Assim, a "Questão da Condição da Inglaterra" que Carlyle inaugurou diz respeito a vastas massas de trabalhadores, que são aqueles que constroem a grandeza da Inglaterra, cujo movimento dos operários cresce gradativamente, acirram-se os conflitos e a criminalidade. Os operários estariam a "cada dia que passa mais conscientes de seus direitos e demandam, com urgência crescente, sua parte nos proventos da sociedade"[240], demandas estas por redução da jornada de trabalho e pelo direito de voto. As agitações, o Cartismo, a democracia para Engels, necessariamente iriam impor-se e os operários ingleses iriam optar pelo caminho do socialismo[241].

Engels recomenda nas páginas dos Anais Franco-Germânicos o livro *Past and Present* (1843) por ser o único surgido naquele momento a expor problemas humanos através de um enfoque igualmente humano[242]. Em *Past and Present* (1843) outra vez ressurge este tema no capítulo "Modern Worker". Outros temas como o Mamonismo, a democracia, o *laissez-faire* e o culto aos heróis são igualmente revisitados em função de uma nova organização da narrativa. Aqui o crítico polêmico transmuta-se em historiador heterodoxo. O resultado é notável, com a sobreposição intencional entre passado e presente na qual o passado iluminava o presente, mostrando o que estava perdido, no sentido de propor um diagnóstico sobre a crise e meios para solucionar o que ele considerou ser o grande problema do seu tempo[243]. Esta relação dialética entre passado e presente sugere que o presente é um ponto transitório no fluxo da eternidade:

> O dia mais desimportante que presenciamos é a confluência de duas eternidades; ele é feito de fenômenos que remontam ao passado mais remoto e fluem em direção ao futuro mais distante. Nós seríamos genuinamente

---

239. Ibid., p. 64.
240. Ibid., p. 62-63.
241. ENGELS, Friedrich. *Engels, Escritos de Juventud*, 1981, p. 207.
242. Ibid., p. 185.
243. Carlyle quis redimir-se pelo débil engajamento de sua obra de 1837, *History of The French Revolution* que recebeu críticas consistentes de seu amigo, o revolucionário italiano Giuseppe Mazzini. Apesar do enorme êxito da obra e da sua indubitável qualidade artística, Mazzini escrevera em uma resenha que Carlyle procurou torná-la dramática, mas não forneceu a ela as "linhas gerais para aplicar as lições do passado para as necessidades do presente" e para guiar a ação revolucionária futura, sugerindo que não existia uma verdadeira filosofia da história contida nela.

sensatos se pudéssemos discernir os verdadeiros sinais de nosso próprio tempo e por conhecimento de suas necessidades e qualidades, sensatamente ajustarmos nossa própria posição em relação a ele. Deixe-nos, ao invés de admirar em êxtase a distância obscura, olhar calmamente ao redor de nós mesmos por algum tempo, a perplexa cena onde nós nos encontramos[244].

O passado remoto, anterior às mudanças revolucionárias que varriam as antigas relações sociais, era o parâmetro de comparação. O historiador nasceu em Ecclefechan, vilarejo que possuía vestígios de uma estação romana, uma torre de um suposto ancestral nobre dos Carlyles de Torthorwald, assim como a capital do país, Edinburgh, abrigava a cidadela medieval e renascentista de Old Town, quando a industrialização apenas dava seus primeiros sinais no início do século XIX. O período medieval serviu-lhe de modelo para compreensão de que o presente não é de todo superior ao passado. Sua pena percorre séculos em idas e vidas (ao século IX, XII e XIX), servindo à "elucidação mútua", nos conduz do presente, em 1843, ao passado pré-normando, e deste para os tempos de Henrique II e Ricardo Coração de Leão, e então de volta para o presente, permanecendo o passado como seu contraponto, ainda vivo na memória do leitor.

Com o intuito de "olhar calmamente ao redor de nós mesmos" o escritor empreendeu viagens de Londres à Escócia, visitou fábricas que fechavam em Manchester, encontrou agricultores depauperados, denunciou que, em certas regiões, as pessoas sobreviviam de capim ou comiam a carne apodrecida dos animais que morriam. Lá Carlyle presenciou na data do aniversário de Peterloo (1819)[245], após a recusa de mais uma petição cartista em 1842, revoltas e insurreições que se alastraram pelo país e também pela Escócia. A situação estava crítica para todos, principalmente para os mais pobres, desde 1837, quando as más colheitas interferiram para que o preço do pão triplicasse; as falências e o desemprego em massa nos dois anos seguintes aumentaram o número de indigentes para um décimo da população. Por isso os anos de 1840 são conhecidos na história inglesa como "the hungry forties" (os quarenta

---

244. CARLYLE, Thomas. "Signs of the Times", 1986, p. 63.
245. Nome dado ao massacre ocorrido no campo de St Peter's em Manchester, Lancashire, em 16 de agosto de 1819, em alusão à batalha de Waterloo em que se reuniam 60 mil pessoas reivindicando reformas eleitorais.

famélicos)[246] e a única solução proposta pelo governo liberal para a crise era mais *laissez-faire* e as famigeradas *workhouses* (casas de trabalho).

Em 1842, enquanto realizava pesquisas para um livro sobre Oliver Cromwell, Carlyle visitou a catedral de Ely, St. Ives e Huntington, na região de Cambridge, onde observou a *workhouse* lá estabelecida e, em seguida, nas proximidades, admirou as ruínas da Abadia de St. Edmund. Ambas forneciam para ele um contraste excepcionalmente significativo, que materializava o declínio que a Inglaterra sofrera desde a Idade Média até sua época.

Para compor *Past and Present*, Carlyle usou a crônica do século XII de Jocelin de Brakelonda, um livro de canção escrito originalmente em latim, que sobreviveu à Reforma e à Revolução Inglesa, foi incluído na coleção de Harleian[247] e depois foi adquirido pelo Sr. Rokewood e publicado em 1840, no 13º volume da revista da Camden Society[248], a mais importante sociedade de antiquários das décadas de 1830 e 1840. A partir das imagens e comentários elaborados pelo monge medieval, o manuscrito de Jocelin consegue traduzir ao olhar moderno o que parecia remoto, exótico ou irrelevante e tecer uma série de alertas aos indivíduos oitocentistas. Jocelin narra a história de Samson, monge de nascimento humilde que teve fenomenal ascensão ao tornar-se abade e senhor das terras da abadia de St. Edmund, em Suffolk, no antigo reino de East Anglia. A certo ponto o autor retrocede a narrativa à história do rei, herói e fundador da abadia, santo Edmundo, mártir dos anglo-saxões, que no século IX d.C. morreu ao ter se recusado a servir aos dinamarqueses invasores, que o obrigavam a exigir impostos dos camponeses em seu nome. Diante de sua recusa morreu preso a uma árvore, alvejado por flechas dinamarquesas, e onde seu corpo fôra enterrado, surgiu uma abadia e logo depois uma cidade. Carlyle toma a liberdade de inserir o século XIX nos acontecimentos do século IX, atribuindo a isto uma grande carga de moralidade. Ele nomeia os dinamarqueses de "Dane-Chartists com seus cinco pontos", querendo invadir o solo inglês, mas também admite a possibilidade de serem os "Danes-Tories", querendo colher o que não plantaram. Era muito comum na historiografia do período uma confusão entre identidade nacional e de classe, assim como

---

246. O período foi apelidado assim pela historiografia desde 1910.
247. A coleção foi reunida por Robert Harley (1661-1724) e seu filho Edward (1689-1741). Esta era constituída de 7.660 manuscritos, incluindo 2.200 manuscritos iluminados medievais e renascentistas. Foi comprada pelo governo britânico em 1753 para o Museu Britânico.
248. A Camden Society foi predecessora da The Royal Historical Society e publicou fontes da História britânica desde 1838.

associação do conflito étnico ao conflito de classes. A vinculação dos conquistadores estrangeiros de origem dinamarquesa aos cartistas era o oposto da identificação que os próprios cartistas faziam de si mesmos enquanto heróis saxões conquistadores e oprimidos, legítimos donos da terra, de um lado, e os proprietários e industriais, os conquistadores normandos, ricos e opressores, de outro[249].

O sábio rei Henrique II, apesar de adotar outro critério para a escolha do abade, acabou por chancelar a escolha dos outros monges que elegeram-no abade de St. Edmund. Na visão de Carlyle, Henrique II era um rei-herói que já não existe mais na atualidade, assim como todos os monges que reconheceram em Samson as virtudes heroicas eram igualmente heróis. Os monges da abadia de St. Edmund estavam acostumados com a obediência, sob pena de sofrimentos físicos, e "aprender a obedecer é fundamental para se aprender a arte de governar". Ainda que contrariando as informações da sua fonte, o historiador conclui que, mesmo os religiosos não tendo compreendido, a princípio, os métodos de Samson ao administrar de forma austera, eventualmente acostumaram-se com sua forma de governar[250].

Carlyle apresenta o convento idealmente como uma metáfora da sociedade medieval inteira e representa este "mundo inteiro de heróis" que pressupõe que cada indivíduo tenha uma mente heroica (*heroic mind*) e se submeta à ordem divina. Para a Idade Média foi uma época de fé, fornecia um grande modelo harmônico de sociedade, organicamente constituída, onde todos realizavam suas tarefas seguindo a lei divina, obedecendo a uma hierarquia natural em que direitos e poderes eram preestabelecidos em conformidade com o ideal medieval. Ele observa a respeito do trabalho a que "chamamos época de fé; são originais todos os homens nela, ou a maior parte dos

---

249. Sobre isso, Billie Melman informa que "Especialmente relevante aqui é a exploração do mito da conquista por Disraeli. 'Saxãos' e 'Normandos', ou 'conquistados' e 'conquistadores', são metáforas para os 'pobres' e os 'ricos'". Isto era bastante convencional. Disraeli [em "Sybil or the two Nations"] provavelmente tomou emprestado as bases da retórica cartista. E sua identificação dos "Saxões" com os "Cartistas" é um reverso interessante da analogia de Carlyle em *Past and Present* do movimento popular com a invasão normanda. MELMAN, Billie. "Claiming the Nation's Past: The Invention of an Anglo Saxan Tradition", 1991, p. 575-595.
250. Sua fonte lhe diz exatamente o contrário, que Samson foi rechaçado pelos nobres vassalos da Abadia de St. Edmund e que estes senhores feudais desrespeitavam as prerrogativas da Abadia sobre impostos e servos e que, inclusive, o próprio rei Ricardo Coração de Leão entrou em atrito com Samson acerca da desobediência de uma prerrogativa da Abadia. Dentro do próprio mosteiro Carlyle descreve o conflito que surgiu por conta das medidas administrativas rígidas tomadas por Samson, que chegaram ao ponto de o Abade ter que se mudar do mosteiro para não ser assassinado pelos monges.

homens nela são sinceros" e "todo trabalhador, em todas as esferas, é um trabalhador não em aparência, mas em substância"; e todo trabalho, soma geral, tende em direção a um objetivo; todo ele é aditivo. Existe verdadeira união, verdadeira realeza, lealdade, todas coisas verdadeiras e sagradas...

Carlyle desconsidera que, em uma Cristandade debilitada por ondas de invasões e pilhagens periódicas, dividida e fragmentada por conta das dificuldades de locomoção e de comunicação, onde cada localidade e senhorio configurava um microcosmos particular, os sujeitos acabavam por se entregar, espontaneamente e mais frequentemente, sob coação a outro mais poderoso que si, compondo uma rede de proteção e dependência da qual fazia parte a reciprocidade da relação de vassalagem. Esta relação, jurídica e pessoal, tanto entre classes proprietárias e subalternos quanto intraclasse dominantes implicava o cumprimento mais ou menos regular de direitos e deveres reconhecidos por ambos os lados envolvidos na relação. A condição para a ordem e harmonia na sociedade assentava-se sobre o reconhecimento mútuo dos respectivos papéis sociais e é por isso que para Thomas Carlyle a luta só poderá causar a degeneração do tecido social, conduzindo à anarquia.

Tendo desaparecido este mundo de heroísmo, do qual restaram apenas ruínas, Carlyle expõe seu argumento em quatro livros: *Proem*, *Antigo Monge*, o *Trabalhador Moderno* e *Horóscopo*. O primeiro, o terceiro e o quarto livros são dedicados a esclarecer a situação presente, a abordar uma vez mais a "questão da condição da Inglaterra" (depois de já ter escrito *Signs of the Times* e *Chartism*). Nos dois últimos livros, ele se dispõe, principalmente, a avaliar a disposição das classes superiores e, como indica o título do último livro, propõe possíveis soluções para o futuro, como a reforma moral da *middle class* e aquelas reformas legislativas mencionadas no capítulo "Impossible" em *Chartism*. Foi então que imaginou que seu livro deveria denunciar a passividade dos governantes diante desta situação – tal passividade fazia parte da política de não intervenção do *laissez-faire*.

Na parte três e quatro de *Past and Present* ele faz a crítica da visão de prosperidade que os liberais propagavam. Carlyle compara a história de Midas[251] com a condição da Inglaterra, argumentando que apesar de a Inglaterra ser uma terra de fartura,

---

251. Midas, rei da Frígia, adquiriu de Baco poderes de transformar tudo em ouro e acreditou ser este dom suficiente para trazer a plena felicidade. Contudo, com o tempo desesperou-se, pois tudo que tocava, até seus alimentos, se tornava ouro, e então viu-se pobre no meio de toda aquela abundância enganadora que o condenava a morrer de inanição. Pediu, enfim, que Baco o privasse deste dom fatal cujo benefício era apenas aparente.

de riqueza crescente e progresso industrial indiscutível, a nação morreria de inanição, desconhecendo tal prosperidade, prosperidade esta construída por quinze milhões de trabalhadores ingleses. Por este encantamento produziu-se tanto o trabalhador desempregado (*idler worker*) quanto as classes abastadas ou ociosas (*master workers, master-idlers*), enquanto dois milhões de trabalhadores qualificados eram encarcerados nas *workhouses*. Carlyle era um ativo opositor das *workhouses*, as quais chamava de prisões criadas pela Nova Lei dos Pobres (*Poor Law*), onde os trabalhadores aptos ao trabalho perambulavam sem ocupação, trancafiados, sentados em estupor.

A adoção da Lei dos pobres que remonta ao século XIV com a finalidade de combater a vadiagem e criminalidade, redundou no estabelecimento de casas de trabalho e asilos mantidos pelas municipalidades e explorados por particulares para isolar pobres, vadios, prostitutas, indigentes, nas cidades cuja população depauperada crescia durante a época moderna[252]. No final do século XVII a população miserável da Inglaterra girava em torno de quatrocentos mil almas, enquanto no tempo de Robert Owen eram quase oito milhões de indigentes. O argumento dos opositores era centrado na constatação de que as *workhouses* não recuperavam quem nelas ingressava. Aquelas estabelecidas pelo ministério liberal com a Nova Lei dos Pobres de 1830 tinham como objetivos extrair o máximo de lucratividade do trabalho exaustivo de uma população que, muito provavelmente, nunca voltaria ao mercado de trabalho. Projetos como os de Jeremy Bentham tinham como intenção de fazer os pobres pagarem pela sua condição e o retorno ser revertido para a sociedade, o que fez com que muitos abraçassem a ideia[253]. Assim, se sabiamente aproveitados e disciplinados, poderiam ser de grande valia nas manufaturas estatais ou privadas. Bentham elaborou planos panópticos de supervisão que usariam prisioneiros para trabalhar em máquinas a vapor construídas pelo seu irmão, mas logo os prisioneiros seriam substituídos por miseráveis. O reformador obteve apoio de políticos e de acionistas do setor privado, e em 1794 criou as *industry-houses* para a exploração

---

252. Até o século XVI a pobreza era tolerada e justificada pelo providencialismo religioso, mais ou menos atenuada pelos mecanismos de solidariedade aldeã tipicamente feudais e pela distribuição de esmolas realizada periodicamente pelos mosteiros.

253. Foi Bentham quem moveu todos os esforços para a aprovação das reformas da legislação trabalhista, eleitoral e sanitária de Chadwick, Sadler e Ashley nas décadas de 1830 e 1840, pois mesmo tendo morrido em 1832, no ano da Reforma parlamentar que incorporou a *middle class* ao sistema eleitoral, seus escritos foram publicados muito tempo após sua morte e influenciaram os defensores da reforma legislativa.

dos pobres no lugar dos tradicionais amparos[254]. Bentham, assim como outros projetistas sociais, conseguiu parceria estatal para implantar a *industry-house* e depois a *workhouse*, a partir da ideia de que o governo deveria administrar ou conter a pobreza, ainda que o liberalismo econômico prescrevesse que qualquer interferência artificial só poderia ser danosa ao sistema que se autorregulava.

Para os radicais, liberais e chefes de indústria era preciso abolir as *Corn Laws*, que encareciam o preço do trigo desde 1815 em benefício da aristocracia agrária, assim como o *poor relief* – assistência paga pelas paróquias em momentos de desemprego em massa no campo – e a fixação de salários. Os legisladores contemporâneos acreditavam que a pobreza fazia parte das leis da natureza, que negligenciar o amparo aos pobres significava deixá-la seguir seu curso natural e estabelecer a harmonia e o equilíbrio na sociedade humana e que o *laissez-faire* era a expressão social desta lei natural. No plano social os benthamitas lutaram pela revogação da *Old Poor Law*, pois se considerava que a subvenção dos salários dos trabalhadores incentivava a ociosidade, mas simultaneamente aprovaram, ao longo dos anos de 1820 e 1830, a implementação da força policial regular, de casas de trabalho, de asilos, sistemas de inspeção de prisões, funções que passaram a ser atribuídas ao Estado. Também na década de 1830 se iniciou um movimento no Parlamento e fora dele a favor de confecção de uma legislação que interferisse no trabalho fabril, sobretudo de crianças e mulheres. Através de uma aliança entre tories e radicais, o governo do primeiro ministro conservador Robert Peel (1834-1835) apontou uma comissão parlamentar preocupada com questões de saúde pública, para investigar a duração da jornada de trabalho, as condições de vida e de trabalho da classe operária. Tais relatórios averiguavam, por exemplo, a deficiência nas habitações dos trabalhadores, apontavam para a falta de ventilação, a contaminação da água, a promiscuidade e excesso de moradores nas casas, os detritos que infestavam o mesmo ambiente que as pessoas dormiam e se alimentavam, as doenças causadas pelo álcool e pelas drogas ou ainda pelos detritos fabris[255]. As comissões tiveram como

---

254. Duzentos e cinquenta *industry-houses* foram erguidas, com quinhentos mil inscritos, que foram selecionados e distribuídos conforme determinadas categorias (a categoria dos desempregados casuais e a dos que haviam se tornado desempregados permanentes porque foram substituídos pela maquinaria). Destes projetos participavam empresas privadas, como a Joint-Stock Company, que adotara o nome bem cristão e altruísta de National Charity Company para este empreendimento.

255. As comissões de Sadler e Ashley e Chadwick averiguavam também se muitas crianças trabalhavam, em quais funções, se crianças e adultos conviviam no mesmo ambiente, quanto recebiam, de quanto tempo era sua jornada, se moravam longe de casa, se tinham horário de almoço e descanso, se apanhavam durante o trabalho, se recebiam algum auxílio, se as crianças frequentavam a escola,

resultado de médio prazo a constituição de uma legislação que limitava o trabalho infantil nas fábricas têxteis à jornada de dez horas, que proibia o trabalho de crianças e mulheres em minas e que vedava o trabalho fabril para crianças menores de nove anos, tornando obrigatória a educação escolar como requisito[256].

A Nova Lei dos pobres fazia parte das reformas e foi aprovada em 1834, porém teve lenta implementação. As condições destas *workhouses,* projetadas nos moldes dos edifícios de Bentham eram muito ruins a ponto de as pessoas pobres evitarem inscrever-se. Pais eram separados dos filhos, os maridos das esposas, obrigados a usar uniformes, a trabalhar por comida; era proibido o consumo de álcool e tabaco e os mortos eram enterrados como indigentes. Por isso, grande parte dos pauperizados preferia mendigar a ingressar nestas casas de trabalho. Em várias partes o novo sistema falhou em ser implementado, especialmente no norte e no Midlands, principalmente depois de 1836 e até 1870, seja pelas autoridades locais que continuaram pagando o *poor relief,* seja pelos trabalhadores que lhe impuseram resistência, pois julgavam que a New Poor Law forçá-los-ia a aceitar salários menores e jornadas mais longas por conta da concorrência dos trabalhadores das *workhouses.*

Por isso a nova lei era impopular, assim como os comissários que a instituíram, Chadwick e Bentham, mesmo nos círculos políticos e industriais. Carlyle era adversário da Nova Lei dos Pobres, que constituía uma medida emergencial para amenizar o problema, porém não solucionaria o embate entre ricos e pobres. Sobretudo, a New Poor Law significaria a ingerência do Estado, resultado da política do *laissez-faire* e das ideias malthusianas que para ele significava as classes superiores abdicando de suas responsabilidades.

Em *Past and Present* o escritor empenhou-se em criar um contraste entre o mundo dos mosteiros e as *workhouses* no século XIX, entre a segurança medieval e a pobreza contemporânea. Não pretendia restituir a Abadia de St. Edmund, ele tinha plena consciência, e em certa medida sofria com isto, de que as ruínas eram ruínas, como fósseis de um grande esqueleto, vestígios de um organismo que não pode mais ser reanimado. Lamentava que o que substituiu a grande Abadia foi a terrível *workhouse,*

---

se sabiam ler e escrever, se tinham alguma doença causada pelo trabalho, se estavam expostas à promiscuidade sexual no trabalho, se preferiam a redução da jornada com redução de salários a trabalhar por tantas horas seguidas.

256. O relatório de Chadwick sobre as doenças e epidemias que assolavam a classe trabalhadora; as Comissões de Ashley sobre as crianças e mulheres nas minas de carvão e o comitê de Sadler sobre o trabalho de crianças e mulheres nas fábricas têxteis.

uma prisão para os pobres, ao invés de um lugar de adoração. Não obstante, ainda que fosse impossível restaurar a velha ordem, formas bem-sucedidas no passado poderiam ser interessantes para a Inglaterra industrial.

Ao retornar ao tema em *Past and Present*, seu posicionamento aparece mais claramente, tanto a crítica aos políticos liberais que estariam retardando o avanço democrático quanto a aristocracia fundiária que ainda subsistia graças aos velhos privilégios e tributos. A nobreza fundiária que outrora era composta pelos mais bravos e mais valorosos legisladores teria falhado em exercer suas funções de proteção e liderança espiritual que outrora garantiam a ordem na sociedade, que só poderia existir quando a hierarquia é respeitada e os inferiores obedecem a seus superiores. Ela se tornou uma aristocracia ociosa, cuja liderança precisa ser substituída por uma verdadeira. Em uma sociedade organizada segundo o pensamento de Carlyle, em função de direitos e deveres, a única reivindicação justa da multidão seria a de proteção, de liderança, de amparo e o direito maior seria o de ser governada. Os direitos de governabilidade dos seus superiores deveriam acompanhar o pleno cumprimento de seus deveres de governantes. Carlyle descreve em realidade o ideal de uma sociedade hierarquicamente estruturada, pautada pelo paternalismo como mediação institucional das relações sociais[257], que se apresenta como uma relação de mútuo consentimento. Para ele, todos os indivíduos são propensos à ordem e à harmonia, baseados no reconhecimento mútuo dos respectivos papéis sociais. Carlyle era um grande opositor da anarquia e inferia que a luta entre as classes[258] só poderia causar a degeneração do tecido social. Considerando que a aristocracia não assumia seus deveres, então a luta seria necessária para restituir a ordem na sociedade[259].

Neste sentido, a democracia liberal constitucional, segundo o historiador, também não seria a solução para as turbulências do presente. Ela faria parte do aparato burocrático instituído pelo projeto utilitarista radical de reformas políticas e

---

257. THOMPSON, Edward. *Costumes em Comum*. São Paulo: Companhia das Letras, 1998, p. 30.
258. Carlyle usa os conceitos de classes altas (*higher classes*) ou classes superiores (*upper classes*) e classes baixas (*under classes*) ou classes inferiores (*lower classes*). Também usa os conceitos de classes laboriosas (*toiling classes*), em oposição às classes não laboriosas, ou inertes (*untoiling classes*). Ver HIMMELFARB, Gertrud, "Two nations, five classes: The historian as sociologist". In: *The New History and the Old critical essays and reappraisals*. Massachusets/Londres: The Belknap Press of Havard University Press, 1995.
259. Por isso, apesar de afirmar em vários momentos que o descontentamento e a revolta rompem com a ordem natural da sociedade, em outros ele diz que o descontentamento obedece à ordem natural, quando significa a reação justa à artificialidade nas relações sociais.

eleitorais equivocadas que engendravam novas relações sociais, consideradas por ele como mecânicas. Além de tornar-se uma máquina, o governo democrático não possuiria nenhuma figura forte para realizar ações requeridas, para tomar decisões certas, e a democracia só tenderia a instituir no poder políticos sem méritos, oriundos das classes trabalhadoras, classes médias ou aristocracia decadente, porque a sociedade inteira encontrava-se em meio a uma crise de crença e valores, que tornava a todos incapazes de reconhecer um verdadeiro líder.

Ele desmascara a luta de radicais e da *middle class* pela democracia representativa parlamentar, argumentando que não significava muito mais do que uma luta no vazio, pois destruía a organização social anterior e não colocava nada em seu lugar. O radicalismo parlamentar "deu uma voz articulada ao descontentamento do povo inglês" e, tanto quanto a Poor Law e a democracia, possuiria uma função na nova sociedade desta nova era, seria um sinal dos tempos, um elemento de denúncia da crise de liderança.

A democracia, almejada pelos trabalhadores como forma de obter direitos e liberdade, o propalado "autogoverno" da multidão pela multidão, que conferia a cada um o direito de tornar-se eleitor, significava para o historiador apenas um direito formal, que nada alteraria a condição moral decaída da sociedade. De fato, argumenta que ela destruía a tirania, substituindo-a por constituições. Porém, em seguida viria a anarquia, e, por fim, a democracia abriria caminho para o despotismo, como exemplifica a partir da referência ao episódio da Convenção durante a Revolução Francesa. Outrossim, a busca de democracia "quer dizer o desespero de achar algum herói para nos governar..."[260] Em síntese, Thomas Carlyle não consegue despir-se do preconceito em relação a uma democracia operária em que os trabalhadores certamente elegeriam deputados cartistas ou radicais, levados, segundo ele, por delírios e seduzidos por líderes demagogos. Philip Rosemberg acredita que Carlyle descarta a democracia parlamentar por acreditar que esta não fornece às pessoas os meios de ação na esfera política, e que, ao descredenciar as classes governantes como incompetentes e improváveis de serem reformadas, estaria concedendo à classe operária o papel revolucionário[261]. A sugestão é exagerada, e é importante pontuar que a perspectiva de Carlyle está bem distante da assertiva do proletariado como classe revolucionária de Marx. Mesmo por que o historiador escocês compartilhava do temor de seus con-

---

260. CARLYLE, Thomas. *Past and Present*. Londres: Chapman and Hall Ltd., 1897, p. 215.
261. ROSEMBERG, Philip. *The Seventh Hero*. Cambridge: Harvard University Press, 1974.

temporâneos de que os desvalidos, que sempre foram governados, inesperadamente determinassem o futuro da nação.

Não obstante, há originalidade na sua argumentação: a promessa do voto que permite-lhes livrar-se da opressão do tirano oculta que tal liberdade conquistada existe apenas na aparência, uma vez que os trabalhadores continuavam subjugados ao individualismo, ao dinheiro, ao desemprego e à fome[262]. Ao tornar-se eleitor, o trabalhador apenas imagina que esteja emancipado. Tal liberdade também significava estar desprotegido, sem os laços que o uniam à comunidade, a seus superiores a quem deve obediência[263]. Uma classe é a mais bem provida pela natureza, enquanto a outra é carente de tais qualidades. Incapazes de liderar, os trabalhadores não saberiam reconhecer o verdadeiro herói e líder, escolheriam ao invés disso um criado (*valets*) para governante. Ao invés da democracia representativa e do sufrágio universal, expressa entusiasmo com o tipo de escolha realizada através de um arranjo no qual os monges anciãos da Abadia de St. Edmund, em *Past and Present*, escolhiam três nomes de candidatos virtuosos que seriam sancionados pelo rei. Depois, os demais monges entrariam em acordo sobre o candidato mais qualificado. Esta foi a forma como Samson foi escolhido e elevado ao mais alto posto na hierarquia:

> [a eleição] ...é um ato social muito importante; no fundo, trata-se do ato social. Dado o homem que um povo escolheu, tem-se também o seu povo, com seu mérito ou desmérito. Um povo heroico escolhe heróis, e está feliz; um criado ou um povo incrédulo escolhe falsos heróis, que são chamados charlatãos, pensando que são heróis, e assim são infelizes. [...] Assim também o é o de um povo, todo o povo faz opções ao longo de um século ou mais – mesmo quando o demonstra através de uma obediência silenciosa, sem revoltas, e nem são os métodos eleitorais, Reform Bills ou algo do tipo, desimportantes. Os métodos eleitorais de um povo são, a longo prazo, a imagem expressa de seu talento eleitoral; tendendo e

---

262. CARLYLE, Thomas. *Past and Present*. Londres: Chapman and Hall Ltd., 1897, p. 219 e p. 212.
263. Em *Chartism* Carlyle emite o seguinte julgamento sobre a obediência: "Nenhum homem pode ter justificativa em resistir através das palavras ou da coragem a autoridade sob a qual ele vive, por uma causa leve, seja tal autoridade qual for. A obediência, desconsiderada pela maioria das pessoas, é contanto o dever básico do homem. Os pais, os professores, os superiores, os líderes, todos aquelas criaturas que reconhecessem como obediência merecida. Reconhecida, ou não reconhecida, um homem tem superiores, uma hierarquia regular acima dele, existindo, grau a grau, ao céu, e a Deus nosso criador, que fez o mundo não para a anarquia mas para a governança e para a ordem! Mas o preço da liberdade de usufruir dos direitos [*rights*] são os poderes [*mights*] e o maior deles é o da obediência". CARLYLE, Thomas. *Chartism*, 1986, p. 218.

gravitando perpetuamente, irresistivelmente, a uma conformidade com ela: e são, em todos os níveis, muito significativos em relação ao povo[264].

O historiador aposta em uma nova soberania conduzida por uma nova e real aristocracia, que poderia ser a velha aristocracia de terras arrependida do seu ócio, a classe dos modernos capitães de indústria, se se desprendessem do interesse imediato do lucro, ou a classe dos homens de letras, finalmente organizados. Assim, antes de a classe burguesa industrial se constituir na classe heroica por excelência[265], seria preciso que eles mesmos empreendessem uma reforma moral e buscassem a capacidade de ação e o altruísmo para poder ser uma moderna classe cavaleiresca, pronta para guiar as demais classes, promovendo a conciliação das classes em luta[266]. A luta que era travada entre classes não ocorria devido a um embate econômico, pela exploração de uma classe sobre outra, mas por desconhecimento de uma classe sobre o outro lado e se prolongaria até uma verdadeira liderança despontar.

> ...A luta que divide a classe mais alta e a mais baixa na sociedade europeia, e que é surpreendentemente mais dolorosa na Inglaterra do que em qualquer outro lugar, também é a luta que terminará e se ajustará, como todas as outras se ajustarão no futuro e têm se ajustado até o presente, quando se tornam claros os direitos e os deveres...[267].

4.6. Considerações finais

No início nas primeiras décadas do sistema industrial, a natureza desta nova pobreza crônica, consequência da lógica capitalista, tanto quanto da nova riqueza, o capital, era malcompreendida pelos contemporâneos. Os liberais, cujos valores e visão de mundo já começaram a se impor desde o século XVIII em todas as esferas estatais e da

---

264. CARLYLE, Thomas. *Past and Present*, p. 76.
265. Carlyle tinha em seu círculo de relações alguns industriais a quem admirava, como os Marshalls. Ele acredita que os capitães de indústria ou *master-workers* têm vantages na resolução do problema da organização do trabalho, em administrar as classes trabalhadoras porque são aqueles que "ficam de forma prática no meio delas, por serem aqueles que trabalham e presidem sobre o trabalho deveriam se preocupar em ser amados por eles, ao invés do que serem ricos".
266. A solução proposta em *Chartism* é de que uma empresa poderia proteger e amparar seus operários. Admite que estes poderiam mesmo ter uma participação coletiva nos proventos das indústrias. No fundo propunha uma conciliação de interesses, a formação de uma empresa conjunta; porém, acrescenta que seria difícil, uma vez que "o despotismo é essencial na maioria dos empreendimentos". CARLYLE, Thomas. *Past and Present*. Londres: Chapman and Hall Ltd., 1897, p. 282.
267. CARLYLE, Thomas. *Chartism. Thomas Carlyle: Selected writings*. Harmondsworth: Penguin Books, 1986, p. 156.

sociedade, ascendem à direção em 1830, e são levados a implementar uma série de leis e reformas que se iniciaram com a reforma eleitoral de 1832. Esta reforma que é consequência da agitação que teve grande participação dos trabalhadores acabou por excluir milhares de trabalhadores de direitos decisórios, mas fomentou pelos anos vindouros a organização da classe trabalhadora através do programa político dos seis pontos.

Além da reforma eleitoral, o ministério liberal aprova uma nova Lei dos Pobres, visando a contenção da pobreza através de casas de trabalho (*workhouses*), ambos são objeto de contundente crítica por parte de Thomas Carlyle que teria repercussão sobre a opinião pública e na produção literária de outros escritores da geração dos anos 1840 e 1850 como Charles Dickens, Elizabeth Gaskell, Emerson, John Stuart Mill, Friedrich Engels e Karl Marx. Nenhuma medida executada, na percepção de Carlyle, ataca o problema principal, que nomeia como "a questão da condição da Inglaterra", que teria como sintoma principal o movimento Cartista. O Cartismo é definido como equivalente à Revolução Francesa na Inglaterra, a voz desarticulada das classes inferiores clamando por uma liderança forte que o governo democrático seria incapaz de proporcionar.

Pretendemos ao longo do capítulo demonstrar a vitalidade do pensamento de Thomas Carlyle no século XIX, como historiador e como crítico do seu tempo, assim como a originalidade da forma como expôs, especialmente em *Past and Present*, a relação e iluminação mútua entre passado e presente. Analisando as obras que se debruçavam sobre a história imediata, procura atribuir significado aos acontecimentos recentes à luz da história, tendo como contraponto os valores morais em processo de desaparecimento. Carlyle buscou extrair uma compreensão mais profunda destes eventos emergentes em tempos de rápidas transformações e rupturas, quando a crise se instalava no século XIX, quando "*o velho* estava morrendo e o *novo* ainda apenas começara a nascer"[268].

Teve o mérito de enxergar para além de crises periódicas a classe trabalhadora, as suas disposições e um processo real e crônico de deterioração física e moral por trás das questões econômicas, das estatísticas impessoais dos reformadores utilitaristas, e isto foi reconhecido por Engels em sua resenha de 1843. Ele coloca em questão o individualismo ao tipo de liberdade que era oferecida ao trabalhador fabril, a democracia meramente formal através da mera extensão do direito de voto que é almejada pelas

---

268. GRAMSCI, A. *Cadernos do Cárcere* – Volume 3: Maquiavel, notas sobre o Estado e a política. Rio de Janeiro: Civilização Brasileira, 2000, p. 184.

reformas. Ao mesmo tempo, Carlyle igualmente apresenta a reforma moral, a conciliação de classes e o paternalismo à classe de empreendedores industriais como solução para a luta que se acirrava na sociedade capitalista. Não obstante, não era capaz de enxergar no proletariado uma força revolucionária autônoma, ou uma democracia popular como a saída para as condições de vida da classe trabalhadora, porque pensa esta classe como incapaz de liderança. Com a retórica de pregador em seu púlpito, o historiador transveste-se de visionário, vislumbrando a conciliação das classes em luta, apontando o caminho para o restabelecimento da ordem.

5
A *Historik* de Johann Droysen: sobre a atualidade de um clássico oitocentista no trato das fontes

Robeilton de Souza Gomes

5.1. Um breve percurso historiográfico

Nas últimas décadas do século XX e início do XXI a Historiografia consolidou-se como um campo de possibilidade de construção de uma epistemologia própria para História[269]. Tal perspectiva dialoga com questões colocadas inicialmente pela *História das Ideias* e por outras vertentes historiográficas da segunda metade do século XX que buscaram discutir a relação entre pensamento e historicidade visando responder, sobretudo, aos questionamentos surgidos nos anos de 1960, particularmente àqueles trazidos pelo chamado *giro linguístico*[270]. A pesquisa histórica e a decorrente análise da exposição dos seus resultados mais do que nunca dedicou atenção especial ao conteúdo

---

269. WEHLING, Arno. Historiografia e Epistemologia Histórica. In: *A História Escrita*: teoria e a história da historiografia (org.) Jurandir Malerba. 2ª ed. Curitiba: Editora Prismas, 2016, p. 175-191.
270. O "giro linguístico" (*linguistic turn*), expressão cunhada pelo filósofo austro-americano Gustav Bergmann e difundida por Richard Rorty para se referir ao movimento intelectual que ganhou força nos Estados Unidos na década de 1960, ainda que alguns apontem suas raízes na Linguística de Fernand Saussure (1857-1913) e na Filosofia de Ludwig Wittigenstein (1889-1951). A principal característica dos intelectuais ligados a essa perspectiva de análise é atribuir à linguagem uma capacidade primordial de explicação do pensamento e do comportamento humano, deslocando a análise de problemas filosóficos e processos históricos, por exemplo, para a própria forma da linguagem em que estes são apresentados. Sobre a influência do giro linguístico na Historiografia, bem como outras perspectivas, ver: ARÓSTEGUI, 2006, p. 175-247.

linguístico e semântico do texto historiográfico[271]. Com isso, tem crescido desde então o interesse por estudar a produção historiográfica das várias épocas percebendo-a também como uma fonte histórica.

A partir desse contexto emerge também uma série de dificuldades para estabelecer, em termos comparativos, uma relação entre os objetos e abordagens da tradicional *História das ideias,* da *História Intelectual,* da *História das mentalidades,* da *História social das ideias* e da *História Conceitual.* Todas estas são tributárias dos debates e reformulações ocorridas nas Ciências Humanas e Sociais desse período e levantam problemáticas que guardam entre si algumas semelhanças, a despeito das especificidades. Contudo, as tentativas de comparação destas perspectivas que são, na sua origem, muito próprias de alguns países faz com que esse esforço não seja possível sem alguma simplificação de tradições historiográficas específicas[272].

Dentre as tentativas de síntese mais interessantes estão aquelas elaboradas pelo historiador americano Robert Darnton e pelo francês Roger Chartier. Ambos afirmam que expressões como *história das ideias* e *história intelectual* – comumente relacionadas à historiografia norte-americana – são pouco difundidas na Europa onde sempre circularam outras definições. Analisando a história da historiografia estadunidense, Darnton nos diz que naquele país a *História das ideias* e a *História Social* têm uma raiz comum na chamada *Nova História Americana,* surgida no início do século XX a partir dos trabalhos de James Robinson, Charles Beard, Frederick Turner e Carl Becker. O autor segue dizendo que teria sido nas décadas de 1920-1930 que surgiram, nas universidades americanas, os cursos de *"História intelectual e social"* e que nas décadas posteriores, com os debates trazidos por Arthur Lovejoy e Perry Miller, difundiu-se a vertente conhecida como *História das ideias,* já sem o acento no "social" que marcou o período anterior[273].

Por sua vez, Chartier ressalta que nunca houve na Europa uma *Intelectual History* (história intelectual) e que em diversos países do velho continente sempre se preferiu utilizar expressões próprias como a *Geistesgeschichte* (História do espírito) alemã, a *Histoire des mentalités* (história das mentalidades) francesa ou a *Storia della*

---

271. Os textos de Quentin Skinner e Reinhart Koselleck publicados originalmente na forma de artigos nos anos 1960-1970, e posteriormente reunidos em livros, são precursores desse debate. SKINNER, 2005; KOSELLECK, 2006.
272. Para uma análise da *História das ideias* e suas intersecções com outros campos historiográficos ver: FALCON, 1997, p. 139-188.
273. DARNTON, 1990, p. 175. O texto foi escrito originalmente em 1980.

filosofia (História da Filosofia) italiana[274]. Cada uma dessas com autores e obras que dialogam e divergem entre si numa polifonia complexa[275].

No quadro comparativo instituído por Robert Darnton destacam-se:

> a história das ideias (o estudo do pensamento sistemático, geralmente em tratados filosóficos), a história intelectual propriamente dita (o estudo do pensamento informal, os climas de opinião e os movimentos literários), a história social das ideias (o estudo das ideologias e da difusão das ideias) e a história cultural (o estudo da cultura no sentido antropológico, incluindo concepções de mundo e *mentalités* coletivas)[276].

De modo bastante pertinente, o historiador brasileiro Francisco Falcon ressalta que as sínteses de Darnton e Chartier têm em comum a pretensão de submeter a tradicional *História das ideias* a alguma especialização mais contemporânea, como a *História Cultural* ou a *História Intelectual*[277].

Evidentemente que essa multiplicidade de definições é resultante de diversos fatores que vão desde as especificidades de como a História se constituiu como disciplina acadêmica em cada país, o estabelecimento de temas e problemas, condicionamentos institucionais, projetos políticos e educacionais, metodologias, relações interdisciplinares, até a permanente disputa por hegemonia intelectual entre as disciplinas do humano e internamente à própria História e suas várias vertentes historiográficas. Assim, num contexto de produção historiográfica global e dinâmica como o que temos atualmente, relações de interação entre campos e perspectivas historiográficas diversas são plenamente viáveis e desejáveis. O que acaba contribuindo para reformulações de perspectivas antigas e/ou surgimento de novas.

Dois exemplos ilustram o que estamos dizendo. Num *primeiro* momento podemos ver como a *Begriffsgeschichte* (História Conceitual) alemã, uma proposta que, na atualidade, é mais que uma simples "história dos conceitos", constituindo-se como uma vertente historiográfica que visa "reconstruir trajetórias individuais, constelações intelectuais e um jogo altamente complexo de interconexões disciplinares, teóricas e mesmo políticas". Tendo se consolidado na Alemanha como campo de investigação específico a partir da década de 1970, a *História Conceitual* está vinculada a uma

---

274. CHARTIER, 2002, p. 29-30.
275. BARROS, 2015-b, p. 14-47 • 1983-1463 (versão eletrônica).
276. DARNTON. *A história cultural*. 1990, p. 187.
277. FALCON. *História das ideias*. 1997, p. 142.

matriz disciplinar[278] específica que tem íntima relação com a tradição filosófica e hermenêutica daquele país e que ao entrar em contato com as reconfigurações do campo historiográfico desse período estabeleceu como prioridade, entre outras, a análise dos "atores sociais e suas respectivas ideias e práticas científicas, assim como os grupos e instituições em torno dos quais se organiza"[279].

Cabe salientar que, ao contrário da *História das ideias* de Arthur Lovejoy e Perry Miller, a *História Conceitual* representada por Reinhart Koselleck, Werner Conze e Otto Brunner mantém uma relação de interface e complementariedade com a *História Social*. Portanto, uma proposta que relaciona um modo de *fazer história* fundado em aportes teóricos e metodológicos clássicos aplicados a temas e problemas renovados.

Em *segundo* lugar, vemos que atualmente fala-se também numa *Nova História Intelectual* que, retomando a proposta de historicizar as ideias, critica o relativismo ensejado pelo giro linguístico, e retoma o diálogo com o contexto de produção a partir de novos sujeitos, novas fontes e problemas. Contribuíram para esse diálogo intelectuais de vários países, com formações diversas e perspectivas teóricas muitas vezes divergentes, o que revela o caráter internacional e interdisciplinar da Historiografia praticada nos dias de hoje. Essa discussão intersubjetiva enriquece o debate acadêmico e fomenta novas formas de compreender questões clássicas ou enseja novas problemáticas surgidas a partir de um determinado espaço-tempo de produção. Isso alimenta o interesse dos pesquisadores – como dissemos – em tornar a própria Historiografia uma fonte de reflexão histórica[280].

Em linhas gerais esse é o panorama das discussões, e aqui nos interessa tão somente compor um quadro-geral a fim de situarmos nosso próprio lugar de produção. Neste sentido, partiremos dos debates propostos pela *Nova História Intelectual* e tomando como premissa básica para a análise que se segue algumas das questões apontadas pela *História Conceitual*. Assim, o texto que aqui se apresenta pretende discutir a obra teórica do historiador alemão Johann Gustav Droysen (1808-1884), particularmente seu *Grundriss der Historik* (Manual de Teoria da História), escrito originalmente em 1857[281].

---

278. Para uma melhor compreensão da noção de *Matriz Disciplinar da História*, ver: RÜSEN, 2010.
279. KOSELLECK et al., 2013, p. 9-10. Ver também: KOSELLECK, 2006, p. 97-118.
280. Sobre os recentes desdobramentos da *História Intelectual*, ver: DI PASQUALE, 2011, p. 79-92; WASSERMAN, 2015, p. 63-79; VILANOU, 2006, p.165-90.
281. Utilizaremos ao longo deste texto a expressão alemã *Historik* (Teoria da História), *Manual de Teoria* ou simplesmente *Manual* para nos referirmos ao texto de Droysen.

Partiremos de uma metodologia que busca entender o texto autoral como uma fonte histórica, um testemunho de um determinado pensamento histórico e como um meio de aproximação de seu contexto e lugar de produção, dos diálogos intersubjetivos mantidos pelo autor, bem como suas aproximações e distanciamentos das concepções paradigmáticas do seu tempo, buscando pensar as inovações e atualidades da obra aqui analisada[282]. Nesse último aspecto em particular daremos especial atenção às possibilidades de usos e interpretações das fontes como ali são apresentadas.

5.2. Trajetória intelectual e identidade teórica

Johann Droysen é daqueles intelectuais que contrariam qualquer afirmação generalizante, dessas do tipo que costumamos encontrar nos manuais de Historiografia. Suas pesquisas empíricas e suas teses no campo da Teoria e Metodologia da História foram extremamente inovadoras e permanecem (pelo menos boa parte delas) bastante atuais nos dias correntes, a despeito das marcas do seu contexto[283].

Formado em Filologia e Letras Clássicas, na Universidade de Berlim (1826-1829), Droysen teve a oportunidade de estudar ali com os maiores intelectuais alemães do seu tempo: o filósofo Wilhelm Hegel, o historiador Leopold Von Ranke, o geógrafo Karl Ritter, o filólogo August Boeckh, seu orientador no doutorado. Pessoas cuja influência pode ser sentida na sua formação ao longo da sua trajetória e na sua obra.

Com essa formação inicial marcada pela interdisciplinaridade, dono de uma produção intelectual vasta e densa tanto em termos de pesquisa empírica quanto em reflexão teórica, além de uma erudição invejável, Droysen escreveu ao longo de dez anos (1833-1843) sua famosa trilogia *Geschichte des Hellenismus* (História do Helenismo)[284], uma obra fundamental que inaugurou os estudos científicos sobre o império de Alexandre e gestou o conceito que deu nome ao período nela estudado.

Sua carreira como professor universitário teve início em 1840 na Universidade de Kiel. Escreveu em 1846 as *Prelações sobre as guerras de libertação* e em 1848 tomou posse como parlamentar na Assembleia de Frankfurt. Em todos esses espaços, fosse como historiador fosse como político, Droysen defendeu fervorosamente o pro-

---

282. Particularmente sobre a atualidade de algumas teses de Droysen, ver: CALDAS, 2006, p. 95-111; ASSIS, 2014, p. 1-18; RÜSEN, 2014, p. 58-86.
283. Para uma leitura mais densa da obra de Droysen, ver: CALDAS, 2004; CREMONEZI, 2005; ASSIS, 2009; SAMMER, 2012.
284. DROYSEN, Johann. *Alexandre*: o grande, 2010.

jeto de unificação alemã a ser conduzido pela Prússia. Em 1851, frustrada a causa da unificação, Droysen retornou à sala de aula, dessa vez como professor na Universidade de Jena, onde passou a ensinar *Lições sobre Enciclopédia e Metodologia da História*.

Entre os anos de 1855 e 1886 foram publicados os 14 volumes da *História Política Prussiana*. Escreveu e editou entre 1857 e 1883 o *Grundriss der Historik*. E em 1859 Droysen conseguiu o feito mais desejado por qualquer intelectual alemão do seu tempo, foi nomeado professor na Universidade de Berlim, onde permaneceu até sua morte, em 1884. Outra grande contribuição sua e que influenciou bastante na sua própria concepção de História, na escolha de temas de pesquisa e na sua visão teórico-metodológica das fontes foi a tradução das obras completas dos escritores gregos antigos, Ésquilo (1832) e Aristófanes (1835/1837)[285].

Neste texto cotejaremos a edição brasileira (compilada) e castelhana (estendida) da *Historik* visando apresentar as questões centrais em torno das fontes históricas apresentadas por Droysen. Seguiremos esse objetivo partindo de três problemáticas centrais: *01)* a capacidade de comunicação do passado retida nas fontes históricas; *02)* as possibilidades e limites de apreensão e compreensão dos vestígios do passado com fins de reconstruir o sentido dos processos históricos dados no tempo; *03)* a capacidade de comunicação desse mesmo sentido do passado, pelo historiador, na forma de texto. Vale ressaltar que foi durante os anos de professor de *Lições sobre Enciclopédia e Metodologia da História,* na Universidade de Jena, que Droysen escreveu sua principal obra teórica. Já na introdução do texto o próprio autor nos informa sobre as razões que o levaram a se debruçar sobre o tema:

> A necessidade de obter clareza a respeito de nossa ciência e sua tarefa já terá sentido todo aquele que tem a incumbência de instruir os mais jovens sobre ela, como eu tive; outros encontraram sua satisfação de alguma outra forma. O que me estimulou a esses estudos foram as questões sobre as quais costumamos passar por cima, por parecerem já ter sido solucionadas há muito tempo na prática cotidiana[286].

Escrito com o objetivo de responder essas inquietações surgidas no interior da sala de aula, o texto original da *Historik*, de 1857, sofreu acréscimos várias vezes, foi

---

285. Para uma aproximação da obra e trajetória intelectual de Droysen, ver: CALDAS, 2013, p. 36-55.
286. DROYSEN, 2009, p. 31. Utilizaremos neste texto tanto a edição brasileira quanto a edição castelhana, indicando sempre nas notas as citações literais de uma ou outra edição.

adquirindo forma e conteúdo, passando a circular entre seus alunos como anotações de aula até ganhar formato impresso[287].

É interessante perceber que, nessa ocasião, já com quase 50 anos de idade, com bastante tempo e experiência como pesquisador e professor, com obras de envergadura lançadas e outras em vias de serem publicadas, Droysen teve oportunidade de rever nas páginas de *Historik* sua própria trajetória como intelectual. É notório que por esse tempo a influência de Hegel já não se fazia tão sentida (ainda que permanecesse), como tinha sido, por exemplo, quando da escrita de *Geschichte des Hellenismus*. Por outro lado, afirmava-se em Droysen uma nota relativista, própria do Historicismo de meados do século XIX, o que faz com que divergisse de outro antigo mestre, o renomadíssimo Leopold Von Ranke. Este também um historicista, porém com atributos mais realistas.

Nesse sentido, e evocando aqui a metáfora dos "acordes" de José D'assunção Barros, diríamos que, pelo tempo da publicação do *Manual de Teoria da História*, a "nota" principal do acorde historiográfico de Droysen é de fato o Historicismo[288]. Em virtude disso se faz necessário alguns esclarecimentos acerca desse paradigma.

Apesar da diversidade de posicionamentos podemos identificar alguns pontos comuns entre os historiadores que partiam dessa vertente historiográfica. Os historicistas recusavam o uso de métodos das ciências naturais na análise de processos históricos; criticavam a pretensão de neutralidade na produção do conhecimento; negavam a possibilidade de produzir leis universais na História; apontaram a relatividade das fontes históricas, posteriormente estendendo-a ao historiador e ao resultado do seu trabalho; propuseram métodos que atendessem às especificidades da pesquisa histórica, resguardando suas qualidades científicas e rompendo com o monismo metodológico até então

---

287. Além da edição de 1857 existem duas outras em alemão: a organizada por Rudolf Hübner (1937) e a de Peter Leyh (1977). Em inglês, a edição de Benjamin Andrews (1897). Em castelhano, a de Ernesto Garzón Valdés e Rafael Gutierrez Girardot (1983). Em Francês, a de Alexandre Escudier (2002). Em português, a supracitada edição de Sara Baldus e Júlio Bentivoglio (Editora Vozes, 2009).

288. Sobre o uso do conceito de "acorde historiográfico" ver: BARROS, 2011-d; Nessa obra existe um capítulo específico sobre o autor da *Historik*: "Droysen: os desdobramentos relativistas do Historicismo". Barros apresenta, além do Idealismo Hegeliano e do Historicismo, também o Protestantismo, como notas fundamentais que compõem o "acorde teórico" de Droysen. Vale lembrar que nessa, como em outras obras, o autor apresenta a Música não apenas como fonte, objeto ou representação histórica, mas, sobretudo, como outro campo disciplinar que pode servir como interface da História, podendo enriquecê-la conceitualmente. Ver também do mesmo autor: História e música: considerações sobre suas possibilidades de interação. 2018, p. 25-39.

vigente. Percebe-se desde já que o Historicismo contrapunha-se categoricamente à visão de História encaminhada pelo Positivismo, outro importante paradigma do século XIX, sendo o seu mais contundente antagonista[289].

Entre os autores que consideramos que melhor definem o Historicismo está o historiador alemão Gunter Scholtz que sintetizou as suas várias acepções, desde o seu surgimento, no século XVIII, até as primeiras décadas do século XX. Segundo o autor, a palavra remete a uma *percepção Universal da história,* uma visão *Metafísica da história,* com influência do *Romantismo* e do *Tradicionalismo,* ligada ao *Objetivismo e Positivismo* e com forte ancoragem no *Relativismo*[290].

Olhando em perspectiva a complexidade contida em cada uma dessas dimensões do Historicismo percebemos que quase sempre seus críticos se ativeram a aspectos pontuais que o compõe e o fizeram de modo redutor e estereotipado. Não que as críticas sejam indesejadas – supondo que é por esse meio que o debate avança – mas é imprescindível que venham acompanhadas de uma análise contextualizada, o que nem sempre ocorre quando se trata da Historiografia do século XIX, quase sempre tida, *a priori*, como ultrapassada. Nisso esperamos que a análise da *Historik* como fonte histórica nos permita problematizar melhor parte da produção intelectual desse período.

Visando romper com as simplificações sobre o Historicismo e tomando a obra teórica de Droysen como fonte exemplar dessa tradição intelectual, partiremos aqui das reflexões de Gunter Scholtz e de Estêvão de Rezende Martins que também apontou para aquilo que poderíamos considerar os "aspectos úteis e desagradáveis" do Historicismo.

De modo resumido poderíamos dizer que Rezende Martins identifica três aspectos desagradáveis, a saber: a tendência ao relativismo sociocultural, a associação do Historicismo ao Positivismo e uma imprecisão conceitual que é fruto de constantes

---

289. Sobre essa questão, ver: BARROS, 2011-b.
290. SCHOLTZ, Gunter. O problema do historicismo e as ciências do espírito no século XX. *História da Historiografia*. Ouro Preto. Número 6, março de 2011, p. 42-63. É preciso não confundir o termo "positivismo", usado pelo autor, com outro Paradigma do século XIX que tem em Augusto Comte seu principal representante. Positivismo aqui é empregado apenas como uma das dimensões do Historicismo, junto com o relativismo, responsáveis pela "cientificização" da História. Vejamos: "O Historicismo como 'positivismo' é, antes de tudo, o resultado de uma concorrência das ciências do espírito com as ciências da natureza, ele é a cientificização das ciências históricas". p. 45. Scholtz segue as reflexões de Ernst Troeltsch, nesse particular, a quem considera "autor do diagnóstico sobre o historicismo mais relevante do início do século XX".

reinterpretações[291]. E de modo geral apresenta os aspectos que considera úteis: 01) a autonomia do pensamento histórico, 02) conhecimento geral e particular pensados em conjunto, 03) conhecimento histórico produzido pelo sujeito que conhece, 04) afirmação da imanência da ação dos indivíduos e coletivos dada no tempo, 05) causalidades históricas situadas no próprio transcurso da história, 06) pesquisa e crítica das fontes visando encontrar um sentido, 07) sistematização teórica do saber produzido, 08) compreensão da história como tempo produzido pela racionalidade humana[292].

Essa nos parece uma boa discussão que repõe a complexidade que o tema merece e joga luz sobre categorias centrais do pensamento historicista, tais como método, fonte, teorização, tempo, sentido e causalidade histórica, todas podendo ser observadas na *Historik* de Droysen, ainda que nosso objetivo aqui seja mais modesto. Concordamos ainda com a definição de Rezende Martins, ancorado nas reflexões de J. Rüsen e Fr. Jaeger, quando define o Historicismo como:

> Uma forma determinada do pensamento histórico e da correspondente concepção da história como ciência. Trata-se de um modo de pensar que considera a história como um conhecimento específico dos tempos passados, distintos do conhecimento do tempo presente, mas que coloca aqueles em perspectiva com este e com o tempo futuro[293].

A dimensão temporal ressaltada acima ganha enorme relevância porque entendemos que a fundamentação e distinção entre os paradigmas historiográficos dão-se, sobretudo, pela sua capacidade de construir uma "representação do tempo histórico"[294]. Consideraremos essa questão, ainda que tangencialmente, quando nos detivermos na abordagem das fontes de Droysen, visto que apenas a partir delas podemos ter uma reflexão completa sobre o tempo histórico[295].

Por fim, concordamos também com a análise proposta por José D'Assunção Barros quando divide os historicistas em dois grupos. No *primeiro,* Berthold Niebuhr (1776-1831) e Leopold Von Ranke (1795-1886), pertencentes ao "historicismo realis-

---

291. MARTINS, 2017, p. 157, 161, 168.
292. Ibid., p. 166-167.
293. Ibid., p. 159. O texto de Jörn Rüsen e Friedrich Jaeger ao qual Estêvão Martins faz menção é *Geschichte des Historismus*, publicado em Munique, em 1992.
294. REIS, 2000, p. 09.
295. KOSELLECK, 2006, p. 13.

ta", em que o acento da relatividade está somente nas fontes históricas[296]. No *segundo*, Johann Droysen (1808-1884) e Wilhelm Dilthey (1833-1911), ligados ao "historicismo relativista" que incorpora a relatividade anteriormente proposta, estendendo-a ao historiador[297]. Rezende Martins, de modo semelhante, identifica três fases na formação do Historicismo, a saber: a *preparação*, a *integração e consagração* e a *fundamentação teórica*. As análises de D'Assunção Barros e Rezende Martins nos parecem complementares, uma vez que ambos situam os avanços produzidos pelas reflexões de Droysen já naquele início da segunda metade do século XIX; sendo o historiador alemão considerado o autor da "obra teórica mais significativa do Historicismo"[298].

De fato, o historiador brasileiro Pedro Caldas afirma que todas aquelas características apontadas por Gunter Scholtz como inerentes ao Historicismo estão presentes nas reflexões de Johann Droysen: no idealismo por ele herdado de autores como Wilhelm Von Humboldt (*historicismo genético*), na influência do protestantismo nas suas reflexões sobre o sentido da história (*historicismo metafísico*), na importância atribuída, nos seus estudos empíricos, à cultura grega, (*historicismo tradicionalista*); na busca pela autonomia da história enquanto ciência (*historicismo metódico*) e pelo seu perceptivo nacionalismo no modo de escrever história (*historicismo ético*)[299].

Um dos principais objetivos de Droysen, em seu *Manual de Teoria*, era formular um método específico que possibilitasse chegar a um tipo de conhecimento histórico que, admitindo a relatividade da fonte e do historiador, não abandonasse as pretensões de objetividade e, mais importante ainda, da capacidade de compreender e explicar processos históricos[300]. Nesse sentido, ele foi um legítimo intelectual representante da erudição alemã do século XIX, preocupado com questões teóricas e metodológicas que legitimassem a História como uma ciência autônoma.

---

296. Ranke costuma ser associado, equivocadamente, ao Positivismo. Vejamos: "A personalidade mais representativa da tendência positivista é certamente Leopold Von Ranke. As suas palavras, segundo as quais incumbe ao historiador não a apreciação do passado, nem instrução dos seus conterrâneos, mas apenas dar conta do que realmente se passou tornaram-se de certa maneira as palavras de senha da escola". SCHAFF, 1983, p. 101-102. Igualmente Jacques Le Goff, ainda que nomeie a Ranke e Humboldt como fundadores do método histórico, em várias passagens de *História e Memória* associa o velho historiador alemão ao Positivismo. LE GOFF, 1990, p. 10, 13, 32. Recentemente a obra de Ranke foi reposta, acertadamente, dentro do Paradigma Historicista. Ver, BARROS, 2011-d., p. 69-95.
297. BARROS. *Teoria da História, vol. 02*. 2011, p. 68, 117.
298. MARTINS, 2017, p. 173, 176.
299. CALDAS. *Johann Gustav Droysen (1808 – 1884)*. 2013, p. 36-40.
300. Droysen é categórico ao afirmar que: "Não é a 'objetividade' que é a melhor glória do historiador. Sua maior justiça é buscar compreender". DROYSEN, 2009, p. 80.

Outro aspecto interessante de notar é a preocupação que Droysen manteve em relação às formas de exposição do texto histórico. Questão que voltaria à baila apenas nas últimas décadas do século XX com a *Figuração Tropológica* de Hayden White e a *Operação Historiográfica* de Michel de Certeau, apenas para citar dois dos mais notórios autores que discutiram essa questão, ainda que de pontos de vista diferentes[301].

Ainda que escape dos nossos objetivos mais imediatos, o problema da estética do texto historiográfico torna-se interessante porque, além de apontar o protagonismo de Droysen sobre um tema que ainda hoje causa infindáveis discussões, é importante ressaltar que, em sua obra teórica, há uma intrínseca relação entre as formas de exposição do texto (*Tópica*), a metodologia de pesquisa (*Metódica*) e os fundamentos teóricos da investigação (*Sistemática*), fazendo dessas três etapas um todo inseparável. Sem compreender essa lógica maior que ordena as reflexões do autor não teríamos uma noção exata do entendimento das fontes encaminhado pelo historiador oitocentista.

Droysen expõe na *Tópica* sua divergência com outro teórico daquele período, o historiador Georg Gervinus (1805-1871). Os termos do desacordo são os seguintes:

> Nada podría estar más lejos de nuestra concepción que ofrecer en la *Histórica*, tal como lo ha hecho Gervinus, una teoría del manejo artístico de la historia, una investigación sobre el carácter artístico de la históriografía. Ello sería más o menos como si la lógica quisiera proporcionar una teoría acerca del arte de escribir libros filosóficos. Y nada ha sido más fatal para nuestra ciencia que el haberse acostumbrado a ver en ella una parte de las bellas letras[302].

O que fica evidenciado nessa citação não é a negligência de Droysen em relação à estética do texto historiográfico – questão da qual também se ocupou –, mas, isto sim, a sua resistência em submeter a investigação histórica a uma teoria do fazer artístico da história, ou seja, sua recusa em reduzir a História a uma simples parte "das belas letras", como se apenas assim ela merecesse algum reconhecimento ou como se

---

301. WHITE, Hayden. *Trópicos do discurso*: ensaios sobre a crítica da cultura; tradução de Alípio Correia de Franca Neto. São Paulo: Editora da USP, 1994; CERTEAU, Michel de. *A Escrita da história*; tradução de Maria de Lourdes Menezes. Rio de Janeiro: Forense Universitária, 1982.
302. DROYSEN, Johann Gustav (1808-1884). *Histórica*. Lecciones sobre la Enciclopedia y metodologia de la historia. Versão Catellana de Enesto Garzón Valdés y Rafael Gutiérrez Girardot. Barcelona: Editorial Alfa, S. A., 1983, p. 337. A versão castelhana traduz, inadequadamente, o termo alemão *Historik* como "histórica", quando a melhor acepção de fato é "teoria da história". O texto de Gervinus a que Droysen se refere é *Fundamentos de Teoria da História*; tradução de Sara Baldus e Julio Bentivoglio; apresentação e notas Julio Bentivoglio (2010). Publicado originalmente em 1837.

este aspecto fosse preponderante em relação aos demais. Se o autor da *Historik* censurou "o caráter artístico da historiografia" proposto por Gervinus, não é difícil supor as advertências que faria, por exemplo, aos autores ligados a uma perspectiva pós-moderna de história. Essa observação acerca das formas de exposição historiográfica é oportuna, pois esta não é uma problemática inaugurada nos debates historiográficos mais recentes, como a princípio se pode pensar; ela já encontrava lugar alentado na historiografia alemã do século XIX, o que demonstra o caráter vigoroso e nada ingênuo dessa tradição intelectual, como frequentemente é sugerido. Contudo, deixemos essa questão em suspenso e voltemos ao cerne da nossa argumentação[303].

Ao falarmos de fontes estamos partindo das reflexões trazidas recentemente por José D'Assunção Barros sobre os "usos historiográficos das fontes históricas". Parece-nos bastante pertinente ao debate atual a sua definição de *fonte histórica* como:

> Tudo aquilo que, por ter sido produzido pelos seres humanos ou por trazer vestígios de suas ações e interferência, pode nos proporcionar um acesso significativo à compreensão do passado humano e seus desdobramentos no presente. As fontes históricas são as marcas da história[304].

Essa concepção de fonte histórica e principalmente a discussão colocada pelo autor atualizam o debate sobre esse tema entre os leitores brasileiros, bem como se insere numa longa tradição metodológica e avança no sentido de incorporar na sua taxonomia as fontes mais recentes, além de propor novos usos desse material em seu trato historiográfico. Johann Droysen certamente faz parte dessa longa tradição, no que tange aos usos historiográficos e tratos metodológicos das fontes, além de apresentar sua própria taxonomia das fontes, bastante inovadora e atual, como oportunamente veremos. Como já fizemos notar, o *Manual* de Droysen surgiu no interior da sala de aula como resultado da experiência cotidiana, de uma ação ancorada na reflexão. Como tal, desde sua origem buscou alinhar teoria e prática. Herdeiro de uma longa

---

303. A *Tópica* foi inserida na edição de 1882; divide-se em *Exposição Investigativa, Narrativa, Didática* e *Discursiva*. Cada uma delas, por sua vez, contendo subdivisões que não vem ao caso detalhar. Ver: DROYSEN. *Manual de Teoria da História*, p. 79-81.
304. BARROS, 2019-a, p. 15. Mais adiante, num novo esforço de síntese, o autor deixa mais evidente que quem transforma esses "vestígios" em "fontes históricas" é "o próprio historiador no ato de sua produção historiográfica". p. 42. O livro de D'assunção Barros é um ensaio inédito e vigoroso que vem preencher uma lacuna persistente na historiografia brasileira. Usaremos nesse texto *fonte* e *documento* como sinônimos, ainda que tenhamos clareza que remetem a contextos e sentidos específicos.

tradição, incorporada inclusive na sua própria formação, Droysen alinhou sua capacidade filosófica que lhe servia de base para pensar o sentido da história com sua longa prática de pesquisa empírica. Nas palavras de Pedro Caldas havia naquele período:

> a riqueza conceitual de Kant, Hegel, Fichte, Schelling, e a riqueza empírica de Gatterer, Gervinus e Ranke, entre outros tantos. Por que a consciência e a experiência estavam dissociadas desta maneira? Esta é uma pergunta que subjaz todo o início da *Historik* de Droysen[305].

Essa busca pela conciliação entre consciência e experiência, como sugere Pedro Caldas, foi o que orientou as reflexões de Droysen; ao defender que a tarefa do historiador requer uma "consciência aguda de seu ofício" e ao propor uma solução para essa disjunção em seu texto o historiador abriu caminho para uma verdadeira reflexão teórica da História. É nesse sentido que podemos entender afirmações do tipo:

> A ciência da história é o resultado de percepções empíricas, de experiências e da pesquisa. Todo empirismo se baseia na "energia específica" dos nervos sensoriais, em que, por meio da excitação, o espírito recebe não "cópias", mas signos dos objetos do mundo exterior, que produziram essa estimulação. Assim, o espírito humano desenvolve sistemas de signos que, por efeito de correspondência externa, apresentam os objetos, constituindo o mundo das ideias. Um mundo de representações, através das quais a mente, corrigindo-as, ampliando-as e aumentando-as por meio de novas percepções, toma posse do mundo[306].

Temos aqui um bom resumo do pensamento histórico de Droysen. *Primeiro*, a afirmação contundente de que ela é uma ciência; *segundo*, o empirismo evocado para legitimar tal afirmação, embora não da mesma forma que nas ciências da natureza[307]; *terceiro*, a sua convicção de que "por efeito de correspondência externa" entre o "sistema de signos" e "os objetos" o "espírito humano" consegue representar o mundo.

Conforme aponta Oswaldo Giacoia Junior, o filósofo alemão Friedrich Nietzsche (1844-1900) criticou aquilo que considerava o aspecto "positivista" do Historicismo, ao

---

305. CALDAS. *A Atualidade de Johann Gustav Droysen*. 2006, p. 101.
306. DROYSEN. *Manual de Teoria da História*. 2009, p. 36-37.
307. Em sua *Segunda Consideração Extemporânea: Vantagens e Desvantagens da História para a Vida* (1874). Nietzsche argumenta que a história tornou-se maçante e desnecessária para a vida. O mesmo tipo de "fardo da história" de falava Hayden White, do qual seguia o *fardo do historiador* de sua geração: "restabelecer a dignidade dos estudos históricos". WHITE, 1994, p. 53.

tomar o empirismo como base para as ciências humanas, a História era entendida como "um celeiro de fatos e processos ordenados em relações de causa e efeito", como uma:

> concepção de ciência, que considerava os acontecimentos como série de fatos empiricamente constatáveis, cuja ordem é determinada por leis positivas, que o historiador descreve objetivamente, a partir de uma perspectiva axiologicamente neutra, como convém ao cientista natural[308].

Segundo entendemos, crítica à *cientificidade*, *objetividade* e suposta *neutralidade* não abarca a concepção teórica de Droysen. Basta para tanto mencionar que quase vinte anos antes de Nietzsche o autor da *Historik* nos lembrava de que, em face da história, os historiadores não são como os eunucos diante das donzelas. Essa mesma crítica irônica seria retomada por Nietzsche, em termos literais, o que nos leva a crer que o filósofo leu o texto de Droysen, embora não faça a devida menção[309].

Sobre a ideia de *signos*, empregada por Droysen, cabe ressaltar que suas principais influências vinham da Filosófica e não da Linguística – disciplina que se estruturaria posteriormente, no início do século XX – e que se encarregaria desse debate. Nesse sentido as referências mais sentidas na *Historik* são Aristóteles, Kant e Hegel e Humboldt[310]. Daí que *signo*, em Droysen, remeta a algo mais próximo de *conceito* e não tanto uma *figura da linguagem*. É o que podemos ver quando afirma que:

> Las cosas no son en sí azules, dulces, calientes, sonoras, sino que ésto lo son las sensaciones que ocasionan el efecto en el sentido correspondiente; lo causante no es azul, caliente, dulce, etcétera. O sea que la sensación no es en nuestra alma una reproducción-reflejo de lo que ha operado sobre ella, sino un *signo* que el sentido envía al cerebro, una señal del efecto acontecido. Pues una reproducción-reflejo tendría alguna semejanza con el objeto reproducido y reflejado. Un signo no necesita tener ninguna semejanza tal con lo designado; la relación entre los dos consiste solamente en que el mismo objeto, bajo iguales circunstancias, opera la producción del mismo signo, es decir, que impresiones desiguales provocan siempre signos desiguales[311].

---

308. GIACOIA JUNIOR, 2013, p. 79-80.
309. Droysen afirma categoricamente: "Agradezco este tipo de objetividad de eunuco. No quiero tener para brillar nada más y nada menos que la verdad relativa a mi punto de vista, como me lo ha permitido alcanzar mi patria; mi convicción política, religiosa, mi estudio serio". DROYSEN. Histórica, 1983, p. 354-355. Ver também: RÜSEN, 1996, p. 75-102.
310. SAMMER, 2004, p. 22, 25.
311. DROYSEN. *Histórica.*1983, p. 9.

Além do que, ao insinuar o signo como um "sinal do efeito acontecido" fica evidente que Droysen partia sim de uma concepção de história casuística, mas reservando à interpretação histórica a tarefa de tirar conclusões sobre as finalidades. Todavia, a noção de causalidade histórica em Droysen é bastante complexa e complementada por um raciocínio teleológico. Daí que, para o historiador alemão, "a pesquisa histórica não tem por ambição explicar, ou seja, não pretende deduzir do anterior o posterior, os fenômenos como efeitos de revoluções e leis que os regem". A dedução posterior das *causas* e *efeitos* seria possível apenas depois de completada a pesquisa e como resultante de uma sofisticada interpretação histórica[312].

Portanto, mesmo que a noção de signo, em Droysen, tenha as marcas e limites do seu tempo às peculiaridades do seu modo de entender os processos históricos, ela possibilita pensar, por analogia, as fontes históricas longe de simplismos.

Vejamos alguns encaminhamentos formulados pelo autor que dialogam com nossas três questões acima apresentadas: (01) "o método da pesquisa histórica é determinado pelo caráter morfológico de seus materiais", ou seja, para cada tipo de fonte pressupõe-se um tipo de método; (02) "a possibilidade de compreensão reside na afinidade congênita das manifestações disponíveis como material histórico"; logo, é a fonte que determina os rumos da pesquisa; (03) "da questão histórica resultam quais serão os vestígios, os monumentos, as fontes que serão mobilizadas na busca de sua resposta" e por "questão histórica" entendamos a pergunta a ser respondida ou como daríamos mais atualmente "o problema de pesquisa"; (04) "a comprovação da não autenticidade está completa quando a época, a origem, a finalidade da falsificação são comprovadas; a falsificação verificada dessa forma, se for encarada de outra maneira, pode tornar-se um material histórico muito importante"[313].

Aqui temos um bom arrazoado das inovações sugeridas por Droysen. Já na *primeira* afirmação vemos não só um claro rompimento com uma proposta de modelo único de método para ser usado em todas as ciências, como a afirmação explícita que

---

312. Note-se a influência de Hegel e sua concepção de história como *Teodiceia*, em que o sentido último das coisas não é dado a conhecer ao humano, devido suas limitações. DROYSEN. *Manual de Teoria da História*, 2009, p. 34; CALDAS. *Johann Gustav Droysen (1808 – 1884)*. 2013. p. 41; todavia, vale salientar que reside em Droysen "uma concepção de ciência que seja mais do que mera derivação da filosofia idealista". CALDAS. *O que significa pensar historicamente*. 2004, p. 23-25.
313. São algumas reflexões cotejadas entre as páginas 38 e 50 da edição brasileira do *Manual de Teoria*.

uma mesma ciência (no caso a História) pode se valer de variados métodos para responder questões específicas. Na *segunda*, vê-se uma distinção entre fatos históricos e processo histórico, uma vez que aqueles são resultantes das interpretações condicionadas à "possibilidade de compreensão" e que o pesquisador constrói a partir da consulta das "manifestações disponíveis", ou seja, a partir das fontes. Já na *terceira* evidencia-se a problemática como fio condutor da pesquisa e, na *quarta*, temos algo que só veremos ser discutido novamente muito tempo depois: a possibilidade de analisar fontes, independente da questão da veracidade; numa análise que não se pauta por uma busca desenfreada por uma "verdade" pura e simples. E aqui também vemos a atualidade do pensamento de Droysen, quando antecipou essas e outras questões que permanecem válidas e presentes em qualquer pesquisa histórica séria nos dias de hoje.

5.3. Para uma taxonomia das fontes históricas

As questões concernentes "à crítica das fontes", que ocupam a primeira parte do *Manual* de Droysen, a *Metódica*[314], remetem-nos a outro manual bastante famoso e criticado do século XIX, o *Introduction aux Études Historiques* (1898), de Charles-Victor Langlois (1863-1929) e Charles Seignobos (1854-1942)[315]. Ficou famosa a máxima proferida pelos autores de que "pas de documents, pas d'histoire"[316]. Mais famosa ainda a crítica de Lucien Febvre para quem "se não há problema, não há história"[317]. A sentença de Febvre, de toda sorte, não anula o postulado dos seus professores, mas, de fato, aponta para entendimentos diferentes sobre História[318].

---

314. A saber, a *Metódica* subdivide-se em Heurística, Crítica e Interpretação das fontes.
315. LANGLOIS, Charles-Victor (1863-1929); SEIGNOBOS, Charles (1854-1952). *Introduction aux études historiques.* 1992 (Versão fac-similar da edição de 1898). O livro escrito 40 anos depois é notadamente influenciado pela *Historik* de Droysen, embora seus autores tenham suprimido toda a parte correspondente à *Sistemática*, justamente o cerne do debate teórico proposto pelo autor alemão.
316. LANGLOIS; SEIGNOBOS. *Introduction aux études historiques,* p. 19. Para sermos justos com os autores, a frase isolada não traduz a totalidade da sua ideia. Ela foi dita num momento em que estavam discutindo o estado caótico das bibliotecas e arquivos da França daquele período; coleções incompletas, documentos perdidos ou se perdendo, ausência de registros, catálogos e demais instrumentos que auxiliassem o trabalho dos pesquisadores. Daí a afirmação: "nada de documentos, nada de história", num tom muito mais de denúncia do que de reflexão metodológica ou teórica.
317. FEBVRE, *Combates pela História.* 1989, p. 51. Original de 1953. D'Assunção Barros propôs um "ajuste" interessante numa sentença simples e direta: "sem o encontro entre um problema e suas fontes possíveis não há história". BARROS, 2019, p. 23.
318. Para um estudo proveitoso sobre o uso das fontes nos manuais do século XIX e início do XX, ver: FREITAS, 2016, p. 71-95.

Se Langlois e Seignobos tivessem seguido dois princípios estabelecidos por Droysen, talvez tivessem escapado, nesse ponto, do conhecido senso crítico de Febvre. O *primeiro,* aquele que diz que a crítica não se limita apenas a definir a autenticidade e exatidão das fontes; o *segundo,* o princípio de que uma fonte falsa não exclui as possibilidades do seu uso porque o que define a pesquisa é a problemática.

Se não for levar muito adiante esse raciocínio, ousaríamos dizer que em tempos de Internet e de *fake news* teremos bastante material de trabalho pela frente, ou seja, bastantes "manifestações disponíveis"; não sabemos ainda se com "possibilidades de compreensão", isso apenas as reflexões metodológicas – a serem construídas – poderão dizer. De todo modo, chama nossa atenção a maneira bastante sofisticada como Droysen encaminhou essa questão – da utilização de fontes independente do grau de veracidade –, sobretudo quando esse apontamento precede em cerca de cem anos as famosas críticas dos historiadores ligados à *Revista dos Annales,* à chamada história historicizante que, supostamente, apenas selecionava e narrava os fatos. E, de igual modo, rebate com antecipação a crítica segundo a qual o Historicismo vê a história apenas como "celeiro de fatos e processos ordenados em relações de causa e efeito", feita por Nietzsche e muitos outros ao longo da história da Historiografia.

Já que trouxemos à baila alguns pressupostos assumidos pelos historiadores dos *Annales,* em termos de concepção e uso das fontes, notemos que muitos deles podem ser localizados antecipadamente no *Manual* de Droysen[319]. Vejamos:

01) "Os dados da pesquisa histórica não são as coisas passadas, mas o que está ainda preservado no aqui e agora" (p. 37). A famosa "ciência dos homens no tempo", de que tanto nos falou Marc Bloch no seu livro *Apologia da História.*

02) "O ponto de partida de toda pesquisa é a questão histórica" (p. 46). Uma antecipação vigorosa da proposta de uma "História-problema".

03) Merece atenção a abundância de fontes apresentadas por Droysen na sua taxonomia: obras moldadas pela mão do homem (artísticas, técnicas, interferências no meio físico), da vida comunitária (usos, costumes, leis, regulamentos civis e religiosos), manifestações de pensamento, de conhecimento e do espírito (filosófico, literário, mitológico), obras históricas (encaradas como produtos de sua época), documentos oficiais (correspondências, arquivos de toda espécie), utensílios domésticos e do cotidiano, obras de decoração e usos práticos, do-

---

319. A paginação sinalizada entre parênteses corresponde à edição brasileira.

cumentos comerciais, obras de arte de todo tipo, inscrições, moedas, medalhas, títulos, pedras divisórias, brasões, nomes próprios, cartas, diários, periódicos e fontes orais (p. 46-47). Um rompimento com a tradicional utilização de fontes escritas e apenas sobre temas políticos.

04) Estabeleceu uma divisão das fontes em: *Subjetivas* – marcadas pela imaginação, sentimento dominante, contemplação, argumentação –, *Pragmáticas* – distinguem-se pela maneira de combinar e relacionar fatos –, e *Derivadas* – que são interpretações de interpretações (p. 47-48). Uma tipologia que demonstra a subjetividade contida nas fontes, no historiador e no conhecimento por ele produzido, conforme fizemos notar anteriormente.

05) O resultado da crítica não é o "fato histórico propriamente dito", mas o fato de que o material foi preparado de tal forma a permitir uma interpretação relativamente segura e correta (p. 53). O chamado "fato histórico" não se confunde com o passado, é parte dele, e é produzido pela investigação.

06) "Nem a crítica procura as origens, nem a interpretação as exige. No mundo ético tudo é mediado" (p. 53). Aqui o *mito das origens* também denunciado por Bloch na obra já citada cai por terra, porque o passado não é matéria de estudo nem pode ser recuperado integralmente como "fato em si".

Da imensa variedade de fontes apontadas por Droysen dois aspectos chamam bastante atenção. O *primeiro*, o rompimento explícito com o uso das chamadas "fontes oficiais", produzida pela burocracia de Estado, de natureza escrita e sobre temas políticos, conforme juízo comum que se tem acerca da historiografia oitocentista; ele mesmo se valeu de fontes de naturezas diversas, tais como cartas, inscrições, papiros, textos literários, filosóficos, históricos, entre outros, para escrever sua *História do Helenismo* (1833-1843)[320]. O *segundo*, é interessante notar no rol das fontes nomeadas como "manifestações do pensamento", muitas das quais passaram a ser utilizadas sistematicamente apenas nas últimas décadas do século XX[321]. Os textos literários, filosóficos, obras de arte, objetos da cultura material e história oral já constavam entre aquelas apontadas por Droysen como passíveis de trato metodológico e usos historiográficos, sem estabelecer hierarquias, visto que, para ele, a diferença de valor entre

---

320. DROYSEN. *Histórica*, 1983, p. 91, 111.
321. Sobre a cronologia do uso das fontes históricas, desde meados do século XIX até a década de 1980, ver o excelente quadro apresentado por D'Assunção Barros. *Fontes Históricas*, 2019, p. 95.

um tipo de fonte e outra era determinada pelo objetivo da pesquisa[322]. Apesar de ainda hoje não ser difícil encontrar colegas que se ressintam de um ou outro membro de banca, quando das seleções dos Programas de Pós-graduação, ao tratarem suas fontes com menosprezo. Ao que parece, um historiador oitocentista conseguiu ser e permanece sendo mais inovador do que muitos profissionais da atualidade.

E o que dizer do destaque dado às "obras históricas" e às "interpretações das interpretações"? Aqui Droysen antecipou com margem de século um dos objetos fundamentais da História Intelectual de hoje – que é também a nossa aqui neste texto – a preocupação em encarar a Historiografia "como produtos de sua época", ou seja, como fonte histórica. E tampouco importava a diferenciação entre "fontes primárias" e "fontes derivadas", já que para ele "este punto de vista no nos proporciona una diferenciación de principio para la variedad de las fuentes, sino que debe ser situada en la sección sobre el procedimiento crítico"[323]. Isso não é pouco, porque demonstra Droysen alinhado ao pensamento historicista mais avançado; sendo capaz de perceber a relatividade das fontes, do historiador e do resultado do seu trabalho.

Como dissemos no início deste texto, Droysen é daqueles autores que destoam bastante das imagens prontas que costumamos ver associadas à Historiografia do século XIX. Muitas das suas afirmações foram extremamente avançadas para aquele período e chegam aos nossos dias com vigor surpreendente. De tal modo que já houve até quem visse no autor da *Historik* um precursor de um tipo de subjetividade que de fato só vimos ganhar espaço na segunda metade do século XX. Refiro-me aqui ao historiador americano Hayden White (1928-2018) que dedicou uma pequena parte das suas reflexões, em *Meta-História* e *Trópicos do discurso*, a entender a obra do teórico alemão. Ali o autor advoga a ideia de falência da objetividade histórica que, segundo suas análises, teria declinado com a crise das metanarrativas, chagando mesmo a atribuir a Droysen o mérito de ter antevisto a "crise do Historicismo"[324] e ter rompido com "o mito da objetividade que predominava entre os adeptos de Ranke"[325].

É discutível, contudo, a tese segundo a qual Droysen, um autor historicista, teria encaminhado a "crise do Historicismo"; certamente essa é uma conclusão que White chega pela própria consideração que tinha dos paradigmas do século XIX. Mas, cer-

---

322. DROYSEN. *Manual de Teoria da História*, 2009, p. 48.
323. DROYSEN. *Histórica*, 1983, p. 80.
324. WHITE, 1992, p. 280.
325. WHITE, 1994, p. 67.

tamente a noção de objetividade em Droysen é muito mais nuançada do que em seu professor dos tempos da Universidade, em Berlim. No entanto, ainda assim é uma diferença muito mais em termos de ênfase do que um rompimento com a objetividade histórica como um todo. Aqui nos parece muito mais o relativismo de tipo pós-moderno do século XX, ao qual White é frequentemente associado, incidindo sobre o relativismo historicista dos tempos anteriores.

Se tomarmos uma citação em que Hayden White compara a opacidade do documento histórico com a dos documentos literários perceberemos não só que sua visão é diferente da de Droysen sobre o que seja a objetividade histórica, como é distinta também a concepção de ambos sobre as fontes e seus usos:

> Os documentos históricos não são menos opacos do que os textos estudados pelo crítico literário. Tampouco é mais acessível o mundo figurado por estes documentos. Um não é mais "dado" do que o outro. De fato, a opacidade do mundo figurada nos documentos históricos é, se é lícito falar de opacidade, aumentada pela produção das narrativas históricas. Cada nova obra histórica apenas se soma ao número de textos possíveis que tem de ser interpretados se quiser traçar fielmente um retrato completo e exato de um determinado meio histórico. A relação entre o passado a analisar e as obras históricas produzidas pela análise dos documentos é paradoxal; quanto mais conhecemos sobre o passado tanto mais difícil se torna fazer generalizações sobre eles[326].

A "opacidade" dos documentos, percebida por White, é parte do seu argumento de que se é difícil interpretar os processos históricos valendo-se das fontes – que permitem ver pouco através delas –, igualmente difícil, seria produzir generalizações. Sendo muito mais fácil "generalizar em torno das formas em que esse conhecimento é transmitido"[327]. Desse modo, não há surpresa no fato de que White (e não Droysen) questione a objetividade histórica como um todo.

---

326. WHITE. *Trópicos do discurso*, 1994, p. 106.
327. Vale lembrar que o argumento de White aqui é o mesmo apresentado por Frank Ankersmit num texto de 1989, quando este ainda defendia uma historiografia pós-moderna. Vejamos: "A atual superprodução dentro de nossa disciplina" oblitera qualquer possibilidade de conhecimento seguro. O historiador holandês compara a "superprodução" a um "alcoolismo intelectual". O texto de Ankersmit desencadeou um debate com Perez Zagorin, publicado em 2001, no Brasil. ANKERSMIT, Frank. Historiografia e pós-modernismo. *Topoi*, Rio de Janeiro, mar. 2001, p. 113-135; ZAGORIN, Perez. Historiografia e pós-modernismo: reconsiderações. *Topoi,* Rio de Janeiro, mar. 2001, p. 137-152.

Em Droysen, as formas de exposição do texto não estão deslocadas das etapas anteriores da pesquisa, visto que para esse autor "a Teoria da História abrange a Metódica da pesquisa histórica, a Sistemática do que é historicamente pesquisável e a Tópica dos modos de exposição do historicamente pesquisado"[328]. Desse modo:

> A pesquisa, que utiliza elementos ainda disponíveis, partindo do tempo presente e de certos elementos que ela usa como material histórico, e de certas ideias sobre ocorrências e estado de coisas no passado, são as duas coisas ao mesmo tempo: enriquecimento e aprofundamento do presente, mediante esclarecimento sobre seu passado, e esclarecimento sobre o passado mediante exploração e desdobramento daquilo que disso, muitas vezes, ainda está disponível no tempo presente em estado latente[329].

Disso resulta que onde White percebe a "opacidade" Droysen procura "esclarecimento". O que não os opõe radicalmente, senão em termos de abordagem, já que White também via utilidade no estudo da história, inclusive, semelhante a Droysen, atento aos princípios relativistas, políticos e éticos dos usos da memória[330].

Sem dúvida esse trecho da *Historik* oportuniza responder, a um só tempo, quase que todas as questões que colocamos inicialmente: (01) sobre a capacidade que as fontes históricas têm de minimamente comunicar o passado é vista aqui como "elementos ainda disponíveis" que a pesquisa histórica explora e desdobra; (02) sobre as possibilidades e limites de apreensão e compreensão do passado, isso se torna possível porque o historiador trabalha com "o material histórico", aquilo que "ainda está disponível no tempo presente em estado latente"; (03) quanto à capacidade de comunicação desse sentido do passado na forma de texto vislumbra-se a partir do momento em que o historiador, "partindo do tempo presente", visando um "enriquecimento e aprofundamento do presente" entra em contato com "certas ideias sobre coerência e estado de coisas do passado". Essa transmissão de sentido, portanto, está assegurada na medida em que o "esclarecimento sobre seu passado" comunica algum significado a questões "latentes" no presente de quem investiga.

---

328. DROYSEN. *Manual de Teoria da História*, 2009, p. 43. A Sistemática, por sua vez, subdivide-se em: o trabalho histórico segundo seus materiais, o trabalho histórico segundo suas formas, o trabalho histórico segundo seus trabalhadores e o trabalho histórico segundo seus fins.
329. Ibid., p. 78.
330. MELLO, 2009, p. 611-634; MARQUEZ, 2008, p. 163.

Alguns fatores que poderíamos destacar como pontos em comum entre Droysen e White, salvaguardadas as especificidades dos autores, são: (01) a distinção entre eventos históricos e imaginados, destacando que White aproxima ambos pelo aspecto da ficcionalidade literária; (02) certo relativismo como ponto referencial da subjetividade das fontes e do historiador, no caso de Droysen penso que é mais adequado falar de relatividade para distinguir do relativismo mais acentuado do século XX; (03) a preocupação com as formas de exposição dos resultados da pesquisa histórica; (04) as implicações éticas no estudo da história e com a construção de uma memória.

De todo modo, fizemos aqui essa aproximação apenas como forma de demonstrar como muitas das teses de Droysen mantêm uma vivificada atualidade a ponto de manter um diálogo próximo de temas trabalhados pela Historiografia mais recente. Todavia, deixemos de lado as comparações, o que por sua relevância e implicações mereceria um texto à parte e nos concentremos nas formulações originárias do *Manual de Teoria*.

Na *Metódica*, já no primeiro item, aquele destinado a refletir sobre a natureza das fontes e as implicações metodológicas do seu uso (*heurística*), Droysen nos apresenta três nomenclaturas distintas para se referir ao *material histórico*. Nessa parte o autor apresenta os seguintes termos: *Fontes* são representações ou lembranças do passado fixadas por escrito; *Restos do passado* é qualquer coisa que leve à compreensão do espírito humano em qualquer tempo, sobre o qual a tradição escrita pouco ou nada tenha a dizer; *Monumento* (documentos de modo geral, inscrições, obras de arte monumentais, moedas e emblemas de vários tipos) é um tipo de material que pode reunir características das *fontes* e dos *restos do passado*, mas que nasce com a finalidade de fixar uma representação sobre o sucesso de um determinado acontecimento para as gerações posteriores[331]. Na atualidade costumamos reunir todas essas definições numa única expressão: *fontes históricas*. Apesar dessa divisão, como ressaltamos anteriormente, Droysen não estabeleceu nenhum tipo de hierarquia entre as fontes históricas, pelo contrário, ressaltou a interação e a interdependência entre os diversos tipos de materiais.

Segundo o entendimento do autor, o que define o uso de um ou de outro de fonte, ou mesmo a utilização conjunta e complementar de materiais de natureza e origem diversas é a questão histórica a ser discutida, a disponibilidade e o acesso a um tipo

---

331. DROYSEN. *Histórica*, 1983, p. 51-52.

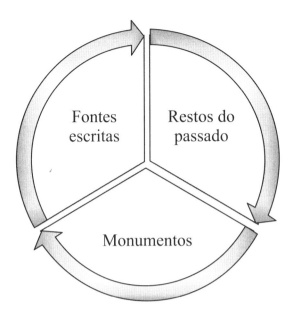

Figura 5.1. Tipologia dos materiais históricos.

ou outro, a capacidade do pesquisador em utilizar e mesmo cruzar fontes diversas, usando para cada uma delas um método adequado[332].

Ao longo de todo texto do *Manual* e como forma de legitimar seu projeto de construção de uma Metodologia e Teoria próprias da História, Droysen ressalta constantemente a dimensão empírica da pesquisa histórica, pois "tal como quiere serlo nuestra ciencia, no podemos hacer otra cosa que encontrar y tomar nuestro punto de partida en forma empírica"[333]. E mais adiante, ainda sobre essa mesma discussão, Droysen explica que a duplicidade humana – espiritual e sensorial – permite-nos produzir dois tipos de conhecimentos: especulativo e empírico, respectivamente. No *primeiro*, o espírito se apreende e aprofunda em si mesmo, na profundidade do conhecimento adquirido; no *segundo*, o sujeito pensante observa e investiga o mundo exterior. Contudo, sobre essa duplicidade do humano adverte que:

> No se trata por cierto de una contraposición de tipo objetiva; pues en las dos formas el yo cognoscente es el mismo que actúa y que es activo frente al mismo material, esto es, con los sistemas de signos que, producidos

---

332. A discussão completa sobre essas várias questões, inclusive com citação de estudos de casos específicos, encontra-se entre as páginas 51 e 103 da edição castelhana da *Historik*.
333. DROYSEN. *Histórica*, 1983, p. 07.

empíricamente, pero ordenados espiritualmente, están combinados em nosotros como representaciones, palabras, pensamientos[334].

Esse é o limite do "empirismo" apontado por Droysen, onde o "empiricamente produzido" (e observado) é usado apenas como "ponto de partida" a ser ordenado, combinado, representado. Não tem o mesmo sentido das ciências naturais, pois, segundo seu raciocínio, tratar a História "según el método de las ciencias naturales y decir que ella sería científica solamente en la medida en que refiere el mundo histórico a la mecánica de los átomos"; isso, segundo o próprio Droysen, era a grande pretensão dos historiadores do seu tempo, mas que nem as ciências naturais conseguiam realizar.

É nesse sentido, portanto, que devemos compreender a dimensão empírica das fontes, tal como nos apresenta o autor da *Historik*:

> De acuerdo con la naturaleza empírica de nuestra disciplina, el material de sus investigaciones tiene que ser empíricamente perceptible y estar disponible. El material puede provenir del pasado, pero sólo por el hecho de que es aún presente y accesible es adecuado para nuestros fines. Pues con nuestra investigación queremos despertar de nuevo en nuestro espíritu, en vez del vacío que yace tras nuestro hoy, una representación de lo que fue y es para siempre pasado. Se tiene la costumbre de designar tales materiales con el nombre de fuentes[335].

Ganha destaque aqui também, além da *dimensão empírica* das fontes, a sua *dimensão representativa*, ou seja, a sua capacidade de tornar o passado acessível no presente, segundo os fins da investigação. A essas somam outras duas – *memorativa* e *artística* ou *simbólica* – formando assim um total de quatro características básicas que podem ser atribuídas a qualquer fonte, independente de forma, conteúdo e origem.

Essas quatro dimensões que perpassam toda a discussão sobre fontes apresentadas por Droysen, assim como outros aspectos teóricos, metodológicos e historiográficos por ele discutidos, não representam uma ordem de importância em si na pesquisa, apenas constituem uma forma de compreensão geral daquilo que é comum aos diversos tipos de material histórico (Figura 5.2).

---

334. Ibid., p. 13-14.
335. Ibid., p. 51.

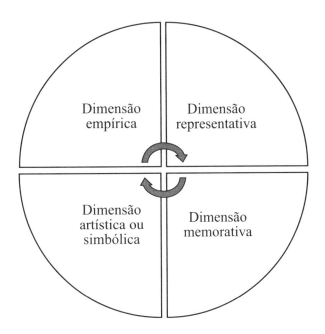

Figura 5.2. Dimensões das fontes segundo sua capacidade de comunicar o passado.

Foi o próprio historiador que, numa formulação bastante elucidativa, tratou de esclarecer a relação existente entre todas essas dimensões gerais das fontes e o quanto elas são interdependentes e intercambiáveis:

> En los monumentos, junto a la propiedad de ser resto del pasado, encontramos otra característica más en el sentido de que estaban destinados para servir de recuerdo, y que daban una determinada concepción de aquello que se quería mantener para el recuerdo, de modo tal que resumiera ciertos momentos o peculiaridades significativas del suceso externo, en forma artística o simbólica, a fin que el espectador tuviera la correspondiente representación o sensación[336].

Embora cite os *monumentos* como exemplo, é possível deduzir, pelas diversas questões heurísticas apontadas no texto, que essas dimensões estariam presentes em todos os tipos de fontes, com maior ou menor ênfase, a depender do tipo de material. Nesse sentido, essas noções gerais deveriam ser levadas em consideração no momento da escolha de um método adequado para analisá-las, a fim de fazermos o melhor uso possível, em termos historiográficos, do material que temos disponível. Certamente

---

336. Ibid., p. 77.

cada uma das noções gerais mereceriam inúmeras considerações e em cada uma delas poderíamos apontar os limites do pensamento histórico de Droysen.

De fato, *representação*, hoje, é sem dúvida um dos conceitos mais utilizados, particularmente entre os historiadores que tratam de questões culturais e simbólicas, dialogando com seus colegas da Literatura, Antropologia e Psicologia. As questões em torno da *memória* também adquiriram enormes desdobramentos historiográficos, sobretudo, no diálogo com as Ciências Sociais, o Cinema, as Artes de modo geral. A bibliografia é imensa, embora bastante conhecida, o que torna menos obrigatórias as citações extensivas. De modo que fazemos esse adendo apenas como forma de sinalizar que algumas dessas noções apresentadas por Droysen são muito mais limitadas do que costumamos entender hoje e foram discutidas e muito mais nuançadas e aprofundadas pelas gerações sucessivas de historiadores.

A *representação*, para Droysen, está muito mais ligada à capacidade que as fontes têm de evocar aspectos do passado no tempo presente e o "sistema de signos" que o pesquisador se vale para fazer "representar" aquilo que do passado ainda pode servir como orientação no presente. Nada que se aproxime, em termos de complexidade, das reflexões de Paul Ricœur, por exemplo, sobre a representação histórica (representância), em *Tempo e Narrativa*, ainda que este parta do método compreensivo de Droysen e Dilthey como uma das bases das suas teses[337].

A *memória*, de modo semelhante, aparece na *Historik* em sentidos mais destacados e modestos, tanto como uma das características intrínsecas das fontes quanto como resultado produzido pelo trabalho histórico. Ainda distante das discussões mais abrangentes sobre a construção da memória coletiva e individual ou a relação entre história e memória, aspectos que mereceram estudos específicos em autores como Maurice Halbwachs, Michel Pollack, Pierre Nora, Jacques Le Goff, Tzvetan Todorov[338].

Evidentemente que um Manual de Teoria e Metodologia não é o lugar mais indicado para empreender estudos detalhados de cada tema, problema ou conceito que por ventura possa aparecer nas suas linhas – e alguns de fato até foram encaminhados,

---

337. RICŒUR, 1994. 3v; RICŒUR, 2007. Como Jörn Rüsen adverte, existe uma diferença significativa entre "representação memorativa" e "reconstrução racional" do passado. A primeira se vale de estratégias imaginativas e estéticas para criar identidades, a segunda parte de um processo distanciador e objetivador de investigação dos fatos. Segundo o autor, essa diferenciação já estava contemplada na obra de Droysen. RÜSEN. *Droysen Hoje*, 2014, p. 66.
338. HALBWACHS, 2006 [1950]; POLLACK, 1989; POLLACK, 1992; NORA, 1993, p. 07-28; TODOROV, 2002; LE GOFF, 1990.

como atrás dissemos – não se trata de exigir um esforço que o autor não se dispôs ou nem teria como fazer. Como salientamos, trata-se apenas de colocar a *Historik* em perspectiva para percebermos suas inovações e atualidades, bem como seus limites.

Ainda sobre esse último aspecto, dos limites ou as marcas do tempo, é evidente na *Historik* que, mesmo quando Droysen aponta de forma inovadora (insisto nesse ponto) para fontes que seriam utilizadas historiograficamente muito tempo depois – como periódicos, diários, literatura e fontes orais –, o próprio autor dá menos ênfase ao longo do seu *Manual* a algumas dessas fontes, citando-as poucas vezes ou apontando questões bem menos complexas sobre seus usos do que costumamos ver nos dias atuais sendo formuladas pelos especialistas que trabalham com elas.

Outro adendo que pode ser feito diz respeito às fontes que carregam um componente artístico ou simbólico latente, tais como as moedas, as armas, as sepulturas, inscrições, entre outras da cultura material. Droysen não as explora enquanto suporte, ele mesmo como portador de um conteúdo a ser analisado. Apresenta-as muito mais pela mensagem que carregam em termos de informações. Assim como não avança no sentido de explorar os aspectos simbólicos dos ritos religiosos e das narrativas mitológicas ainda que, evidentemente, tenha apontado à historicidade desse tipo de manifestação em vários momentos do texto. Droysen salientou que Jacob Ludwig Karl Grimm (1785-1863) já chamava atenção para o estudo da cultura popular como forma de entender a mitologia na Alemanha, na Inglaterra e na França; também apontou para a importância que os deuses tinham na composição das histórias contadas por Ésquilo (525-456 a.C.), autor que Droysen era profundo conhecedor da obra[339].

O importante aqui é salientar – para além dos limites da *Historik* – que Droysen se valeu de uma formação erudita exemplar, de sua vasta experiência como pesquisador, da sua prática docente questionadora, de um amplo diálogo interdisciplinar possível ao seu tempo, de uma discussão intersubjetiva marcada por uma identidade teórico-metodológica marcante. Tudo isso permitiu que sua obra teórica avançasse e inovasse bastante em suas análises, ao seu tempo, e tenha legado ótimas reflexões para a posteridade.

Na página seguinte apresentamos, como forma de síntese, uma lista onde consta uma divisão taxonômica das fontes históricas, segundo seus tipos, características e

---

339. DROYSEN. *Histórica*, 1983, p. 77. Para um quadro atual dos tipos de fontes, segundo sua qualidade, natureza ou suporte (Fontes Materiais, Conteúdo, Imateriais e Virtuais), ver: BARROS. *Fontes Históricas,* 2019, p. 60.

exemplos concretos dos vários tipos de materiais disponíveis, conforme pode ser cotejada nas formulações de Droysen a esse respeito[340].

Taxonomia das fontes (*Historik*)

01) **Subjetivas.** Marcadas pela contemplação, imaginação, argumentação. Exemplo: Canções e poesias, Lendas e mitos, Sentimento Religioso, Hagiografia, Literatura, Obras filosóficas, Discursos políticos, Leis etc.

02) **Pragmáticas.** Com o propósito de ser o mais fiel possível aos eventos. Exemplo: Cartas, Periódicos, Diários, Crônicas, Memórias, Obras históricas, Documentos e Restos do passado.

03) **Derivadas.** Interpretações que trazem um valor histórico em si mesmas. Exemplo: Obras historiográficas, Crítica Literária, Material didático e Catálogo de fontes.

No esquema a seguir reunimos algumas das possibilidades apontadas por Droysen acerca do trato metodológico e uso historiográfico das fontes, sem a pretensão de esgotar o debate, mas com o interesse de apresentar uma síntese das questões principais que discutimos ao longo deste texto.

Resta-nos concluir reafirmando o entendimento de que as interpretações produzem um diálogo intersubjetivo (e não apenas intertextual) fundamental para a construção do caráter epistemológico da História[341]. Nesse sentido, as fontes históricas – e a Historiografia assim percebida – também têm sido pensadas e repensadas a partir de um novo contexto em que o entendimento prevalente assume que "o documento não é um documento em si, mas um diálogo claro entre o presente e o documento [e que] todo documento é uma construção permanente"[342]. Foi a partir dessa chave de compreensão que buscamos entender a *Historik* como uma fonte histórica para entendermos o seu contexto de produção e as questões apontadas por Droysen em relação

---

340. Esta lista foi elaborada a partir de informações cotejadas entre as páginas 46 e 48 da edição brasileira e 77 e 103 da edição castelhana da *Historik*.
341. Sobre esse aspecto ver também: APPLEBY, Joyce; HUNT, Lynn; JACOB, Margaret. *Telling the Truth about History*. Nova York/Londres: W.W. Norton & Compay, 1994.
342. KARNAL, Leandro; TATSCH, Flavia Galli. A memória evanescente. In: *O historiador e suas fontes* (orgs.). Karla Pinsky e Tania Regina de Luca. São Paulo: Contexto, 2012, p. 12.

ao uso e interpretações das fontes, reconhecendo seus avanços, limites e o quanto do debate colocado por um historiador oitocentista ainda contribui para o enriquecimento da história da Historiografia, ela também em permanente mudança.

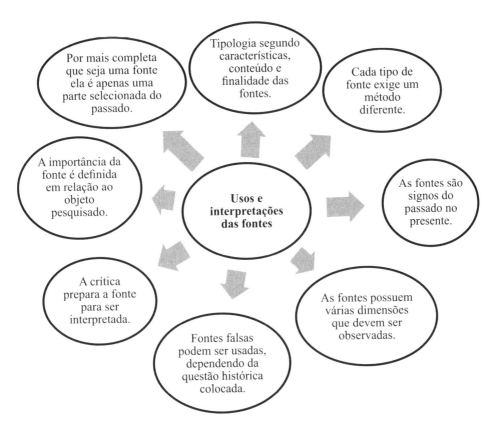

Figura 5.3. Dimensões das fontes segundo sua capacidade de comunicar o passado.

6
A pena e o documento: a história reescrita por Alexandre Herculano

Michelle Fernanda Tasca

PRIMEIRA PARTE

6.1. Objetivos e considerações sobre o contexto português no século XIX

Quando Alexandre Herculano iniciou a publicação da *História de Portugal*, em 1846, sintetizou em alguns livros todo o trabalho historiográfico que havia precedido à publicação dessa obra. Sendo um autor central para a compreensão do desenvolvimento da historiografia moderna em Portugal, Herculano projetou na Idade Média o início da história do país e também de muitas questões de seu próprio período, como as relações sociais e políticas estabelecidas com o clero e com o poder monárquico. O objetivo deste texto é compreender como o autor abordou tal período da história de Portugal através da documentação consultada, do intenso trabalho no interior de arquivos e bibliotecas e de seu envolvimento com assuntos políticos dos quais se tornou partidário. Importa-nos também a desmistificação da história a partir do trabalho metodológico e o compromisso de Herculano em escrever uma história desligada dos mitos de origem, dando enfoque para informações documentadas e observadas a partir de um viés crítico.

No início do século XIX, Portugal andava às voltas com as invasões napoleônicas e a reconfiguração do cenário político que se seguiu à desocupação do território pelos franceses. Dessa forma, foi, por um tempo, um reino com um líder distante, visto que a Família Real Portuguesa migrara para o Brasil em 1808 e o seu retorno se deu apenas alguns anos depois. Na primeira metade do oitocentos, tornou-se um reino permeado por lutas pelo poder político entre membros da sucessão real e seus apoiadores, que culminaram na Revolução do Porto em 1821. No embate entre liberais e conservadores, D. Miguel foi declarado legítimo rei de Portugal no ano de 1828, assumindo a regência, restaurando a monarquia absoluta e anulando todas as decisões decretadas por D. Pedro, então Imperador do Brasil. A anulação da Carta Constitucional outorgada em 1826, após a morte de D. João VI, foi o estopim para a eclosão da Guerra Civil Portuguesa (1828-1834).

O cenário político foi desenhado, portanto, a partir das disputas pelo poder até o estabelecimento da monarquia liberal no reinado de D. Maria II e D. Fernando II (1834-1855). A estabilização política e os desejos por novos ares assumidos pelas sociedades oitocentistas abriram caminho para a reconstrução de um passado nacional que estivesse mais de acordo com a nova ordem moderna, permeada por pensamentos de progresso, cientificização e valorização da história em diversos campos públicos. Tragicamente, surge também a noção de um Portugal atrasado em relação à outras nações europeias, onde a industrialização se estabelecera de forma mais intensa e que irá servir de base de uma comparação um tanto injusta por diversos intelectuais da época.

6.2. A formação do historiador

Nascido em Lisboa no ano de 1810, Alexandre Herculano conheceu desde cedo a ideologia liberal que o iria caracterizar em diversos momentos de sua vida. Já o pai do nosso autor fora um funcionário público que manteve contato próximo com pessoas letradas e se interessou pelo liberalismo político. Seus primeiros estudos foram feitos na Congregação de S. Felipe Néri no Hospício junto ao Paço Real das Necessidades, uma instituição de base religiosa, como era ainda muito comum no período[343]. Apesar de não se ter certeza sobre as datas em que Herculano teria frequentado essa instituição – provavelmente durante a década de 1820 –, sabe-se que estudou disciplinas de humanidades e língua latina, que o preparariam para um curso superior, ao qual não ingressou por problemas familiares[344].

---

343. SARAIVA, 1977, p. 14.
344. NEMÉSIO, 2003, p. 144-145.

Alexandre Herculano não fez parte da intelectualidade acadêmica que era muito proeminente em universidades portuguesas como a do Porto e a de Coimbra durante o século XIX, mas nem por isso seus trabalhos tiveram menor relevância. Ao invés de frequentar a universidade, ele cursou matemática na Escola Naval e participou da Aula do Comércio, que fora um curso prático criado pelo Marquês de Pombal para os filhos dos negociantes[345]. Seguiu, dessa forma, por um caminho alternativo ao Ensino Superior, a exemplo de outras personalidades portuguesas que também estiveram fora do meio universitário, como Oliveira Martins. Tanto ele quanto Herculano tiveram uma formação inicial para o comércio e apenas posteriormente ingressaram nos estudos históricos e literários. Como salienta Vitorino Magalhães Godinho: "Quer dizer que são homens que ficam em contato com as realidades e que se abrem para uma problemática que era estranha à Universidade do seu tempo"[346].

Em seguida, e aqui encontramos um ponto crucial na sua formação, Alexandre Herculano frequentou as aulas de Diplomática no Arquivo Real da Torre do Tombo entre os anos de 1830 e 1831[347]. Nesse curso estudou paleografia, tornando-se apto para trabalhar com a documentação manuscrita quando se viu empregado na Biblioteca do Porto, o que facilitou também a abordagem dos documentos necessários para a escrita de seus textos históricos. Foi nesse período que conheceu João Pedro Ribeiro, seus trabalhos em arquivos e seus estudos históricos[348]. No entanto, apesar do curso frequentado na Torre do Tombo, a carreira de bibliotecário e posteriormente de historiador não foram ações planejadas desde o princípio, já que esses conhecimentos o habilitariam tanto para a investigação histórica quanto para uma possível carreira no funcionalismo público[349].

O contato com círculos de pessoas intelectualizadas e influentes foi outro ponto importante na formação inicial do historiador. Participou dos salões lisboetas, dentre eles o mais importante da época, o salão da Marquesa de Alorna, onde foi iniciado ao romantismo e provavelmente também à língua alemã. Dentre as diversas personalidades que conheceu, estavam: António Feliciano de Castilho e Morgado de Assentis, antigo poeta da geração de Bocage[350].

---

345. GODINHO, 2009, p. 474.
346. Ibid., p. 475.
347. CATROGA, 1998, p. 57.
348. FERREIRA, 1998, p. 11.
349. CATROGA, 1998, p. 57.
350. SARAIVA, 1977, p. 14.

Antes do início da Guerra Civil Portuguesa (1828-1834), Herculano já estava inserido no círculo letrado de Lisboa, teve contato com os principais debates intelectuais do período, conheceu o romantismo e algumas das vertentes literárias e filosóficas que se desenvolviam no restante da Europa, além de um considerável conhecimento de línguas estrangeiras. Alexandre Herculano, com 21 anos, deixou os estudos e se uniu aos constitucionais contra os absolutistas.

Como consequência de suas posições políticas, Herculano foi exilado de Portugal, partindo inicialmente para a Inglaterra e em seguida para a França. Essa viagem forçada para o exterior trouxe, no entanto, elementos importantes para sua formação. Além de ter aprofundado o conhecimento das línguas estrangeiras, frequentou diferentes bibliotecas e conheceu novos temas de discussões intelectuais e historiográficas. De acordo com Veríssimo Serrão, a "primeira raiz" da cultura de Herculano "desabrocha no exílio"[351], ou seja, apesar de já conhecer um pouco sobre o Romantismo pelas reuniões na casa da Marquesa de Alorna e sobre o liberalismo pelo próprio contexto político português, teria sido na Inglaterra onde sentiu o primeiro arrebatamento romântico e liberal. A França o fez aprofundar-se no liberalismo e nos autores dessa língua, dos quais já conhecia de antemão alguns da matéria histórica.

Herculano regressou para Portugal como combatente ativo dos "7500 bravos do Mindelo", que em 8 de julho de 1832 participaram do cerco na cidade do Porto. Como nos lembra Fernando Catroga, já conquistada a cidade, o soldado deu lugar ao poeta e ao homem de história[352].

O retorno de Herculano para Portugal se deu em uma época ainda muito conturbada da história nacional. Com a vitória do governo liberal em 1834, seguiu-se a extinção das ordens religiosas masculinas do país[353], que eram detentoras das grandes bibliotecas. Como consequência, todas as obras foram para a posse do Estado, que não possuía então, uma estrutura montada para armazenar e operar com essa quantidade de livros e documentação. Como agravante, as bibliotecas particulares dos religiosos também foram empossadas pelo poder público, dando origem a uma quantidade ainda maior de material a ser alocado e organizado.

---

351. SERRÃO, 1977, p. 41.
352. CATROGA, 1998, p. 58.
353. As ordens religiosas masculinas foram extintas oficialmente pelo decreto de 28 de maio de 1834, referendado por Joaquim António de Aguiar. CABRAL, Luís. "Alexandre Herculano: crônica breve de um bibliotecário." In: *Cadernos BAD*. 2009/2010, Évora, p. 7.

Os primeiros trabalhos de Herculano com livros e documentos se iniciaram em 1832 nas "livrarias abandonadas"[354] das ordens religiosas e, sobretudo, na biblioteca sequestrada do Bispo do Porto, D. João de Magalhaes e Avelar. Nessa época, constam dois períodos distintos de trabalho, o primeiro como voluntário por cerca de oito meses e outro remunerado por mais quatro meses[355]. Essas bibliotecas foram os primeiros fundos que constituíram a Real Biblioteca Pública do Porto.

Na intenção de alocar esses acervos sob o poder do Estado, o governo liberal, através da Comissão Administrativa dos Conventos Extintos ou Abandonados, instalou livrarias e cartórios em diversos locais da cidade do Porto, que seriam reunidos posteriormente com a fundação da Biblioteca Pública. Como salienta Luís Cabral, o momento não era propício para a recolha e abrigo dessa grande quantidade de livros advinda das bibliotecas religiosas. No entanto, necessitando de uma forma de reunir e armazenar todo esse material, o governo liberal resolveu criar uma biblioteca pública na cidade do Porto[356].

A biblioteca foi fundada pelo decreto de 9 de julho de 1833 sendo o primeiro bibliotecário, Diogo de Góis Lara de Andrade, nomeado já no dia seguinte (10 de julho de 1833)[357]. Alexandre Herculano foi um dos nomes cotados para ocupar o lugar de segundo bibliotecário, juntamente com José Rodrigo Passos e José Augusto Salgado.

O período em que Herculano trabalhou na biblioteca do Porto foi crucial para sua carreira de historiador e também para a escrita de muitos de seus textos publicados a partir de então. A experiência adquirida com essa atividade, assim como o desenvolvimento de suas bases históricas, foi somada ao conhecimento dos manuscritos e impressos que o historiador foi recolhendo ao longo dos anos e que utilizou não só para a escrita de suas obras históricas como a *História de Portugal* (1846-1853) e a *História da origem e do Estabelecimento da Inquisição em Portugal* (1854-1859), mas também para a escrita dos seus textos literários e para a publicação de artigos em diversos periódicos.

O trabalho de montagem da nova biblioteca foi imenso, abrangendo a recolha, transporte e inventariação de uma enorme quantidade de livros, documentos e objetos

---

354. Livrarias abandonadas – bibliotecas que integravam o patrimônio das ordens religiosas, que foram consideradas abandonadas na ocasião da entrada do exército liberal. Livrarias sequestradas – bibliotecas de pessoas particulares tidas por miguelistas e que, por essa razão, tiveram seus bens tomados pelo Estado. CABRAL, 2009-2010, p. 10.
355. CABRAL, 2009-2010, p. 10.
356. Ibid., p. 7.
357. Ibid., p. 8.

da cidade do Porto e posteriormente de outras cidades portuguesas. Herculano participou de todo esse processo: inventariação dos livros e manuscritos das bibliotecas; louvações; transporte dos acervos; seleção e custódia das obras de maior valor; catalogação de impressos[358]; classificação do material; além da participação na escolha do Convento de Santo António da Cidade para abrigar a biblioteca. Nesse processo, deveu-se ainda a Herculano o salvamento de muitas obras importantes da cultura portuguesa, como: a livraria de mão de Santa Cruz de Coimbra e o *Diário de Vasco da Gama* e a *Crônica de D. Afonso Henriques*, dentre outros[359].

Alexandre Herculano permaneceu na Real Biblioteca Pública do Porto até 17 de setembro de 1836, quando pediu demissão do cargo de 2° bibliotecário por se recusar a jurar a Constituição de 1822. Essa atitude foi tomada em consonância com diversas pessoas importantes da cidade, inclusive o primeiro bibliotecário com quem trabalhava, Diogo de Góis Lara de Andrade[360]. O período em que Herculano passou no Porto, intensamente cercado por livros e documentos históricos foi crucial no aprofundamento da cultura e história portuguesa, resultando na publicação de diversos textos.

Ao abandonar o trabalho de bibliotecário no Porto, Herculano mudou-se para Lisboa onde passou a escrever ativamente para jornais e revistas. Assumiu a direção do *Panorama* em 1837, ao mesmo tempo em que contribuiu para diversos outros periódicos, tais como: *O País, O Português, Diário do Governo, Repositório Literário* e *Revista Universal Lisbonense*. Como Jacinto Baptista nos diz: "...sabemos, igualmente, que o futuro historiador fazia do jornalismo, nesta fase da sua vida, a ocupação permanente e que esta era a principal e (exceptuando talvez magros direitos de autor de um estreante nas Letras) fonte única de seus meios de subsistência"[361].

Em 1839, Herculano foi convidado pela rainha D. Maria II (por indicação de seu marido D. Fernando) para dirigir as bibliotecas reais da Ajuda e das Necessidades no lugar do Padre António Nunes, que estava adoentado e acabara de pedir a exoneração do cargo[362]. Com a possibilidade de um emprego estável e bem remunerado, Herculano deixou a direção do *Panorama* para se dedicar aos livros e aos estudos históricos que o novo ambiente de trabalho lhe propiciava. Ele permaneceu como Bibliotecário-Mor de

---

358. Esta catalogação foi feita entre 1835 e 1836, e originou a primeira geração de catálogos chamados de catálogos de Alexandre Herculano. CABRAL, 2009-2010, p. 12.
359. CABRAL, 2009-2010, p. 12-13.
360. Ibid., p. 14.
361. BAPTISTA, 1977, p. 16.
362. SANTOS, 1965, p. 7-8.

Sua Majestade até o final de sua vida em 1877[363], e ao longo desse período passou pelo reinado de D. Maria II e regência de D. Fernando II (1834-1853), e os reinados de D. Pedro V (1853-1861) e D. Luís I (1861-1889).

A Real Biblioteca da Ajuda não foi um simples local de trabalho para Alexandre Herculano. Desde a sua nomeação, ele trabalhou intensamente para a organização e complementação da biblioteca e fez disso sua vida. Não fosse sua atividade como bibliotecário, talvez seus trabalhos históricos não adquirissem a profundidade erudita e analítica que o historiador conseguiu imprimir em suas obras.

Durante todos os anos em que efetivamente esteve presente na Biblioteca da Ajuda, Herculano morou ao lado dela, em uma casa que recebera juntamente com o novo cargo[364], o que permitia que o historiador tivesse acesso direto a ela sem precisar sequer sair para a rua. Podemos imaginar, assim, a íntima relação estabelecida entre o escritor e seu local de trabalho, levado a uma intensa vivência de tantos anos rodeado dos materiais que foram objetos de sua profissão e também de seus interesses pessoais.

De acordo com Joaquim Veríssimo Serrão, Herculano fez da Biblioteca da Ajuda uma "grande oficina de investigação histórica". Para além das fontes manuscritas e impressas que permitiam os estudos históricos, ele recebia em sua residência a visita constante de diversos jovens que viriam a se tornar nomes importantes nas letras portuguesas como: Bulhão Pato, Rebelo da Silva, Antonio Pedro Lopes de Mendonça e Oliveira Marreca. Com esses encontros, Herculano teria ajudado a formar muitos desses jovens[365].

Em relação à atuação de Herculano nas referidas bibliotecas, sabemos que as recebeu em um estado de considerável desordem e deterioração. Não apenas os acervos encontravam-se caóticos, mas também o prédio estava bastante comprometido. Como suas funções compreendiam ainda as de uma espécie de inspetor das bibliotecas reais e do Real Gabinete de Física, anexo à Biblioteca da Ajuda, Herculano acabou por atuar em diversas frentes: "Mais do que um simples bibliotecário, orientava, dirigia, informava as licenças pedidas (mesmo as do diretor do Real Gabinete de Física) e tinha às suas ordens funcionários (oficiais bibliógrafos e moços da biblioteca) para os diversos serviços"[366].

---

363. Mesmo após mudar-se para Vale de Lobos, continua no posto de bibliotecário-mor. SANTOS, 1965, p. 38.
364. SANTOS, 1965, p. 8.
365. SERRÃO, 1977, p. 62.
366. SANTOS, 1965, p. 9.

Um dos problemas enfrentados por ele foi a grande saída e entrada de obras de forma desorganizada que, dentre outros motivos, eram reflexos das sucessivas mudanças no governo. Logo que Alexandre Herculano assumiu seu cargo, por exemplo, D. Maria mandara restituir os livros que anteriormente eram de posse dos liberais e solicitava também a retirada de muitos depósitos pertencentes a particulares ou a outras instituições: "O Pe. António Nunes começara por solicitar a retirada de muitos livros depositados: os do Duque da Terceira, os dos Marqueses de Sampaio e de Ponde de Lima, dos condes de Linhares e de Óbidos e do Visconde de Laborim, que impediam a boa arrumação da "Livraria Real", dizia ele"[367].

Diante de tantas saídas e entradas de obras, vindas de diversos fundos e mesmo de livrarias pertencentes a conventos extintos que haviam sido ali alocadas, já não se tinha clareza dos materiais que constituíam o acervo da Biblioteca Real[368]. Em vista disso, Alexandre Herculano esmerou-se no arrolamento de todas as obras pertencentes a essa biblioteca, elaborando inclusive listas de obras duplicadas, que posteriormente seriam vendidas ou trocadas por outras no intuito de complementar o acervo real.

A atividade de Herculano como bibliotecário não foi um meio para atingir seus fins como historiador, mas parte de sua profissão e também uma etapa complementar que o levou à execução de seus trabalhos históricos. Não seria possível pensarmos nas "faces do poliedro" de Herculano, como designou Candido Beirante, de forma isolada, pois não compreenderíamos as muitas possibilidades do autor. Os dois períodos de Herculano como bibliotecário foram fundamentais para a escrita da *História de Portugal*. Não fossem esses empregos talvez até tal obra (e outras do mesmo caráter histórico e literário) não tivesse sido escrita, ao menos não com mesma forma e substância.

6.3. Conjunto da obra

Alexandre Herculano escreveu uma grande quantidade de textos ao longo de sua carreira, desde obras completas até artigos que eram exclusivamente publicados em periódicos. Os últimos anos de 1820 introduziram Herculano na carreira de escritor. Esse primeiro período, que se estendeu até a década seguinte, foi marcado, sobretudo, por poemas que nos mostram um autor engajado em questões políticas, enlevado por um romantismo melancólico e fortemente inspirado por sentimentos

---

367. Ibid., p. 6-7.
368. Ibid., p. 7.

religiosos. Datam dessa época: *A Voz do Profeta,* datado de 1836, em que protestou poeticamente contra a Revolução de Setembro, e a *Harpa do Crente* de 1838, em que poetizou a Semana Santa, além de poesias avulsas reunidas na obra *Poesias* publicada em 1850.

Os anos seguintes marcaram um abandono da poesia e enfoque em textos em prosa, que passaram a ser publicados em jornais como *O Panorama* e *Ilustrações*. Muitas das novelas datadas desse período foram editadas e reunidas posteriormente para compor as *Lendas e Narrativas*, publicadas em 1851, em dois volumes. O primeiro é formado por textos ambientados na Idade Média: "O Alcaide de Santarém", publicado pela primeira vez na revista *A Ilustração* em 1845 e 1846, cuja narrativa se desenvolve entre os anos de 950 e 961, durante o domínio árabe na Península Ibérica; "Arras por Foro de Espanha" (1841), "O Castelo de Faria" (1838) e "A Abóboda" (1839), que se passam entre o século XIV e início do XV, sendo que as duas primeiras durante o reinado de D. Fernando e a última sob o reinado de D. João I.

O segundo volume, por sua vez, é composto por novelas de temas mais variados: "A Dama Pé-de-cabra" (1841), que apresenta um enredo fantástico ambientado no século XI. "O Bispo Negro" (1839), que se passa em 1130 e "A Morte do Lidador" (1839), em 1170. Os dois textos finais fogem do cenário histórico e medieval: "O Parocho de aldeia" (1825) e "De Jersey a Granville" (1830).

Ainda em relação às obras literárias temos os dois romances: *Eurico, o Presbítero* (1844)[369] e *O Monge de Cistér* (1848), cujos episódios foram, de início, periodicamente publicados nas revistas com as quais Herculano colaborava e por fim a novela *O Bobo* que, apesar de ser publicada no *Panorama* em 1843, apenas saiu como romance editado em 1878, após a morte do autor.

Alexandre Herculano elaborou três obras históricas de grande importância entre as décadas de 1840 e 1870: a *História de Portugal* foi publicada entre os anos de 1846 e 1853, muito embasada nas cinco *Cartas sobre a história de Portugal* escritas à *Revista Universal Lisbonense* entre 1842 e 1843; a *História da Origem e Estabelecimento da Inquisição em Portugal* que datam dos anos 1854 até 1859, período em

---

369. *Eurico, o Presbítero* teve seu primeiro fragmento publicado a 22 de setembro de 1842 na *Revista Universal Lisbonense*, n. 1, sob o título de "A Batalha do Chryssus". Seguiram-se outros trechos nessa mesma revista até que em 1843, no volume II de *O Panorama,* foi publicada mais uma série de passagens com o título *A Meditação no Promontório* e, em nota, *Fragmento de um livro inédito*, que seria o capítulo IV de *Eurico.*

que o historiador iniciou sua jornada de pesquisa pelo reino, onde coletou os documentos que foram publicados posteriormente nos *Portugaliae Monumenta Historica* (1856-1873).

De grande relevância para a escrita da *História de Portugal*, as *Cartas sobre a História de Portugal*, que foram reunidas posteriormente nos *Opúsculos* ("Controvérsias e Estudos Históricos"), tratam de uma gama de temas caros à constituição da história portuguesa, sobretudo dos primórdios da formação do reino. Compõem um total de cinco cartas, com os títulos: "Sobre a História de Portugal" (Cartas 1 e 2); "Separação de Portugal do Reino de Leão" (Carta 3); "Necessidade de uma nova divisão de épocas. Falso aspecto da História" (Carta 4); "Ciclos ou grandes divisões históricas" (Carta 5). Nelas, o autor delineia a forma como concebia a história, faz críticas aos trabalhos de estudiosos anteriores, apresenta algumas formas de interrogar os documentos e apresenta discussões acerca de fatos e eventos tidos *a priori* como certos e incontestáveis. Dessa forma, também temas como nação e memória constituem pontos cruciais de sua abordagem. As *Cartas* são importantes, pois lançaram as bases do que viria a ser a *História de Portugal*, desenvolvendo conceitos fundamentais da ciência histórica e ao mesmo tempo abordando algumas questões consideradas polêmicas na época[370].

Em contrapartida, a *História da Origem e Estabelecimento da Inquisição em Portugal* surgiu como consequência direta da *História de Portugal*, ou seja, era intenção do autor refutar as críticas geradas pela publicação da obra no que se refere, sobretudo, ao Milagre de Ourique e às relações conturbadas estabelecidas com o clero português. Nesse sentido, a obra é carregada de ideologia política e embate com as instituições religiosas.

Por fim, quando Herculano começou a trabalhar na *Portugaliae Monumenta Historica* já possuía uma grande bagagem historiográfica adquirida na escrita de seus trabalhos anteriores. O seu conhecimento sobre as fontes medievais, assim como a dificuldade sentida ao abordá-las, trouxe-lhe à mente a ideia de criar um grande *corpus* documental que servisse ao propósito do historiador. Ainda nesse período, grande parte dos materiais referentes ao início da formação do reino encontrava-se perdida, esquecida e frequentemente malconservada no interior de antigas bibliotecas ou arquivos do país. Membro da Academia Real das Ciências de Lisboa, Herculano propôs

---

370. SERRÃO, 1977, p. 84.

no ano de 1852 a elaboração de uma coletânea de documentos referentes à história medieval de Portugal, relativos aos séculos VIII e ao XV. O projeto deveria abranger três séries: documentos narrativos; legislação e jurisprudência; diplomas e atos públicos e particulares[371].

Assim, juntamente com Costa Basto, percorreu os cartórios eclesiásticos da Beira e do Minho durante os anos de 1853 e 1854. Essa viagem deu origem também ao texto *Apontamentos de Viagem*, em que o autor registrou algumas notas e impressões gerais dos lugares que visitou, além de diversas cartas dirigidas à Academia – publicadas posteriormente por António Baião – e que são fontes importantes para conhecer o trabalho de pesquisa empreendido por Herculano durante esses anos[372].

A *Portugaliae Monumenta Historica* seguiria, portanto, os moldes das grandes compilações documentais que estavam sendo feitas por outras nações europeias, como a França, por exemplo. Mas teve como modelo direto a *Monumenta Germaniae Historica*, já conhecida do historiador, como mencionamos anteriormente.

A empreitada em busca desse material esquecido não foi simplesmente mérito de interesses individuais. Apesar de Herculano ter tido a consciência do trabalho que necessitava ser feito e tomado iniciativa junto à Academia Real das Ciências, é necessário salientar que se tratou de um esforço em conjunto com o Estado português. Da mesma forma como a corte portuguesa foi a grande patrocinadora, direta ou indireta, da *História de Portugal*, ela também teve sua parcela de importância no financiamento da *Portugaliae Monumenta Historica*. Ou seja, era sua intenção estimular o resgate histórico que afirmaria as bases da nação em um passado conhecido – estudado agora com bases científicas – glorioso e honrado, já que se tratava da época dos grandes reis que se tornariam modelos de força e justiça. Perspectiva correlata ao romantismo então em voga também em outros países europeus.

Sabemos que o passado de Portugal não era um grande mistério. A história do país era já bem conhecida por parte da maioria dos portugueses, mas essa história era, em grande parte, transmitida pela tradição oral, cercada de mitos e fantasias ou escrita a partir de interesses institucionais bem específicos, como a justificativa religiosa, por exemplo. A *História de Portugal* teria, portanto, como um de seus grandes propósitos, afirmar a nacionalidade portuguesa a partir de uma história escrita com

---

371. Ibid., p. 122-123.
372. COELHO, 1965, p. 70-71.

bases documentais e científicas, que ao deixar de lado todos os enlevos da tradição mítica se firmaria nos pilares da verdade objetiva. Apesar da falta de documentos reclamada pelo autor, eles seriam absolutamente necessários para rever e reelaborar as origens históricas do país. A grande *História de Portugal*, escrita nesse momento, serviu assim para reafirmar a nacionalidade do povo português, em um século XIX permeado de questões e crises nacionais e políticas.

Nesse sentido, a obra pode ser vista como uma espécie de esforço para desvincular a história do domínio régio e aproximá-la do campo das ciências, o que daria um novo *status* de seriedade e valoração às origens de Portugal, que agora não seriam mais frutos de um grande milagre religioso.

No entanto, para cumprir tais desígnios, era mister ter em mãos todo um arcabouço de materiais para sustentar as novas proposições históricas. Documentação esta que, como dissemos, encontrava-se completamente dispersa, fazendo com que o historiador, se quisesse completar a síntese histórica a que se propunha, deveria primeiramente reunir o material que seria necessário para a escrita. Como salienta Herculano: "A culpa é de quem pretende, que o architecto dê a traça do edificio, e carreie para elle a pedra e o cimento"[373].

Esse foi o grande dilema em que Alexandre Herculano se encontrou e a justificativa para nos determos tão demoradamente em seu trabalho como bibliotecário. Ou seja, para conseguir escrever a *História de Portugal* teve primeiramente de recolher, organizar e catalogar todas as fontes que lhe estavam disponíveis naquele momento. Feito isso com o material que se encontrava sob sua supervisão nas bibliotecas em que trabalhara, tomou consciência da expansão necessária de todo esse processo de recuperação. Foi quando lhe surgiu a ideia da elaboração da *Portugaliae Monumenta Historica*, como uma grande compilação necessária à memória histórica e documental do país.

Essa obra teve, portanto, um importante papel nos estudos em arquivos e também na forma como se pensava a Idade Média até o século XIX, que a partir de então passou a ser encarada de forma menos arredia e vista como um período de grande importância para a compreensão da história portuguesa[374].

---

373. Ibid., p. 24.
374. Ibid., p. 125.

SEGUNDA PARTE

6.4. Fontes e narrativa na *História de Portugal*

Podemos considerar a *História de Portugal* como o ponto central das produções de Alexandre Herculano, como se toda a pesquisa e os trabalhos históricos feitos até então culminassem para a publicação dessa grande obra. Nessa parte, nos centraremos em analisar algumas das questões que permearam a publicação, sobretudo, do primeiro volume, e que contribuíram para a construção da narrativa da gênese do povo português pelo olhar de um historiador do século XIX.

Quando Herculano de fato publica o primeiro volume da *História de Portugal* em 1846, já tinha então escrito suas principais narrativas literárias de cunho histórico, como citamos anteriormente. Essas narrativas, publicadas em diversos periódicos, popularizaram em Portugal o gênero do romance histórico e cumpriram o papel de interessar o público não acadêmico nas histórias dos primeiros eventos formadores da nação portuguesa. Interessa-nos ressaltar que muitos dos personagens e eventos figuram tanto na *História de Portugal* quanto nos textos literários. Personagens tradicionalmente conhecidos como o fundador D. Afonso Henriques e sua mãe D. Theresa, ou o conde Fernão Perez de Trava, D. Urraca e D. Afonso ganharam vida, cores e sentimentos na pena do literato-historiador. À semelhança do que fizera Walter Scott na Inglaterra, Alexandre Herculano romancizou e renovou uma série de passagens históricas do medievo.

Recuperar as intenções de um autor e o momento em que decidiu por escrever sua obra talvez seja uma tarefa um tanto inglória. Podemos nos aproximar, mas nunca ter de fato certeza sobre as questões que o alimentaram e o levaram a seguir por determinado caminho. No entanto, algumas hipóteses nos ajudam a compreender melhor a importância da *História de Portugal* no contexto de sua publicação.

De acordo com Fernando Catroga, o interesse de Herculano pela história não teria surgido como um simples "ímpeto de juventude, ou como um interesse prioritário". Fora um projeto amadurecido após os trabalhos realizados na Biblioteca Municipal do Porto, ou seja, a recolha e tratamento arquivístico de cartulários e epistolários medievais, iniciados nessa biblioteca, serviriam de base para a elaboração da *História de Portugal* e também teriam originado a *Portugaliae Monumenta Historica*[375].

---

375. CATROGA, op. cit.

Além disso, a intenção de escrever uma história de Portugal remontaria já aos primeiros anos da volta do exílio, como uma exigência do novo regime instaurado e da percepção da necessidade de reconstruir a memória do país:

> Como não acreditar que, perante as exigências de reconstrução nacional e o espetáculo de decadência e de delapidação da nossa memória histórica, não lhe tenha então surgido, como a outros intelectuais do liberalismo, a ideia de se devotar a edificação de uma "História de Portugal"? [376]

A partir desse ponto de vista, a *História de Portugal* teria sido um projeto elaborado para suprir as necessidades de um país que passava por uma série de transformações sociais e políticas e que olhava atônito à sua volta em busca de pilares para sustentar seu próprio passado. Nesse sentido, o contexto de produção da obra é também importante para compreender a forma como ela foi composta e construída, como nos lembra Quentin Skinner: "...o próprio contexto pode ser utilizado como uma espécie de tribunal de última instância para avaliar a plausibilidade relativa de intenções incompatíveis que tenham sido atribuídas a um autor"[377]. Apesar das longas discussões sobre as reais possibilidades de recuperação das intenções de um autor ao escrever sua obra e mesmo a relevância de tais informações, muitas vezes especulativas, no caso de Herculano e da *História de Portugal* especificamente, muitas dessas questões podem ser retomadas a partir de dados que retiramos de textos ou correspondências escritas pelo historiador.

Tendo visitado a cidade de Braga em uma missão do exército em 1832, Alexandre Herculano encontrou a sepultura do conde D. Henrique, há muito tempo esquecido[378]. Alguns anos depois, estando já em Lisboa, escreve a seguinte passagem:

> Ali jazem depositadas as cinzas de D. Henrique. Ali dorme o velho Conde fundador da Monarquia o seu sono de repouso. Cresceu a nação que ele constituíra e a idade viril lhe chegou e a sua estatura era de gigante. Estendeu os braços para o oriente e o ocidente, estreitou o mundo dizendo-lhe – "és minha conquista" – envelheceu e caiu.
> Hoje, como o seu fundador, esta nação é um cadáver e sem nome; mas o velho Conde morreu entre o estrondo da armas e das vitórias, e ela pereceu como viúva sem filhos no leito da miséria e da agonia.

---

376. Ibid., p. 58.
377. SKINNER, Q. *Visões da política – sobre os métodos históricos*. Algés: Difel, 2005, p. 124.
378. SERRÃO, op. cit., p. 46.

> Arrazaram-se-me os olhos de lágrimas contemplando este humilde e derradeiro alvergue do bom cavaleiro francês. Veteranos são para mim os sepulcros de quase todos os reis portugueses até D. João II, porque a virtude se deve venerar até sobre o trono, ou antes, em parte mais digna é de acatamento. Tão bela é a história dos nossos primeiros monarcas quanto a dos mais vizinhos a nós é torva e muitas vezes abominável. Em quanto entre nós foram os reis primeiros cidadãos de um povo livre, eram grandes e fortes e virtuosos: tornados pouco e pouco senhores de um povo corrupto, enlodaram-se de envolta com ele em vícios e maldades[379].

Para historiadores como Joaquim Veríssimo Serrão, teria sido nesse momento que Herculano intentara escrever uma grande obra sobre a história portuguesa. Nesse texto, ele apresentaria as "linhas fundamentais" de seu pensamento histórico e uma espécie de prólogo da *História de Portugal*. Na passagem citada, são salientados alguns aspectos desenvolvidos na obra, como o apreço pela monarquia e a valorização da figura régia, à qual Herculano nunca se posicionou contra[380].

Nesse sentido, motivados ainda pela possibilidade de apreender os motivos da escrita de uma obra a partir de seus "fatores externos"[381] e contingentes, somos instigados a indagar sobre quais teriam sido as intenções de Alexandre Herculano ao escrever a *História de Portugal*?

Pelo tanto que temos apresentado e argumentado, parece-nos bastante plausível que seu objetivo se relacionasse à recriação e reafirmação de uma memória nacional. Seguindo propósito semelhante ao da elaboração da *Portugaliae Monumenta Historica*, o passado conhecido seria agora aprofundado e reelaborado cientificamente, deixando de lado as lendas fundadoras e os milagres que delegavam à Igreja um grande domínio sobre a história do país.

Herculano viria na esteira das ideias iluministas e de uma historiografia de base documental e científica que estava sendo desenvolvida em Portugal desde o final do século XVIII, e que teve seu eco principal na Academia Real das Ciências, que apregoava uma história crítica e desligada das origens míticas de Portugal: "A crença no progresso, a confiança na razão e o sentido crítico perante a teologia contribuía para

---

379. HERCULANO apud SERRÃO, op. cit., p. 47.
380. SERRÃO, op. cit., p. 47.
381. SKINNER, op. cit., p. 140.

minar a credibilidade dessas tradições tão difundidas mas, na verdade, nunca fundamentadas em evidências históricas"[382]. A *História de Portugal*, escrita a partir dessa perspectiva crítica, rompeu com várias tradições ligadas à origem do país, colocando em questão, por exemplo: a autenticidade do Milagre de Ourique e das Cortes de Lamego, assim como a correspondência identitária entre Portugueses e Lusitanos, muito popular a partir do século XV[383].

No entanto, é importante também salientar, como nos lembra Sérgio Campos Matos, que mesmo a história científica cedeu lugar, por vezes, à representação mítica: "Não chegou o jovem Herculano a admitir as Cortes de Lamego como autênticas e a preconizar que se difundisse a tradição da Padeira de Aljubarrota, correspondesse ela ou não a factos verídicos?"[384] Independente disso, Portugal não necessitava mais de um passado fantástico e permeado de milagres para se afirmar, deveria ao contrário se honrar de sua memória e dos feitos de seus antepassados: "a própria independência do Estado no século XII se devera às qualidades da nobreza portucalense medieval (em particular do seu belicoso príncipe, Afonso Henriques) e ao seu querer político"[385].

A mesma passagem citada acima traz ainda outro elemento importante, a afirmação da história de Portugal frente às histórias de outros países: "Tão bela é a história dos nossos primeiros monarcas quanto a dos mais vizinhos a nós é torva e muitas vezes abominável". Herculano está, muito provavelmente, fazendo referência à formação dos reinos espanhóis e ao histórico de disputas de terras e poder que permearam a história da Península Ibérica ao longo de séculos. Devemos lembrar que o reino português surgiu após a separação do condado dos reinos de Leão e Castela e que, dessa forma, as querelas entre os reinos perduraram por muitos e muitos anos. Herculano, nesse momento, não apenas ratifica as origens de Portugal como afirma sua superioridade.

Ainda tratando sobre a concepção da *História de Portugal*, temos uma carta enviada por Herculano a Oliveira Martins, em que ele se refere ao seu projeto inicial de escrever uma história do povo e das suas instituições à semelhança da *Histoire du tiers état*, de Augustin Thierry (1795-1856): "Porém, tendo coligido materiais para a

---

382. MATOS, Sérgio Campos. "História e identidade nacional - A formação de Portugal na historiografia contemporânea". *Lusotopie*, p. 123-139, 2002, p. 124.
383. Ibid., p. 125.
384. Ibid., p. 125.
385. Ibid., p. 126.

primeira época, vi que possuía neles tudo o que era necessário para a história política; daí veio a resolução de escrever uma história de Portugal"[386]. Ou seja, tendo em mãos uma série de relatos cujas informações nem sempre eram coincidentes, como veremos a seguir, o próximo passo de Herculano seria a elaboração da síntese, ou seja, uma narrativa que fizesse uso de todo o material disponível e facilitasse o olhar crítico do historiador sobre os eventos retratados.

Apesar de Herculano referenciar esta obra de Thierry, ela foi publicada apenas em 1853, ou seja, depois dos primeiros volumes da *História de Portugal*. Sendo assim, sua inspiração viria provavelmente, como afirma Mattoso, das *Lettres sur l'Histoire de France*, publicadas no *Courrier Française*, desde 1820, sendo posteriormente reunidas em 1837[387]. De forma muito semelhante, antes de escrever sua obra completa, Herculano escreveu seus *Estudos de História Portuguesa*, que posteriormente foram editados com o nome de *Cartas sobre a História de Portugal* na *Revista Universal Lisbonense*, a partir de 1842. Esses textos apresentavam estudos sobre princípios e conceitos da história nacional que dariam origem à *História de Portugal*[388].

A referência a Thierry é bastante significativa para entender o método de trabalho e as vinculações historiográficas de Herculano tanto com a história científica quanto com a história política de cunho liberal. De acordo com Hartog:

> ...a tentativa de reforma histórica e reconquista do passado nacional, inaugurada por Guizot, Thierry e Barante nos anos de 1820. Com suas *Lettres sur l'Histoire de France*, Thierry incitava de fato uma nova maneira de escrever a história: "científica" e "política", a história liberal será enfim a "verdadeira" história do país, enquanto o século XIX, por oposição ao século XVIII, surgirá como o século da história: já não o filósofo, mas o grande professor como Guizot ou Cousin, já não as ideias e a abstração, mas os fatos pacientemente coligidos[389].

Thierry apresenta, portanto, uma vinculação da história tanto com a ciência quanto com a política: "quanto mais científica ela for, melhor será politicamente, e vice-versa"[390]. Ao referenciar os historiadores liberais franceses – em diversos mo-

---

386. HERCULANO apud MATTOSO, op. cit., p. 10.
387. Ibid.
388. Ibid.
389. HARTOG, François. *O século XIX e a história: o caso Fustel de Coulanges*. Rio de Janeiro, RJ: UFRJ, 2003, p. 98.
390. Ibid., p. 99.

mentos Herculano cita também Guizot – há uma vinculação da história feita pelo historiador português com a vertente francesa trabalhada.

Nesse sentido, Fernando Catroga corrobora a assertiva de Jorge Borges de Macedo (1975), para o qual Herculano seguia uma nova proposta de escrever história, consonante com as necessidades do novo ambiente do liberalismo político. Aliava a isso suas habilidades pessoais, como sua grande cultura histórica, a capacidade de comunicação pública escrita e a capacidade dedutiva, que o ajudaram na exploração e análise de suas hipóteses, além de visualizar a importância e o lugar a ser ocupado pelos estudos históricos dentro da cultura portuguesa[391].

O regime liberal instaurado em Portugal, aliado com o conhecimento da historiografia liberal francesa teriam, portanto, facilitado o desenvolvimento da cultura histórica portuguesa do século XIX. Desse mesmo período, logo após a implementação do novo regime, surgem também outros trabalhos históricos relevantes de autores como Almeida Garret e António Feliciano de Castilho.

6.5. O primeiro volume da *História de Portugal*

Toda a escrita da *História de Portugal* recebeu um cuidado rigoroso em relação aos documentos que pautaram a narrativa dos eventos assinalados. No entanto, voltamos nossa atenção para o primeiro volume da obra, em que são narrados os acontecimentos iniciais que deram origem ao reino de Portugal.

O primeiro livro da *História de Portugal* remonta aos anos entre 1097-1128. Nesse livro, Alexandre Herculano inicia sua narrativa com a expansão dos domínios territoriais dos cristãos a partir de Fernando Magno e a divisão do território após a sua morte entre seus três filhos. A partir da descendência de Fernando Magno, o autor destaca Afonso de Leão, que foi o responsável por unir novamente os territórios de seu pai sob uma única autoridade. Ao mesmo tempo em que registra a luta dos cristãos contra os sarracenos pela conquista do território, Herculano narra também as querelas internas entre os governantes cristãos.

O interesse de Herculano em apresentar as divisões territoriais da Península Ibérica está no distrito ou condado portucalense que foi a origem do reino de Portugal. Os primeiros registros sobre a existência desse território datariam do século XI, sendo que nesse período encontrava-se ainda sob o domínio da província da Galliza.

---

391. Ibid., p. 58.

Assim sendo, por volta dos anos de 1094 e 1095, D. Henrique, nobre cavaleiro francês, teria recebido o condado portucalense como dote de casamento ao desposar D. Theresa, filha ilegítima de D. Affonso VI, rei de Leão e Castela. Após governar por alguns anos, logo surge ao conde de Portugal o desejo de expandir seus domínios. A partir de então iniciam-se as batalhas contra os muçulmanos e posteriormente contra outros governantes cristãos pelas conquistas territoriais[392]. Aos poucos delineia-se o desejo de D. Henrique de não se sujeitar mais ao poder real de Leão e Castela, ideia que estava também na mente de diversos outros senhores cristãos da península.

Não bastando os anseios de emancipação, o conde de Portugal desejava também aumentar seu território com a anexação de partes do reino de Leão e Castela que poderiam ser herdadas por sua esposa com a morte de Affonso VI. No entanto, D. Henrique teve suas ambições frustradas quando, o rei de leão de Castela declarou D. Urraca, sua filha mais velha, como única herdeira da coroa real e consequentemente de todas as regiões do reino. Inconformado por não conseguir expandir seus domínios legalmente, D. Henrique passou a intentar a anexação das terras que lhe interessavam por meio do conflito direto com a coroa.

A morte de D. Affonso VI trouxe uma série de disputas territoriais entre os governantes da península. D. Urraca foi declarada como única herdeira legítima e passou a governar Leão e Castela ao lado de seu segundo marido Affonso I, rei de Aragão. Coube, no entanto, a seu filho do primeiro casamento, Affonso Raimundes, a região da Galliza. Os anos seguintes marcaram um período muito conturbado na história dos reinos cristãos ibéricos, com alianças entre os governantes feitas e desfeitas e a situação da península alterando-se constantemente. Nesse cenário, o conde Henrique também jogava com as alianças visando, ao mesmo tempo, a independência do condado e a soberania sobre os territórios limítrofes.

Com a morte do conde Henrique, provavelmente no ano de 1114, conforme citado pelo autor, ele de fato havia ampliado o território e diminuído consideravelmente o domínio dos muçulmanos na península, apesar de não ter conseguido ainda a almejada independência. D. Teresa, sua esposa, assumiu então os desígnios do marido e tiveram início as disputas entre ela e sua irmã D. Urraca. Os anos que se passaram foram alternados entre períodos de alianças e combates até que, por volta de 1122, Affonso Raimundes assumiu o título de Affonso VII de Leão e Castela subjugando os estados de sua mãe, D. Urraca, que morreu quatro anos depois.

---

392. No ano de 1097, D. Henrique dominava os territórios que iam do Minho ao Tejo.

Nesse período, D. Theresa tinha conseguido aumentar o território de seu condado, que contava já com quase o dobro da extensão original. Governando ao lado de seu companheiro D. Fernando Peres, conde de Trava, gerava descontentamento dos barões portugueses, e também dos poderosos parentes do conde na Galliza. Ao mesmo tempo, a recusa de D. Theresa de se submeter ao jugo de Affonso VII fez com que seu território fosse mais uma vez invadido e devastado, e a infanta foi obrigada a reconhecer a supremacia de seu sobrinho.

D. Affonso Henriques, filho de D. Theresa e de D. Henrique, contava então com quatorze anos quando em 1125 armou-se cavaleiro em Zamora. Reuniu em torno de si importantes forças contrárias ao governo de sua mãe, que nesse momento estava enfraquecido pela derrota nas disputas com Affonso VII, e iniciou, por volta de 1127, uma rebelião que no ano seguinte estourou em uma guerra civil contra o governo de D. Theresa e Fernando Peres de Trava.

As tropas de D. Theresa marcharam para Guimarães onde encontraram o exército de seu filho no campo de S. Mamede. Após essa batalha, Affonso Henriques venceu as tropas de sua mãe e obteve o poder absoluto sobre Portugal, declarando sua independência. D. Theresa, por sua vez, terminou seus dias em desterro, falecendo em 1130.

A história de Portugal, referente aos eventos descritos acima e da forma como foi narrada por Alexandre Herculano, apenas foi passível de ser escrita a partir do conhecimento e trabalho com a documentação histórica sobre o período abordado. Durante séculos muitos documentos medievais ficaram esquecidos no interior dos mosteiros e arquivos reais portugueses, até que no século XIX o nacionalismo crescente e a busca pelas origens da nação, encabeçada pelos movimentos românticos europeus, reabilitaram a Idade Média como um momento ideal a ser seguido. Como nos lembra Leandro Karnal: "...o documento não é um documento em si, mas um diálogo claro entre o presente e o documento. Resgatar o passado é transformá-lo pela simples evocação. Em decorrência da ideia anterior, todo documento histórico é uma construção permanente"[393].

Ao pensar o documento como uma construção que tem suas características determinadas pela época em que é questionado e pelo agente que o faz, temos que não apenas o valor atribuído ao documento é variável, mas também são diversas as leituras

---

393. KARNAL, L. e TATSCH, F. G. 2009, p. 12.

que o documento possibilita. A importância do documento, portanto, não é imutável, da mesma forma como os fatos históricos não o são: "Se concluímos que não existe um fato histórico eterno, mas existe um fato que consideramos hoje um fato histórico, é fácil deduzir que o conceito de documento siga a mesma lógica"[394].

Alexandre Herculano foi um dos responsáveis pela revivificação e ressignificação dos documentos medievais em Portugal. Imbuído da ideologia crescente de um liberalismo romântico, buscava no passado elementos que pudessem auxiliar na resolução de problemas que via em seu próprio tempo. Construir a história de Portugal era, para ele, uma obrigação do historiador para com a sociedade. Nesse sentido, o apreço pelos documentos medievais, a empreitada em busca da documentação dispersa e esquecida, e mesmo seu trabalho como bibliotecário, ou seja, todo o caminho que o levou a escrever a *História de Portugal*, tinha como objetivo final construir a história da nação portuguesa.

6.6. O historiador e suas fontes

Por tratar da formação e estabelecimento dos reinos Ibéricos na península, e o consequente enfoque no processo de constituição do reino português, as fontes utilizadas por Herculano para escrever o primeiro livro da *História de Portugal* são documentos e obras que tratam diretamente dos séculos XI e XII. Apenas no primeiro livro, o autor cita cerca de 75 fontes diferentes ao escrever sua narrativa.

Para escrever esse livro Herculano utilizou basicamente dois tipos de materiais: primeiramente, os documentos produzidos durante o período estudado ou muito próximo a ele (muitos contidos em compilações documentais) como, por exemplo: a *Historia Compostellana*, editada por Enrique Flórez em 1765, obra que abriga diversos textos e documentos, com destaque para a *España Sagrada*, documento mais citado pelo autor nesse livro; as *Crônicas Anônimas de Sahagun*, publicadas em 1782 pelo P. Escalona compondo o Apêndice I da *Historia del Real Monasterio de Sahagun;* o *Livro Preto da Sé de Coimbra* e a *Monarchia Lusitana* – todas essas obras contendo documentos datados entre os séculos XII e XIII.

Em segundo lugar, utilizou também as obras contemporâneas a ele ou, ainda que mais antigas, obras analíticas que empregaram fontes primárias para tratar dos assun-

---

394. Ibid., p. 13.

tos de seu interesse, como: as *Dissertações Chronologicas e Criticas Sobre a Historia e Jurisprudencia Ecclesiastica e Civil de Portugal* (1819) de João Pedro Ribeiro e os artigos publicados nas *Memórias da Academia Real de Ciências de Lisboa* (1837).

Apesar de essas obras e documentos serem referentes ao primeiro livro, elas representam uma amostra das fontes utilizadas por Herculano para escrever a *História de Portugal* como um todo. Para isso o autor utilizou tanto fontes do Arquivo Régio quanto antigas crônicas leonesas e compostelanas, incluindo ainda textos literários e religiosos. Ao mesmo tempo, a bibliografia impressa também foi uma parcela importante de seu trabalho, incluindo obras estrangeiras que considerou importantes para melhor compreender o panorama histórico português[395].

É importante notar que a *História de Portugal* foi escrita antes das viagens de Herculano pelo reino a fim de coletar a documentação que posteriormente constaria nos *Portugaliae Monumenta Historica*. Essas viagens tiveram início no ano de 1853 e foram muito importantes para o recolhimento da documentação que estava espalhada e, em geral, em mau estado de conservação. Ou seja, seu trabalho foi pautado nas fontes que conhecia e às quais podia ter acesso enquanto trabalhava na Biblioteca da Ajuda e imediações, sendo que muita documentação inédita se revelou posteriormente quando trabalhou em cartórios, conventos extintos e arquivos diversos que iam além das cidades do Porto, Coimbra e Lisboa, seus primeiros locais de trabalho.

Dentre todas as fontes utilizadas por Alexandre Herculano para escrever o primeiro livro da *História de Portugal*, percebemos que as mais citadas são documentos contemporâneos ao evento narrado. Ou seja, tratam-se de documentos ou compilações documentais produzidos durante a Idade Média e que se apresentam agora como testemunhos do passado. A importância dada a esse tipo de fonte indica o grande valor assumido pela documentação primária dentro da historiografia oitocentista. Nesse sentido, a proposição de Jacques Le Goff, de que no início do século XIX o documento apresenta já o sentido moderno de testemunho histórico acaba corroborando a forma como Herculano via esses materiais, e nos dá uma pista do motivo de considerá-los como fontes básicas para sua escrita[396].

Nesse sentido, François Hartog também apresenta o documento compreendido como testemunho do passado:

---

395. SERRÃO, 1977, p. 98.
396. LE GOFF, 1990, p. 537.

Arrastada pela agitação subliminar da memória, a testemunha – entendida, por sua vez como portadora de memória – impôs-se, gradualmente, em nosso espaço público; ela é reconhecida e procurada, além de estar presente e, até mesmo à primeira vista, onipresente. A testemunha, qualquer testemunha, mas acima de tudo, a testemunha como sobrevivente: a pessoa que o latim designava por *superstes*, ou seja, alguém que está firmado sobre a própria coisa, ou alguém que ainda subsiste[397].

A ideia da testemunha como portadora da memória remete a uma relação estabelecida já mesmo na Grécia Antiga entre o ver e o saber, ou seja, para saber é necessário ver e nesse sentido os ouvidos se tornam menos confiáveis do que os olhos. A testemunha tornava-se confiável, então, pelo fato de ter visto e não por ter ouvido. No entanto, a etimologia da palavra testemunha (em grego: *martus*) tem como base o radical de um verbo que significa lembrar-se: em sânscrito, *smarati*; em grego, *merimna*; em latim, *memor(ia)*. Da forma como era utilizado nas epopeias, o termo remete a ouvir e guardar na memória, e não a ver. *Martus* seria uma testemunha não ocular[398]. No nosso caso, a importância do documento seria sua contemporaneidade com o evento, sendo que o fato de a testemunha ter visto ou ouvido diretamente algo sobre o acontecimento daria credibilidade ao seu discurso.

Para ilustrar a relação de Herculano com essas fontes, selecionamos duas que são algumas das mais utilizadas no primeiro livro: a *Historia Compostellana* e as *Crônicas Anônimas de Sahagun*. Essas duas obras destacam-se não apenas por tratarem detalhadamente do período de formação do reino de Portugal, mas também por apresentarem relatos do próprio período dos acontecimentos.

A *Historia Compostellana* é a obra mais citada por Herculano no primeiro livro da *História de Portugal*, aparecendo em cerca de 44 notas ao longo de seu texto. Ela é considerada de suma importância devido ao período de produção, a autoria, a intenção com que foi escrita e aos assuntos abordados nos documentos.

Trata-se de uma obra do século XII que foi editada e publicada pela primeira vez por Enrique Flórez em 1765, compondo o volume XX da *España Sagrada* sob o título de *Historia Compostellana siue de rebus gestis D. Didaci Gelmirez, primi*

---

397. HARTOG, 2013, p. 204.
398. Ibid., p. 213.

Compostellani archiepiscopi. No entanto, apesar do título original, desde o século XVIII a obra é conhecida como *Historia Compostellana*[399].

O documento foi concebido originalmente como *Registrum* da Igreja de Santiago e tinha por objetivo apresentar os feitos de D. Diogo Gelmires, natural da Galícia e arcebispo de Compostela, que viveu durante o século XII[400]. Os fatos narrados nessa obra referem-se, sobretudo, aos anos de 1100 a 1139, ou seja, período em que D. Diogo Gelmires foi inicialmente bispo (1100-1120) e depois arcebispo de Compostela, cargo que ocupou até sua morte (1120-1140)[401]. Por ter sido uma pessoa muito influente nessa época, a obra narra grandes episódios históricos que, de uma forma ou de outra, teriam relação com o prelado[402].

O período tratado pela *Historia Compostellana* coincide com os reinados de Afonso VI (até 1109), de sua filha Urraca (1109-1126) e de Afonso VII (a partir de 1126), ou seja, através dos documentos e relatos presentes na obra, cria-se um panorama dos acontecimentos políticos que antecederam a formação do reino português[403]. No entanto, de forma ainda mais específica, essa obra foi utilizada por Alexandre Herculano para tratar de episódios referentes a D. Henrique, conde de Portugal, D. Theresa e ao próprio D. Diogo Gelmires, que também é uma personagem constante da *História de Portugal*.

---

399. Existem duas edições dessa obra feitas por Flórez, com pouca diferença entre elas: a primeira publicada em Madri em 1765 pela Imprensa da Viúva de Eliseo Sánchez e a segunda publicada em Madri em 1791 pela Imprensa da Viúva e Filho de Pedro Marín. Devido a sua extensão, a *Historia Compostellana* foi dividida inicialmente em dois livros. O primeiro, *De episcopatu*, dedicado ao período de bispado de Gelmires e às aquisições da Igreja de Santiago, e o segundo, *De archiepiscopatu*, referente ao período de arcebispado e a realização da dignidade metropolitana. Posteriormente fez-se uma nova divisão e a obra passou a ser composta por três livros. Cada livro está ainda subdividido em capítulos com títulos ou epígrafes indicando o assunto tratado. Não se sabe ao certo se tais títulos e epígrafes foram feitos pelos seus autores originais, ou adicionados posteriormente por copistas, o que pode ter acarretado algumas pequenas variações da obra ao longo do tempo. Ver: REY, Emma Falque. *Historia Compostellana*. Madri: Ediciones Akal, 1994, p. 21, 22, 43.
400. A data de seu nascimento não é exata sendo provável entre 1065 a 1070, mas sabe-se que morreu em 1140.
401. REY, op. cit., p. 7-9.
402. Durante o reinado de D. Urraca, D. Diogo Gelmires comandou a oposição da nobreza galega e defendeu os direitos do futuro rei Afonso VII. Em 1127 foi nomeado por Afonso VII como chefe da Concillería Real, o que lhe garantiu um importante papel nas decisões políticas do período. REY, op. cit., p. 9-10.
403. Ibid., p. 9-10.

Apesar de a *Historia Compostellana* ser uma obra que se refere diretamente ao arcebispo de Compostela, ele não seria seu autor. Não se sabe com toda certeza quem foram os escritores responsáveis por cada parte da obra, mas o latim bem cuidado sugere que foram pessoas que tiveram uma educação erudita e religiosa, se destacando como os três principais autores mais prováveis: D. Nuño ou Munio Alfonso, tesoureiro da Igreja de Santiago; D. Hugo, cônego e arquidiácono da Igreja de Santiago; e Mestre Gerardo ou Giraldo, também cônego[404]. Todos eles foram homens de confiança de Diogo Gelmires, e escreveram sobre eventos de seu próprio tempo[405].

A autoria da *Historia Compostellana* é citada algumas vezes por Alexandre Herculano ao longo da *História de Portugal*:

> Ao mesmo tempo que Diogo Gelmires buscava assim attrahir as sympathias populares, defendendo a Galliza das aggressões dos mouros, não se esquecia de promover por todos os outros meios a realização das suas ambiciosas miras. Quaes estas fossem transluz do seu panegyrico hisorico (feito por ordem dele próprio), o qual chegou até nós com o titulo de Historia Compostellana. Viviam os auctores deste livro em tempos demasiado rudes e faltos d'arte, e por isso não souberam dar ás acções do seu patrono o aspecto de honestidade e rectidão que intentam attribuir-lhes. Gelmires era homem de intoleravel vaidade e de não menos cubiça, e para satisfazer estas duas paixões nenhuns meios julgava vedados: a corrupção, a revolução, a guerra, a insolência, a humilhação, os enredos occultos eram as armas a que successivamente recorria, conforme as circunstancias lhe indicavam a conveniência de usar de umas ou de outras[406].
>
> A audácia com que D. Urraca satisfazia assim odios antigos e feria no coração o partido dos seus adversarios, longe de conter estes, fez rebentar mais breve essa conjuração latente cujos vestígios bem palpaveis nos apparecem nas bullas de Callixto II, nas cartas do cardeal Boso e do duque de Aquitania, nos actos de Gelmires e nas frequentes tentativas

---

404. Ibid., p. 11-13.
405. Em estudos posteriores, embora de forma não consensual, foram identificados ainda outros possíveis autores: Pedro, provavelmente capelão da Igreja de Santiago e Rainerio, clérigo de Pistoya. REY, op. cit., p. 15-16. Apesar de muitas controvérsias e incertezas, alguns pesquisadores identificaram até sete autores, sem falar ainda na existência de diversas narrações independentes de autores anônimos que foram inseridas posteriormente. Ao longo da obra existem também alguns textos de Gelmires. REY, op. cit., p. 25.
406. HERCULANO, Alexandre. *História de Portugal*, p. 78-79.

da rainha contra este homem dissimulado, cujo caracter e machinações seria impossivel descortinar, se os seus três panegyristas, auctores da grande chronica de Compostella, fossem tão destros na arte de transfigurar a historia como elle foi em tecer enredos politicos[407].

Nas passagens acima, o autor cita o "panegírico histórico" escrito por ordem de D. Diogo Gelmires que ficou conhecido como *Historia Compostellana* e salienta a falta de habilidade dos escritores da obra em retratarem o referido religioso com aspecto de retidão e honestidade – qualidades que, aos olhos de Herculano, realmente lhes faltariam – e que a narrativa dos religiosos não fora hábil o suficiente para transfigurar. Na realidade, Herculano não se mostra nada benevolente ao descrever D. Diogo Gelmires. Em sua concepção, ele fora um homem vaidoso, dissimulado e cheio de cobiças, usando de corrupção, guerras, insolências, humilhações e enredos ocultos. Nesse caso, e isso aparecerá também ao retratar outras personagens, o juízo de valor esboçado sobre a figura apresentada afastaria, portanto, Herculano da imparcialidade do autor ao compor sua narrativa.

Um dos motivos de a *Historia Compostellana* ser considerada tão importante por Alexandre Herculano seria a contemporaneidade da escrita com os eventos narrados, ou seja, os autores escreveram sobre fatos que teoricamente vivenciaram direta ou indiretamente. De acordo com Emma Falque Rey, essa obra se destacaria, nesse sentido, por apresentar uma inovação em relação aos documentos produzidos até então[408], ou seja, desde o século X até inícios do século XII a historiografia espanhola produzia apenas crônicas de reis, nas quais eram enumerados os principais sucessos de cada reinado. Mas, no início do século XII, a *Historia Compostellana* tinha por objetivo narrar acontecimentos contemporâneos, apresentando biografias de personagens do reino e não mais dos soberanos. Ela se destaca, portanto, por apresentar relatos mais extensos, por utilizar documentos referentes ao biografado, e por abrigar uma compilação de documentos de diversos tipos[409].

---

407. Ibid., p. 105.

408. O método empregado na obra consiste, em geral, na descrição de um importante acontecimento seguido pelo texto dos documentos que o recordam. A parte narrativa frequentemente serve como uma introdução e em algumas ocasiões para relacionar os documentos. Apesar desse esquema básico de construção do texto, existem muitas variações de acordo com os objetivos e as características do autor responsável por cada parte do texto. REY, op. cit., p. 20-21.

409. REY, op. cit., p. 27.

Herculano salienta a importância que esta obra possui como fonte para construção de sua narrativa quando se refere ao autor da *Historia Compostellana* como um guia de seu trabalho: "Era causa deste empenho, diz o escritor que nos guia, o desejo ardente que tinha de se ver com Gelmires para tractarem mais plenamente de remover a discórdia, de restabelecer a paz e de dar tranquilidade à Igreja..."[410] Ou ainda: "A narração deste §, bem como dos antecedentes e posteriores, resulta de um estudo atento do 2º livro da Historia Compostellana, o que dizemos aqui para evitar repetição das citações"[411].

Enfim, o fato de a *Historia Compostellana* ser a obra mais citada no primeiro livro da *História de Portugal* se deve a dois principais motivos: ao interesse de Herculano pelos temas nela contidos, ou seja, os eventos referentes à D. Theresa, ao conde D. Henrique, à D. Urraca, e todos os eventos que circundaram a criação de Portugal; e à data de escrita da obra, que se aproxima muito aos acontecimentos narrados.

Não obstante, diversas outras obras são utilizadas por Alexandre Herculano da mesma forma e por motivo semelhante, como as *Crônicas Anônimas de Sahagun*, por exemplo. Como o autor salienta: "O anonymo não só viveu em tempo de D. Theresa, mas tambem devia tê-la tractado de perto quando ella residiu em Sahagun"[412].

Essa obra foi publicada pela primeira vez em 1782 pelo P. Escalona compondo o Apêndice I da obra *Historia del Real Monasterio de Sahagun*.[413] Além da divisão interna da obra, ela possui três apêndices ao final, que ficaram conhecidos como *As Crônicas Anônimas de Sahagun*: o primeiro, que foi escrito por dois monges que não são diretamente identificados, contém uma história do Monastério e dos principais acontecimentos daquele tempo. O primeiro monge narrou até o ano de 1117 e o segundo deu continuidade até o ano de 1255. O segundo apêndice é uma apologia em honra da rainha D. Urraca, escrita por Maestro Perez. E o terceiro são cópias literais de trezentas e vinte e sete escrituras autênticas.

A primeira e mais antiga das crônicas anônimas faz referência à fundação do mosteiro de Sahagun e trata do reinado de D. Urraca. A segunda crônica dedica-se

---

410. HERCULANO, op. cit., p. 69.
411. Ibid., p. 94.
412. Ibid., p. 230.
413. *Las crónicas anónimas de Sahagún*. Madri: Establecimiento Tipográfico De Fortanet, 1920, p. 5.

às origens da abadia e à rebelião dos burgueses no tempo de Alfonso VI, narrando também os acontecimentos dos reinados de Fernando III e Alfonso X até a promulgação do Foro de 1255[414]. Esse texto permite visualizar o nascimento da vila, a chegada dos monges de Cluni atraídos por Alfonso VI, a outorga dos primitivos Foros e o auge do poder da Abadia, os primeiros indícios que anunciaram a luta secular dos burgueses contra esse poder, a invasão dos aragoneses no reinado de "Alfonso I o Lidador" e aos "pleitos sostenidos en el de Alfonso X de Castilla". As Crônicas apresentam ainda o processo do concelho de Sahagun, cujos períodos estão determinados pelas três rebeliões da vila[415].

A importância dessa obra para Herculano está também em dois motivos: o primeiro pelos eventos narrados servirem de base para o autor escrever a *História de Portugal*. Ou seja, narra o período do reinado de D. Urraca, cujos eventos foram considerados cruciais para o início da história de Portugal e, sobretudo, aborda atividades de D. Enrique de Borgonha, conde de Portugal, no período compreendido entre as vésperas do falecimento de seu sogro Affonso VI de Leão e Castela (1109) em Toledo, e o seu próprio, em Astorga do ano de 1112[416]. Ou seja, a obra apresenta os caminhos tomados pelo conde Henrique e por sua esposa D. Theresa, filha de Affonso VI, até a aquisição da província de Portugal e o início das disputas territoriais que se seguiram com a morte do rei de Leão e Castela.

O segundo motivo se assemelha à importância da *Historia Compostellana*, pois os autores também dizem escrever no mesmo tempo dos episódios que estão sendo narrados. A partir dos critérios estabelecidos por Herculano, isso faria com que a obra se tornasse uma fonte confiável, já que o fato de os escritores serem contemporâneos aos eventos permitiria, a princípio, presumir certa veracidade e objetividade da narrativa. Herculano ressalta a importância dessa obra ao dizer que ela foi "escripta em latim por um monge anonymo, que viveu na época dos sucessos que narra"[417].

Para Herculano, o valor de testemunho de obras com tais características é inestimável e isso transparece nas muitas vezes em que cita as *Crônicas Anônimas de Sahagun* ao longo de seu texto:

---

414. *Las crónicas anónimas de Sahagún*, op. cit., p. 5-6.
415. Ibid., p. 8.
416. Ibid., p. 8.
417. HERCULANO, op. cit., p. 19.

Depois outro acadêmico (D. Francisco de S. Luiz) pretendeu sustentar a legitimidade com os fundamentos que logo avaliaremos (Vol. 12, p. 2), sem todavia refutar, porque não o podia fazer, o testemunho dos auctores coevos, entre os quaes, fique já dicto, o primeiro acadêmico se esquecera de mencionar o da importante chronica do anonymo de Sahagun, publicada por Escalona na sua historia daquelle mosteiro. O anonymo não só viveu em tempo de D. Theresa, mas tambem devia tê-la tractado de perto quando ella residiu em Sahagun. Apesar de não existir este monumento senão numa traducção vulgar, talvez do seculo XIII, e de ter perecido o original no incendio do mosteiro, a sua frase latino-barbara transparece ainda na frase da versão, e nunca sobre a authenticidade della se levantou, que nós saibamos, a mínima duvida, sendo citada frequentemente pelo continuador da Hespanha Sagrada, o P. Risco, e pelo severissimo, e ás vezes exaggeradamente desconfiado auctor da Historia Critica da Hespanha, Masdeu. Fazemos aqui esta advertência, porque nos espanta o haverem desconhecido os nossos modernos escripores tão importante fonte da historia portuguesa no primeiro quartel do seculo XII, para escrever a qual não sobram os recursos[418].

O monge veio de França para Hespanha em 1080, segundo o testemunho do anonymo, ou antes em 1079[419].

D. Theresa usava do titulo de rainha durante a vida de seu marido, o que é desmentido pelos documentos contemporâneos, posto que seja innegavel que os subditos já então lh'o davam, segundo o testemunho do anonymo de Sahagun, a este respeito anteriormente citado[420].

As *Crônicas Anônimas de Sahagun* geram uma certa discussão quando se trata dos autores, já que como o próprio título sugere referem-se a textos com a autoria não declarada. De acordo com François Hartog, nas obras históricas do final do século XII até o século XVI, os historiadores responsáveis pela elaboração das obras seriam compiladores e não autores, ou seja, eles reuniriam textos de outros autores para compor o texto da própria obra. E, por isso mesmo, muitas vezes permanecem anônimos[421].

---

418. Ibid., p. 229-230.
419. Ibid., p. 236.
420. Ibid., p. 71.
421. HARTOG, op. cit., p. 222.

> O que se produz efetivamente a partir do século XIII: quanto mais o *compilator* vai tornar-se um autor, tanto menos o *auctor* será uma autoridade ou, para dizê-lo de outra forma, a transformação do *auctor* de testemunha em fonte passa pela afirmação do historiador como *compilator*[422].

No entanto, como estamos analisando essa documentação medieval aos olhos de um historiador do século XIX e não a partir de nossa ótica contemporânea, temos que essas obras são compilações, mas ao mesmo tempo são "testemunhais", já que seus escritores viveram no período dos eventos narrados. É importante ressaltar que as crônicas medievais não se dedicavam apenas a narrar o passado, muitas vezes objetivavam os acontecimentos contemporâneos ao autor na intenção de legitimar o presente[423]. E nesse sentido os autores seriam testemunhas porque não só apresentavam documentos, mas também narravam episódios contemporâneos. E é isso o que faz com que essas crônicas sejam importantes para nosso autor. A partir disso, retomamos a relação entre ver e ouvir esboçada no início do texto, ou seja, o saber das testemunhas representadas pelos autores da *Historia Compostellana* e das *Crônicas Anônimas de Sahagun* não se apresenta tanto a partir da observância direta do acontecimento, mas a partir do ouvir, guardar na memória e transmitir o conhecimento a partir do testemunho escrito.

6.7. Considerações finais

Uma das questões mais colocadas quando analisamos uma obra histórica do século XIX é a relação estabelecida entre o historiador e o documento. Já foi um topos da análise histórica o fato de que os historiadores oitocentistas imbuídos por arroubos científicos apresentavam um certo culto pelas fontes documentais e as consideravam como base indiscutível de vestígios sobre o passado. O que era apresentado nos documentos seria considerado como uma verdade incontestável. Além disso, de acordo com esse pensamento, a história seria uma compilação de fatos objetivos e inquestionáveis e as obras históricas nada mais do que um enredado de informações verídicas retiradas dos documentos.

Pensamento semelhante já foi também aplicado à obra de Alexandre Herculano, considerada como um grande repositório de informações documentais recolhidas ao

---

422. Ibid., p. 222.
423. FONTOURA, 2014, p. 124.

longo das pesquisas. Nesse sentido, Joaquim Veríssimo Serrão contrapõe-se à argumentação de Fidelino Figueiredo de acordo com a qual, a história para Herculano havia sido uma "ciência de aplicação". Ou seja, através do estudo e crítica do documento "o nosso autor teria procedido depois à "aplicação" dos conhecimentos hauridos na crítica das fontes, segundo um método de rigor e que só tinha em conta a verificação documental". A ideia seria que as fontes guardariam a verdade histórica e o historiador, ao desenterrá-las, apenas reproduziria seus testemunhos ao escrever seu texto[424].

Nosso objetivo foi demonstrar que desenvolve-se na obra de Herculano uma relação muito particular entre o historiador e suas fontes. Sendo ele um autor que vivenciou bibliotecas e arquivos de forma intensa e cotidiana, nutria um grande respeito por todo o material de seu trabalho e sobretudo pela história nacional. No entanto, não podemos reduzir seu trabalho à simples compilações documentais com arrolamentos de informações, acontecimentos e datas. Muito pelo contrário, a obra historiográfica de Herculano é complexa: apresenta um profundo conhecimento sobre a documentação original da Idade Média, trabalha com esse material de forma a compreender os eventos passados, buscando aproximar-se ao máximo de um relato verdadeiro, mas não apresenta uma fé cega no que os documentos contam. Nesse trabalho de compreender o documento, coteja informações, compara autores, elabora suas teses explicativas e ao final desse exaustivo e meticuloso trabalho produziu sua síntese na *História de Portugal*, cujo objetivo maior foi, de fato, a compreensão da formação inicial de Portugal, mas também dos funcionamentos e formação da sociedade através das relações com os poderes monárquicos e clericais.

---

424. SERRÃO, 1977, p. 105.

7
O tempo de Fernand Braudel

Rodrigo Bianchini Cracco

7.1. Introdução

As ciências humanas compartilham o mesmo objeto, qual seja, a humanidade em suas diferentes perspectivas. Buscam explicar e compreender a experiência humana. Individualmente, no entanto, todas elas são míopes. Cada uma deve usar uma lente que corresponda à perspectiva segundo a qual o objeto comum será observado. A lente da história é o tempo, ou melhor, os tempos históricos. Ainda que as outras ciências adotem diferentes lentes, nenhuma delas pode fugir da dimensão temporal da experiência humana. Logo, a lente da história será sempre um dos pontos multifocais das lentes de todas as ciências humanas. Considerando a sua ubiquidade, nada mais justo e sensato que a história assumir o papel condutor atribuído a ela pelo próprio objeto, pela própria experiência humana. *Que as ciências humanas sejam, portanto, uma grande lente multifocal, mediada pela perspectiva da temporalidade* (!): é válido considerar que esta máxima apresenta adequadamente o projeto político-institucional que Fernand Braudel tinha para a história.

Braudel foi um poeta das metáforas. O refinamento das imagens produzidas por ele ultrapassa na estética e no sentido qualquer tentativa de estabelecer uma metáfora médica, oftalmológica, às perspectivas de análise da experiência humana. As luzes efêmeras dos vagalumes em contraste com a escuridão copiosa da noite; a espuma das ondas e as correntes oceânicas, poderosas e invisíveis; entre tantas outras metáforas elaboradas por ele para explicar as relações e as diferenças entre as diversas formas da experiência apresentam-nos um Braudel não apenas metódico, de grande perspicácia política e um estrategista meticuloso, mas também um homem sensível, leitor de Michelet e de sua *História da França*, ao mesmo tempo austero e fraternal.

Fernand Braudel (1902-1985) dispensa maiores apresentações. A influência da historiografia francesa no Brasil nos leva a uma familiaridade com a obra e, em certa medida, também com a biografia dos grandes historiadores franceses. Braudel é ainda mais conhecido em função de sua participação na missão francesa de fundação da Universidade de São Paulo, em meados da década de 1930. Antes de sua experiência deste lado do Atlântico, Braudel já havia iniciado sua carreira como professor na França e na Argélia. Posteriormente também deu aulas nos Estados Unidos, além de algumas rápidas passagens pela Itália. Já no final da década de 1920 ele começa a recolher arquivos acerca da história do mediterrâneo. Na época, sua proposta de tese ainda seguia os modelos da história tradicional tal como era desenvolvida na Sorbonne. Pouco tempo depois, ao se aproximar de Lucien Febvre e das propostas de inovação da historiografia com os *Annales*, Braudel altera consideravelmente sua perspectiva de análise e passa a trabalhar em sua tese conforme a conhecemos. As primeiras palavras da biografia de Braudel elaborada por Pierre Daix são exemplares: "[...] pode parecer paradoxal circunscrever numa biografia factual o itinerário de Fernand Braudel, pioneiro de uma história que passou a ser estrutural [...]"[425]. É dessa passagem da história "tradicional" à história de longa duração que vamos nos ocupar. Buscaremos apresentar a contribuição de Fernand Braudel à historiografia contemporânea por meio de sua tese

7.2. O Mediterrâneo e o mundo mediterrânico na época de Filipe II

A obra *O Mediterrâneo e o mundo mediterrânico na época de Filipe II* é um marco para a historiografia. Braudel levou cerca de quinze anos recolhendo documentos em arquivos, museus e bibliotecas em diversos países às margens do Mediterrâneo. Iniciou a elaboração da escrita de sua tese pouco antes de ter sido feito prisioneiro em 1940. Foi no cativeiro que escreveu a maior parte do trabalho, com quase nenhum acesso aos materiais recolhidos nos anos anteriores, contando principalmente com a própria memória, além da ajuda, via correspondências, de sua esposa Paule Braudel e de Lucien Febvre. Após conseguir a liberdade em 1945, sua tese foi revista e concluída em 1946 e defendida no ano seguinte. A primeira edição do livro para o público

---

425. DAIX, 1999, p. 9.

data de 1949. O trajeto percorrido por Braudel para a elaboração de *O Mediterrâneo...* já é, por si só, um exemplo de dedicação à história, ao conhecimento e à busca pela liberdade – material e intelectual[426].

A tripartição temporal do livro é o ponto focal do trabalho de Fernand Braudel. A divisão da obra em três níveis temporais que se articulam por meio de uma dialética das diferentes durações marcou a história da historiografia como um ponto de inflexão vanguardista. Braudel repetiu diversas vezes que amava o Mar Interior. Em grande parte da história da humanidade, o Mediterrâneo foi o elo entre o Ocidente e o Oriente, assim como entre o mundo setentrional e o meridional. Por este mar circularam produtos diversos, pessoas comuns, grandes líderes, guerras, ideias, civilizações. Atribuir ao mar a função de personagem principal de uma história parece, neste caso, evidente. Todavia nem sempre foi assim. No início do seu trabalho, Braudel havia definido Filipe II como o personagem principal de sua tese. Ainda na década de 1920, uma história tradicional a partir de um grande ator da história parecia se adequar melhor às pesquisas em história da Sorbonne. O início de uma longa amizade que Braudel estabeleceu com Lucien Febvre o fez repensar a sua tese e alterar o núcleo da pesquisa por meio de uma variação de escala até então sem precedentes na história acadêmica. De Filipe II ao Mediterrâneo, Braudel não apenas alterou seu trabalho, mas estabeleceu um novo caminho para grande parte da historiografia francesa, e mesmo mundial, ao longo da segunda metade do século XX.

Quando é citada a dialética das durações, ou da tripartição temporal da obra braudeliana, nem sempre fica claro o quanto tal perspectiva foi inovadora no final da década de 1940, e mesmo o quanto ela significa ainda hoje. Os historiadores e os leitores dos livros de história estão, em geral, habituados com uma perspectiva temporal cronológica: as histórias "devem" ter um começo um meio e um fim, do passado mais distante ao mais recente, com uma lógica garantida pela cadeia causal que os fatos históricos, aparentemente, encerram entre si. Ainda que essa descrição da cronologia histórica possa parecer simplista e ultrapassada, ela não é menos frequentada hoje do que foi 70 anos atrás. Outras possibilidades de cronologia, como a estratégia de inversão temporal, aparecem por vezes nos trabalhos dos historiadores, mas é uma ordem cronológica que orienta majoritariamente as produções historiográficas.

---

426. Sobre o processo de elaboração de sua tese, ver, entre outros: BRAUDEL, 2005; DAIX, 1999; BURGUIÈRE, 2006; BRAUDEL, 1995; BURKE, 1980; REIS, 1994; TREVOR-ROPER, 1972; FEBVRE, 1950.

A obra *O Mediterrâneo...* não foge, necessariamente, desse esquema, mas o articula de forma original ao compor uma sobreposição de várias cronologias. No prefácio à primeira edição do livro, Braudel empenhou-se em apresentar aos leitores como se dá a articulação entre os três níveis da obra. Segundo ele, cada uma das três partes da obra constitui em si mesma um ensaio explicativo. A divisão tripartite da obra de Braudel é igualmente temática e temporal. Cada uma das partes do livro estabelece conexões com outras disciplinas "auxiliares" conforme a estruturação do texto.

A primeira das partes, possivelmente a mais frequentada, estabelece uma fusão entre a história estrutural empreendida por Braudel com a geografia humana, tal como realizada na França, principalmente por Vidal de La Blache. A primeira parte de *O Mediterrâneo...* é caracterizada por uma geo-história de durações muito longas. A relação dos homens com o meio no Mediterrâneo é abordada de forma a reordenar as lentes pelas quais o pesquisador analisa o objeto. Há uma complementaridade entre geografia e história de uma perspectiva bastante singular. A divisão dos capítulos segue uma proposta manifestamente geográfica, com partes dedicadas às montanhas, planaltos e planícies; ao mar e aos litorais; ao clima; às cidades e rotas; há até mesmo um capítulo dedicado ao "maior Mediterrâneo", que inclui o deserto do Saara ao sul, os Mares Negro e Cáspio a nordeste, Antuérpia e Hamburgo ao norte e o próprio Oceano Atlântico a oeste. Podemos notar aqui o exemplo máximo do que Braudel costumava chamar de História Global; não se trata de fazer uma história de todo o mundo, de todos os tempos e civilizações, mas de exceder os limites colocados pelo problema de pesquisa com o intuito de tornar a explicação o mais ampla e significativa possível.

Na apresentação da primeira parte da obra, Braudel enfatizou a importância da geografia, como disciplina auxiliar da história e do tempo histórico, principal variável da pesquisa:

> Daí que as circunstâncias tenham concorrido para fazer surgir, através do espaço e do tempo, uma história ao retardador, reveladora de valores permanentes. Neste jogo, a geografia deixa de ser um valor em si mesma para se tornar um meio, ajudando a reencontrar as mais lentas das realidades estruturais, e a organizar uma perspectivação segundo uma linha do mais longo prazo. A geografia (à qual, como a história, podemos pedir tudo) passa assim a privilegiar uma história quase imóvel, desde que, evidentemente, aceite seguir as suas lições e aceite as suas divisões e categorias.
>
> (BRAUDEL, 1995, vol. 1, p. 33)

A longa duração que caracteriza a primeira parte da obra de Braudel é complementada pela extensão geográfica, tão substancial quanto a área de influência do Mar Mediterrâneo. A ampliação do recorte espacial da pesquisa favorece igualmente a expansão das temporalidades envolvidas. A adaptação e transformação do meio pela humanidade é um processo de longa duração. Como destacado anteriormente, a estruturação dos capítulos da obra segue uma orientação geográfica, mas a variável nodal para Braudel é essencialmente o tempo histórico alongado por sua conjugação com o espaço da geografia.

"Tínhamos a intenção, na primeira parte deste livro, de estar atento à constância, à permanência, aos números conhecidos e estáveis, às repetições, às bases da vida mediterrânica, às suas massas de argila bruta, às suas águas tranquilas ou que nós imaginamos tranquilas"[427]. Essa relação estabelecida por Braudel entre a história dos *Annales* e a geografia humana não é, todavia, mesmo na década de 1940, uma novidade. Tanto Lucien Febvre quanto Marc Bloch já buscavam estabelecer contextualizações geográficas para suas obras. Igualmente, nas décadas seguintes à publicação da tese braudeliana, os *Annales* mantiveram a aproximação entre história e geografia, principalmente após observar todos os resultados positivos obtidos por este amálgama.

Ao longo das décadas de 1960/1970 a produção dos historiadores dos *Annales* concentrou-se no modelo chamado de monografias regionais. As grandes introduções geográficas, as perspectivas sociais e econômicas e a demografia estiveram na base dessa historiografia. A definição dos problemas de pesquisa se dava a partir de uma região específica da França, seja mais urbana ou mais rural. A maior parte dos historiadores que posteriormente veio a constituir o que se chama de terceira geração dos *Annales* produziu suas teses segundo este modelo. Fica evidente a influência de Braudel na condução de parte da historiografia francesa, e mesmo mundial, ao longo das décadas que sucederam à publicação de sua obra magna.

Não se pode ignorar, contudo, a contribuição decisiva de um outro membro do grupo dos *Annales*, Ernest Labrousse, nesse período de expansão da historiografia *annaliste*. Labrousse destoava sensivelmente dos outros pesquisadores do grupo. Tinha formação em Direito, uma visão política socialista marxista, e uma pronunciada disposição aos estudos históricos alicerçados na demografia e na economia, ponto que o aproximava dos *Annales*. Braudel se destacou como o grande orientador institucional e referência para pesquisa histórica entre os alunos que buscavam instruírem-se nos

---

427. BRAUDEL, 1995, p. 395.

quadros do *Collège de France*, e, em especial, nos domínios diretamente comandados por ele: a VI Seção, o *Centre de Recherches Historiques* e a *Maison dês Sciences de l'Homme*. Labrousse, por outro lado, ficou mais conhecido como o orientador dos pesquisadores alunos de pós-graduação, como o responsável pela formação de uma nova geração de *annalistes*.

Ainda sobre a primeira parte da obra *O Mediterrâneo...*, Braudel a caracteriza como uma história "quase imóvel". As muito lentas transformações dos processos históricos abordados, em geral imperceptíveis para os atores históricos que as vivenciam, representam bem as chamadas "prisões de longa duração". A história material do Mediterrâneo ao longo de séculos, e por vezes milênios, é reconstruída por Braudel por meio do estabelecimento dos ciclos restaurados em função das estações, das mudanças climáticas e da circulação de bens e serviços. A cultura, as mentalidades e os estilos de vida também são considerados por ele como prisões de longa duração, todavia estas outras dimensões das sociedades são tratadas apenas na segunda parte da obra. A geo-história que constitui a sua primeira parte é justamente intitulada de "O Meio", cujo foco, portanto, se destina à vida material dos vários povos que compuseram a multiplicidade do Mediterrâneo.

O tempo apresentado na primeira parte de *O Mediterrâneo...* é necessariamente um artifício historiográfico. Isso porque ele só pode ser concebido por meio da reconstrução histórica. É um tempo estabelecido pelo historiador atendendo a necessidade de responder uma pergunta histórica colocada pelo pesquisador. Por se tratar de processos de muito longa duração, dificilmente seriam elementos passíveis de constar na consciência histórica dos sujeitos que os vivenciaram. Não resta dúvida de que as pessoas que experienciaram tais processos estiveram submetidas aos efeitos da condição histórica imposta por estas longas transformações. Todavia, a possibilidade de agir de forma consciente e situada sobre elas é pouco provável. O tempo histórico apresentado em "O Meio" segue uma tendência característica dos quadros epistemológicos do século XX – do marxismo, da semiologia, da psicanálise, da antropologia, da filosofia analítica, entre outras, culminando no estruturalismo – de descentralização dos sujeitos e da ação situada em favor de processos inconscientes, da macro-história, de um tempo indiferente às subjetividades. Neste ponto se evidencia a face estruturalista de Fernand Braudel.

Há uma dimensão determinista na obra de Braudel. O meio é apresentado, por um lado, como um limitador das possibilidades de ação, e, por outro, como imposição da necessidade de adaptação aos povos que circundavam o Mar Mediterrâneo. Não apenas o espaço, mas também o tempo longo se impõe aos sujeitos. As estruturas de longa duração determinam a vida no Mediterrâneo de Braudel. Nessa primeira parte da obra encontramos alguns exemplos de histórias individuais. Essas histórias, contudo, servem, na maior parte das vezes, como demonstrações dessa determinação do espaço e do tempo sobre as pessoas. Isso não quer dizer que o historiador francês não reconhecesse a pluralidade dos diferentes estilos de vida às margens do Mediterrâneo. A diversidade dos povos e das formas de adaptação ao meio são constantemente destacadas por ele. Mas o determinismo do espaço e do tempo longo sobre as diferentes sociedades é uma constante. Ao se afastar do voluntarismo de Lucien Febvre, Braudel acaba por se apresentar como uma referência para a necessária adaptação do estruturalismo à ciência histórica.

A primeira parte de *O Mediterrâneo...* assinala a centralidade da longa duração como referência temporal para os trabalhos do grupo dos *Annales*. Lucien Febvre e Marc Bloch, antes de Braudel, já realizavam suas pesquisas a partir de durações estendidas: Febvre, leitor de François Simiand, via na curta duração, característica das pesquisas desenvolvidas pelos historiadores ligados à História Metódica, um elemento a ser combatido pela Nova História; Bloch, mais próximo do pensamento sociológico, atribuía grande importância aos longos períodos de permanência das estruturas sociais, e demonstrava interesse pela sincronia histórica, cujo exemplo maior são as pesquisas de história comparada das sociedades rurais europeias. Mas o trabalho de Braudel elevou a importância da longa duração a um patamar de destaque. Ele costumava afirmar que a "dialética das durações", ou seja, o diálogo entre diferentes estratos temporais coexistentes, entrelaçados e mutuamente determinantes era o caminho para uma história total, para realização de uma pesquisa capaz de revelar de forma plena a historicidade da experiência humana. Mas os críticos e os leitores atentos da obra de Braudel são unânimes quanto ao destaque concedido por ele à longa duração. De fato, considerando a obra na sua integralidade, a vinculação entre os diferentes tempos da história aparece. Todavia, estes liames são reforçados por uma arquitetura elaborada por Braudel na passagem de uma à outra parte do texto. Mesmo que a experiência humana no tempo, por si só, já esteja constituída por esta relação entre diferentes temporalidades, o trabalho de configuração textual do historiador merece destaque. A dialética das durações, na obra de Braudel, não é isonômica: as três partes da obra são exemplos de trabalho sério e comprometido de um pesquisador singular, mas a primeira delas, em função da dimensão temporal, ganha necessariamente destaque. Anos depois, Jacques Le Goff afirmou com toda razão que a longa duração foi "a mais fecunda das perspectivas definidas pelos pioneiros da história nova"[428].

A segunda parte de *O Mediterrâneo e o mundo mediterrânico na época de Filipe II* é intitulada "Destinos coletivos e movimentos de conjunto". As perspectivas econômicas se destacam, e a temporalidade começa a ficar cada vez mais centrada na segunda metade do século XVI. As civilizações às margens do Mediterrâneo são apreciadas tendo em vista a função de cada uma delas no comércio de bens materiais na região. O cenário comercial do século XVI é investigado a partir de um volume impressionante de fontes recolhidas ao longo de décadas. O trabalho de pesquisa e a forma de lidar com as fontes merecem destaque ao longo de todo o trabalho, mas nesta segunda parte a importância dos arquivos e o trato dos documentos são emblemáticos. Posteriormente a publicação da obra, críticas foram feitas a alguns números da economia mediterrânica apresentados por Braudel; todavia, tendo em vista o volume de documentos trabalhados por ele seria inexequível uma análise sem qualquer falha. Ademais, o esforço no sentido de elaboração de uma síntese de tal envergadura supera sobremaneira qualquer pequeno deslize. Ao longo das reedições da obra, boa parte desses equívocos foram corrigidos.

Além da estrutura comercial do Mediterrâneo, na segunda parte da obra também são discutidos elementos de religiosidade, demografia, transformações das técnicas bélicas, a constituição e as relações diplomáticas de longa duração entre os estados, além de outros temas de longa e média duração. Braudel afirma que nessa parte o foco é a história social e econômica, pilares do pensamento *annaliste*. Considerando a temporalidade central do problema estabelecido por Braudel entre os séculos XVI e XVII, seria de se esperar que a pesquisa ressaltasse justamente a perspectiva comercial, tendo em vista que se trata do período de apogeu do Mercantilismo. As especiarias orientais, os metais preciosos da América, o comércio de trigo e a navegação entre o Mar Mediterrâneo e o Oceano Atlântico são discutidos em vista das sociedades e impérios em disputa pelo domínio do mar e, consequentemente, da principal atividade econômica do período. Os impérios turco e espanhol são os principais atores na disputa acerca do domínio sobre o Mar Mediterrâneo, e dessa forma delinearam a História Moderna, ao lado de outras grandes transformações do período: o Renascimento Italiano, a exploração da América pelos europeus e a Reforma Protestante, para elencar apenas os mais destacados. Ao continente africano e ao

---

428. LE GOFF, 2005, p. 62.

Oriente ainda é reservado algum espaço, mas significativamente menor nesta segunda parte em comparação com a primeira. *A diminuição da escala temporal implicou uma diminuição equivalente da escala geográfica.*

Assim como na primeira parte da obra, o ponto de inflexão aqui são também as dimensões temporais, mas especificadamente as durações dos movimentos econômicos. O tempo histórico da segunda parte de *O Mediterrâneo...* é uma apropriação das durações características das pesquisas em economia. Esse tempo incorporado por Braudel em sua tese favorece a perspectiva de repetição dos processos históricos ao longo do tempo. É uma história de incessantes retrocessos e avanços; uma história cíclica, portanto. A ênfase concedida aos aspectos econômicos é ressaltada pela própria dimensão temporal proposta. Mas para além dos temas econômicos há uma reprodução deste tempo cíclico, na medida em que as outras faces das civilizações que também são tratadas nessa parte da obra seguem o mesmo modelo temporal, ao menos na proposta de reconstrução histórica elaborada por Braudel. Este tempo conjuntural de média duração da economia em geral, e do comércio em especial, é generalizado quando se aplica igualmente às relações sociais de produção, às variações de preços e à própria produção, este último aspecto apenas tangenciado por Braudel. Todas as durações apresentadas nesta segunda parte da obra são balizadas pelas durações dos ciclos econômicos.

Braudel não se furta de repetir diversas vezes o conceito de capitalismo ao tratar das questões econômicas dos séculos XVI e XVII. Esta questão será discutida posteriormente por ele em uma outra obra intitulada *Civilização Material, Economia e Capitalismo*. Todavia, já em *O Mediterrâneo...* fica claro o posicionamento de Braudel quanto à gênese e à conceituação do capitalismo: não se trata de uma transformação dos modos de produção, da geração de lucro por meio da exploração do trabalho, em sua apresentação de relação social de produção assalariada, que, por sua vez, tornar-se-ão predominantes apenas nos séculos seguintes. O capitalismo para Braudel está ligado essencialmente à circulação de mercadorias, ao comércio, à forma tipicamente burguesa de lucro – lembrando que estamos remetendo aos séculos XVI e XVII. "Resumindo: dois tipos de troca; um terra a terra, competitivo, pois que transparente; o outro superior, sofisticado, dominante. Não são os mesmos mecanismos nem os mesmos agentes que regem esses dois tipos de atividade, e não é no primeiro mas no segundo que se situa a esfera do capitalismo"[429]. Dessa forma, Braudel se afasta da

---

429. BRAUDEL, 1987, p. 42.

periodização proposta por Marx, em função de uma diferença estrutural na concepção da ideia de capitalismo. Isso não significa que ele não utilize noções explicativas do materialismo histórico, mas a referência teórica na base de sua proposta não é essa. Em termos marxistas, Braudel seria um circulacionista; é certo que tal epíteto não se aplica, na medida em que o materialismo braudeliano difere substancialmente do marxista, mas a comparação é válida para exemplificar seu pensamento. Há ainda mais uma implicação desse posicionamento de Braudel: foi partilhado entre grande parte dos historiadores brasileiros ligados ao marxismo a tese circulacionista. O maior exemplo é Caio Prado Jr. Outros, como Raimundo Faoro, pautados pelo referencial weberiano, também veem a gênese do capitalismo já no início da Modernidade, mas por uma outra via. Contudo, não devemos desprezar a grande influência do pensamento braudeliano na historiografia brasileira e como ela é, também, possivelmente, um fator para a difusão da concepção do engendramento capitalista ainda nos séculos XVI e XVII. Para a historiografia brasileira tal debate assume contornos especiais: ao discutir elementos de História Moderna, de História da América e inclusive de Brasil Colônia, a gênese capitalista é tema nodal. A visão singular de Braudel nessa matéria oferece uma terceira via entre as interpretações majoritárias, marxista e weberiana, sem alinhar-se ao materialismo histórico marxista e, por outro lado, concedendo muito menos espaço ao cultural e ao simbólico, tal como é característico da perspectiva weberiana. A história econômica e social de Braudel é, nesse sentido, ao mesmo tempo um misto de sincretismo crítico e originalidade.

O vínculo estabelecido de forma recorrente pelo autor entre as diferentes partes constituintes da obra demonstra bem o que Braudel veio caracterizar posteriormente, em uma entrevista conduzida por P. Burke e H. G. Koenisberger, como: "meu grande problema, o único problema a resolver, é demonstrar que o tempo avança com diferentes velocidades"[430]. Ao final da segunda parte da obra, as durações das três partes são apresentadas em função da interdependência, e até mesmo da impossibilidade de dissociação ou estratificação categórica:

> Por um lado, temos de classificar as conjunturas econômicas, por outro, as conjunturas não econômicas. Estas são para avaliar, para situar segundo a sua própria duração; dignas de se juntarem ao *trend* secular: os movimentos demográficos em profundidade, o tamanho dos Estados e dos Impérios (em suma, a sua conjuntura geográfica), a sociedade com

---

430. BURKE, 1992, p. 52.

ou sem mobilidade social, a força dos avanços industriais; dignas de ocuparem a fileira das conjunturas longas: as industrializações, ainda elas, as finanças dos Estados, as guerras... A classificação conjuntural ajuda-nos a construir melhor o edifício da história. Mas será ainda necessária muita investigação e muitas precauções. As classificações serão difíceis, sujeitas a caução. Assim, os movimentos longos das civilizações, as suas florações no sentido tradicional da palavra, surpreendem-nos e desconcertam-nos. A Renascença, entre 1480 e 1509, situa-se em período de evidente regressão cíclica; a época de Lourenço o Magnífico é, economicamente falando, uma época inepta. O Século de Ouro em Espanha e todos os grandes esplendores do século XVII, por todo o lado em Espanha, e mesmo em Istambul, situam-se depois da primeira grande viragem secular. Adiantei uma explicação – mas o que vale? Qualquer recessão econômica deixaria inerte nas mãos dos ricos uma certa quantidade de dinheiro. Uma prodigalidade relativa destes capitais impossíveis de investir criaria os anos, depois os séculos de ouro...

(BRAUDEL, 1995, vol. 2, p. 268-269)

Os esforços de Braudel no sentido de estabelecer uma dialética das durações resultam numa relativamente bem-sucedida fusão entre os tempos geográficos de longa duração e os tempos econômicos dos ciclos sempre recomeçados. Mas alguns pontos restam não totalmente harmonizados. Há uma evidente tendência a conceder mais importância aos movimentos de longa duração. Além disso, a relevância da última parte do trabalho parece ficar enfraquecida frente às duas primeiras, como podemos notar na apresentação à terceira parte da 2ª edição de *O Mediterrâneo...*

Só depois de muitas hesitações me decidi a publicar esta terceira parte sob o signo dos acontecimentos: ao fazê-lo assim, vinculo-a a uma historiografia francamente tradicional. Léopold von Rank reconheceria aí os seus intentos, a sua maneira de escrever e de pensar. Mas é evidente que uma história global não se pode reduzir apenas ao estudo das estruturas estáveis, ou lento progresso da evolução. Estas realidades permanentes, estas sociedades conservadoras, estas economias prisioneiras da impossibilidade, estas civilizações à prova de séculos, todas essas lícitas maneiras de distinguir a história em profundidade dão, na minha opinião, o essencial do passado dos homens, pelo menos aquilo que nos agrada considerar, na época em que vivemos, como o essencial. Mas este essencial não é a totalidade.

(BRAUDEL, 1995, vol. 2, p. 273)

Se a longa duração baseada na temporalidade característica da geografia conduz "O Meio", e as durações cíclicas da economia comandam os "Destinos Coletivos e Movimentos de Conjunto", resta à temporalidade da "história tradicional" o papel de orientar a parte "Os Acontecimentos, a Política e os Homens". O esforço empreendido por Lucien Febvre no sentido de condenar a "história tradicional", esforço posteriormente assumido por Braudel, parece ultrapassar os limites da crítica – que visa, na década de 1950 em diante, o estabelecimento de uma hegemonia institucional dos *Annales* na universidade francesa, diferente do que representou entre 1930 e 1950 – no sentido da preterir uma dimensão da experiência humana em favor da missão combatente. A história dos acontecimentos de Braudel não é a história da Escola Metódica, nem mesmo correlata ao modelo clássico do historicismo alemão. É, de fato, uma História Nova, atomizada e igualmente social na medida da proposta de renovação dos estudos históricos. Braudel parece ser exageradamente crítico ao próprio trabalho, já que elabora uma história das guerras da segunda metade do século XVI com uma originalidade e um senso de conjunto pouco antes vistos. Não se trata de uma história militar focada apenas nos campos de batalha, mas relacionada com a economia em especial, com as decisões políticas secundariamente e atenta às experiências de vidas individuais, ainda que apenas de forma tangencial. Em realidade, a terceira parte da obra estabelece os vínculos entre as durações anteriores de forma mais eficaz do que as introduções a cada uma delas arquitetadas por Braudel. As determinações das estruturas de longa duração e os rearranjos conjunturais se expressam na humanidade presente na terceira parte da obra, quase sempre como obstáculos à ação situada, mas elas estão lá. Mesmo assim, Braudel insiste:

> [...] São razões suficientes para que esta longa agonia, terminada em Setembro de 1598 [a morte de Filipe II], não seja um grande acontecimento da história mediterrânica. Para que se assinalem de novo as distâncias da história biográfica à história das estruturas e, mais ainda, às dos espaços...
>
> (BRAUDEL, vol. 2, p. 618)

Considerando o modelo temporal para a história estabelecido pelos próprios *Annales* nas décadas de 1950-1960, a última parte da tese braudeliana é factual, "acontecimental". Mas ainda assim um exemplo de história profissional, na qual o trabalho com as fontes e a capacidade analítica do autor são irrepreensíveis. A morte de Filipe II talvez não represente um grande acontecimento, como a mudança estrutural do principal eixo comercial mundial do Mediterrâneo para o Atlântico, por exemplo; mas é, sem dúvida, um acontecimento de primeira importância para a história do Mediterrâneo, mesmo que não reconhecido por Braudel como tal.

Assim está construído o edifício na história do Mediterrâneo segundo Fernand Braudel. A forma como este grande historiador francês recolheu as fontes para o seu trabalho, todo o esforço heurístico relacionado à elaboração da tese mereceria por si só uma pesquisa à parte. O volume de material trabalhado por Braudel para elaboração de *O Mediterrâneo...* se equivale somente à tese produzida posteriormente por Pierre Chaunu e Huguette Chaunu, *Sevilha e o Atlântico*. Aliás, a tese de Braudel serviu como referência para os historiadores dos *Annales* para a definição de perspectivas temporais, problemas de pesquisa, para repensar os objetos e os atores centrais, mas não como modelo para ser seguido em sua totalidade. Talvez apenas Pierre e Huguette Chaunu tenham se aventurado na elaboração de uma tese com tamanha envergadura, seguindo o modelo de *O Mediterrâneo...*

Há todo um debate sobre a designação do grupo de historiadores reunidos em torno da *Revista dos Annales*. É comum vermos a expressão Escola dos *Annales*. Outros pesquisadores preferem referir-se a estes historiadores como grupo dos *Annales*. Outros ainda rejeitam a ideia de uma unidade entre estes historiadores. De fato, ao longo dos quase cem anos de existência desta "corrente historiográfica", as diferentes perspectivas de análise da experiência humana no tempo se destacam mais do que qualquer unidade ou continuidade nos modelos de interpretação e explicação históricos. Ainda que entre as gerações dos *Annales* houvesse um alto grau de continuidade das perspectivas anteriormente desenvolvidas, a pluralidade e a transformação dos processos de elaboração de problemas históricos, de métodos e objetos privilegiados são paradoxalmente a marca dos historiadores que mais presaram pela continuidade e pela longa duração. Além da multiplicidade, outra questão é importante para definir um grupo de pesquisadores como uma escola. É necessário que exista uma obra de referência, um modelo de pesquisa no qual todos os profissionais dessa escola se baseariam. Na Escola Metódica há a obra escrita por Charles Seignobos e Charles--Victor Langlois *Introdução aos Estudos Históricos*. Nela são apresentados os princípios epistemológicos e os procedimentos de análise interna e externa dos documentos escritos utilizados pelos historiadores dessa escola. Não há muitas dúvidas quanto ao modelo a ser seguido. Há hoje um esforço no sentido da recuperação dos trabalhos desses historiadores. Mas essa redescoberta não remete a busca por uma parca variação de perspectivas, mas por uma relativização da distorção imposta pelo grupo dos *Annales* à historiografia metódica. De outra parte, a historiografia marxista também tem seus referenciais nodais, talvez não de forma tão evidente como os metódicos, mas o esteio do materialismo histórico se encontra em *Contribuição à Crítica da Economia Política* e *A Ideologia Alemã*. Já entre os pesquisadores ligados ao grupo dos *Annales*, tal obra de referência não existe. Temos os trabalhos de Lucien Febvre e de Marc Bloch, mas cada um deles com características próprias e objetos muito díspares. Possivelmente, a obra seminal dos *Annales* é *O Mediterrâneo...* Mas, como apresentado anteriormente, trata-se de um trabalho mais extraordinário do que arquétipo. É possível reconhecer na tese de Ernest Labrousse *Esquisse du mouvement des prix et des revenus en France au XVIIIe siècle* uma pesquisa que foi modelar para alguns pesquisadores das décadas de 1950 e 1960, apesar de sua primeira publicação datar de 1932, mas ainda assim apenas para parte dos *annalistes* do período. Segundo Paul Ricoeur, "o verdadeiro manifesto da Escola dos *Annales* seria a obra-prima inteira de Fernand Braudel, *La Méditerranée et le Monde méditerranéen à l'époque de Philippe II*"[431]. Ricoeur chama a tese de Braudel de "manifesto" e não modelo, na medida em que é a expressão última dos paradigmas apresentados pelos *Annales* desde a sua fundação, mas não uma pesquisa passível de ser reproduzida. Destaca-se também que Ricoeur faz referência aos *Annales* como "escola", afinal, o uso dessa categoria para remeter aos pesquisadores dos *Annales* já foi amplamente disseminado. Enfim, este debate serve menos para decidir entre as designações Escola dos *Annales* ou grupos dos *Annales*, mas para destacar a relevância da tese braudeliana para o conjunto das obras destes historiadores.

7.3. História e Ciências Sociais: A Longa Duração

Em 1958 Braudel publicou na Revista dos *Annales* o artigo intitulado "História e Ciências Sociais: A Longa Duração". Nesse mesmo ano, Claude Lévi-Strauss havia publicado a obra *Antropologia Estrutural*. Ambos os textos são manifestações das propostas de pesquisa desenvolvidas nos âmbitos do grupo dos *Annales* e da antropologia estrutural, respectivamente. Lévi-Strauss apresenta como é possível, por meio da apropriação da semiologia pela antropologia, estudar os componentes estruturais partilhados entre diferentes culturas. Nas palavras do antropólogo francês:

> Um antropólogo, considerando os traços fundamentais dos sistemas de parentesco característicos de várias regiões do mundo, pode tentar tra-

---

431. RICOEUR, 2010, v. 1, p. 168.

> duzi-los numa forma suficientemente geral para que tenha sentido até para um linguista, isto é, para que este possa aplicar o mesmo tipo de formalização à descrição das famílias linguísticas correspondentes às mesmas regiões. Uma vez efetuada essa redução preliminar, linguistas e antropólogos poderão se perguntar se modalidades diferentes de comunicação – regras de parentesco e casamento de um lado, linguagem do outro – tais como podem ser observadas na mesma sociedade, podem ou não ser ligadas a estruturas inconscientes similares. Em caso de resposta afirmativa, teríamos a certeza de havermos chegado a uma expressão realmente fundamental.
>
> (LÉVI-STRAUSS, 2008, p. 74-75)

Lévi-Strauss ressalta na passagem como antropologia e linguística compõem laços bilaterais de contribuição analítica. Os estruturalismos semiológico e antropológico estabelecem harmonias sem equivalentes na historiografia, em especial em função do sincronismo atemporal (ou semiatemporal) das regularidades; já a diacronia típica da lente histórica limita o emprego do estruturalismo em sua forma mais objetiva derivada da linguística. Isso não implica, contudo, a ausência da proposta estruturalista na historiografia braudeliana; pelo contrário, Braudel se apropria de forma muito singular do movimento preponderante entre as ciências sociais de meados do século XX, sem abrir mão da temporalidade própria da sua disciplina, e vai além: propõe um programa para estas ciências, orientado pela longa duração:

> Não sei se esse artigo muito claro, muito amparado, segundo o hábito dos historiadores, terá a aquiescência dos sociólogos e de nossos outros vizinhos. Duvido. Em todo caso, não é útil repetir, à guisa de conclusão, seu *leitmotiv* exposto com insistência. Se a história está destinada, por natureza, a dedicar uma atenção privilegiada à duração, a todos os movimentos em que ela pode decompor-se, a longa duração nos parece, nesse leque, a linha mais útil para uma observação e uma reflexão comuns às ciências sociais. É pedir muito, a nossos vizinhos, desejar que a um dado momento de seus raciocínios, reconduzam a esse eixo suas constatações ou suas pesquisas?
>
> (BRAUDEL, 2005, p. 75)

Ao buscar estabelecer um programa comum para as ciências sociais, Braudel realizou um duplo movimento. Por um lado, buscou asseverar a disciplina histórica no rol das ciências sociais. Tal posicionamento foi um dos sustentáculos do programa dos *Annales* – a interdisciplinaridade e a produção de uma historiografia sob o influxo das ciências sociais, tema discutido pormenorizadamente por José Carlos Reis (2000). Por outro lado, procurou garantir um lugar de destaque institucional para a história, como disciplina orientadora para as ciências "vizinhas". Não se tratava, apenas, de proclamar a longa duração como a mais profícua perspectiva de análise para responder aos questionamentos em voga ao longo do século XX, mas também de decretar o lugar de destaque da história entre as ciências sociais. Braudel era tão operativo como historiador quanto como político. A própria publicação do artigo *A História e as Ciências Sociais: A Longa Duração* logo após a coletânea de textos de Lévi-Strauss foi significativa. Buscou demonstrar a aplicação do estruturalismo na pesquisa histórica e foi além ao tentar estabelecer o lugar da cientificidade das ciências sociais pelo viés da matriz historiográfica: "Que se trate do passado ou da atualidade, uma consciência clara dessa pluralidade do tempo social é indispensável a uma metodologia comum das ciências do homem"[432].

A argumentação de Braudel neste artigo partia de uma constatação: as ciências humanas estavam passando por uma crise geral. Essa crise, contudo, não era uma crise relacionada à falta de produção, ou a um esgotamento das perspectivas e temáticas das ciências. Pelo contrário, tratava-se de uma crise engendrada pelo avanço das ciências desde a década de 1930. Todavia, esse avanço não seguiu o modelo de pesquisas coletivas interdisciplinares. A principal motivação atribuída ao artigo era buscar resolver esse problema, ao estabelecer um programa comum para ciências sociais. Para realização de tal proposta, seria preciso uma organização adequada dos vários pesquisadores, uma sistematização dos diversos departamentos de pesquisa segundo um quadro teórico adequado aos "novos tempos", capaz de superar o que Braudel chamou de "humanismo retrógrado". A estruturação deste projeto incluiria ainda um ponto de ancoragem comum a todas as ciências: a consciência da pluralidade do tempo, pressuposto epistemológico capaz de amalgamar as contribuições logradas pelas diferentes lentes observadoras da experiência humana. Se Braudel, em textos anteriores, ressaltava os grandes avanços obtidos pela linguística como exemplo para as outras ciências, como fazia Febvre antes dele, em 1958, por outro lado, destacou a necessidade do reconhecimento dos avanços da própria historiografia por parte das outras ciências sociais: "Ser-nos-á preciso muito tempo e cuidado para fazer com que todas essas

---

432. BRAUDEL, 2005, p. 43.

mudanças e novidades sejam admitidas sob o velho nome de história"[433]. Segundo ele, a história não era mais a perspectiva de curta duração encerrada na política, mas a ciência capaz de conduzir os esforços coletivos dos estudos das sociedades.

Além do projeto político evidente veiculado pelo artigo, Braudel apresentou de forma detida a metodologia utilizada há cerca de dez anos antes na elaboração de sua tese *O Mediterrâneo...* No artigo Braudel expôs as durações aplicadas em sua tese de maneira invertida, começando pela terceira parte dedicada aos acontecimentos políticos e às vidas individuais dos atores envolvidos na história do Mediterrâneo para, em seguida, passar à elaboração teórica das durações características das civilizações, destacando em especial os ciclos econômicos; enfim tratou da longa duração, de sua leitura do Mediterrâneo a partir do meio. Essa possibilidade de inversão da leitura da tese braudeliana foi destacada por vários comentadores de sua obra. Logo após a publicação da primeira edição, algumas sugestões nesse sentido já surgiram. Mas essa leitura foi especialmente divulgada por Peter Burke e Paul Ricoeur. Braudel seguiu esse modelo de leitura de sua tese possivelmente para evidenciar a dimensão temporal de seu trabalho, impondo ao tempo muito longo da geografia, em certa medida comparável à *quase* atemporalidade sincrônica da antropologia estrutural, a historicidade própria da pesquisa. Ricoeur nos mostra como a inversão das partes da obra pode cumprir a função de ressaltar a historicidade:

> [...] Braudel, com seu método analítico e disjuntivo, inventou um novo tipo de intriga: embora seja verdade que, até certo ponto, a intriga é sempre uma síntese do heterogêneo, a intriga virtual do livro de Braudel, ao conjugar temporalidades heterogêneas, cronologias contraditórias, ensina-nos a conjugar estruturas, ciclos e acontecimentos. Essa estrutura virtual permite, contudo, arbitrar entre duas leituras opostas de *La Méditerranée...* A primeira subordina a história factual à história de longa duração e a longa duração ao tempo geográfico: a ênfase principal recai então sobre o Mediterrâneo; mas então o tempo geográfico corre o risco de perder seu caráter histórico. Para a segunda leitura, a história continua sendo histórica na medida em que o próprio primeiro nível é qualificado de histórico por sua referência ao segundo e na medida em que o segundo deriva sua qualidade histórica de sua capacidade de trazer em si o terceiro: a ênfase recai então sobre Filipe II; mas a história factual fica privada do princípio de necessidade e de probabilidade que Aristóteles vin-

---

433. Ibid., p. 53.

culava a uma intriga benfeita. A intriga que envolve os três níveis dá um direito igual às duas leituras e faz como que se cruzem na posição mediana da história de longa duração, que se torna então o ponto de equilíbrio instável entre as duas leituras.

(RICOEUR, 2010, p. 358)

Essa inversão de leitura não significou, contudo, uma mudança na convicção de Braudel quanto à primazia do tempo longo. Em realidade, tratou-se de uma estratégia de reafirmação dos avanços e da importância da historiografia em meados do século XX frente ao intento de primazia das ciências sociais, ao menos segundo a perspectiva de enfrentamento herdado por Braudel de Lucien Febvre.

Após a publicação de sua tese, o historiador francês foi bastante criticado quanto à apreciação dos conceitos de evento e acontecimento. Um dos principais pontos que foi questionado diz respeito à identificação entre tempo curto e história política. Essa identificação serviu durante algumas décadas como foco da crítica realizada pelos *Annales* à historiografia metódica. Todavia, "a história política não é forçosamente ocorrencial, nem condenada a sê-lo", segundo as próprias palavras de Braudel em 1958 (p. 46). Se considerarmos inclusive as obras dos primeiros *annalistes*, podemos encontrar em Marc Bloch alguns exemplos de história política, em especial o seu livro *Os Reis Taumaturgos: o caráter sobrenatural do poder régio na França e Inglaterra*. Exemplo de um amálgama de perspectivas históricas, essa obra seminal de Bloch funde política, religião e cultura de uma forma bastante original e incontestavelmente diferente da história política tal como realizada pelos historiadores ligados à Escola Metódica. Não apenas a relação forçada entre tempo curto e história política foi reconhecida por Braudel como problemática, mas também que, entre os filósofos, o conceito de acontecimento é bastante mais elaborado do que a veiculação pouco meticulosa apresentada por ele em sua tese.

Segundo Ricoeur, a longa e média duração dos ciclos econômicos apresentados por Braudel na segunda parte de sua tese se tornam o ponto instável de equilíbrio entre a duração muito longa da geo-história e o tempo curto da história tradicional. De fato, os ciclos econômicos constituem a história do Mediterrâneo num registro que garante a historicidade da pesquisa sem, contudo, privilegiar a curta duração tão duramente criticada por Braudel. Todavia, ao discutir os caminhos da história baseados nas durações dos ciclos econômicos em 1958, Braudel é bastante crítico quanto ao legado do que chamou de "recitativo da conjuntura", em especial com os desenvolvimentos dessa perspectiva histórica concebida para estabelecer o elo entre a história econômica e a história social, ou como preferia dizer, a história das civilizações. Segundo ele, essa história de média duração deveria naturalmente evoluir para períodos mais longos, tornando-se cada vez mais integrada à longa duração. Nesse caminho, a história econômica e social estabeleceria o vínculo entre os ciclos longos – o *trend* secular, os ciclos de Kondratieff – e a história muito lenta da relação entre a sociedade e o meio. A história cíclica decairia naturalmente para longa duração. Mas não foi o que se observou com os trabalhos de Labrousse e seus orientados. Na mesma época da publicação de *O Mediterrâneo...*, Braudel identificou um refluxo da história cíclica no sentido do tempo da história tradicional. Dessa forma, ele ressaltou que, em sua tese, o recitativo da conjuntura se aproxima mais da longa duração da primeira parte do que da história tradicional que finda o livro. Diferenciou, portanto, seu trabalho de todo um conjunto de dissertações e teses produzidas sob a tutela de Labrousse, por muitos considerado um dos historiadores que constitui a chamada primeira geração dos *Annales*.

Ainda restava a Braudel apresentar a sua visão de um conceito que, apesar de remeter ao início do século XX, tornou-se central em meados do mesmo século: estrutura. Foi necessário todo um trabalho no sentido da adequação do conceito aos pressupostos dos *Annales*:

> [...] bem mais útil, é a palavra *estrutura*. Boa ou má, ela domina os problemas da longa duração. Por *estrutura*, os observadores do social entendem uma organização, uma coerência, relações bastante fixas entre realidades e massas sociais. Para nós, historiadores, uma estrutura é sem dúvida, articulação, arquitetura, porém mais ainda, uma realidade que o tempo utiliza mal e veicula mui longamente. Certas estruturas, por viverem muito tempo, tornam-se elementos estáveis de uma infinidade de gerações: atravancam a história, incomodam-na, portanto, comandam-lhe o escoamento. Outras estão mais prontas a se esfarelar. Mas todas são ao mesmo tempo, sustentáculos e obstáculos. Obstáculos, assinalam-se como limites (envolventes, no sentido matemático) dos quais o homem e suas experiências não podem libertar-se. Pensai na dificuldade em quebrar certos quadros geográficos, certas realidades biológicas, certos limites da produtividade, até mesmo, estas ou aquelas coerções espirituais: os quadros mentais também são prisões de longa duração.
>
> (BRAUDEL, 2005, p. 49-50)

Essa conhecida passagem do artigo de Braudel apresenta uma composição interessante. O conceito de estrutura, adaptado à história, é definido por meio de interdições. A estrutura em história representa a não transformação, a (semi-)imobilidade, os "obstáculos" dos quais não é possível libertar-se. O tempo da longa duração é percebido, na observação da experiência humana do passado, como a própria condição histórica, no sentido intransponível e opressor; a ferramenta conceitual para trabalhar tais realidades é definida conforme os objetos privilegiados da longa duração. Braudel teve que realizar uma manobra para adaptar o conceito de estrutura: da sincronia da linguística saussureana e da antropologia estrutural à diacronia da história. Portanto, se a longa duração é a perspectiva temporal medular para a história braudeliana, a estrutura deve representá-la. A ênfase não mais recai nas "posições" ou "locais" característicos da topologia estrutural; ou nos "sistemas", como preferia Saussure; ou ainda no "simbólico", como terceira ordem, ao lado do "real" e do "imaginário"[434]. Para Braudel, a estrutura deve ser uma expressão conceitual da longa duração.

Todo este trabalho no sentido de adaptar a estrutura à história pode levar a uma impressão de que o conceito foi descaracterizado. Não se trata, todavia, de uma descaracterização, mas de uma apropriação crítica, representativa da leitura epistemológica que Braudel fazia das ciências. Para ele, as outras ciências sociais – e suas ferramentas conceituais – eram geralmente consideradas auxiliares para a história. Portanto, não é a historiografia ou o tempo longo que deveriam se adaptar ao estruturalismo, mas o contrário. A história de *O Mediterrâneo...* é um exemplo de historiografia de longa duração, que sincretiza os principais avanços obtidos pelas ciências no último século (a primeira edição da obra foi publicada em 1949). Não apenas o estruturalismo foi apropriado criticamente por Braudel para realizar sua pesquisa, mas também a geografia possibilista de Vidal de La Blache (por influência de Lucien Febvre), e a geografia determinista alemã de Friedrich Ratzel; os ciclos das ciências econômicas, também adaptados para compreenderem, por vezes, períodos mais longos que os geralmente utilizados pelos economistas; até mesmo a chamada História Tradicional foi parte das ferramentas de Braudel para elaborar a terceira parte de sua obra magna. Nenhuma dessas formas de abordar a experiência humana, porém, funcionou como modelo transposto de outras disciplinas à historiografia braudeliana. Nem mesmo as propostas de renovação historiográfica dos fundadores dos *Annales* foram assumidas sem questionamentos e adaptações. Assim, o artigo de Braudel publicado em 1958 buscou

---

434. DELEUZE, 1974.

mostrar como história e estruturalismo não são formas de conhecer excludentes, como defendido por grande parte dos intelectuais franceses da época, principalmente os estruturalistas. Braudel não só reagiu a ideia, muito difundida na época, de que a epistemologia dominante do período era avessa à história como estabeleceu um plano diretor para as ciências sociais orientado pela história.

Superar a oposição estabelecida entre o estruturalismo e a história, todavia, não seria tarefa tão simples:

> Se o estruturalismo se opôs a uma filosofia acadêmica, também atacou uma outra e antiga disciplina, instalada, canonizada, segura de si mesma e de seus métodos: a história. É um outro traço dominante do estruturalismo essa desestabilização não somente da história como disciplina universitária, mas também da historicidade em geral. Faz-se então a guerra contra o historicismo, o contexto histórico, a busca das origens, a diacronia, a teleologia, para fazer prevalecer as permanências, as invariantes, a sincronia, o texto fechado sobre si mesmo. A Escola dos *Annales* reagiu a esse desafio, em dois momentos, com Fernand Braudel em 1958, que preconiza a longa duração e a tripartição temporal como linguagem comum a todas as ciências sociais, sob a batuta do historiador, e, no final da década de 60, com a desconstrução da história, a história fragmentada, a história antropologizada da terceira geração dos *Annales*. A crítica literária estruturalista, a semiologia, começa a definir-se ao repudiar a história. É certo que precisava desvincular-se de uma história acadêmica, tradicional, a do homem e sua obra, mas levou muito longe a negação do esclarecimento histórico numa preocupação de formalização que cortou por inteiro o referente psicológico ou histórico.
>
> (DOSSE, 2007, p. 485)

O trabalho de Braudel no sentido de tentar fagocitar o estruturalismo nesse momento foi apenas parcialmente bem-sucedido. O conceito passou a cada vez mais fazer parte do vocabulário dos historiadores, mas as distâncias seguras se mantiveram. Noções como "matemáticas sociais" e "história quantitativa" ainda eram majoritárias, apesar de não se tratarem de sinônimos de "história estrutural". Como colocado por Dosse, no final da década de 1960 a situação começou a mudar. História e estruturalismo já não eram mais antagônicos, mas o amálgama não se deu como Braudel parecia projetar. A história se tornou antropológica com a Nova História da terceira geração dos *Annales*. Contrariamente ao projeto de submissão do estruturalismo ao tempo dos historiadores, concretizou-se um movimento sinérgico. Em 1971 a Revista *Annales:*

Économies, Sociétés, Civilisations publicou um número significativo, intitulado *Histoire et Structure*, com textos dos principais nomes dos *Annales* na época, além de artigos assinados por Claude Lévi-Strauss, Michel Pêcheux e outros renomados autores. A antropologização da história levou a um incontornável vínculo com a estrutura. O principal arauto da antropologia histórica foi André Burguière. Vários de seus textos são testemunhos dessa fusão entre história e antropologia, inclusive a apresentação à edição da revista dos *Annales* supracitada, a qual Burguière abre com a seguinte afirmação: "A guerra entre a história e o estruturalismo não terá lugar"[435].

7.4. O conjunto da obra de Fernand Braudel

Entre as décadas de 1950 e 1990, a obra de Braudel, em especial sua tese e o artigo de 1958, foi constantemente comentada, enaltecida e, em menor medida, também criticada[436]. Seu trabalho continua a ser a grande referência da historiografia dos *Annales*. Após mais de 20 anos como diretor da *Revuedes Annales*, em 1968 Braudel deixou o cargo. Em 1972 deixou também a presidência da VI Seção da *École pratique dês Hautes Études*. Mas seu trabalho como historiador, e sua paixão pelo período moderno, continuou em plena atividade. Em 1979 Braudel publicou outra grande obra: *Civilisation matérielle, économie et capitalisme, XVe-XVIIIe siècle*. A temporalidade explorada nesta obra remete à de sua tese lançada 30 anos antes. Todavia, são destacadas as condições econômicas do mundo moderno e, em especial, do Antigo Regime francês. Os tempos longos, os médios e os curtos, que em sua síntese constituem a dialética das durações, mantêm suas funções na construção do edifício temporal braudeliano, mas a temporalidade cíclica característica da segunda parte de *O Mediterrâneo* configura, ainda mais que em sua tese, o ponto médio desta nova obra. Braudel alterou ligeiramente suas perspectivas e incorporou novos elementos da historiografia dos anos 1970. Em sua essência, contudo, continuou sempre fiel à sua visão da história, elaborada – e por ele engendrada, inclusive – ainda na primeira metade do século XX. A publicação de *Civilisation matérielle* causa tanto entusiasmo na comunidade dos historiadores quanto a sua tese. A obra tornou-se rapidamente uma referência para os estudos de História Econômica e de História Moderna; adquiriu seu espaço no debate acerca da gênese e desenvolvimento do capitalismo, espaço domi-

---

435. BURGUIÉRE, 1971, p. 1.

436. Nas referências foi incluída uma seção sobre os principais textos de comentaristas e críticos da obra de Fernand Braudel.

nado pelas perspectivas marxistas e, por fim, constitui um novo exemplo da historiografia dos *Annales*: ressalte-se "dos *Annales*", mas não necessariamente da chamada História Nova, então já plenamente constituída e até mesmo contando com sua própria profissão de fé, o dicionário *La Nouvelle Histoire*, dirigido por Jacques Le Goff, Roger Chartier e Jacques Revel, publicado um ano antes, em 1978[437].

L'Identité de la France, publicado postumamente (1986), é o terceiro dos pilares da obra de Braudel. Diferente dos dois anteriores, neste livro notamos uma face íntima de Braudel, então um pesquisador já muito experiente e que se coloca mais abertamente no texto. Uma obra inacabada, mas plena de sentido. Ao longo da vida, Braudel edificou sua produção historiográfica na mesma perspectiva que adotou em cada um de seus livros: no primeiro movimento, o de sua tese, parte da mais longa duração, do mundo mediterrânico, vasto, antigo e imponente, com suas determinações sobre os modos de vida de toda a Europa e, inclusive, da França, além de vastas regiões da Ásia, África e até mesmo da América. Passou então à conjuntura, aos desenvolvimentos do capitalismo, às civilizações materiais, modernas, à transição de longa duração entre o mundo antigo e o novo que caracteriza o Período Moderno. Por fim, buscou circunscrever suas análises à França, suas raízes culturais e materiais, ao sentimento de pertencimento necessário ao povo francês e, em especial, à sua própria experiência: depois da ocupação alemã da França e o cativeiro vivido por Braudel, *L'Identité de la France* é uma declaração de liberdade. A estratificação característica da dialética das durações extrapola a dimensão temporal na obra de Braudel no sentido de abarcar toda a sua vida profissional: de uma história das obras a uma história do historiador, o modelo se mantém consistente, íntegro.

Fernand Braudel não se dedicou a grandes debates teóricos. Pouco historiadores identificados com os *Annales* o fizeram. Vale lembrar a profissão de fé que abre a revista dos *Annales*: "Não por meio de artigos metodológicos, de dissertações teóricas. Pelo exemplo e pelo fato"[438]. Não obstante, podemos afirmar sem hesitar que Braudel é um dos autores mais importantes para a teoria da história, e também para a história da historiografia contemporânea. Poucos intelectuais foram capazes de identificar as transformações da vida, das experiências do tempo e das ciências como ele, ao longo

---

437. Não podemos esquecer também da trilogia *Faire de l'histoire: Nouveaux problèmes, nouvelles approches, nouveaux objets*, dirigida por Jacques Le Goff e Pierre Nora, publicada em 1974, traslado da Nova História em suas relações com a tradição dos *Annales*.

438. BLOCH, Marc; FEBVRE, Lucien, 1929, p. 2.

do traumático século XX. Braudel viveu plenamente o seu século, os avanços e tragédias. Sentiu no corpo e na consciência o cativeiro, o arco 1914-1945, e além, com a Guerra Fria e todas as outras consequências mais ou menos trágicas destes grandes conflitos. Vivenciou a transformação da consciência histórica e da condição humana, a crise dos princípios iluministas.

Todas estas mutações levaram à necessidade de realinhar as ciências que têm as relações humanas como objeto. Nessa conjuntura, a tendência é de voltar-se às bases da disciplina. E foi isso que Braudel fez, dedicando sua obra ao Tempo: a lente pela qual o historiador espreita e contempla o mundo. "[...] a história é uma questão de olhar e de visão: ver em melhores condições, *de forma mais abrangente e profunda*, além de ver em termos de verdade, *trazer à luz o que tinha permanecido invisível*, mas também fazer ver" (HARTOG, 2011, p. 14-15, grifo nosso). Hartog não escrevia sobre Braudel nessa passagem, mas a apropriação é válida posto que o representa muito bem. A dialética das durações compreende o olhar do historiador mediado pelas lentes das diversas durações. Ao adotar tal problema, o do tempo, como fio condutor de sua obra, Braudel levou diversos historiadores ao redor do mundo (entre os quais me incluo) a questionar o tempo histórico, base do pensamento historiográfico, hoje tema medular entre os historiadores. É nesse sentido que afirmamos a importância de Fernand Braudel para a teoria e história da historiografia contemporâneas.

Terceira Parte

Algumas questões historiográficas

8
As muitas conquistas do México: como um mesmo conflito do século XVI foi narrado ao longo do tempo[439]

Luís Guilherme Assis Kalil
Luiz Estevam de Oliveira Fernandes

8.1. Introdução

Em 13 de agosto de 1521, após um longo cerco marcado por batalhas, epidemias e escassez de alimentos, a cidade de México-Tenochtitlan foi tomada por forças lideradas pelo espanhol Hernán Cortés. Nos 500 anos que nos separam desse evento, ele passou por inúmeras reinterpretações. Teria sido a queda de um império pelas mãos de outro? A derrota dos indígenas para os europeus? Um símbolo da marcha inexorável da civilização sobre os povos inferiores? Mais uma das disputas locais entre grupos nativos com os espanhóis atuando como meros coadjuvantes? Poderíamos continuar citando outras questões ainda por um bom tempo. A rigor, até mesmo as palavras que escolhemos como título de nosso texto podem – e foram – problematizadas. É possível falar de uma Conquista? Que México é esse que teria sido derrotado? Uma cidade? Uma região? Um império? Teria Cortés realmente liderado as forças invasoras ou era apenas mais um líder guerreiro no meio de muitos?

---

439. Uma primeira versão deste trabalho foi publicada pela Revista *História da Historiografia* (vol. 12, n. 30, p. 71-103, 2019) com o título Narrando a Conquista: como a historiografia leu e interpretou os acontecimentos ocorridos no México entre 1519 e 1521. Agradecemos aos editores da revista pela gentileza de ceder os direitos de publicação.

A disputa pela memória desses acontecimentos iniciou-se antes mesmo da queda da cidade. Cortés já havia enviado escritos ao rei, assim como, posteriormente, outros soldados e oficiais espanhóis. Nos anos seguintes, grupos indígenas registraram suas versões, muitos deles destacando sua atuação nos conflitos. Ex-combatentes de outras partes da Europa e da África também escreveram sobre suas participações ou foram mencionados nos tantos textos produzidos. Mesmo após a morte da última testemunha desses eventos, livros, poemas, pinturas, esculturas entre vários outros registros permaneceram sendo produzidos e, ainda que com mudanças fundamentais ao longo do tempo, continuam até hoje, quando são celebrados – se é possível utilizar essa palavra – os quinhentos anos da queda de México-Tenochtitlan.

Neste texto analisaremos a relação entre estes registros do século XVI e a historiografia produzida a partir do século XIX sobre a Conquista, abordada aqui principalmente em sua acepção bélica, a tomada por armas de um determinado reino ou Estado[440]. Mais do que apenas um balanço historiográfico, pretendemos analisar a historiografia da Conquista de México[441] tendo como eixo as mudanças produzidas por sucessivas gerações de pesquisadores.

Mesmo sabendo que a Conquista foi narrada como História (malgrado o que significava esse termo em diferentes contextos) desde os seus contemporâneos, utilizaremos como ponto de partida as reflexões sobre tais eventos produzidas nos Estados Unidos e no México a partir de meados do século XIX. No primeiro caso, faremos referência especificamente ao historiador norte-americano William H. Prescott, cujos escritos sobre o tema continuam sendo extremamente influentes mais de um século e meio após sua publicação. Como exemplo da permanência dessa obra como referência ainda hoje, a despeito das inúmeras críticas recebidas desde seu lançamento, podemos nos afastar do ambiente acadêmico e adentrar no complexo mundo dos algoritmos de sites de compra. Ao realizarmos a busca pela expressão "Conquest of Mexico" no site norte-americano da Amazon, o livro de Prescott aparece não apenas como primeira opção, mas três vezes nas cinco sugestões iniciais.

Já em relação ao México, abordaremos a historiografia nacionalista que leu e debateu a obra de Prescott, produzindo novas versões e interpretações daquele evento. Em um país recém-independente, preocupado em inventar suas raízes históricas e

---

440. Para concepção diferente de Conquista, cf. as análises de Robert Ricard sobre o processo de Conquista espiritual realizadas a partir da década de 1930.
441. Para a importante diferenciação entre Conquista "do" México e "de" México-Tenochtitlan, cf. SANTOS 2014, p. 218-232.

fundar um passado nacional, olhar para o período pré-colombiano e para os eventos que resultaram na derrota militar dos mexicanos e na fundação da Cidade do México era um movimento quase natural. Assim como no caso de Prescott, selecionamos esse conjunto de autores mexicanos pelo fato de suas reflexões continuarem sendo reproduzidas e debatidas até hoje.

É evidente que esses historiadores do século XIX baseavam suas obras em textos produzidos anteriormente. Prescott, por exemplo, era leitor atento de William Robertson, presbiteriano escocês autor de *The History of America* (1777), um *best-seller* do período das Luzes sobre o continente americano. No entanto, a versão de Robertson sobre a Conquista, estreitamente associada à teoria da degeneração americana defendida por autores como o Conde de Buffon e Cornelius de Pauw[442], deixou de ser uma matriz historiográfica fecunda. Argumentos como o de que a América seria muito jovem – e, por isso, débil e imatura – apontados por Buffon, ou decadente e recoberta por miasmas que degenerariam seus habitantes impedindo o surgimento de "homens doutos", indicados por de Pauw, não encontram mais espaço nas pesquisas sobre o tema[443]. Em outras palavras, partimos neste artigo do terreno que continua fértil atualmente em termos historiográficos.

8.2. 1519-1521: uma periodização possível

Antes de analisarmos esse conjunto de reflexões sobre a Conquista, consideramos pertinente apresentar um breve esboço dos eventos ocorridos na região do Vale do México, especialmente na cidade de México-Tenochtitlan, entre os anos de 1519 e 1521. Resumir em poucas páginas um conflito complexo, multiétnico e marcado por versões muito divergentes sobre momentos-chave e silêncios reveladores é um esforço já realizado por muitos autores, sempre com enormes dificuldades. Não pretendemos aqui fazer uma nova tentativa de tarefa tão ingrata, mas apenas indicar alguns eventos, locais e personagens relevantes para a compreensão dos debates que abordaremos a seguir.

Seguindo a proposta apresentada por Eduardo Natalino dos Santos (2014), podemos dividir os mais de dois anos que separam a partida da expedição liderada por Hernán Cortés até a queda de México-Tenochtitlan em quatro grandes períodos. Nos primeiros meses, a expedição, que inicialmente deveria buscar náufragos de empre-

---

442. GERBI, 1996, p. 19-76.
443. DOMINGUES; SANTOS, 2017.

sas anteriores, explorou a Península de Iucatã. Apenas dois dias após tocarem a terra firme tiveram contato com representantes enviados por Montezuma (soberano de México-Tenochtitlan), o que inviabiliza interpretações que destacam o desconhecimento dos astecas em relação à atuação dos espanhóis na região. Ainda no período inicial, estabeleceram contato com diferentes grupos indígenas e com espanhóis remanescentes de entradas anteriores, como Gerónimo de Aguilar, que passou a atuar como intérprete dos espanhóis por compreender a língua maia, francamente falada na área. Outro nome importante para a comunicação com os indígenas foi Malinche, uma das escravas nativas entregues aos espanhóis por um soberano local como parte da proposta de trégua decorrente da Batalha de Centla, realizada próximo à cidade maia--chontal de Potonchán[444].

É atribuída a essa fase inicial uma passagem emblemática da imagem heroica de Cortés que, como veremos, perdurará por séculos. Segundo alguns relatos, para evitar possíveis traições e deserções, o líder espanhol teria ordenado que os barcos responsáveis por trazê-los da ilha de Cuba até o continente fossem queimados. Pesquisas recentes, como a de Matthew Restall (2019), sugerem o contrário. Longe de um ato personalista de Cortés, semelhante à travessia do Rubicão empreendida por Júlio César antes de tomar Roma, teria havido uma decisão conjunta para encalhar – e não queimar – as embarcações. Não se trataria de uma ameaça aos seus homens ou uma atitude que visava impedir o retorno às ilhas caribenhas em caso de fracasso, mas uma tentativa de facilitar a recuperação dos principais equipamentos presentes nas embarcações, que seriam úteis para a continuidade da expedição.

Ainda nesses primeiros meses, os espanhóis entraram em contato e firmaram alianças com grupos indígenas tributários dos astecas (os totonacas, entre outros) ou seus inimigos de longa data, como os tlaxcaltecas. Daqui em diante, fica claro que não estamos mais falando de uma expedição espanhola, mas de uma enorme coligação multiétnica que incluía peninsulares, totonacas, tlaxcaltecas e outros povos americanos, além de escravos de origem africana. Ainda que a liderança seja atribuída a Cortés, a tradição de documentação indígena problematiza esse papel e o dilui entre vários comandantes de destaque, como Xicotencatl, o moço, de Tlaxcala. Sem esses "capitães" indígenas a expedição, como se deu, teria sido inviável.

---

444. Malinche não atuou apenas como intérprete, mas também teve um relacionamento e um filho com Cortés. Existe uma vasta produção a respeito dessa indígena, sendo possível fazer uma análise, semelhante à realizada nesse artigo, dedicada aos vários papéis atribuídos a ela ao longo do tempo, que vão da aproximação com símbolos religiosos indígenas e cristãos até como exemplo de traidora dos indígenas ou expressão da mestiçagem e da identidade mexicana.

Entre os vários conflitos travados nesse período destacamos o Massacre de Cholula. Os eventos ocorridos nesse importante centro religioso mesoamericano servem como exemplo marcante das dificuldades que envolvem as pesquisas sobre a Conquista. Tanto o número de mortos quanto os desdobramentos que levaram ao conflito entre as tropas de ataque e os cholultecas, após alguns dias de relativa paz, geram intensos debates. As interpretações vão desde as que ressaltam a violência e a cobiça extrema dos espanhóis até aquelas que os retratam como atores secundários manipulados pelos tlaxcaltecas, interessados em punir Cholula por ter estreitado relações com Montezuma. No entanto, independentemente da abordagem proposta, é inquestionável que a matança realizada nessa cidade gerou repercussões por toda a região.

A primeira fase da Conquista se encerraria em novembro de 1519, com a chegada dos cerca de 500 espanhóis e milhares de indígenas de diferentes grupos à cidade de México-Tenochtitlan. Novamente, as dúvidas e divergências entre os relatos chamam a atenção. Para alguns autores, Montezuma, atônito diante dos acontecimentos, teria rapidamente se rendido a Cortés, permanecendo por meses em uma espécie de prisão domiciliar até ser assassinado. Outros pesquisadores argumentam no sentido oposto, ressaltando que o líder indígena não apenas teria se mantido no poder como teria atraído os espanhóis com o objetivo de "colecioná-los", mantendo-os na cidade como símbolo de sua superioridade até, eventualmente, sacrificá-los em um ritual religioso.

Semanas após esse encontro, Cortés partiu com forças espanholas e indígenas para combater a expedição de Pánfilo de Narváez enviada pelo governador Diego Velázquez com ordens para prendê-lo. Como substituto na capital asteca, Cortés deixou Pedro de Alvarado, responsável por ordenar a matança de indígenas durante uma cerimônia religiosa realizada pelos sacerdotes nativos no Templo Mayor. Como resultado, os mexicas[445] reagiram, cercando os invasores na parte central da cidade. Ao

---

445. Temos falado em mexicas, nahuatls e astecas no texto. Nahua é um termo que se refere aos falantes de dialetos nahuatls que se espalhavam por toda a Mesoamérica e parte da América Central. Mexicas, por sua vez, eram os habitantes de México-Tenochtitlan (e também México-Tlatelolco), cidade que governava o que se convencionou chamar de "Império Asteca". Tal império, na verdade, era uma confederação de cidades que havia expandido seu domínio por terras que iam da costa do Oceano Pacífico ao Atlântico, incluindo diversas etnias tributárias. No entanto, a região não era inteiramente controlada, cidades como Tlaxcala nunca se subordinaram a esse "império". Asteca, por fim, é um termo que começou a ganhar espaço principalmente a partir do século XIX para enfatizar a origem dos mexicas, uma vez que muitos relatos coloniais apontavam que esse grupo indígena teria peregrinado de uma região mítica ao norte, denominada Aztlan, até receberem um sinal divino para fundarem a cidade de México-Tenochtitlan. Nesse sentido, os astecas seriam o "povo de Aztlan".

mesmo tempo, Montezuma foi assassinado em condições pouco claras. Entre as principais hipóteses estão a que atribui sua morte a uma pedra lançada por algum de seus súditos revoltados com a situação de seu tlatoani e a que acusa os espanhóis, acossados diante da revolta dos locais. Mesmo com o retorno de Cortés, o cerco permaneceu por alguns dias até a "Noite Triste", massacre perpetrado pelos mexicas contra os invasores de sua cidade. Durante a fuga, cerca de mil espanhóis e vários milhares de nativos aliados morreram.

Seguindo ainda a periodização proposta por Santos (2014), o terceiro momento da Conquista seria marcado pelo recuo dos espanhóis e seus aliados até a cidade de Tlaxcala, onde recompõem e ampliam seus acordos com grupos nativos e recebem novas levas de espanhóis. Ainda no final de 1520, forças espanholas e indígenas realizaram novos ataques a México-Tenochtitlan, culminando, em maio de 1521, com o cerco à cidade e início da última etapa da Conquista. O isolamento forçado e a consequente escassez de água e alimentos aceleraram o enfraquecimento de uma cidade já assolada pelos conflitos anteriores e por doenças até então desconhecidas no Novo Mundo, como a varíola (que vitimou o novo tlatoani, Cuitláhuac, irmão mais novo de Montezuma). Em 13 de agosto de 1521, após meses sitiada, México-Tenochtitlan, então liderada por Cuauhtémoc, primo de Montezuma, foi invadida e derrotada. A partir de seus escombros passou a ser construída a Cidade do México, que em poucos anos se tornou a capital do vice-reino espanhol da Nova Espanha.

É evidente que os conflitos militares na região do Vale do México e, mais amplamente, na Mesoamérica não se encerraram nessa data. Contudo, para parte significativa dos autores que abordaremos nas próximas páginas, trata-se de um momento decisivo, visto como um marco da atuação espanhola no Novo Mundo ou mesmo da Modernidade como a conhecemos. Mais uma vez, alertamos que a escolha das fontes muda essa lógica: se nos ativermos a documentos produzidos por tlaxcaltecas, por exemplo, como o *Lienzo de Tlaxcala*, veremos que as guerras de Conquista se prolongaram por décadas.

8.3. O "paradigma Prescott"

A primeira grande referência contemporânea sobre a Conquista do México é, indubitavelmente, o historiador norte-americano William H. Prescott. Seu *History of the Conquest of Mexico* (1843), junto com sua obra sobre a Conquista do Peru (1847), alcançou um impacto imediato e duradouro, se tornando um sucesso editorial nos dois lados do Atlântico. No México, onde a intelectualidade local procurava formas de elaborar sínteses históricas sobre a pátria, o interesse foi tamanho que duas traduções, quase simultâneas, foram feitas[446].

Sediado em Boston, Prescott começou seus estudos nos anos de 1820, quando abandonou a prática do Direito e passou a se dedicar à Literatura. Por conta da estreita amizade com George Ticknor, pioneiro intelectual hispanista nos Estados Unidos, Prescott passou a pesquisar literatos espanhóis, como Miguel de Cervantes. Seu reconhecimento acadêmico ganhou impulso com a publicação de *History of Ferdinand and Isabella* (1837). Em uma época em que os arquivos – quando existiam – eram muito desorganizados, Prescott foi obrigado a lançar mão de contatos com diversos intelectuais e livreiros europeus que lhe remetiam material solicitado, pago de seu próprio bolso, filho de família rica e tradicional que era. A própria decisão de investigar os feitos dos Reis Católicos utilizando fontes primárias representou um marco na historiografia norte-americana, ao romper com a História eminentemente nacional produzida até então: ainda que os norte-americanos de princípios do século XIX lessem história europeia, ninguém produzia algo inédito sobre outra parte do mundo[447].

O sucesso dessa obra o encorajou a seguir com o projeto de mapear a constituição do Império Espanhol no século XVI, agora analisando as Conquistas do México e do Peru, entendidas como partes fundamentais desse processo. Respeitando a ordem cronológica, Prescott abordou inicialmente os eventos ocorridos no México. Ainda que composto por sete livros, seu *History of the Conquest of Mexico* é dividido em três grandes partes. A primeira delas, considerada como sua "parte filosófica", aborda as "Antiguidades indígenas" e as "origens da nação". Nela, podemos observar que Prescott trabalha com a concepção de que os índios não tinham História. Valendo-se de escritos de religiosos espanhóis do século XVI, como Bernardino de Sahagún e Francisco López de Gómara, o historiador ressalta a imagem dos grupos nativos como privados de temporalidade, marcados por profecias e, supersticiosos, vivendo sob o domínio exercido por seus sacerdotes. A segunda parte, definida pelo autor como a parcela verdadeiramente histórica do livro, é composta por uma longa descrição de eventos políticos relacionados à Conquista. A narrativa segue a fórmula do romance histórico: já nos preâmbulos da obra, expõe ao leitor o protagonista e o antagonista

---

446. A tradução de José María González de La Vega (1844) contou com comentários do intelectual conservador Lucas Alamán. Já a tradução feita por Joaquín Navarro (1844-1846) contém ilustrações e comentários do político e historiador José Fernando Ramírez.
447. KAGAN, 1998, p. 230.

da história, ainda que saibamos de antemão que os defeitos e vícios de origem do segundo serão superados pelas virtudes do primeiro. A intenção dessa divisão era clara para o autor: todo o livro deveria, à parte a violência nele contida, revelar a "história pessoal do herói que era a alma" de tudo aquilo[448]. Não por acaso, a última parte do texto é dedicada a uma biografia de Cortés.

Para Prescott, História e ficção eram distintas pelo compromisso com a verdade dos fatos que a primeira deveria ter. Mesmo assim, o texto escrito era, acima de tudo, uma narrativa e estava sujeito às suas regras até onde os documentos assim o permitissem. Ou seja, havia uma interessante combinação – comum a muitos de seus contemporâneos – entre o uso rigoroso das fontes (e, nesse sentido, uma valorização deles como heurística para se chegar à verdade histórica) e o cuidado literário do texto. Uma obra autoral como a sua tinha que agradar pela fruição estética e pela congruência das informações. A História, com o sentido de passado em si, repousava na mão modeladora do autor; precisava ser contada, narrada.

A interpretação da Conquista feita por Prescott, centrada no gênio heroico de Cortés, tornou-se extremamente influente. Mas não imaginemos que foi ele o inventor dessa fórmula. O historiador norte-americano valera-se de fontes espanholas coloniais, em especial, do texto sobre o tema publicado por Antonio de Solís, de 1684. A própria decisão de continuar seu livro para além da queda de México-Tenochtitlan deu-se, em parte, para se distanciar do texto do escritor espanhol. Sua opção pelo protagonismo de Cortés, no entanto, coincide com a de Solís que, por sua vez, ecoava os cronistas espanhóis do século XVI, muitos deles inclinados a inflacionar os feitos cortesinos e diminuir a atuação indígena. Ou seja, a narrativa de Prescott punha fim ao mundo indígena, que saía de uma "filosofia", de uma descrição de seus modos de vida descolada do tempo histórico, para chegar, como elemento antagônico, ao jogo histórico da Conquista capitaneada por Cortés. Se isso como conteúdo já podia ser visto em Solís e outros cronistas; como narrativa, canonizava-se em Prescott.

Se o projeto de Prescott era justamente mostrar o auge do Império Espanhol, é fácil entender como seus textos estabeleceram em solo norte-americano aquilo que Richard Kagan[449] chamou de "Paradigma Prescott": "uma maneira de entender a Espanha como a antítese dos Estados Unidos". Nessa leitura, a Espanha caminhava apartada do restante da Europa, vista como protestante, e seus ideais de Império se

---

448. PRESCOTT, 1843, p. xi.
449. KAGAN, 1998, p. 229-253.

opunham à visão *whig* de Prescott sobre o que deveria ser uma República. Esse paradigma seria pautado em elementos como o anticatolicismo, a crítica do absolutismo e a defesa do livre-comércio e das liberdades individuais.

Extrapolando a tese inicial de Kagan, podemos observar que Prescott cristalizou outros paradigmas duradouros. Em sua interpretação sobre a Conquista, há um choque. Por um lado, a figura do bom selvagem, dócil, repleto de qualidades, mas supersticioso e inferior ao europeu; por outro, o discurso da razão, da civilização e da urbanização como elementos julgadores e hierarquizadores. Nesse sentido, o historiador valorizou o pensamento espanhol, que seria mais racional e superior ao dos astecas e incas, com suas crenças mágicas que abarcavam o canibalismo e os sacrifícios humanos. Baseando-se majoritariamente na atuação e nos escritos de Cortés sobre a Conquista, Prescott relatou como um punhado de homens (superiores) conquistou um sem número de indígenas (inferiores) porque não haveria outra forma de ser: a civilização sempre triunfaria sobre formas menos evoluídas de sociedade.

8.4. O reverso da moeda: a vilificação de Cortés no México do século XIX

Em 1835, a então distante e isolada província do Texas rebelou-se contra o governo central mexicano. A criação da República do Texas e sua posterior incorporação aos Estados Unidos gerou uma guerra contra o México. Inicialmente, as ações bélicas favoreceram os mexicanos contra as tropas texanas. Mas a entrada do exército norte-americano no conflito somada a erros estratégicos do outro lado inverteram o jogo. Como resultado, o México teve a capital invadida, com tropas inimigas desfilando pelo Zócalo (praça central da cidade), além de perder aproximadamente metade de seu território.

Prescott não só foi contrário à Guerra Mexicano-Americana como um forte opositor da doutrina do Destino Manifesto e da política do então presidente norte-americano James K. Polk (1845-1849). Em 15 de maio de 1846, dois dias antes da declaração de guerra feita pelos Estados Unidos, o historiador, que já havia criticado a anexação do Texas, escreveu em carta[450] que pensava o conflito à luz de exemplos históricos de povos que se afundaram em pretensões de grandeza e imperialismo. No entanto, embora fosse abertamente contrário ao conflito, seu livro foi consultado como um guia pelos soldados norte-americanos, o que, curiosamente, o deixou

---

450. Carta a George Sumner, irmão do abolicionista Charles Sumner (WOLCOTT, 1970, p. 597).

envaidecido[451]. A interpretação do conflito contra os mexicanos como uma segunda Conquista do México[452] se alastrou tanto que vários editores sugeriram a Prescott que escrevesse um livro abordando a história da guerra como uma espécie de continuação da derrota de Montezuma. O historiador, no entanto, nunca escreveu tal obra.

Impactado pelos conflitos contra os Estados Unidos, autores mexicanos, muitos deles jovens políticos e intelectuais liberais, voltaram suas atenções para a Conquista, questionando a então recorrente interpretação que a identificava como um feito cortesino. Alguns desses autores consideravam-se *mestizos*, como Vicente Riva Palacio, ou indígenas, por exemplo, Ignacio Manuel Altamirano, o que contribuiu para a mudança na representação de que os índios e, principalmente, a história indígena tinham recebido até então. Não sem encontrarem vozes dissonantes, nomes como Lorenzo de Zavala e José María Luis Mora, além dos citados acima, ressaltavam em seus textos a glória de Cuauhtémoc em detrimento do protagonismo de Cortés. Nessa perspectiva, o último tlatoani passa a ser retratado como "o obstinado guardião do México livre e independente, cuja tortura e assassinato expunham os abusos do sistema colonial", do qual se buscava livrar o país dos seus resquícios[453]. Na mesma linha, Ignacio Manuel Altamirano[454] sintetiza essa dicotomia entre o "líder mexicano" e Cortés, afirmando que "em todas as partes Cuauhtémoc é o herói e Cortés o bandido".

O diálogo entre Prescott e alguns autores mexicanos revela importantes aspectos acerca das interpretações sobre a Conquista produzidas no período. Em sua troca de correspondências com Lucas Alamán, o historiador norte-americano revelou grande interesse pelo destino dos restos mortais de Cortés. O intelectual mexicano respondeu que sabia do paradeiro, mas manteria o sigilo, temendo possíveis atos de vandalismo provenientes da atitude antiespanhola ainda presente no país. Prescott

---

451. Registros indicam que o historiador alegrou-se muito quando foi informado pelo Secretário da Marinha de que os tripulantes do U.S.S. Delaware haviam solicitado exemplares de seu livro para a biblioteca de bordo. Ele atendeu ao pedido e doou para todas as outras embarcações da armada estadunidense (JAKSIĆ, 2007, p. 378).

452. Donald E. Pease (2006) lembra-nos que os norte-americanos fizeram analogias diretas entre a narrativa de Prescott e a campanha que realizavam: "*Upon reading Prescott's account of the Spanish conquest, U.S. soldiers propagated the belief that the Prescott epic fore told their second conquest of Mexico. As they envisioned the empires of Montezuma II (1466–1520) and Hernan Cortes (1485–1547) giving way to their resistible force of the 'empire of liberty' they were bringing to the Mexican people, the troops associated this contemporary strugg lewi the vents from the past of civilization itself*".

453. FULTON, 2008, p. 5-47.

454. ALTAMIRANO, 1886, p. 7.

redarguiu lamentando não poder incluir a localização em seu novo livro sobre o México, mas afirmando compreender as razões do silêncio. O que não conseguia entender era o rancor contra os espanhóis, proveniente de sua própria progênie: "Alguém pensaria que os mexicanos se consideram descendentes dos índios e não dos espanhóis"[455].

Reflexos desse diálogo podem ser identificados no livro de Prescott, onde ele afirma que uma "turba patriótica" "se propunha a romper a urna que continha os restos de Cortés", concluindo que "os homens que planejaram esse desmando não eram os descendentes de Montezuma vingando a seus ancestrais, mas os descendentes dos antigos conquistadores"[456]. Por passagens como essa, seu livro recebeu críticas em solo mexicano que apontavam sua predileção por Cortés e consequente filiação ao "lado espanhol". A questão das fontes utilizadas para analisar a Conquista também foi identificada como aspecto negativo da obra, marcada pela ausência ou pouco uso de documentação indígena. Um de seus maiores críticos foi José Fernando Ramírez. Apesar de ocasionais elogios, o intelectual e político liberal mexicano fez várias ressalvas que deixavam transparecer seu orgulho nacional ferido, especialmente em relação à imagem dos astecas como bárbaros e selvagens feita por Prescott. Ao redarguir a noção de que o próprio idioma *náhuatl* seria uma língua não musical, o mexicano foi irônico, afirmando que um "ouvido acostumado a harmonias como as do *Yankee Doodle* dificilmente pode ser um juiz competente". Ramírez estava convencido de que a única forma de aceitar uma História da Conquista seria se ela fosse escrita por seus próprios descendentes, os mexicanos modernos. Dessa forma, as reflexões sobre o passado do México tomariam características de "um julgamento de família, tendo em mente que a justiça seria feita aos próprios progenitores. Nós podemos, assim e somente assim, conceber a esperança de ter uma história da Conquista completa, imparcial e crível"[457].

Na Era da Reforma (entre o final dos anos 1850 e início dos anos 1860), período de amplas reformas liberais e de um impulso laicizante no México, a historiografia mexicana se modernizou, com o aporte de interpretações influenciadas pelo Positivismo e o Darwinismo. Em 1857, um decreto tornou a chamada *Historia pátria* obrigatória no currículo das escolas secundárias. Quatro anos depois, nova lei ressaltou a necessidade de se ensinar História e civismo nas escolas. Essa fase consolidou

---

455. *apud* JAKSIĆ, 2007, p. 332.
456. JAKSIĆ, 2007, p. 367.
457. *apud* RUTSCH, 2004, p. 89-122.

no México o que pode ser chamado de "neoastequismo", cujo auge se deu durante o Porfiriato[458]. Cuauhtémoc ganha ainda mais destaque como personagem central da Conquista, culminando com a inauguração, em 1888, de um grande monumento em sua homenagem no *Paseo de la Reforma*[459]. De acordo com Guillermo Prieto e outros autores do período, o estoicismo de Cuauhtémoc exemplificava o espírito inconquistável do México, ao passo que a tortura a que ele foi submetido mostrava as crueldades dos espanhóis[460].

Com a publicação de sua primeira síntese histórica nacional, *México a través de los Siglos* (1889), organizada por Vicente Riva Palacio, a Conquista passou a ser vista como mais um evento da História mexicana, logo, natural e inevitável. Um trauma, mas absorvido na identidade da nação. A visão liberal e teleológica do nacionalismo é visível em muitos trechos da obra, que retrata um mundo asteca sem coesão e, por isso, frágil, justamente por não ter uma unidade nacional. Tal coesão fora abortada pela Conquista e só se concretizaria nos idos pós-Reforma.

Em síntese, podemos observar que, fosse sob o prisma de uma história imperial espanhola associada às atitudes do "gênio da raça" Cortés, fosse sob a lógica da história nacional mexicana, a Conquista marcou o século XIX como um evento incontornável, traumático e definidor. Os universos anterior e posterior a ela eram radicalmente distintos. Partindo de documentação hispânica, Prescott identificou nesse conflito a emergência do Império Espanhol. Os doutos mexicanos, por sua vez, redarguiram, fazendo referência a outras fontes, como relatos indígenas e evidências arqueológicas, que indicariam o doloroso nascimento de um mundo *mestizo*, interpretação que dava mais protagonismo a heróis caídos astecas do que ao "infame" Cortés.

A geração de intelectuais mexicanos do início do século XX aprofundou essa visão. Para o arqueólogo Manuel Gamio (1992, p. 3-6), por exemplo, o indígena era o principal ator histórico e artífice da nação mexicana. Como sustentáculo da identidade nacional, deveria ser louvado e exaltado, protegido pelo povo e governo. Por sua vez, o filósofo Samuel Ramos afirmou que os indígenas do seu presente padeciam de um mal advindo da Conquista. Quando os astecas se antagonizaram aos conquistadores,

---

458. Período que vai do final do século XIX até o início da Revolução Mexicana marcado pelos governos do general Porfírio Díaz.
459. A difusão da imagem de Cuauhtémoc como símbolo da Conquista pode ser observada em vários outros meios, como na famosa pintura *El suplicio de Cuauhtémoc* (1893), de Leandro Izaguirre, reproduzida em vários livros didáticos do período.
460. FERNANDES, 2012, p. 231.

duas raças se opuseram, mas também houve um embate dos nativos mexicanos com a civilização e a dominação que ela pretendia impor: "Ao nascer, o México encontrou-se em um mundo civilizado [...]. Dessa situação desvantajosa, nasce o sentimento de inferioridade que se agravou com a conquista, a mestiçagem e até pela magnitude desproporcionada da Natureza"[461]. Para Ramos, os indígenas vivos seriam resquícios de seus antepassados que se apequenaram diante da chegada de uma civilização católica e europeia que lhes impôs uma dominação bélica e uma subjugação política. Inferiorizados, internalizaram o sentimento de pequenez diante do México *mestizo* que se descortinava. Essa mescla de inferiorização do indígena vivo e supremacia da mestiçagem marcaria, em sua visão, o México como nação. Raciocínios díspares como os desses dois autores eram calcados na mesma visão histórica da Conquista como um evento divisor de águas e criador da nacionalidade mexicana, ao menos de seu estágio embrionário.

8.5. A Conquista como trauma ou como continuidade

Em 1959, um livro lançado no México tornou-se um enorme sucesso de vendas em vários países e ponto de virada na abordagem historiográfica sobre o tema: *Visión de los Vencidos*. Resgatando fontes astecas pós-Conquista, o antropólogo e historiador Miguel León-Portilla apresentava uma "História vista de baixo", na qual a Conquista do México passava a ser narrada sem a necessidade de documentos espanhóis. A partir de trechos de códices, poemas, relatos de *mestizos*, depoimentos de anciãos entre outros documentos, a história dos "vencidos" punha em relevo a violência da Conquista e o desmonte do mundo indígena, consolidando a voz de quem anteriormente pouco falava na historiografia[462].

León-Portilla foi profundamente influenciado pelo humanismo católico e indigenista de seu professor Ángel María Garibay, frade, filólogo e linguista pioneiro no estudo das culturas mesoamericanas, em especial do náuatle. Garibay fundou a revista *Estudios de Cultura Nahuatl* e o *Seminario de Cultura Nahuatl*, em que ensinava fundamentos da literatura e linguística indígena. Antes disso, havia traduções competentes do náuatle apenas na Alemanha, como as de Konrad Preuss, o que levava muitas publicações mexicanas desta documentação a serem, na realidade, traduções

---

461. RAMOS, 1999, p. 51.
462. LEÓN-PORTILLA, 1987, p. 9-12.

do alemão para o espanhol. Junto da geração de Ramos e Gamio, Garibay foi responsável por pensar tais textos como literatura, elevando o *status* da produção indígena no ambiente universitário, transformando-a em patrimônio literário mexicano[463].

Algumas das principais fontes utilizadas por Garibay e León-Portilla foram os escritos indígenas coletados por religiosos do século XVI. Em especial, os relatos dos "informantes" do franciscano Bernardino de Sahagún. O projeto educacional dos irmãos menores no México pós-conquista era ousado. Tinha como centro o Colégio de Santa Cruz de Tlatelolco, fundado em 1536 com o ambicioso intuito de formar os filhos da nobreza indígena em latim, filosofia e teologia, instrumentos considerados necessários para a criação de um clero autóctone. Tlatelolco gerou excelentes latinistas e serviu como centro de estudos das culturas indígenas, tendo Sahagún como um de seus principais nomes.

Em meados do século XVI, ganhou força a crença de que era necessário examinar com maior minúcia os detalhes da "fé pagã", recolhendo-os por meio de anciãos informantes e uma rede de escribas e tradutores indígenas. Com esse ímpeto, Sahagún reuniu 12 volumes de depoimentos conhecidos como *Códice Florentino*. Nele, buscava conhecer os pormenores da cultura do outro para melhor extirpá-la. Contudo, o franciscano registrou várias vezes em seus escritos sua admiração pelo mundo indígena que transcrevia e recriava, comparando o universo náuatle ao greco-romano. Logo, algumas das premissas de Garibay e León-Portilla já constavam do suporte que consultavam para acessar as fontes que lhes interessavam promover e estudar. Os documentos, como ordenados e comentados em *Visão dos Vencidos*, refletem um cenário pessimista frente ao impacto devastador da Conquista, vista como uma crise sem precedentes denunciada na voz de sacerdotes e anciãos nativos saudosos de um mundo que colapsara.

Em 1978, León-Portilla, ao organizar um volume sobre Literatura náuatle, novamente a equiparou às "grandes epopeias clássicas", como a *Ilíada*, especialmente por seu conteúdo trágico. Para ele, a Visão dos Vencidos era a "última e mais dramática expressão da antiga cultura, no momento em que perdia sua vida [...] o fim da evolução autônoma de sua própria cultura e o princípio do trauma e sujeição a outros"[464]. A associação entre tragédia e trauma, presente desde a obra de 1959, é uma revalidação, em bases freudianas, da narrativa piedosa e cristã produzida no século

---

463. Ibid., p. 167-180.
464. Ibid., p. 365-366.

XVI pelo dominicano espanhol Bartolomé de Las Casas em obras como a *Brevísima relación de la destrucción de las Indias* (1552)[465]. León-Portilla amplia esse sentido trágico da Conquista, equipara-o ao passado clássico (como já ocorria em algumas de suas fontes) e, por fim, agrega a lógica do trauma, "uma busca de inteligibilidade, esforçando-se para evitar um estado de desamparo" em que indivíduos utilizariam uma percepção-signo ligada por simultaneidade à "experiência de pavor", a um evento traumático, catastrófico[466].

O potencial dessa explicação é enorme. Se a Conquista foi uma tragédia traumática que aniquilou um mundo clássico, a Nova Espanha amanhecia órfã de mãe indígena e ressentida com o pai espanhol. Essa força explicativa, no fundo, é a premissa que embasou grandes nomes da historiografia produzida nas últimas décadas, como Serge Gruzinski, em *O Pensamento mestiço* (2001), para quem foi a ausência de referências passadas, fruto do desmonte violento do mundo indígena, que põe para funcionar a intrincada engrenagem da mestiçagem.

Na mesma época, a história da América Latina estava se tornando um campo de investigação autônomo nos Estados Unidos. Com maciço apoio financeiro advindo da Lei de Educação de Defesa Nacional (1958) e da Fundação Ford, e sob o impacto da Revolução Cubana e do desenvolvimento dos Corpos da Paz[467], universidades norte-americanas receberam milhões de dólares em fundos para treinar especialistas nessa área. Como resultado, foram fundadas bibliotecas "latino-americanas" a partir da compra de imensos fundos documentais dos séculos XVI e XVII, além de serem criados centros de pesquisa e ser ampliado expressivamente o número de bolsas de estudos para trabalhos dedicados à região.

Nesse contexto, autores que já vinham pesquisando a América em tempos de Conquista desde o pós-2ª Guerra Mundial passam a ganhar destaque. Como exemplo, podemos citar o biólogo Sherburne F. Cook e o historiador Woodrow Borah que, juntos com outros pesquisadores da Universidade da Califórnia, formaram um grupo multidisciplinar conhecido como a Escola de Berkeley. Mais do que uma interpretação sobre a Conquista, o principal interesse desses autores era colocar em números relativamente precisos o tamanho do colapso populacional ocorrido no continente,

---

465. "[...] tudo o que ameaça a pretensa ordem e segurança diante da vida ou do mundo torna-se trágico. Desse modo, por exemplo, a vida dos índios e a dizimação vivida pelas populações indígenas são, para Las Casas, trágicas" (FREITAS NETO, 2003, p. 71).
466. BOTELLA, 2002, p. 166.
467. AVILA, 2015, p. 50-68.

bem como identificar suas principais causas[468]. A partir de documentos relacionados à cobrança de tributos por parte da Coroa espanhola, entre outras fontes que vão sendo agregadas ao longo de mais de duas décadas de pesquisa conjunta, Cook e Borah identificam a Conquista e seus desdobramentos como o evento responsável pela morte de aproximadamente 90% da população nativa americana, que poderia ter alcançado a cifra de 100 milhões de habitantes antes do contato com os europeus. Nessa concepção, a Conquista deixa de ser um evento de curta duração e passa a se confundir com o processo de colonização, pois boa parte das mortes de nativos adveio de causas outras que não o conflito armado. Ao mesmo tempo, a associação da Conquista à noção de trauma e ruptura ganha força ao observamos o cenário positivo traçado pelos autores sobre o período pré-colombiano, marcado pelo acelerado crescimento populacional e pela ausência de epidemias, e a defesa de que se tratou de um evento responsável por selar o destino do México até o presente: a Conquista teria impedido o país de se tornar uma nação indígena[469].

Outro pesquisador norte-americano cujas pesquisas causaram grande impacto a partir da década de 1960 foi Charles Gibson. Em seu *Aztecs under Spanish rule* (1964), o pesquisador formado em Yale recorre a uma ampla documentação indígena pós-Conquista para argumentar que, a despeito das mudanças ocorridas com a chegada dos espanhóis, existem inequívocas continuidades no cotidiano asteca. Em oposição a interpretações como a de indígenas vencidos, Gibson rompe com a perspectiva de "catástrofe" ou "trauma". A Conquista – "uma empresa cristã porque destruía uma civilização pagã" – ainda é interpretada por ele como o marco de uma clivagem: houve uma fragmentação das estruturas políticas dos grupos indígenas, a introdução do catolicismo gerou profundas alterações, costumes e hábitos foram abolidos ou alterados entre outros aspectos. Contudo, lógicas de senhorio, *status*, o papel de líderes nativos locais se reinventam ou se mantêm centrais durante muito mais tempo do que a ideia de derrota pode supor. Gibson vai além, ressaltando que o impacto da Conquista levou não apenas à manutenção de determinados aspectos, mas também à retomada de algumas características anteriores aos próprios astecas. A atuação espanhola teria, até certo ponto, reestabelecido organizações políticas indígenas associadas às comunidades locais,

---

468. Nicolás Sánchez-Albornoz ressalta o impacto das pesquisas de Cook e Borah, definindo-os como fundadores da "demografia histórica americana", cujos dados e métodos permanecem sendo debatidos ainda hoje (WAIZBORT; PORTO, 2018, p. 391).

469. COOK; BORAH, 1989, p. 278-279.

fazendo com que o Estado espanhol pudesse ser entendido como um meio de libertação responsável por devolver aos líderes locais sua "independência"[470].

Nas décadas seguintes, outros autores norte-americanos deram continuidade ao interesse pelas questões relacionadas à Conquista e seus efeitos. Em especial, destacamos James Lockhart, professor da Universidade da Califórnia e principal nome em torno da Nova Filologia. Movimento definido por alguns de seus próprios membros como uma "escola"[471], ela surge nos anos 1970 como um ramo da etno-história que buscava interpretar textos escritos em línguas nativas em busca do ponto de vista indígena. Mais do que um esforço de tradução, Lockhart e outros depois dele produzem um amplo levantamento e análise de fontes – muitas até então inexploradas – associado a um método que privilegia a empiria e a dedução em detrimento de pressupostos teóricos e posicionamentos políticos[472]. Em relação à Conquista, Lockhart compartilha a mesma lógica de Gibson, descrito como o responsável por uma virada em direção ao lado indígena das interações entre nativos e europeus[473]. Ambos identificam grandes continuidades para além das rupturas e destruições que teriam sido causadas pela Conquista. Não por acaso, em seu *A América Latina na época colonial* (1983), manual voltado para estudantes universitários escrito junto com Stuart B. Schwartz, Lockhart dedica poucas linhas às ações de Cortés e seus homens e à queda do principal centro urbano asteca, privilegiando aspectos como os "modos indígenas" e defendendo que, "sob os espanhóis, a Mesoamérica reproduziu em grande parte a organização da área na época pré-conquista"[474].

A grande diferença entre a perspectiva de Garibay e León-Portilla para a de Gibson e Lockhart, guardadas as especificidades das pesquisas de cada autor, ocorre em relação às fontes. Em geral, os dois autores mexicanos traduziram, compilaram e analisaram histórias extraordinárias, canções, preságios religiosos entre outros textos ligados à tradição sagrada e nobre dos indígenas, mas de alguma forma filtrados pelo crivo de religiosos espanhóis no século XVI. Já Gibson se concentrou na documentação que muitas comunidades locais produziram no período a partir dos registros pormenorizados de notários indígenas. No entanto, tal documentação ainda era produ-

---

470. GIBSON, 1990, p. 157-188.
471. RESTALL, 2003, p. 113-134.
472. Ibid., p. 126.
473. LOCKHART, 1992, p. 3-5.
474. LOCKHART; SCHWARTZ, 2002, p. 118.

zida majoritariamente em espanhol ou em formato aceito ou exigido pela burocracia espanhola, ou seja, destinados a serem documentos para autoridades civis, religiosas e militares hispânicas. Lockhart foi além e examinou textos escritos em língua náuatle também para propósitos de governo municipal e vida comunitária, como anais, *títulos primordiales*, contratos de compra e venda, atas de *cabildos* (incluindo *cabildos* indígenas), litígios e, sobretudo, milhares de testamentos e inventários. Dentro dessa nova perspectiva, a Conquista não se revela como trauma anunciador de uma tragédia cataclísmica, mas um reinvento forçoso, uma violenta etnogênese.

Associada a essa perspectiva, ganha cada vez mais força a ênfase na multiplicidade dos grupos indígenas, bem como as diferentes trajetórias percorridas por eles antes, durante e, principalmente, após a Conquista, o que fica evidente já nos títulos das principais obras de Gibson e Lockhart. Com tal afirmação, não pretendemos indicar que autores como Prescott, nacionalistas mexicanos do século XIX ou mesmo León-Portilla ignoram as diferenças entre os grupos indígenas. Contudo, muitas vezes, essa multiplicidade fica relegada ao segundo plano em detrimento de outras abordagens: o bárbaro, o mestiço, o índio mexicano, o vencido, o que é reforçado pela própria noção da Conquista como uma ruptura definitiva. Tomemos o caso de León-Portilla como exemplo. Mesmo tendo dedicado parte expressiva de sua vasta produção acadêmica a análises de documentos ou grupos indígenas específicos, o historiador mexicano defende em sua obra mais célebre que a concepção de índios vencidos abarca não apenas os derrotados nos enfrentamentos militares contra as forças lideradas por Cortés, mas também os grupos nativos que participaram do cerco a México-Tenochtitlan. Ao abordar os relatos produzidos por índios que firmaram alianças com os espanhóis, o autor defende que eles também integram a Visão dos Vencidos. Apesar de tlaxcaltecas e texcocanos terem lutado ao lado de Cortés, "as consequências da Conquista foram tão funestas para eles como para o resto dos povos nahuas. Todos ficaram submissos e perderam para sempre a sua cultura antiga". Não por acaso, León-Portilla encerra o apêndice de sua obra afirmando que buscou com ela "oferecer ao leitor contemporâneo um dos mais valiosos testemunhos deixados por um povo que teve consciência da história e do valor de suas próprias criações culturais"[475].

No outro lado do Atlântico, as questões em torno da Conquista também despertavam interesse crescente. Entre outros, podemos citar os estudos de Nathan Wachtel. Ainda que centrada na região andina, consideramos importante fazer referência à obra

---

475. LEÓN-PORTILLA, 1987, p. 18 e p. 175.

de Wachtel. Sua análise sobre o Peru é constantemente relacionada com eventos e escritos produzidos no – e sobre o – México do período da Conquista. Além disso, Wachtel estabelece um diálogo estreito com as análises, interpretações e conceitos trabalhados por autores como Charles Gibson e, principalmente, Miguel León-Portilla e a Visão dos Vencidos.

Em seu *Vision dês vaincus* (1971), Wachtel afirma que se aproximou desse tipo de abordagem na tentativa não apenas de combater, mas de inverter o eurocentrismo. Apesar de utilizar muitas fontes espanholas, o professor do Collège de France dedica grande espaço ao que identifica como documentação indígena, na busca por "fazer com que seus textos falem", revelando suas atitudes frente à Conquista. Ainda que adote a perspectiva de índios vencidos no próprio título de sua obra e ressalte as noções de trauma e ruptura, Wachtel, a exemplo de Gibson, dá grande destaque ao período posterior às vitórias militares lideradas por Pizarro e Cortés. Por um lado, a Conquista é descrita como um "traumatismo coletivo" que continuava marcando profundamente as estruturas mentais dos indígenas ainda no século XX, uma "despossessão do mundo" do qual "sobrevivem apenas as recordações da civilização perdida". Por outro, Wachtel enfatiza que vários aspectos do cotidiano indígena anterior à chegada dos europeus – ainda que desestruturados e sem o "cimento que os unia" – permanecem, como a importância das comunidades e líderes locais e os laços de reciprocidade que caracterizavam a região andina há séculos. A ruptura existe e é profunda, contudo, não é completa nem definitiva, devido à sobrevivência de importantes vestígios da antiga organização social e a uma "inquebrantável fidelidade à tradição". Essa premissa explica a atenção dada pelo autor a rebeliões e revoltas nativas ocorridas em várias partes do continente a partir de meados do século XVI, como o movimento milenarista andino do Taki Ongoy, a Guerra de Mixton e os conflitos contra os chichimecas na Nova Espanha, bem como sua conclusão, em que identifica os índios vencidos como responsáveis, em longo prazo, por uma "emocionante vitória"[476].

8.6. A Conquista através dos signos: o paradigma Todorov

Ao abordar sua escolha pela perspectiva da Visão dos Vencidos, Wachtel aponta como fatores importantes a influência de Ruggiero Romano[477] e a "experiência da

---

476. WACHTEL, 1976, p. 324-325.
477. Em estudo publicado em 1972, Romano descreve a Conquista como evento no qual uma cultura impôs sua predominância sobre a outra, sendo responsável por "deixar de herança" para o continente americano um regime senhorial com ecos feudais (ROMANO, 2007, p. 63).

Guerra, das perseguições e das vítimas"[478]. Para um judeu nascido pouco antes da 2ª Guerra Mundial, o choque entre indígenas e europeus teria gerado reflexões muito mais amplas e profundas.

Processo semelhante ocorre com Tzvetan Todorov, linguista búlgaro que fugiu do regime comunista de sua terra natal para desenvolver sua carreira na França. Explicitando e aprofundando o que Wachtel havia apenas indicado como possível influência, Todorov publica *La Conquête de l'Amérique: La question de l'autre* (1982), definindo-a como uma "história exemplar" a respeito da questão da alteridade. Nesse livro, o autor recorre a fontes já largamente analisadas, como os diários de Colombo, as cartas de Cortés e os escritos de religiosos como Bartolomé de Las Casas e Diego Durán, na tentativa de refletir sobre a "descoberta que o eu faz do outro". Com esse intuito, Todorov argumenta que, para além da superioridade tecnológica ou o impacto das doenças até então desconhecidas no Novo Mundo, o controle dos signos teria sido a principal chave para a vitória: "A conquista da informação leva à conquista do reino"[479]. Dentro dessa perspectiva, Cortés é retratado como um exemplo de homem moderno, ciente dos aspectos políticos e históricos de seus atos, que – ecoando Maquiavel – recorre a estratégias que buscam a compreensão do outro. Entre elas, Todorov destaca a importância ocupada pelos intérpretes, como Gerónimo de Aguilar e Malinche, e a preocupação do capitão com a interpretação que os indígenas faziam de seus gestos. Em oposição ao arguto Cortés, estariam os indígenas, liderados pelo hesitante Montezuma e incapazes de interpretarem os signos com a precisão e velocidade necessárias para reagirem às ações espanholas.

Ainda que tenha enfatizado muitas vezes que não buscou escrever uma história da Conquista, mas que partiu desse evento para elaborar uma reflexão sobre o presente, o livro de Todorov gerou, além do grande sucesso comercial, um forte impacto entre os pesquisadores do tema. Ainda hoje, uma breve pesquisa em livros didáticos e nos programas das disciplinas de História da América colonial nas universidades brasileiras deixa clara sua influência.

Seu sucesso foi acompanhado por uma extensa sequência de críticos, como Keith Windschuttle[480], que o associa a uma série de pesquisadores da segunda metade do século XX, cujo relativismo cultural estaria "matando a História". Para esse

---

478. DAHER, 2014, p. 259-276.
479. TODOROV, 2003, p. 148.
480. WINDSCHUTTLE (1996, p. 39-70).

pesquisador australiano, as "explicações culturais" sobre a Conquista minimizam aspectos mais importantes do que o controle dos signos, como as questões políticas, militares e tecnológicas além do impacto das doenças. No Brasil, Héctor Hernan Bruit busca inverter a leitura de Todorov, defendendo que "os conquistadores foram claramente enganados". A derrota militar seria apenas a "história visível" da Conquista. Silêncio, desobediência, mentiras, preguiça e embriaguez comporiam a parte "invisível" para os espanhóis, incapazes, em sua maioria, de compreender o outro[481]. Já Inga Clendinnen identifica na análise de Todorov contornos da "fábula prescottiana", pois manteria a imagem de europeus intelectualmente mais avançados diante dos atrasados nativos, o que não se confirmaria através da documentação, que revela desentendimentos e incompreensões de ambos os lados. Para além das críticas a Todorov, a autora argumenta que a identificação dos indígenas como bárbaros por parte dos espanhóis teria ocorrido apenas nos últimos meses de conflito, especialmente durante o cerco à cidade de México-Tenochtitlan. Contudo, essa mudança de comportamento teria sido ignorada pela historiografia, que homogeneíza a Conquista, identificando a radicalidade em relação ao outro como uma característica presente já nos primeiros contatos de Cortés com os grupos nativos[482].

8.7. Perspectivas recentes sobre a Conquista e os conquistadores

Em 1992, Steve J. Stern[483] buscou traçar o que considerava como as três principais abordagens sobre a Conquista utilizadas nas décadas de 1970 e 1980, bem como os possíveis perigos associados a cada uma delas. A interpretação que enfatiza o encontro cultural, "se levada longe demais, foge às dimensões cruciais da fluidez e do poder, as maneiras como a conquista induziu a fluidas lutas pela autodefinição e redefinição cultural em todas as facções". A perspectiva da Conquista como trauma e destruição, se levada ao exagero, "escapa à história dos ardis dos índios, de suas iniciativas, manipulações, resistências, que foram além do gesto inútil predestinado ao fracasso". Por fim, Stern cita a abordagem que privilegiava as respostas indígenas nas relações de poder estabelecidas com os espanhóis, cujo risco seria mais sutil: "o perigo de esquecer que nem todas as atividades indígenas tiveram como propósito reagir ao poder colonial e que algumas reações foram bastante indiretas".

---

481. BRUIT, 1992, p. 77-101.
482. CLENDINNEN, 1991, p. 66.
483. STERN, 2006, p. 59-60.

Como procuramos explicitar nas páginas anteriores, essas abordagens não são excludentes. Várias vezes encontram-se presentes simultaneamente nas obras de um mesmo autor. Além disso, estabelecem diálogos com interpretações muito mais antigas, o que reforça nossa perspectiva de que já no século XIX surgiram paradigmas explicativos sobre a Conquista que permanecem férteis ainda hoje. Buscamos, a seguir, identificar ecos, diálogos e críticas a esses paradigmas em parte da historiografia recente sobre o tema. Assim como nos itens anteriores, os limites de um artigo impedem uma abordagem exaustiva de teses e pesquisadores. Dessa forma, apresentamos dois exemplos de interpretações que ganharam espaço nos últimos anos: a Nova História da Conquista e as abordagens em torno do conceito de etnogênese.

Mudanças ocorridas nas últimas décadas, como a ascensão de movimentos por direitos civis de negros, indígenas, mulheres e outros grupos marginalizados despertam um interesse até então inédito sobre outros personagens envolvidos na Conquista, tornando-a muito mais complexa e plural. Não por acaso, ganham impulso pesquisas que ressaltam, por exemplo, a presença de africanos entre os homens de Cortés, os importantes papéis exercidos por mulheres indígenas e a multiplicidade de atitudes adotadas pelos diferentes grupos nativos diante dos europeus, preenchendo todo o intervalo que vai do confronto aberto até a aliança.

É evidente que a produção historiográfica sobre a Conquista e seus efeitos é muito mais ampla, com reflexões que, em alguns casos, buscam estabelecer análises comparativas com outras partes do mundo[484] ou diluem esses eventos em processos de longuíssima duração. Como exemplo do segundo caso, podemos citar *Guns, Germs and Steel* (1997), premiado *best-seller* de Jared M. Diamond. Em análise calcada nos estudos de Prescott, Diamond sugere que a derrota indígena seria parte de um processo que se repetiu em vários locais do mundo. No entanto, as explicações recorrentes se limitariam a abordar apenas suas "causas imediatas": superioridade militar, doenças e tecnologia. Para ele, muito mais importantes e decisivas seriam as "causas fundamentais". Características como o tamanho e formato dos continentes (cujo eixo norte-sul, no caso americano, dificultaria os contatos entre regiões e culturas relativamente próximas), a distribuição irregular de plantas e animais domesticáveis, a precocidade no aprimoramento da agricultura, a criação de governos centralizados e formas de escrita

---

484. GRUZINSKI, 2015.

elaboradas teriam permitido um ritmo mais acelerado de desenvolvimento na Eurásia em relação ao Novo Mundo durante milênios[485].

Dessa forma, o autor interpreta os embates ocorridos no Novo Mundo como parte de um processo que se arrasta por milhares de anos, com a Conquista sendo apenas o "ponto culminante de duas trajetórias históricas longas e distintas"[486]. Ao adotar essa abordagem, que dá grande peso às diferenças geográficas como estopim de trajetórias divergentes, Diamond reforça a imagem de uma derrota inexorável – premissa presente em Prescott, sua principal fonte – não apenas dos nativos americanos, mas de vários outros povos em diferentes partes do mundo, cujas trajetórias de desenvolvimento diferiam do processo identificado por ele na Eurásia.

Os esforços filológicos realizados por Lockhart nos Estados Unidos foram continuados por muitos pesquisadores. Para além da cada vez mais árdua busca por documentos ainda inéditos ou pouco conhecidos, historiadores como Matthew Restall empreenderam um retorno a fontes já há muito exploradas em busca de novos personagens e perspectivas. Ganha corpo, com isso, uma série de questionamentos em relação à Conquista, que passa a enfatizar cada vez mais a pluralidade e a agência de negros e indígenas. Surge uma visão mais atenta às especificidades locais e temporais, em oposição a interpretações que ressaltam o fim do mundo pré-colombiano como um todo, os nativos como homogeneamente vencidos ou uma suposta superioridade por parte dos espanhóis. Muitas dessas questões foram sistematizadas por Restall em seu *Seven Myths of the Spanish Conquest* (2003). Retomando e aprofundando argumentos já trabalhados por autores como Inga Clendinnen, o autor questiona a grande influência das *probanzas* de mérito[487] na historiografia sobre o tema. Para ele, a falta de questionamentos quanto a essa documentação estaria estreitamente relacionada à força de interpretações que destacam a ação heroica de um punhado de espanhóis

---

485. "Quando Cortés e seus aventureiros imundos desembarcaram na costa mexicana em 1519, eles poderiam ter sido mandados de volta ao mar por milhares de cavaleiros astecas montados em cavalos americanos nativos domesticados. Em vez de os astecas morrerem de varíola, os espanhóis poderiam ter sido expulsos por germes americanos, transmitidos por astecas resistentes à doença. As civilizações americanas baseadas na força animal poderiam ter enviado seus próprios conquistadores para saquear a Europa. Mas essas hipóteses foram afastadas pela extinção dos mamíferos milhares de anos antes" (DIAMOND, 2017, p. 356).
486. DIAMOND, 2017, p. 31.
487. Documento geralmente enviado à Coroa nos quais os feitos de seu autor são enaltecidos em busca de mercês.

diante de milhares de indígenas ou a "falha de comunicação" por parte dos nativos[488]. Ao invés de um processo inexorável rumo à vitória espanhola, determinada por sua superioridade tecnológica, militar e cultural, Restall propõe uma Conquista mais complexa, longa (não se encerrando abruptamente com a queda do líder asteca) e plural, empreendida por índios conquistadores, soldados negros, espanhóis de diferentes localidades, classes sociais e interesses.

Em sua obra mais recente, Restall (2019) busca aniquilar o que identifica como uma persistente e secular "narrativa tradicional dramaticamente fictícia" sobre a Conquista do México. Baseado em documentação já conhecida, mas de variado espectro de produção e circulação, desde as cartas de relação cortesinas até textos indígenas, o autor constrói um Cortés medíocre, ordinário em suas ações regidas para atender os interesses de seus muitos capitães, investidores, as facções internas de suas hostes e se equilibrar na balança política que o antagonizava com os interesses do governador de Cuba, Diego Velázquez. Um exemplo é icônico: o Massacre de Cholula. Segundo Restall, esse morticínio ocorreu graças à manipulação de Cortés pelos tlaxcaltecas, afinal Cholula rompera, dois anos antes, a aliança com Tlaxcala para se aproximar dos astecas. Montezuma, por oposição, aparece como alguém que calculadamente conduziu os invasores por uma longa trilha para observá-los e, ao mesmo tempo, minar seus inimigos (totonacas, tlaxcaltecas etc.). A longa estadia em México-Tenochtitlan não seria uma demonstração da força de Cortés, convertendo Montezuma em vassalo do rei espanhol, mas sim do poder do tlatoani em dispor dos espanhóis como mais um item em seus incontáveis zoológicos, jardins, farmacopeias e outras coleções. Os astecas escolheram quando e como os espanhóis entraram, ficaram e saíram da cidade na Noite Triste. A conquista seria uma reconfiguração de poderes nahuas, uma guerra entre famílias nobres, que se valeu dos espanhóis[489].

Restall localiza sua pesquisa dentro de um movimento mais amplo de ruptura com a historiografia anterior sobre a Conquista ocorrido a partir da década de 1990: a Nova História da Conquista[490]. Segundo o autor, ela se articula em torno de cinco abordagens principais que orientam novos rumos aos estudos sobre o tema: releitura

---

488. RESTALL, 2006. Para uma análise do autor sobre o sucesso de sua obra e as críticas recebidas, cf. FERNANDES; KALIL; REIS, 2018, p. 39-54.
489. RESTALL, 2018.
490. No Brasil, podemos citar os escritos de Eduardo Natalino dos Santos, para quem a maior contribuição deste movimento historiográfico seria a realização de novos questionamentos em obras já muito trabalhadas (SANTOS, 2014, p. 218-232).

de fontes "clássicas", busca por documentos inéditos, ênfase em outros protagonistas, problematização de conceitos genéricos como "índio" e a quebra de fronteiras geográficas e disciplinares[491]. Como exemplo de obra que dialoga com essas abordagens, podemos citar a coletânea *Indian Conquistadors* (2007), na qual, como o próprio título enfatiza, a Conquista é analisada a partir da agência dos grupos nativos. Segundo Susan Schroeder, a perspectiva dos índios conquistadores se configuraria como uma nova proposta diante das três principais tendências historiográficas sobre a Conquista: a clássica imagem dos espanhóis heroicos contra milhares de indígenas; a interpretação associada a aspectos religiosos; e a abordagem que identifica os conquistadores como perdedores, por não terem alcançado as posses e títulos que almejavam, ou a Conquista como não evento, por não ser mencionada em alguns documentos indígenas[492].

Não se trata do mesmo protagonismo dado outrora por determinada historiografia nacionalista mexicana ou pela lógica dos vencidos ou da importância dos aliados indígenas ao capitão Cortés. Na verdade, é uma virada completa de foco, no qual a Conquista passa a ser vista como um evento majoritariamente indígena. Para além da frequente referência feita à aliança dos tlaxcaltecas com os espanhóis, seus artigos ressaltam a importância de outros grupos, como os quauhquecholtecas e os kaqchikels, e comportamentos, e os espanhóis teriam emulado os padrões de guerra praticados no período pré-colombiano.

O caso de Don Gonzalo Matzatzin Moctezuma é revelador. Matthew Restall e Michel R. Oudijk esboçam a trajetória desse líder indígena, que teria voluntariamente se aliado aos espanhóis, tendo sido posteriormente nomeado capitão pela Coroa por ter conquistado uma série de agrupamentos urbanos indígenas nas terras ao sul. Exemplos como esse, fartamente apresentados no livro, ressaltam a fragilidade de abordagens como as de índios vencidos, ingênuos ou bárbaros, esboçando um cenário muito mais rico, marcado pelas especificidades locais, sociais e temporais, que colocam em xeque a própria ideia de Conquista. Dessa forma, o que tradicionalmente foi interpretado como "Conquista espanhola" passa a ser visto, segundo os autores, a partir de outras perspectivas, "como um rearranjo ocorrido no México central para preencher o vácuo de poder que se seguiu à queda de Tenochtitlan"[493].

---

491. RESTALL, 2012, p. 151-160.
492. MATTHEW; OUDIJK, 2007, p. 5-27.
493. Ibid., p. 321.

Outra interpretação que vem ganhando amplo destaque nas últimas décadas é a que trabalha com o conceito de etnogênese, definido por Guillaume Boccara como o processo de "reconfiguração social, política, econômica e cultural que implica a redefinição do sentimento identitário e desemboca na emergência de uma nova formação social ou de uma nova entidade e identidade étnica"[494]. Segundo Miguel Alberto Bartolomé, a etnogênese busca historicizar estruturas e formas culturais muitas vezes concebidas como relativamente estáticas[495]. Dentro dessa perspectiva, não só a imagem do índio como algo homogêneo deixa de ser viável como também a interpretação da Conquista como destruição total de um mundo. Em seu lugar, ganham força leituras que a identificam dentro de um panorama muito mais amplo, não negando seu caráter violento e destruidor, mas ressaltando a constante emergência de novas etnias tanto antes quanto depois da chegada dos espanhóis.

Federico Navarrete Linares (2015) é um exemplo de historiador que destaca a importância desse conceito para a compreensão dos eventos ocorridos durante a Conquista e seus reflexos. Para ele, ainda que não seja capaz de abarcar toda a complexidade existente no Novo Mundo no período, a etnogênese seria muito produtiva por questionar as concepções genéricas de índios e espanhóis e negar a concepção das trocas culturais como um jogo de soma zero, em que a adoção de um elemento cultural de origem distinta significaria necessariamente a perda de aspectos identitários indígenas. Dessa forma, a Conquista perde seu caráter de evento inédito e definidor, e passa a fazer parte de um cenário de violência, alianças, trocas culturais, imposições, extermínios... muito mais antigo e que não se encerra com as mortes de Montezuma ou Cuauhtémoc. Essa abordagem fica visível, por exemplo, quando o autor associa o comportamento das forças lideradas por Cortés a um "velho padrão mesoamericano" de estrangeiros agressivos que destroem povos autóctones, papel que já teria sido ocupado pelos astecas anteriormente[496]. Em estudos recentes, Navarrete Linares (2016) acrescenta uma nova camada de questionamentos à Conquista, ao seu impacto e às formas como foi interpretada. A partir de exemplos como o de Santiago Mutumajoy, sacerdote andino do século XX que afirma não se identificar com as ruínas de Machu Pichu, por considerá-las obras espanholas, o autor argumenta que a História, como a concebemos, não se mostra capaz de abarcar toda a humanidade. Em seu lugar, propõe o conceito de cosmo-história, que seria marcado pela concepção

---

494. BOCCARA, 2007, p. 56-72.
495. BARTOLOMÉ, 2006, p. 39-68.
496. NAVARRETE LINARES, 2001, p. 371-405.

das historicidades humanas como um conjunto de realidades plurais e irredutivelmente diversas, que se somam, combinam, dialogam e entram em conflito, mas não formariam um único conjunto. De acordo com o historiador, a perspectiva "radicalmente diferente" adotada por Mutumajoy não distingue "bons governantes indígenas e maus conquistadores espanhóis", o que estimularia o questionamento sobre a insistência em separar os períodos do passado americano entre pré-hispânico e colonial.

Ao final dessa reflexão a respeito das múltiplas interpretações produzidas sobre a Conquista, consideramos importante destacar alguns aspectos. Em primeiro lugar, vale ressaltar a longa duração dos paradigmas prescottiniano e nacionalista mexicano. Isso se deve, muitas vezes, a uma leitura desatenta e à homogeneização das fontes espanholas, ao desconhecimento ou menosprezo de fontes (e lógicas) indígenas, à influência da *Leyenda Negra*[497] e à associação da crueldade e cobiça da Conquista à "natural" violência ibérica e/ou católica. Também acreditamos ter ficado claro que as inovadoras propostas de abordagens recentes, como as da Nova História da Conquista, já se enunciavam em autores como Lockhart e Clendinnen, embora ainda não tivessem se efetivado como proposta.

O protagonismo exacerbado dos espanhóis e o papel secundário dedicado aos indígenas vêm sendo criticados há tempos, mas somente há pouco conseguimos perceber novas formas de narrar a Conquista, ainda que lendo basicamente os mesmos documentos. Por outro lado, as críticas feitas por historiadores associados à Nova História da Conquista ou à perspectiva de etnogênese a paradigmas anteriores não implica o desaparecimento daquelas perspectivas. Noções como a de um enfrentamento entre civilização e barbárie, do conflito como berço da identidade nacional mexicana ou de fim de um mundo pré-colombiano idílico continuam recorrentes. Também é importante observar que os questionamentos recentes à própria ideia de Conquista não buscam, de forma alguma, negar ou minimizar a tragédia humana ocorrida no continente. Por fim, não há como não perceber, mesmo em algumas das novas abordagens, a persistência da dualidade entre nós e os outros, a despeito da inversão de papéis, com espanhóis manipuláveis e emuladores de comportamentos nativos onde antes víamos índios enganados pelos europeus. Longe de buscar encerrar esse secular debate, as novas pesquisas abrem caminhos que indicam um longo percurso à frente.

---

497. Abordagem presente em muitos relatos e imagens produzidas no século XVI, especialmente em regiões protestantes, que retrata a atuação espanhola/católica na América de forma extremamente negativa, marcada pela violência e cobiça desmedidas.

8.8. Considerações finais

Antes de encerrarmos, gostaríamos de fazer uma ressalva. Após dezenas de páginas dedicadas às reflexões de historiadores, antropólogos, filósofos ou até mesmo biólogos sobre o tema, gostaríamos de ressaltar que as reflexões sobre a Conquista não estão descoladas de seus desdobramentos e das questões contemporâneas a cada autor que se dedica ao tema. É impossível dissociarmos o sucesso da obra de Prescott dos conflitos travados no século XIX entre os Estados Unidos e o México. Nesse sentido, é simbólica a afirmação de que alguns soldados norte-americanos partiam para a guerra levando seu livro como base para a compreensão do inimigo que estavam prestes a enfrentar. Da mesma maneira, esperamos ter deixado claro ao longo do texto como os impactos e desdobramentos da 2ª Guerra Mundial e do Holocausto foram importantes no desenvolvimento de interpretações críticas ao eurocentrismo, o que é indicado por autores como Nathan Wachtel e Tzvetan Todorov. Podemos ainda citar outros exemplos, como a ascensão dos movimentos por direitos civis e o aumento de interesse pela América Latina e seu passado por parte dos Estados Unidos durante a Guerra Fria, associada especialmente à Revolução Cubana. Interesse que resultou não apenas na aquisição de fontes e no fornecimento de bolsas de estudos por parte das universidades norte-americanas, mas também em novas abordagens, questionamentos e diálogos com outras áreas de conhecimento.

Longe de um debate restrito ao ambiente acadêmico, a Conquista continua como um tema incômodo e presente. Não por acaso, o atual presidente mexicano, Andrés Manuel López Obrador, faz reiteradas referências a ela em seus discursos. Mais do que isso, em 2019, como marco inicial das festividades em torno do quinto centenário da queda de México-Tenochtitlan, o governante mexicano enviou cartas ao papa e ao rei espanhol instando-os a pedirem perdão pela Conquista. Sua ação se desdobrou em uma série de textos, *posts* e discursos em ambos os lados do Atlântico, sendo prontamente rechaçado pelo governo espanhol[498].

Interpretar a Conquista não se limita a pensar a respeito de acontecimentos ocorridos no começo do século XVI, mas refletir sobre o presente, seja ele qual for, e sobre os cinco séculos que nos separam desses eventos. Não é possível isolar as abordagens historiográficas que ressaltam cada vez mais o protagonismo dos indí-

---

498. Para uma análise dos desdobramentos do pedido de perdão feito pelo governo mexicano, cf. KALIL; SILVA, 2019.

genas, bem como a multiplicidade de culturas e grupos sociais com interesses específicos das disputas travadas nas últimas décadas pelos movimentos indígenas por direitos, reconhecimento da posse de suas terras, entre outras reivindicações que, infelizmente, ainda estão longe de serem completamente atendidas. Em resumo, toda reflexão sobre o que teria ocorrido com mexicas, nativos mesoamericanos ou, mais amplamente, índios ao entrarem em contato com os europeus estabelece um diálogo permanente com o índio do "presente", seja o bárbaro associado por alguns leitores da obra de Prescott no século XIX ao México ou o astucioso líder indígena que engana os invasores presente em interpretações recentes. Através não apenas de teses, mas também de filmes, discursos políticos ou embates pouco corteses nas redes sociais, as reflexões sobre a Conquista estão longe de chegar ao final, pois ela, mesmo cinco séculos depois, continua atual.

9
Georges Minois: uma análise da obra *História do ateísmo* como fonte histórica[499]

Ricardo Oliveira da Silva

9.1. Introdução

A partir de uma perspectiva que continuará examinando a *Historiografia como fonte histórica*, vamos abordar *História do ateísmo*, obra editada pela primeira vez em 1998 pelo historiador francês Georges Minois. Trata-se, aqui, de um esforço analítico para entender como essa publicação não apenas significou uma pesquisa sobre o ateísmo na história do Ocidente, mas foi também a expressão de aflições intelectuais sobre uma conjuntura marcada pelas incertezas em torno da possibilidade de os seres humanos guiarem suas vidas por meio do saber racional.

José D'Assunção Barros chama a atenção para o fato de que fonte histórica é tudo aquilo que, por ter sido produzido pelos seres humanos ou por trazer vestígios de suas ações e interferência, pode proporcionar um acesso significativo à compreensão do passado humano e de seus desdobramentos no presente[500]. Nessa perspectiva, as fontes históricas podem ser tanto os documentos textuais (crônicas, memórias, processos criminais, cartas legislativas, jornais, obras de literatura, correspondências públicas e privadas, historiografia) como quaisquer outros registros ou materiais que possam fornecer um testemunho ou um discurso provenientes do passado humano. Isso pode englobar desde fontes da cultura material (arquitetura de um prédio, igrejas,

---

499. A pesquisa e o conjunto de reflexões desenvolvidos neste capítulo foram realizados com o apoio da Universidade Federal de Mato Grosso do Sul – UFMS/MEC – Brasil.
500. BARROS, 2019.

ruas de uma cidade, utensílios da vida cotidiana), passando por representações pictóricas (fontes imagéticas) e chegando às fontes da chamada história oral (os testemunhos colhidos ou provocados por um historiador por meio do processo da entrevista).

9.2. O contexto histórico/historiográfico de *História do ateísmo*

Na primeira parte deste capítulo destacaremos o contexto histórico da publicação do livro de Georges Minois, apresentando alguns dados sobre o fenômeno do ateísmo na Europa e no Brasil do final do século XX (1), a historiografia sobre o ateísmo (2) e o contexto historiográfico francês de produção da obra de Georges Minois com a concomitante exposição do conteúdo de suas principais obras (3).

9.2.1 O contexto histórico

Alguns anos após Georges Minois lançar *História do ateísmo*, o professor de sociologia Phil Zuckerman escreveu um texto revelando percentuais sobre a população ateia em diversos países[501]. Na França, os resultados foram os seguintes: a pesquisa de 2004 de Pippa Norris e Ronald Inglehart revelou que 44% da população francesa não acredita em Deus. A pesquisa de Andrew Greeley, de 2003, mostrou que 48% dos franceses não acreditam em Deus, apesar de só 19% se identificarem como ateus. Conforme Phil Zuckerman, o resultado do trabalho de Andrew Greeley é revelador do estigma que envolve os termos "ateu" e "ateísmo", historicamente motivo para preconceitos, segregação e discriminações: "mesmo quando as pessoas afirmam diretamente *não* acreditar em Deus, evitam designar-se como ateias"[502].

O resultado dos inquéritos em outros países europeus ilustra mais nitidamente o fenômeno da descrença em Deus nessa parte do mundo na virada do século XX para o XXI. No Reino Unido, segundo Pippa Norris e Ronald Inglehart (2004), 39% dos habitantes afirmaram não acreditar em Deus. Segundo um estudo de 2004 encomendado pela BBC, 44% dos britânicos não acreditam em Deus. Já a pesquisa de Andrew Greeley (2003) informa que "31% dos britânicos não acreditam em Deus, apesar de só 10% se identificarem como ateístas"[503].

---

501. ZUCKERMAN, 2010, p. 43-58.
502. Ibid., p. 65. [grifo do original].
503. Ibid., p. 67.

Conforme Pippa Norris e Ronald Inglehart (2004), 64% dos suecos não acreditam em Deus. No trabalho de Ulla Bondeson (2003), 74% dessa população disse não acreditar em um Deus pessoal. Já a pesquisa de Andrew Greeley (2003) destacou que 46% dos suecos não acreditam na existência divina, apesar de só 17% deles se identificar como ateia.

Quanto à Península Ibérica, Pippa Norris e Ronald Inglehart (2004) identificaram que 15% dos habitantes da Espanha não acreditam em Deus, e Andrew Greeley (2003) situou em 18% esse grupo no conjunto da população espanhola. Essas mesmas fontes revelaram que em torno de 4% a 9% dos portugueses afirmaram não acreditar em Deus.

Ainda que tenhamos descrito apenas os resultados de pesquisas relativos à descrença em Deus em alguns países europeus, o texto de Phil Zuckerman expõe dados de estudos realizados em nações da América do Norte, América Latina, Ásia, África, Oriente Médio e Oceania. O que esse conjunto de pesquisas revela é que entre fins do século XX e início do XXI em torno de 500 a 750 milhões ao redor do mundo não acreditariam em Deus. Assim,

> [...] podemos deduzir que há aproximadamente 58 vezes mais ateus do que mórmons, 41 vezes mais ateus do que judeus, 35 vezes mais ateus do que sikhs, e duas vezes mais ateus do que budistas. Por fim, os descrentes como grupo ficam em quarto lugar depois dos cristãos (2 bilhões), muçulmanos (1,2 bilhão) e hindus (900 milhões) em termos de composição mundial de sistemas de crenças comuns[504].

Uma das constatações obtidas por estas pesquisas é que em diversas nações europeias existe um número elevado de descrentes em suas populações em comparação com a maior parte das nações da África, América do Sul e do Sudeste Asiático, onde esse percentual é baixo. As explicações para isso são variadas. Uma das hipóteses para essa assimetria foi apresentada por Pippa Norris e Ronald Inglehart, autores que argumentam que em sociedades que se caracterizam por abundante distribuição de comida, saúde pública eficiente e habitação acessível, a religiosidade declina. Inversamente, "em sociedades nas quais a comida e o abrigo são escassos e a vida é em geral menos segura, a crença religiosa é forte"[505]. Contudo, essa hipótese não descarta

---

504. Ibid., p. 74.
505. Ibid., p. 76.

exceções, como o Vietnã, onde 81% da população afirma não acreditar em Deus, e a Irlanda, onde esse percentual gira em torno de 4/5%.

Já por outro lado, ao se analisar o conjunto dos dados estatísticos das últimas décadas, podemos verificar o declínio gradual da crença em Deus, ainda que esse fenômeno seja mais acentuado em alguns países europeus. Como expõe Phil Zuckerman, de acordo com Pippa Norris e Ronald Inglehart (2004) nos últimos cinquenta anos a percentagem de pessoas que acreditam em Deus declinou 33% na Suécia, 22% nos Países Baixos, 20% na Austrália, 19% na Noruega, 18% na Dinamarca, 16,5% na Grã-Bretanha, 12% na Grécia e 7% no Canadá.

Se pegarmos o Brasil como exemplo, também é possível constatar um fenômeno semelhante, ainda que em menor intensidade na comparação com os países europeus. Denise dos Santos Rodrigues aborda isso na análise feita dos dados censitários do Instituto Brasileiro de Geografia e Estatística (IBGE) das últimas décadas[506]. De acordo com essa pesquisadora, até a década de 1950 não existia a categoria "sem religião" no questionário do IBGE, sendo esse grupo contabilizado junto aos indivíduos sem declaração de religião. A partir de 1960, esse grupo foi redefinido no censo nacional, isolando somente aqueles indivíduos que se declaravam como não possuindo religião, "que começaram a aumentar gradativamente, até passar de 1,6% da população brasileira em 1980 para 4,8% em 1991 e 7,3% em 2000"[507]. Por outro lado, o número de católicos, que até a década de 1970 superava 90% da população brasileira, foi de 89% no Censo de 1980, para 83,8% em 1991 e 73,8% em 2000, enquanto o número de evangélicos subiu de 6,6% em 1980, para 9,1% em 1991 e 15,5% em 2000.

Contudo, Denise dos Santos Rodrigues adverte para tomarmos cuidado com a categoria "sem religião", pois ela envolve uma diversidade de situações que vão desde indivíduos com experiências religiosas variadas, sem criar vínculo com nenhuma delas, passando por aqueles que acreditam em alguma força divina, mas que não se vinculam a nenhum grupo religioso, a consumidores esporádicos de bens religiosos, como se fossem produtos terapêuticos. Por conta disso, foi apenas no Censo do IBGE de 2010 que se especificou quem seria ateu. Nele, "os 'sem religião' – categoria genérica – representaram 7,65% do grupo, ao lado de 0,32% de ateus e 0,07% de agnósticos, que se declararam como tais"[508].

---

506. RODRIGUES, 2012, p. 1130-1153.
507. Ibid., p. 1134.
508. Ibid., p. 1138.

Segundo Paula Montero e Eduardo Dullo, o movimento recente de desnaturalização do catolicismo como componente da nacionalidade brasileira ocorre na esteira de uma luta efetuada ao longo do século XX pela construção de instituições laicas no país com a separação da esfera pública da esfera religiosa, como o Estado não ter religião oficial. Essa luta traz como consequência a percepção de que a religião é apenas uma escolha, entre outras possíveis, para se viver, o que permite que muitas pessoas passem a se identificar como ateias[509].

Nós trouxemos o caso do Brasil nesse texto para reforçar aquilo que foi salientado por Phil Zuckerman, ou seja, o aumento que ocorre nas últimas décadas do século XX no percentual de indivíduos que afirmam não ter crença religiosa, sendo que muitos desses passam a se definir como ateus. Em decorrência desse cenário, não é de surpreender o aparecimento de uma obra que busca interpretar diacronicamente esse fenômeno. Porém, os estudos historiográficos sobre o ateísmo ainda são escassos, especialmente se comparados com aqueles sobre a história da religião. A bibliografia sobre história do ateísmo é o que iremos expor em seguida.

9.2.2 A historiografia sobre o ateísmo

O livro *História do ateísmo* foi publicado em 1998. No texto que escreveu para a introdução dessa obra, Georges Minois lamentou a escassez de estudos historiográficos sobre o tema. Como exceções a essa regra, ele citou o livro de Spitzel, *Scrutinium atheismi historico-aetiologicum* (Investigação histórico-etiológica do ateísmo), publicado em 1663, e a obra de F. Mautner, *Der atheismus und seine Geschichte im Abendlande* (O ateísmo e sua história no Ocidente), publicada em quatro volumes entre 1920 e 1923[510]. Uma constatação semelhante já tinha sido feita pelo professor de história das religiões James Thrower no início da década de 1970, quando publicou *Breve história do ateísmo ocidental*[511]. Chama atenção o fato de que, entre o intervalo de quase trinta anos de publicação de uma obra em relação a outra, mantém-se o diagnóstico da existência de poucas pesquisas sobre o ateísmo na historiografia.

Segundo Georges Minois, a lacuna nos estudos sobre o ateísmo na historiografia mereceria ser preenchida, pois este movimento teria uma história própria, que não

---

509. MONTERO e DULLO, 2014, p. 57-79.
510. MINOIS, 2014.
511. THROWER, 1971.

seria uma simples postura negativa perante a história das crenças religiosas. Uma das razões para existirem poucas pesquisas sobre o assunto, de acordo com o intelectual, provinha da conotação negativa que se atribui ao campo da descrença: "Todos os termos utilizados para designá-la são formados com um prefixo privativo ou negativo: a-teísmo, des-crença, a-gnosticismo, in-diferença"[512].

O olhar depreciativo sobre o fenômeno do ateísmo na Europa está relacionado a uma história multissecular de perseguição, desprezo e ódio de uma sociedade que foi moldada por valores religiosos para com aqueles que rejeitaram ou tiveram dúvidas sobre a existência de um deus, o que ajuda a entender o resultado das pesquisas apresentadas por Phil Zuckerman onde muitas pessoas que afirmam não acreditar em Deus rejeitam serem identificadas como ateias.

Para Georges Minois, a atitude descrente seria um componente necessário para qualquer sociedade, que não se reduziria à não crença, pelo fato de possuir um conteúdo afirmativo:

> A afirmação da solidão do homem no universo, geradora de orgulho e angústia; sozinho diante de seu enigma, o homem ateu nega a existência de um ser sobrenatural que intervenha em sua vida, mas seu comportamento não se apoia em tal negação; ele a assume, seja como um dado fundamental (ateísmo teórico), seja inconscientemente (ateísmo prático)[513].

É a história do ateísmo com um conteúdo socialmente e intelectualmente positivo que Georges Minois pretendeu narrar nas páginas de sua obra de 1998. Diante dessa tarefa, ele lamentou a ausência de sínteses completas sobre o tema, ainda que seja possível encontrar na bibliografia que amparou sua pesquisa referências a alguns trabalhos sobre períodos específicos: *Atheism in Pagan Antiquity* (1922), de A. B. Drachmann; *Atheism in the English Renaissance* (1932), de G. T. Buckley; *Genèse historique de l'athéisme contemporain* (1970), de C. Fabro.

Um livro com caráter de síntese histórica sobre o ateísmo é o de James Thrower, o qual, por razões que desconhecemos, não consta na lista bibliográfica da obra de Georges Minois. Em *Breve história do ateísmo ocidental*, o ateísmo é compreendido como estando vinculado a uma concepção naturalista de mundo, ou seja, a ideia

---

512. MINOIS. *História do ateísmo*, p. 2.
513. Ibid., p. 3.

de que existiria apenas o mundo natural. Essa tradição intelectual teria surgido no Ocidente, especificamente na Grécia Antiga. A partir dessa premissa, James Thrower apresenta um estudo sobre o ateísmo na Antiguidade Clássica (Grécia e Roma), na Europa medieval e renascentista e, por fim, no Iluminismo do século XVIII e época contemporânea (século XIX e primeira metade do século XX).

Um estudo que circunscreve o fenômeno do ateísmo nos limites de uma história nacional é *A History of Atheism in Britain: From Hobbes to Russell*, publicado por David Berman em 1988. No prefácio, o autor registra que a história do ateísmo tem sido amplamente ignorada, quando não sujeita a graves distorções: para algumas vertentes analíticas, o ateísmo existiria desde tempos imemoriais, enquanto para outras nunca existiram ateus de fato. Com o propósito de superar essas abordagens, David Berman defende que o ateísmo se consolidou como visão de mundo no Iluminismo e apresenta uma pesquisa em torno das expressões intelectuais ateístas que surgiram na história britânica desde a época de Thomas Hobbes (1588-1679) até Bertrand Russell (1872-1970), e das reações que procuraram desencorajar o seu florescimento[514].

O ateísmo também foi analisado nos marcos de uma história nacional em *História do ateísmo em Portugal: da fundação ao final do Estado Novo*. Essa é uma obra mais recente, publicada em 2010, por Luís Ferreira Rodrigues. De acordo com ele, as crenças religiosas católicas possuem uma grande força social, política e cultural na história portuguesa desde o período medieval, fator que colocou o ateísmo em uma posição de marginalidade, ainda que não tenha impedido a existência de indivíduos que buscassem, cada um a seu modo e da maneira que fosse possível, viver sem crença religiosa. No livro, Luís Ferreira Rodrigues opta por tratar o ateísmo em Portugal como a "tendência intelectual lusitana que se inclinou para a refutação da concepção do mundo enquanto produto proveniente de um deus criador"[515]. A partir dessa perspectiva, ele mapeia as manifestações ateístas na história medieval portuguesa (XII-XV), na época das grandes navegações (XV-XVI), no período iluminista (século XVIII), no romantismo do século XIX, no movimento e regime republicano das primeiras décadas do século XX, e finaliza com um estudo sobre a época da ditadura do Estado Novo português (1933-1974).

No mesmo ano de 2010, apareceu o livro do pesquisador em estudos religiosos Gavin Hyman: *A Short History of Atheism*. Sua tese principal é que o surgimento de

---

514. BERMAN, 1988.
515. RODRIGUES, 2010, p. 15.

uma visão de mundo ateísta na Europa esteve relacionado a mudanças ocorridas na concepção de Deus na Idade Moderna, o que vincula as raízes intelectuais do ateísmo tanto na área da filosofia quanto na área da teologia. Conforme Gavin Hyman, a concepção teísta de Deus do período medieval cedeu espaço para uma visão deísta de Deus na Idade Moderna: a entidade divina, que até então era vista como criadora do mundo e responsável direta pelos acontecimentos no mundo físico e social, passou a ser definida apenas como criadora do mundo, sendo os indivíduos os responsáveis pelo seu destino. Com isso, abriu-se espaço na época do Iluminismo para que pensadores rompessem totalmente com a ideia da existência de uma figura divina[516].

O último trabalho que citamos aqui é o livro do sociólogo canadense Stephen Le Drew intitulado *The Evolution of Atheism: The Politics of a Modern Movement*. Essa obra de 2016 analisa as atuais associações de militância ateísta nos Estados Unidos e Canadá, algumas criadas no decorrer do século XX, mas impulsionadas no começo do século XXI pelos debates em torno da queda das torres gêmeas, de Nova York, em 2001, por terroristas que usaram a religião islâmica como justificativa, e pela produção de obras ateístas de intelectuais vinculados à área de ciências naturais. Esse estudo é precedido por uma investigação em torno das origens históricas do ateísmo, as quais são identificadas na filosofia iluminista do século XVIII, alicerçada em uma visão de mundo racional e que se tornou a base de duas tradições intelectuais ateístas no século XIX: o ateísmo humanista (representado por Feuerbach, Marx, Nietzsche e Freud e que entende a religião como uma criação humana que institui um determinado sentido à vida humana) e o ateísmo científico (representado por Charles Darwin e que considera a religião como uma forma equivocada de entender o mundo, diferentemente da ciência, essa última pautada em métodos racionais e empíricos)[517].

Algumas particularidades dessa produção historiográfica chamam atenção. Inicialmente, concordamos com Georges Minois, James Thrower e David Berman, autores que apontam a escassez de estudos históricos sobre o ateísmo. As pesquisas são poucas, e aquelas existentes só foram publicadas recentemente. Deparamo-nos com uma situação parecida ao investigar os estudos históricos sobre o ateísmo na história do Brasil, fato abordado por nós em *Será que chegou a hora e a vez do ateísmo na historiografia brasileira?*[518] e *O ateísmo no Brasil: os sentidos da des-*

---

516. HYMAN, 2010.
517. LEDREW, 2016.
518. SILVA, 2018, p. 280-308.

crença nos séculos XX e XXI[519]. Em virtude da influência e preponderância das crenças religiosas na história ocidental, se comparado com o ateísmo, não é de estranhar que os fenômenos religiosos tenham obtido mais atenção nas pesquisas históricas[520].

Um segundo ponto que salientamos dos exemplos que apresentamos é que nem todas as obras que relatam uma história do ateísmo são escritas por historiadores de formação. Esse fato reforça a ideia de que o fenômeno do ateísmo ainda é alvo de pouca atenção na área da história. Uma terceira característica desses estudos é que suas abordagens convergem, de um modo geral, para uma história das ideias ateístas no nível intelectual. Uma vez que em períodos históricos anteriores eram grandes as adversidades para uma expansão social do ateísmo em elevadas proporções, tal fenômeno ficou restrito a pequenos círculos, especialmente intelectuais, os quais acabam sendo um objeto privilegiado por parte dos pesquisadores sobre o assunto. Georges Minois, por sua vez, tenta não se restringir a uma história intelectual do ateísmo, mas também busca mapear indivíduos e grupos que apenas viveram sem uma crença em Deus. Para melhor entender o conteúdo de *História do ateísmo*, mostremos a historiografia de Georges Minois no contexto francês do final do século XX.

9.3. A historiografia de Georges Minois

O historiador Georges Minois nasceu na França em 1946. Durante anos ele atuou como professor de História na Escola Ernst-Renan, em Saint-Brieuc, na região administrativa da Bretanha. Hoje é membro do Centro Internacional de Pesquisa e Estudos Transdisciplinares, fundado em 1987. No ano de fundação desse centro de pesquisa, Georges Minois publica o seu primeiro livro: *História da velhice no Ocidente: da Antiguidade ao Renascimento*.

A historiografia francesa do final do século XX foi marcada por mudanças. Ao longo das décadas anteriores, os historiadores tinham sido fortemente influenciados pela Escola dos *Annales*, corrente historiográfica que surgiu no país a partir da criação em 1929 da revista *Anais de História Econômica e Social* pelos historiadores Lucien Febvre (1878-1956) e Marc Bloch (1886-1944). A Escola dos *Annales* se destacou pela produção de um conhecimento interdisciplinar mediante o diálogo com as ciências sociais, o que resultou em pesquisas com foco no universo econômico, social e

---

519. SILVA, 2020.
520. HERMANN, 2011, p. 315-336.

mental para analisar as estruturas e permanências que se fariam presentes na história dos povos. Para melhor captar essa dinâmica o historiador francês Fernand Braudel (1902-1985) desenvolveu o conceito do tempo da longa duração (mudanças geográficas), da média duração (mudanças sociais e econômicas) e da curta duração (eventos políticos). Esse era o modelo de cientificidade defendido pelos Annales para os estudos históricos.

No final da década de 1960, uma nova geração de historiadores, formada por pesquisadores como Jacques Le Goff (1924-2014), deu novo impulso aos Annales, no que ficou conhecido como Nova História. Nessa nova conjuntura, começou a crescer entre os historiadores a constatação de que era impossível construir uma história global, ou seja, encontrar um sentido de totalidade para os fatos históricos por meio da articulação do estudo dos fatores econômicos, sociais e mentais. Por outro lado, intensificaram-se as pesquisas interdisciplinares, o que resultou na criação de novos problemas (aculturação, história conceitual), novas abordagens (arqueologia, literatura, religião, demografia) e novos objetos (clima, inconsciente, mito, corpo, livro, festa, cozinha) para o desenvolvimento da pesquisa histórica[521].

A década de 1980 presenciou a profusão de críticas ao modelo de cientificidade defendido pelos Annales para o conhecimento histórico. Os novos debates nas ciências humanas colocaram em xeque a própria ideia de ciência: Seria possível um método objetivo e racional que mostrasse a realidade de forma fidedigna? No caso da história, seria possível conhecer o passado em si? Esse tipo de indagação, permeado pela ênfase na subjetividade e no caráter relativo das verdades produzidas por diversas epistemologias, enfraqueceu a credibilidade do estatuto científico e do papel social do saber histórico como norteador das ações humanas. E a Nova História foi acusada de ter colaborado nesse processo de dúvidas e incertezas, ao se perder em uma infinidade de práticas que teria resultado em uma anarquia epistêmica.

Os anos 1990 representaram o fim da hegemonia dos Annales na historiografia francesa. No âmbito epistemológico, ganhou força a temática da historicidade, com ênfase em categorias como ruptura, mudança, evento e processo. Essa nova sensibilidade em relação ao tempo indica a busca de reafirmação da identidade disciplinar da história em um contexto ainda marcado por dúvidas e incertezas. De outro lado, acentuou-se, nesses anos, a ampliação das áreas de pesquisa, sendo abordados temas

---

521. Para mais detalhes sobre a história da Escola dos Annales ver: REIS, 2004 e BARROS, 2012.

até então negligenciados pelos Annales, como os estudos sobre história política e história do tempo presente. Ao mesmo tempo, houve um interesse generalizado para o fenômeno cultural e os objetos simbólicos, o que tonifica a história cultural[522].

Uma das referências da história cultural na França dos anos 1990 é a área onde Georges Minois situa o perfil de sua produção historiográfica: a história das mentalidades. Essa área de pesquisa, voltada para "os modos de sentir e pensar", obteve notoriedade com a Nova História na década de 1970, ainda que já tivesse sido alvo de atenção por parte dos fundadores dos Annales: Marc Bloch foi um precursor da história das mentalidades ao publicar *Os reis taumaturgos*, em 1924, onde examinou as crenças populares no poder curativo do toque real desde a Idade Média até o século XVIII, comparando as monarquias francesa e inglesa. Já Lucien Febvre publicou, em 1942, o livro *Rabelais*, uma radiografia sobre a incredulidade no século XVI com base na vida e obra do escritor François Rabelais (1494-1553). Mas com a Nova História a produção historiográfica francesa foi do "porão ao sótão", metáfora então usada para "exprimir a mudança de preocupações da base socioeconômica ou da vida material para os processos mentais, a vida cotidiana e suas representações"[523].

Na intenção de captar os modos coletivos de pensar e de sentir, os historiadores das mentalidades adotaram três procedimentos metodológicos: 1) uma abordagem serial; 2) a escolha de um recorte privilegiado que funcione como lugar de projeção das atitudes coletivas (uma aldeia, uma prática cultural, uma vida); 3)"uma abordagem extensiva de fontes de natureza diversas"[524]. Com base nisso, algumas temáticas foram privilegiadas pelos estudiosos das mentalidades: 1) as religiosidades, que produziu obras como *O nascimento do purgatório* (1981), de Jacques Le Goff; 2) as sexualidades e as suas representações, vide *O sexo no Ocidente* (1981), de Jean-Louis Flandrin; 3) os sentimentos coletivos, a exemplo de *O medo no Ocidente* (1978), de Jean Delumeau; 4) a vida cotidiana em regiões ou cidades em perspectiva de longa duração e com um viés histórico-antropológico, como no caso de *Montaillou, povoado occitânico* (1975), de Le Roy Ladurie, "livro que combinou admiravelmente o recorte microrregional com a visão totalizante daquela comunidade em fins da Idade Média"[525].

---

522. Para mais detalhes sobre a historiografia francesa do final do século XX ver: DELACROIX, DOSSE, GARCIA, 2012.
523. VAINFAS, 2011, p. 125.
524. BARROS, 2010, p. 40.
525. VAINFAS. *História das mentalidades e história cultural*, p. 132.

Em face da exploração de certos temas até então incomuns, não tardou para que a história das mentalidades fosse alvo de críticas. Mas, para José D'Assunção Barros, a verdadeira polêmica que envolve a história das mentalidades é de ordem teórica e metodológica. Dito de outro modo: existiria efetivamente uma mentalidade coletiva? "Será possível identificar uma base comum presente nos 'modos de pensar e de sentir' dos homens de determinada sociedade [...]?"[526] Ronaldo Vainfas elencou alguns dilemas nesses estudos, como reconhecer uma relativa autonomia das mentalidades da base material da sociedade e a necessidade de articulá-la a totalidades históricas explicativas, ou o dilema entre resgatar o lado humano e até individual da história (sentimentos, desejos, fobias), "e o dever de *explicar o sentido coletivo e global da história*, as razões sociais de processos historicamente determinados"[527].

As polêmicas e críticas enfraqueceram o prestígio da história das mentalidades na França. Contudo, Ronaldo Vainfas chama atenção para o contraste entre o desgaste da noção de mentalidades no vocabulário dos historiadores e o "extraordinário vigor dos estudos sobre o mental, ainda que sob novos rótulos e com outras roupagens"[528]. Um dos destinos da história das mentalidades foi abrigar-se no domínio da história cultural na década de 1990, cujos historiadores realizaram uma aproximação com a antropologia e a perspectiva da longa duração, passaram a estudar expressões culturais das elites e das massas anônimas, além de abordarem o papel das classes sociais e dos conflitos, com o intuito de compreender a cultura como o conjunto de significados construídos e partilhados pelos indivíduos para explicar o mundo.

Georges Minois começou a publicar livros imerso nesse cenário historiográfico. Desde 1987 até o fim da década de 2010, ele mantém uma produção contínua, com livros sendo lançados quase todos os anos. Para ilustrar o perfil dessa pesquisa, faremos um breve comentário sobre os livros desse historiador que foram publicados até agora em território brasileiro.

Em 2003, vimos a publicação de *História do riso e do escárnio*, obra que analisa as maneiras como o ser humano utilizou o riso ao longo da história. O humor sendo abordado pelo autor como uma das respostas fundamentais do ser humano diante do dilema da existência no mundo. Exaltar o riso ou condená-lo revelaria a mentalidade

---

526. BARROS. *O campo da história*, p. 39-40.
527. VAINFAS. *História das mentalidades e história cultural*, p. 131 [grifos do original].
528. Ibid.,. p. 118.

de uma dada época e sugeriria uma visão de mundo, podendo contribuir para esclarecer a própria evolução humana[529].

Foi preciso aguardar quase dez anos para outro livro de Georges Minois ser publicado no Brasil. Isso ocorreu em 2011, quando apareceu *A idade de ouro: história da busca da felicidade*. Esse livro representa uma investigação sobre como os homens forjaram, ao longo do tempo, concepções de felicidade e caminhos que os levassem a ela. Georges Minois mostra a história do Ocidente da Antiguidade até o século XX, abordando concepções de busca da felicidade, como o mito pagão da idade de ouro, o mito judaico do paraíso prometido por Deus, transmitido aos cristãos, e o mito burguês do progresso econômico no século XIX[530].

Em 2014, surgiu *História do ateísmo*, e, dois anos depois, *História do futuro: dos profetas à prospectiva*. Essa obra é um estudo sobre as diferentes formas que adquiriu a predição ao longo da história da humanidade, desde adivinhações, passando por profecias, astrologias, utopias e futurologias. A predição é entendida como uma intenção, um desejo ou um temor, onde o fundamental não seria a exatidão, mas o seu papel de terapia social ou individual e o reflexo no presente, revelando a mentalidade e cultura de determinada sociedade[531].

Em 2018, foi lançado no território nacional *História do suicídio: a sociedade ocidental diante da morte voluntária*. É um trabalho em que Georges Minois apresenta uma investigação que recobre um período que vai da Antiguidade até o século XX, tendo como meta entender as motivações em torno da morte voluntária, ato que sistematicamente tem sido objeto de reprovação social e religiosa, e visto como ato de heroísmo apenas em ocasiões muito específicas. Trata-se de uma atitude envolta por elementos antropológicos, psicológicos e éticos[532].

No Brasil, a mais recente publicação de Georges Minois ocorreu em 2019, com o lançamento de *História da solidão e dos solitários*, livro em que o historiador parte da constatação de uma situação contemporânea, a oposição entre convivência e isolamento, intensificada pelo papel das novas tecnologias de comunicação e das redes sociais, para traçar como esse fenômeno é apenas o ponto de chegada de uma longa

---

529. MINOIS, 2003.
530. MINOIS, 2011.
531. MINOIS, Georges. *História do futuro:* dos profetas à prospectiva. São Paulo: Unesp, 2016.
532. MINOIS, Georges. *História do suicídio:* a sociedade ocidental diante da morte voluntária. São Paulo: Unesp, 2018.

história iniciada na Antiguidade, quando os pensadores já haviam posto a alternativa de que o homem seria um "animal social", mas que não deixaria de ser amante dos encantos bucólicos do isolamento. Solidão física e psicológica, solidão voluntária ou aplicada como pena criminal, refúgio ou maldição, o livro retraça em detalhes a história da dubiedade dessa condição humana[533].

9.4. O livro *História do ateísmo* como fonte histórica

Como dito acima, *História do ateísmo* é originalmente de 1998 e que foi traduzido e publicado no Brasil em 2014. Seu subtítulo é *os descrentes no mundo ocidental, das origens aos nossos dias*. Na sequência, abordaremos o conteúdo dessa obra, especialmente a análise feita sobre o ateísmo teórico e prático na história, e mostraremos como esse tema foi articulado com a conjuntura histórica do final do século XX.

9.4.1 Apresentação panorâmica de História do ateísmo

A pesquisa em *História do ateísmo* possui o procedimento adotado pelo autor em outras obras: o estudo do fenômeno histórico em um amplo marco cronológico. Para dar conta disso, a narrativa do livro foi dividida em seis partes: a primeira aborda o ateísmo na Antiguidade e Idade Média; a segunda, o ateísmo na época do Renascimento (séculos XV e XVI); a terceira, o ateísmo entre 1600 a 1730; a quarta, o ateísmo no século XVIII, com destaque para o materialismo ateu entre os filósofos iluministas; a quinta, o ateísmo no século XIX, com a ascensão das chamadas ideologias da morte de Deus (expresso pelos trabalhos dos filósofos Feuerbach, Marx, Schopenhauer e Nietzsche); e a sexta parte aborda o ateísmo no século XX.

Ao situar o ateísmo em um vasto período histórico, Georges Minois expõe ao leitor que a descrença em Deus é um fenômeno de longa duração, o qual, independentemente das religiões, pode ser definido como a "grandiosa tentativa do homem de criar um sentido para si mesmo, de justificar para si mesmo sua presença no universo material, de nele construir um lugar inexpugnável"[534]. Além disso, o escritor defende que a história do ateísmo não seria apenas a história de uma ideia, uma forma de entender o mundo, mas também a história de um comportamento:

---

533. MINOIS, Georges. *História da solidão e dos solitários*. São Paulo: Unesp, 2019.
534. MINOIS. *História do ateísmo*, p. 4.

> Trata-se de compreender por que e como uma fração da sociedade europeia, desde as suas origens, viveu sem referência a um deus qualquer. Isso permite lembrar para nossa época, em pleno desarranjo cultural, como os homens conseguiram viver outrora, inventando para sua existência um sentido totalmente independente da fé religiosa[535].

Uma segunda característica do livro é que, ao afirmar que a história do ateísmo não seria apenas a história de uma ideia, mas a história de um comportamento, Georges Minois situa esse fenômeno como algo que diz respeito não apenas a indivíduos ou pequenos grupos, mas a coletividades. Essas duas premissas, longa duração e coletividades, fazem parte do enfoque oferecido pela história das mentalidades no estudo sobre os modos de sentir e pensar dos indivíduos. A partir dessa referência de pesquisa, Georges Minois desenvolveu como hipótese de investigação a existência histórica de um ateísmo teórico e de um ateísmo prático.

O ateísmo teórico estaria ligado ao desenvolvimento de sistemas filosóficos e visões de mundo calcadas em uma reflexão intelectual. Já o ateísmo prático seria um modo de existência que consistiria, para indivíduos imersos nas ações cotidianas, "em viver sem se interrogar sobre uma eventual divindade, no postulado de um materialismo implícito"[536]. O ateísmo prático seria a fachada existencial da descrença, representada por milhões de indivíduos ocupados com suas tarefas do dia a dia. Essas duas formas de ateísmo é o que vamos apresentar agora.

9.4.2 O ateísmo teórico na história

Uma primeira fonte para o desenvolvimento do ateísmo teórico no Ocidente foi apontada por Georges Minois na filosofia pré-socrática da Grécia Antiga, entre os séculos VII a.C. e V a.C. Contudo, o autor ressalta que é difícil estabelecer uma distinção precisa entre ateísmo e crença religiosa naquela sociedade em virtude do caráter particular da religião e das correntes filosóficas. Todas eram hostis à ideia de transcendência: "A realidade última é a natureza, incriada e eterna, da qual o homem faz parte. Os próprios deuses se encontram no mundo"[537].

---

535. Ibid., p. 6.
536. Ibid., p. 25.
537. Ibid., p. 36.

A religião grega se aproximava de um panteísmo fundado nos mitos, que não eram evidentemente vividos, mas conceitualizados e apresentados como lendas pelos poetas. Já as correntes filosóficas pré-socráticas abordavam a realidade de um ponto de vista racional, mas misturando natureza e divindade, o que resultou em um panteísmo que flertou com o ateísmo. A ideia básica dos pensadores pré-socráticos é que existiria uma realidade substancial, sem começo nem fim, uma "matéria" (*hylé*), da qual todos os seres seriam mera modificação: a água para Tales de Mileto, o ar para Anaxímenes, o fogo para Heráclito de Éfeso. Assim, "essa concepção hilozoísta (de *hylé*, 'matéria', e *zoé*, 'vida') é considerada em geral a origem do materialismo"[538].

Outra fonte de ateísmo teórico na Grécia Antiga destacada por Georges Minois é Epicuro (341 a.C. –270 a.C.), o qual uniu um estilo de vida com uma especulação filosófica, juntando ateísmo teórico com ateísmo prático. Esse filósofo grego não descartou a existência dos deuses. Contudo, para Epicuro, os deuses viveriam em uma paz completa e não se preocupariam com os assuntos terrenos, sendo indiferentes à sorte dos humanos. Diante disso, Epicuro e seus seguidores defenderam que o indivíduo deveria adotar um estilo de vida inspirado nos deuses. Para Georges Minois, o epicurismo foi a primeira grande tentativa de estabelecer uma moral ateia, repousada sobre o único valor possível em um mundo humano sem deus: a busca de felicidade individual terrena. Essa felicidade "reside na ausência de sofrimento físico e perturbação moral, nesse estado de sabedoria plena de equilíbrio chamado ataraxia"[539].

Ao investigar o ateísmo teórico na Europa da Idade Moderna (XVI-XVIII), região que a partir da época do Império Romano (séculos I-V) se tornou progressivamente domínio da fé cristã, Georges Minois apresenta os manuscritos do padre francês Jean Meslier (1664-1729). Esse sacerdote escreveu cartas, encontradas após sua morte, onde rejeitava a ideia da existência de Deus e defendia uma visão de mundo materialista. Revelando-se adepto do método cartesiano, no sentido de questionar falsas evidências por meio do uso do pensamento racional, Jean Meslier argumentou nas cartas que a matéria, que constituiria o mundo e todas as coisas que existe nele, seria o único ser necessário. Já a ideia de criação do mundo por Deus a partir do nada seria absurda, pois a matéria seria eterna e infinita. Mas, adverte Georges Minois, a primazia concedida à matéria por Jean Meslier não significa que ele a divinizava: "Ele

---

538. Ibid., p. 36 [grifos do original].
539. Ibid., p. 59.

não tem absolutamente nada a ver com o panteísmo. [...] Meslier é um puro materialista ateu"[540].

A história do ateísmo teórico teve um capítulo importante na Europa da segunda metade do século XVIII por meio da produção intelectual de alguns filósofos iluministas. Esses pensadores foram adeptos de uma visão de mundo materialista calcada em um estrito monismo: "há uma única realidade, a matéria, dotada de movimento e cujas diferentes combinações dão conta de todos os aspectos do universo, inerte, vivo, pensante"[541]. Conforme Georges Minois, a principal questão era explicar como a matéria poderia se modificar. Algumas respostas foram elaboradas para essa indagação: um princípio biológico, químico ou fisiológico.

O médico Julien La Mettrie (1709-1751) defendeu uma posição materialista a partir do estudo clínico do homem. Para ele, o corpo humano seria uma máquina que forneceria sua própria energia, mas de uma complexidade extraordinária, ao ser capaz de produzir vida, sentimento e pensamento. A moral do ser humano se fundamentaria na natureza e teria um objetivo: "assegurar a felicidade do indivíduo, ao passo que a moral social resultante da religião só exprime o interesse dos governantes e visa apenas a manter a ordem"[542]. Outra expressão do ateísmo teórico iluminista foi o barão D'Holbach (1723-1789), que afirmou que nada existiria além da natureza, da qual o ser humano faria parte. A natureza seria constituída por leis eternas e estaria em perpétuo movimento, sendo que apenas o conhecimento dessa natureza poderia libertar o ser humano da ignorância e conduzi-lo à felicidade. Segundo Georges Minois, com D'Holbach o ateísmo se tornou adulto: "Seguro de si, confiante, dota-se de uma filosofia, o materialismo, de uma ciência, o mecanicismo, e de uma moral, a lei da natureza"[543].

O século XIX testemunhou profícua produção sobre o ateísmo teórico. Uma reflexão que se desdobrou em diversos sistemas de pensamento, com o ateísmo sendo interpretado pelo ângulo filosófico, histórico, antropológico, biológico e social. Conforme Georges Minois, as novas ideias tiveram em comum uma visão global do mundo, que deveria ser explicado e reorganizado em função da inexistência de Deus, o que subvertia não apenas o saber, mas também o comportamento: "É possível viver

---

540. Ibid., p. 349.
541. Ibid., p. 477.
542. Ibid., p. 483.
543. Ibid., p. 498.

da mesma maneira, com ou sem Deus? Os sistemas elaboram uma nova moral, novas relações sociais. Eles trazem, portanto, ideologias"[544].

O filósofo alemão Ludwig Feuerbach (1804-1872) elaborou o chamado ateísmo antropológico. Segundo ele, Deus seria uma projeção da essência exteriorizada e objetivada do homem. Ao personificar Deus, "o homem celebra a própria autonomia de sua pessoa e dá ao mesmo tempo uma dimensão infinita a todas as suas características"[545]. Karl Marx (1818-1883) considerou o ateísmo de Feuerbach demasiado abstrato ao não refletir sobre as realidades socioeconômicas que estariam na gênese da religião. Para Marx, a religião não seria fruto apenas da natureza humana, mas também de uma situação socioeconômica particular que levaria os explorados a projetar sua salvação no além. Era, pois, necessário agir: "É pela práxis revolucionária que o homem realizará sua autocriação e, ao mesmo tempo, a religião desaparecerá"[546].

Arthur Schopenhauer (1788-1860) foi a expressão de um ateísmo marcado pela ideia do absurdo. Para ele, existiria apenas o mundo e o eu. O mundo, que seria a representação do eu, não seria orientado pela ideia de progresso, pois não teria nenhuma finalidade e também não teria sido criado por Deus. Nesse cenário, a consciência seria o pior atributo do homem: "é por ela que sabemos o que somos; graças a ela, o homem é o único animal que sabe que é mortal e que o mundo é absurdo"[547]. Já Friedrich Nietzsche (1844-1900) tornou célebre a afirmação "a morte de Deus". Em *Gaia ciência*, publicado em 1882, Nietzsche escreveu que Deus, que durante muito tempo foi a interpretação que ofereceu sentido para a existência dos seres humanos, foi morto por meio de golpes sucessivos. O reformador protestante Martinho Lutero (1483-1546) começou o processo, ao fazer Deus depender da fé pessoal de cada um. Deus também foi sufocado pela teologia, que o tornou um conceito. E Deus também foi morto "pelos refinamentos da ciência, pela psicologia, que o tornaram 'absolutamente supérfluo'"[548]. Sem Deus como referência, caberia ao ser humano criar os valores norteadores de sua vida.

O último capítulo da história de ateísmo teórico é o do século XX. Para Georges Minois, nesse século Deus deixou de ser uma questão central. Ele passou a ser admitido

---

544. Ibid., p. 606.
545. Ibid., p. 611.
546. Ibid., p. 616.
547. Ibid., p. 624.
548. Ibid., p. 627.

ou não. E, para a maior parte dos filósofos, não era admitido. Mas sem darem muita importância para isso, como se fosse um fato óbvio. Essa seria a originalidade desse século: "o filósofo situa-se de saída no ateísmo, um ateísmo que passou 'da negação radical à indiferença absoluta'"[549].

Um exemplo de indiferença em relação à questão da existência de Deus foi expresso pelo existencialismo, corrente influente nos anos 1950-1970. Jean-Paul Sartre (1905-1980), figura expoente do existencialismo, postulou que o ser humano nascia no mundo sem uma essência prévia, sendo pura liberdade. Seria o próprio indivíduo que daria sentido a sua existência, por meio dos seus atos. No caso da filosofia analítica, que nasceu como objetivo de analisar a linguagem, depurando-a de confusões lógico-linguísticas, a questão da existência de Deus foi posta de lado. Diz Alfred Jules Ayer (1910-1989): "todas as proposições religiosas devem ser rejeitadas, porque não podem satisfazer às exigências formais que lhes dariam sentido"[550].

9.4.3 O ateísmo prático na história

A história do ateísmo teórico possui uma vantagem, aos olhos do historiador, que é do acesso às fontes: muitos textos escritos estão preservados e assinados pelos seus autores. Já o ateísmo prático, em virtude do fato de as pessoas viverem sua descrença sem produzirem um registro sobre isso, deve ser mapeada especialmente a partir dos relatos de terceiros, como religiosos e autoridades públicas. Apesar disso, muitos casos são apresentados em *História do ateísmo*.

Um capítulo da história do ateísmo prático se refere ao período final da Idade Média. Entre os artigos de fé mais contestados pela mentalidade popular medieval estavam a ressurreição dos corpos e a imortalidade da alma. No início do século XIV o inquisidor Jacques Fournier realizou uma investigação sobre heresia na aldeia de Montaillou, no sul da França, onde obteve um conjunto de relatos de teor naturalista e materialista: para Arnaud de Savignan, trabalhador de uma pedreira, o mundo material jamais teve começo e jamais teria fim. Negar o fim do mundo era uma forma de negar a ressurreição da carne. Béatrice de Planissoles afirmou que os corpos seriam destruídos como teias de aranha, porque seriam obras do diabo. Quanto à alma, era considerada algo material. Esse foi o relato obtido de Raymond de l'Aire, um camponês de Montaillou, para quem

---

549. Ibid., p. 669-670.
550. Ibid., p. 674.

a alma seria simplesmente sangue e não existiria mais depois da morte. E, para ele, "também não existe ressurreição, paraíso ou inferno"[551].

O início da Idade Moderna ofereceu condições para o florescimento do ateísmo prático em decorrência do cenário de guerras religiosas após o estopim da Reforma Protestante liderada por Martinho Lutero em 1517, que pôs fim à unidade da fé cristã (católica) no continente europeu e abalou a segurança que se tinha na religião como fonte de verdade e de normas de conduta. A descrença religiosa era algo discreto, mas denunciada por autoridades religiosas e civis como algo presente até mesmo nos palácios reais. Os censores expressaram dúvidas sobre a fé de muitas pessoas na Corte do rei francês Henrique III (1574-1589): "Muitos jovens cortesãos demonstram desprezo pela religião e, entre si, praticam a blasfêmia"[552].

Havia outros setores da sociedade francesa alvos das mesmas suspeitas naquela época. O círculo dos homens de negócios era tido como ambiente de pessoas que não se interessavam pela religião, mas apenas em enriquecer. Os médicos eram suspeitos de ateísmo pelo simples fato de buscarem causas naturais para as enfermidades, que os teólogos qualificavam como castigos divinos. Já ladrões, malandros, prostitutas e marginais de vários tipos eram vistos como potenciais ateus pelo fato de seu modo de vida conceder pouco espaço à religião. Nas execuções públicas, alguns condenados recusavam qualquer auxílio religioso. Contudo, adverte Georges Minois, é impossível saber em que medida a existência de um deus está inscrita nas estruturas mentais desses marginais. Que haja uma contradição entre o tipo de vida que eles levam e a moral cristã não é, em si, uma prova absoluta de ateísmo: "Sem dúvida, há neles todos os graus possíveis de crença e descrença, com uma grande dose de superstição"[553].

O século XVIII foi um período marcado pela crescente indiferença das pessoas com a religião: "Em todos os níveis e em todos os meios, o clero se dá conta de que precisa persuadir as pessoas, porque a fé não é mais natural"[554]. Essa constatação aparece nas atas das visitas episcopais feitas para verificar o estado material das igrejas e a situação espiritual dos fiéis. Georges Minois expõe dados das atas sobre a visita em inúmeros povoados na França, onde o desapego à religião é verificado pela ausência perceptível dos fiéis nos cultos e práticas religiosas. A indiferença, ainda que não

---

551. Ibid., p. 107.
552. Ibid., p. 201.
553. Ibid., p. 203.
554. Ibid., p. 377.

signifique uma postura ateísta, é um fermento para a descrença. Conforme o autor de *História do ateísmo*, os arquivos a respeito da vida das pessoas humildes permitem constatar que jamais houve uma verdadeira unanimidade, "e que as práticas desviantes ou conformistas podem ocultar uma descrença real numa parte do povo"[555].

A história do ateísmo prático teve uma mudança radical na França e no restante da Europa no final do século XVIII, quando mudou brutalmente a relação de forças entre crença e descrença. Essa situação foi impulsionada pela Revolução Francesa (1789-1799) que, na luta liderada pela burguesia contra a monarquia absolutista e o clero, permitiu a irrupção de uma descrença agressiva e triunfante na vida pública. Segundo Georges Minois, o movimento é designado pelo termo genérico de descristianização revolucionária, "pois o catalisador de todas as energias antirreligiosas do período é o desejo de eliminar o cristianismo"[556]. Além disso, esse acontecimento revela que, por trás do conformismo imposto pela obrigação de praticar a religião, a indiferença era mais difundida do que levavam a supor as visitas pastorais das décadas anteriores. Com a Revolução Francesa, o ateísmo surgiu na vida pública de forma brusca e violenta, "não em sua forma refletida, mas prática, rude, no povo e na pequena burguesia"[557].

O século XIX testemunhou a ascensão do ateísmo prático na Europa influenciado por fatores como o progresso da explicação científica do mundo e a rejeição de uma moral excessivamente rigorosa. Nesse contexto, ganhou força o anticlericalismo, uma postura de crítica e combate às instituições religiosas. Para Georges Minois, o ateísmo no século XIX foi, antes de tudo, um fenômeno burguês. Essa classe social cumpria os ritos religiosos ao longo da vida, mas vivia em um ambiente de indiferença religiosa, cultuando os filósofos iluministas e vendo a religião apenas como um fator de equilíbrio social e garantia da ordem contra a subversão dos dominados. Comparativamente, de acordo com os dados dos censos realizados na França e na Inglaterra, a descristianização nesses países foi menos intensa na classe operária.

No século XX, a revolução ocorrida na Rússia em 1917 revigorou a militância do ateísmo prático. Com esse acontecimento, o ateísmo se tornou, pela primeira vez na história, parte da ideologia oficial do Estado. Os revolucionários russos eram influenciados pelas ideias de Karl Marx, que defendia que a religião iria desaparecer

---

555. Ibid., p. 380.
556. Ibid., p. 504.
557. Ibid., p. 530.

naturalmente com o fim da ordem social burguesa. Porém, para muitos revolucionários, sem uma ação efetiva a religião não iria ser extinta. Em 1925 foi criada nesse país a União dos Sem Deus para conscientizar o povo dos malefícios da religião. Em 1929, essa entidade mudou o nome para União dos Sem Deus Militantes (USDM) e traçou como objetivo unir as massas operárias em uma luta ativa contra as religiões em prol do socialismo: "No início de 1930, a USDM se torna um verdadeiro movimento de massa, com 35 mil células e 2 milhões de membros"[558]. Contudo, diante da ameaça do fascismo nos anos 1930, a luta contra as religiões perdeu força. Em 1941 a USDM foi dissolvida.

Os países europeus fora da órbita de influência da União Soviética (nome adotado pela Rússia após a Revolução Russa) também conheceram o ativismo ateísta. Entretanto, por não contarem com um aparelho estatal, como no caso da União Soviética, as ações dos movimentos ateístas foram mais frágeis e tiveram dificuldade em obter maior audiência. Esse foi o caso da Federação Nacional dos Livres-Pensadores da França, influente entre professores e funcionários públicos no pós-Segunda Guerra Mundial (1939-1945), e com uma postura de desconfiança em relação à Igreja Católica. Esse tipo de movimento, marcado muito mais pela ideia de negação de Deus, só conseguiu obter atenção da opinião pública quando alguns assuntos trouxeram à tona a clivagem clericalismo/anticlericalismo, como os protestos no início da década de 1960 contra a presença excessiva de programas religiosos na TV francesa.

As últimas décadas do século XX são palco do crescimento da descrença em diversos países europeus. Com base em uma pesquisa do início da década de 1990, Georges Minois afirmou que na Europa 25% da população se diz "não religiosa", com taxas mais baixas nos países latinos: de 12% a 15% (16,2% na Itália, 15,6% na França, 2,9% na Espanha e 4,6% em Portugal). Por outro lado, o percentual de "ateus convictos" é baixo na comparação com quem se diz "não religioso": 5% na Europa, com diferenças significativas entre os países: "12% na França, 7% na Bélgica, 6% na Holanda, 5% em Portugal e 4% no Reino Unido"[559]. A situação frágil do ateísmo convicto poderia ser constatada pela debilidade dos movimentos ateístas, como a Liga Internacional dos Sem Religião e Ateus, criada em 1972 na Alemanha, e que possuía poucos membros e baixa ressonância social. Para Georges Minois, a debilidade desses movimentos reflete a dificuldade em "dar um conteúdo positivo ao ateísmo, que

---

558. Ibid., p. 641.
559. Ibid., p. 698.

continua sendo um termo de conotação negativa, cujo sentido reside sobretudo na oposição à crença religiosa"[560].

Além disso, para o autor de *História do ateísmo* poderíamos dizer que, quanto mais ateus existirem, menos justificativa há para a atuação dos grupos ateístas, pois, quando uma ideia se torna uma evidência compartilhada por um grande número de pessoas, não há mais interesse em defendê-la em uma associação: "A debilidade dos movimentos ateus é a melhor prova da difusão do ateísmo"[561]. A impressão geral que se fica é que nesse cenário os ateus sentem menos necessidade de se definirem como ateus, "e a incredulidade tende, assim, a se dissolver num conjunto humanista e laico mais vasto"[562]. Diríamos aqui que o ateísmo prático em sua forma militante perde espaço para uma atitude de indiferença. Seria o fim de um ciclo histórico.

9.5. Considerações finais

Como avaliar *História do ateísmo* na condição de fonte histórica? Nas últimas páginas da obra, Georges Minois fez ponderações que reforçam a ideia de que o livro expressa dilemas vivenciados pela sociedade europeia no final da década de 1990. Ele afirma inicialmente que a ideia de um processo linear sobre a história do ateísmo deve ser excluída. Não haveria uma marcha regular que iria de uma situação exclusivamente religiosa para o triunfo inelutável da descrença. A crença e a descrença seriam fenômenos variados, complexos e cheios de *nuances*, cujas proporções mudam em função de uma grande variedade de fatores: a situação das ciências, o lugar da razão, as relações sociais, as forças produtivas, "a atitude dos poderes políticos, os modos dominantes de pensar e viver, os princípios epistemológicos, éticos e até mesmo estéticos"[563].

O esquema que se delinearia na história do Ocidente, desde a Antiguidade, alternaria períodos de predominância racional com períodos de predominância irracional. Nos primeiros, o ser humano confia na razão: "ele a utiliza com otimismo, como um guia capaz de lhe revelar pouco a pouco o sentido da existência e os princípios da conduta moral que deve seguir"[564]. Já nas fases de irracionalidade, o indivíduo "duvida

---

560. Ibid., p. 699.
561. Ibid., p. 700.
562. Ibid., p. 701.
563. Ibid., p. 725.
564. Ibid., p. 725-726.

das capacidades humanas de raciocínio e prefere refugiar-se em crenças irracionais, heteróclitas, de tipo esotérico e paracientífico"[565]. Nas fases de racionalidade, teria força o ateísmo teórico ao lado de fortes sistemas religiosos, o qual cederia espaço para o ateísmo prático e cultos esotéricos nas fases irracionais.

A história ocidental teria conhecido quatro períodos de hegemonia racional: a racionalidade pagã na Antiguidade Clássica com os filósofos gregos; a racionalidade escolástica na Idade Média, quando a união da obra de Aristóteles com a fé cristã proclamou a capacidade de a razão provar a existência de Deus; a racionalidade cartesiana do século XVII, quando Descartes (1596-1650) revigorou o pensamento racional como guia para conhecer as verdades do mundo e Deus; e a racionalidade científica, que ganhou força por volta de 1830, quando "a Europa recupera a confiança na capacidade do espírito humano de explicar e organizar o mundo"[566].

Os períodos racionais teriam sido sucedidos por quatro fases de preponderância do pensamento irracional: o irracionalismo do fim do mundo antigo, quando cresceu a preocupação com a salvação e as religiões de mistério proliferaram; o irracionalismo do fim da Idade Média e da Renascença, com a rejeição da razão como guia para conhecer Deus, o fim da unidade da fé cristã na Europa e a redescoberta da obra de autores da Antiguidade; o irracionalismo romântico que, no cenário de ativismo do ateísmo prático impulsionado pela Revolução Francesa, passou a valorizar o sentimento e a subjetividade em detrimento da razão; e, por fim, o irracionalismo do fim do século XX, quando voltaram as dúvidas no poder da razão tendo como pano de fundo a desconfiança generalizada nos valores científicos, culturais e políticos.

Georges Minois escreveu na introdução do livro que a história do ateísmo era a história de homens e mulheres que buscaram construir o sentido de sua própria existência, sem o amparo de sistemas explicativos religiosos. Contudo, para ele o que ocorria no fim do século XX era o descaso com essa tarefa, diante do naufrágio da racionalidade no mar das incertezas que afogou a crença em muitos valores no decorrer do século: o ideal comunista em uma nova aurora da humanidade se perdeu nos campos de trabalhos forçados (*gulags*) e nas prateleiras vazias dos armazéns do Estado; a crença nas ideias liberais capitalistas foi esmagada pelas multidões de desempregados; a crença nos sistemas democráticos foi asfixiada pela prática da corrupção; e a crença nas certezas científicas acabou se vendo confrontada com problemas éticos;

---

565. Ibid., p. 725.
566. Ibid., p. 727.

"esse século interminável acaba enfim com celebrações cuja justificação parece difícil compreender"[567].

No fim do século XX, até a indagação sobre a existência de Deus se tornou irrelevante. Ao longo do tempo essa questão representou a tentativa de apreender o universo e lhe dar um sentido: o religioso atribuía isso a Deus, e o ateu encarregava o ser humano como responsável por essa tarefa. A sensação que se teria no final do milênio é que o religioso e o ateu estariam superados pela atomização do saber e a valorização de um modo de vida hedonista. A divisão não parecia mais ser entre crentes e descrentes, mas entre os que afirmam a possibilidade racional de pensar globalmente o mundo, "num modo divino ou num modo ateu, e os que limitam a uma visão fragmentária, na qual predomina o aqui e agora, o imediato localizado"[568].

A fragmentação do saber, que fragilizou a capacidade de um entendimento holístico do mundo e ajudou a colocar a razão na defensiva, pode ser ilustrada pelo contexto historiográfico de publicação de *História do ateísmo*, quando os estudos históricos deixaram de ter um padrão epistêmico e se pulverizaram em diversas perspectivas metodológicas e interpretativas. Seria então Georges Minois um saudosista da hegemonia dos Annales? Independentemente de qual seja a resposta oferecida, o fato é que para ele "o mundo não pode viver muito tempo num caos cultural, social, econômico e político como este que atravessa hoje"[569]. Ao narrar a história do ateísmo teórico e prático, esse historiador buscou em um tema marginalizado pela historiografia um horizonte que ajude a pensar formas de superação dos problemas de sua época.

---

567. Ibid., p. 637.
568. Ibid., p. 724.
569. Ibid., p. 730.

10
Uma História com o Outro: povos indígenas na historiografia brasileira[570]

Mariana Albuquerque Dantas

10.1. Introdução

A reorientação teórica na década de 1970 vivenciada por historiadores brasileiros, também experimentada por antropólogos, foi apontada por vários pesquisadores. Essa mudança levou a um considerável aumento de estudos sobre temas novos, fundamentados em pesquisas empíricas em arquivos ainda inexplorados, bem como em uma crítica aos marcos teóricos generalizantes. Ainda que novas perspectivas de análises tenham surgido e sujeitos históricos antes invisibilizados tenham sido trazidos ao debate, como pessoas escravizadas, mulheres e cristãos novos, os povos indígenas continuaram "esquecidos pelos historiadores", menos por falta de novos elementos do que pela resistência ao tema, como afirmou John Monteiro[571].

Esse movimento se intensificou com a institucionalização do campo da História nas universidades nas décadas de 1970 e 1980, quando houve a inserção e a consolidação de temas relacionados à atuação social de sujeitos históricos. Influenciados

---

570. O presente artigo é fruto dos férteis debates conduzidos no âmbito das disciplinas "Antropologia e ação social" e "Antropologia Histórica", ambas ministradas remotamente por João Pacheco de Oliveira e María Rossi, no Museu Nacional/UFRJ. Agradeço a acolhida e as contribuições dos professores e dos colegas de turma. Agradeço também a leitura atenciosa, as críticas e o incentivo de Edson Silva, Maria Regina Celestino de Almeida, Rita Santos, Uiran Gebara da Silva e João Pacheco de Oliveira. Suas contribuições foram fundamentais para o desenvolvimento das ideias apresentadas nesse texto.
571. MONTEIRO, 2001, p. 7.

por uma história econômica e social originada nos *Annales* e por uma história vista de baixo como proposta por E. P. Thompson, historiadores brasileiros partiram para a abordagem sobre temas relacionados à família, às mulheres, ao trabalho e à escravidão, como delineou Hebe Mattos[572]. Ocorreu uma transformação na área com o surgimento de problemas diferentes e soluções metodológicas específicas, tais como a análise quantitativa.

Apesar da abertura para novos temas construídos com enfoques metodológicos e teóricos inovadores, provocando uma profusão de pesquisas em áreas variadas, a participação dos indígenas na História do Brasil continuou sendo abordada de maneira secundária, quando não era vista com desinteresse. Uma inflexão pioneira na área ocorreu na década de 1990 com a publicação da coletânea organizada por Manuela Carneiro da Cunha[573], e do livro "Negros da terra: índios e bandeirantes nas origens de São Paulo", de John Monteiro[574], muito embora existissem incursões de antropólogos pelos caminhos da História, como observado na dissertação de João Pacheco de Oliveira[575], resultado dos estudos sobre relações interétnicas iniciados por Roberto Cardoso de Oliveira. Não obstante os impactos das obras desses autores, a resistência sobre a temática indígena para a compreensão do Brasil persistiu.

Este artigo tem dois objetivos mutuamente dependentes. O primeiro é o de tentar desmontar os mecanismos de manutenção dessa resistência no campo da produção historiográfica brasileira, apontando balizas conceituais que impediram a inserção dos indígenas nas narrativas mais amplas. Assim, o intuito é analisar aspectos específicos de teses sobre a constituição do Brasil, principalmente as relativas ao período colonial, que ensejaram debates teóricos e historiográficos, instituindo linhas de pesquisa e interpretação histórica, além de ter possibilitado a formação de gerações posteriores de historiadores. Foram escolhidos autores, cujas obras contribuíram para construção de imagens cristalizadas e genéricas sobre indígenas por meio de afirmações que ganharam uma aura de verdade, ou através de ausências e esquecimentos. O impacto dessas interpretações pode ser percebido diretamente na importância conferida ao trabalho indígena no processo de construção da colônia portuguesa no ultramar, e na concepção da incapacidade dos indígenas em atuar movidos por suas interpretações

---

572. MATTOS, 1997, p. 91-96.
573. CUNHA, 1992.
574. MONTEIRO, 1994.
575. OLIVEIRA, 2015.

sobre conjunturas específicas e por necessidades próprias. Essas questões serão abordadas nas obras de F. A. de Varnhagen, Caio Prado Jr., Fernando Novais, João Fragoso e Manolo Florentino. As fontes utilizadas nas obras também terão relevância na análise aqui proposta, tornando-se possível demonstrar a abundância de informações sobre populações indígenas no Brasil e os caminhos escolhidos pelos autores para ratificar suas conclusões.

O segundo objetivo se concentra em indicar os avanços nos estudos realizados por pesquisadores apoiados na ideia do protagonismo indígena na construção do Brasil, e na leitura de documentos produzidos no contexto colonial, muitas vezes, já amplamente conhecidos, como relatos de viajantes e dados elaborados por missionários. Para atender a esses objetivos, o artigo está organizado de maneira a estabelecer diálogos entre as interpretações gerais sobre o Brasil, que buscaram no regime colonial elementos para explicar os mecanismos sociais, políticos e econômicos do país no momento coevo aos autores, e os resultados de pesquisas específicas sobre povos indígenas em diferentes espaços e temporalidades.

Desses diálogos serão ressaltadas as questões que levaram à citada resistência ou ao desinteresse acadêmico pela temática indígena, que contribuíram para a produção de um esquecimento historiográfico engendrado por décadas. Com isso, pretendeu-se também contribuir com uma análise crítica sobre o ofício do historiador, os caminhos teóricos e metodológicos para a criação de uma narrativa histórica, e as implicações concretas da produção historiográfica.

10.2. A ausência formulada no século XIX

Podemos apontar o Instituto Histórico e Geográfico Brasileiro (IHGB), fundado em 1838, como um espaço de debates que marcaram a construção do campo da escrita da História do Brasil como científica, com o uso criterioso de fontes, desenvolvendo metodologia própria.[576] Nesse âmbito, parte do projeto de construção da nação após a Independência foi articulado, originando uma disputa narrativa sobre os papéis jogados pelos diferentes grupos sociais, na qual o indígena foi destacado, o que é demonstrado pela quantidade de material e artigos publicados na revista do Instituto[577]. A certa altura da disputa, uma forma narrativa sobre as populações indígenas tornou-se

---

576. GUIMARÃES, 2011.
577. KODAMA, 2009.

vencedora e a partir dela foram (e ainda são) alimentados manuais escolares e perspectivas historiográficas.

Dessa disputa participaram ativamente Francisco Adolfo de Varnhagen, Domingos José Gonçalves de Magalhães e Joaquim Norberto de Souza e Silva. Como apontou Vânia Moreira, as ideias de "clientes, brasileiros e concidadãos" são representativas do posicionamento dos autores sobre os povos indígenas e a sua participação na formação do país. Interessado pela questão indígena, Varnhagen contribuiu para a criação da seção de etnografia no IHGB, destinada às pesquisas sobre as línguas, os costumes indígenas e, com isso, identificar os melhores meios de civilizar os indígenas. Em sua obra monumental, Varnhagen explicitou a sua visão sobre os indígenas, os quais seriam selvagens, não teriam história e, do ponto de vista político, não seriam cidadãos, tampouco brasileiros. Anteriormente à colonização, entendia que a população indígena era diminuta e nômade, não possuindo, portanto, quaisquer direitos sobre a terra. Vivendo de maneira selvagem, a organização dos indígenas se restringia à composição familiar, sem respeitar leis. Para civilizá-los eram necessários métodos duros e rigorosos, que os forçariam a trabalhar em diferentes ofícios, sendo também distribuídos como clientes entre os cidadãos[578].

Realizando uma crítica contundente aos métodos de pesquisas e análises de Varnhagen, o poeta e ensaísta Gonçalves de Magalhães elaborou perspectiva diferente sobre os povos indígenas, evidenciando por meio da documentação que viviam com organização social em comunidades numerosas, desenvolvendo habitualmente a agricultura para subsistência e para trocas entre si. De acordo com Vânia Moreira, Gonçalves de Magalhães defendeu

> a presença do "elemento" indígena na História do Brasil, na composição da nacionalidade e no futuro da Nação, não como "índios", mas como "brasileiros", engrossando a população e trabalhando na Armada, nas fazendas, na agricultura, nas cidades e nas vilas[579].

Por sua vez, Joaquim Norberto tomou um caminho um pouco diferente dos colegas ao tratar da questão indígena através do problema do território em seu trabalho bem fundamentado nas fontes. Abordando os indígenas no Rio de Janeiro, o autor se preocupou em compreender as relações destes com os territórios delimitados com a

---

578. MOREIRA, 2010, p. 59-61.
579. Ibid., p. 64.

instalação das aldeias coloniais, bem como a inserção e identificação com a sociedade envolvente. Estava preocupado especificamente com os índios que chamou de "concidadãos", ou seja, aqueles que não viviam nas fronteiras do Império, mas sim no seio das regiões ricas e povoadas, cuja ruína, em sua opinião, era "resultado da ação histórica dos conquistadores"[580].

Embora a disputa pela narrativa entre esses e outros intelectuais do IHGB sobre o papel do indígena na constituição do Brasil tenha sido intensa, levando Varnhagen a fazer algumas mudanças na sua monumental *História Geral do Brasil*, o olhar que prevaleceu sobre o tema, ganhando espaços nas percepções históricas futuras, foi o do Visconde de Porto Seguro. Ainda que politicamente e institucionalmente as sugestões de Gonçalves de Magalhães sobre a participação dos indígenas, transformados em "brasileiros", como força de trabalho em diferentes setores tenham ecoado, as percepções negativas de Varnhagen encontraram campo fértil nas narrativas posteriores, instituindo um "duradouro paradigma para a historiografia nacional"[581].

Uma questão que se sobressai na análise das perspectivas dissonantes dos historiadores do IHGB diz respeito às fontes utilizadas. Teriam lido e interpretado os mesmos documentos? Sobre a pesquisa de Joaquim Norberto, relacionado ao Rio de Janeiro, sabemos que foi referenciada em diversificada e ampla documentação manuscrita composta por "cartas de sesmarias, relatórios de diferentes autoridades civis, religiosas e militares e requerimentos e representações feitos pelos próprios índios"[582]. Por outro lado, Varnhagen e Gonçalves de Magalhães recorreram a fontes similares, na maioria, relatos de viagens e textos escritos por missionários e representantes da Coroa portuguesa. Gonçalves de Magalhães justificou as duras críticas a Varnhagen, retomando a comparação do historiador ao juiz imparcial diante das informações contraditórias surgidas das fontes, afirmando que o rival teria sido contaminado pelo espírito de partido, deixando-se seduzir por teorias que o teriam levado a um veredito sem as análises criteriosas dos documentos[583].

De fato, grande parte das fontes que ancoraram a argumentação sobre as populações indígenas na *História Geral do Brasil* de Varnhagen foram relatos de missionários e de viajantes, nos quais parece haver, segundo Temístocles Cezar, uma *intenção*

---

580. Ibid., p. 66.
581. Ibid., p. 68.
582. Ibid., p. 65.
583. Ibid., p. 62-63.

de verdade por terem sido os autores testemunhas oculares dos acontecimentos e das situações reportadas[584]. Considerando a prática do fazer historiográfico, a manipulação e a produção de documentos ao recopiá-los ou transcrevê-los por meio de uma operação técnica, nos termos de Michel de Certeau[585], caberia questionar sobre as escolhas de determinadas informações em detrimento de outras em meio aos relatos utilizados como fontes. Embora responder a essa pergunta não seja o objetivo central desse texto, cabe indicar algumas pistas levantadas por outros pesquisadores que contribuem para compreender melhor o lugar social de Varnhagen enquanto historiador.

Tratando dos debates entre intelectuais do IHGB, Vânia Moreira apresentou uma pista em relação à sobreposição da narrativa de Varnhagen às demais: ele teria se arvorado a "porta-voz e fiador" de alguns setores interessados nas terras e no trabalho indígenas, defendendo suas ideias e juízos de valor, em contraposição, por exemplo, a Joaquim Norberto de Souza e Silva[586].

Além disso, há outra dimensão a ser indicada, a das experiências pessoais. Segundo Pedro Puntoni, na juventude, Varnhagen teria se aproximado timidamente do programa da literatura indianista em defesa das culturas indígenas, sugerindo em um texto a necessidade de estudo e ensino das línguas nativas. Com isso, acreditava que haveria uma importante contribuição para alimentar "o espírito de nacionalidade" e para o trabalho das ordens religiosas junto aos indígenas. No entanto, de acordo com Puntoni, a postura de Varnhagen mudou devido a um episódio específico. No seu primeiro retorno ao Brasil, resolveu visitar fazendas na cidade natal, Sorocaba, interior de São Paulo. No caminho ouviu terríveis informações sobre a suposta crueldade dos índios e quase sofreu um ataque em uma das estradas. A partir dessa experiência, teria resolvido assumir opiniões negativas sobre essas populações[587].

Acredito ser muito provável que o lugar social e as redes de relações estabelecidas por Varnhagen contribuam para compreender, em parte, o posicionamento veemente sobre os indígenas, que acaba transparecendo em sua obra. E por isso, foi criticado pelos colegas do IHGB.

Com opiniões bem diferentes, estavam os autores de obras românticas e indianistas, como José de Alencar e Gonçalves Dias, nas quais o indígena iria figurar como

---

584. CEZAR, 2018, p. 83-84.
585. CERTEAU, 2007, p. 78-81.
586. MOREIRA. *O ofício do historiador e os índios*, p. 67.
587. PUNTONI, 2011, p. 641-642.

a representação da jovem nação. Edson Silva apontou como as narrativas literárias desses autores correspondiam, ao mesmo tempo, aos critérios estéticos da época e à necessidade de construção de uma imagem evocativa das características vistas como singulares do Brasil. Deixando de lado a violência imposta sobre os indígenas durante a colonização portuguesa, esses escritores escolheram ressaltar "a bravura indígena, a resistência e a morte heroica"[588].

A referência preferencialmente acionada pelos intelectuais indianistas era a do passado mais remoto, da vida dos indígenas antes da conquista ou mesmo da morte gloriosa dos guerreiros Tupis. Esse modo de pensar, ressaltou João Pacheco de Oliveira,

> terá consequências sociais muito negativas para os índios reais, funcionando como uma espécie de atestado poético da inexistência ou irrelevância dos indígenas contemporâneos, permitindo justificar políticas que implicaram grandes prejuízos para estes povos"[589].

Outra representação evocada e que ressoou fortemente na elaboração pelo senso comum sobre a imagem dos povos indígenas foi a da "morte vegetal", como identificou Oliveira, cujo emblema é a personagem de Iracema, do romance homônimo de José de Alencar. Sem rupturas violentas, dessa morte resulta um ser novo, um mestiço "herdeiro de direitos e de títulos por linha paterna, de obrigações e sentimentos pelo sangue materno". Evocando a importância e a beleza das origens autóctones e ratificando o desaparecimento do indígena[590].

As interpretações geradas pelas ferramentas narrativas de intelectuais do século XIX, fossem historiadores, poetas ou romancistas, constituíram o substrato de uma crença comum de que o índio "é objeto de uma história que antecedeu o Brasil e que lhe é visceralmente estranha".[591] Pensado no período colonial como aliado ou inimigo do colonizador português, essas leituras construíram a incapacidade do indígena em atuar a partir de critérios e de necessidades próprios, levando-o, portanto, ao desaparecimento em guerras ou pela mestiçagem.

---

588. SILVA, 1995, p. 20. Além da literatura indianista, Edson Silva também analisou pinturas e estampas em livros de viajantes do século XIX, e o movimento literário chamado "sertanismo".
589. OLIVEIRA, 2016, p. 87-88.
590. Ibid., p. 109.
591. Ibid., p. 110.

10.3. Caio Prado Jr. e a formação do Brasil

À incapacidade de ação atribuída aos indígenas é possível associar a produção do nefasto esquecimento historiográfico sobre os diversos caminhos encontrados pelos próprios indígenas para a sua participação efetiva na formação do Brasil. Como demonstra João Pacheco de Oliveira[592], é importante salientar que o esquecimento é constituído de maneira ativa e não apenas pelo desconhecimento ou erro, noções que simplificam os usos da história por agentes sociais, historiadores incluídos, ou épocas. Seguindo o argumento de Oliveira, "o esquecimento, longe de ser um ato único e explícito, de uma evidente materialidade, é algo cujos efeitos se constroem dispersos em uma multiplicidade de narrativas, de lendas de imagens". Esse fenômeno narrativo elaborou uma imagem de "índio genérico", que

> não deve ser tomado de maneira alguma como algo monolítico, mas sim como um repositório de imagens e significados, engendrados por diferentes formações discursivas, e acionados em contextos históricos variados[593].

A obra fundamental de Caio Prado Jr., *Formação do Brasil contemporâneo*, no que pese a inovação argumentativa informada por pressupostos marxistas e o apuro metodológico baseado em fontes quantitativas e qualitativas, contribuiu sistematicamente para o engendramento do esquecimento e seus efeitos sobre a atuação histórica de populações indígenas. Aqui proponho o salto temporal do final do século XIX para meados da década de 1940, passando pelas teorias raciais e pelas obras de Capistrano de Abreu, Gilberto Freyre e Sérgio Buarque de Holanda (apenas para informar os intelectuais mais festejados), primeiro porque não é a intenção esgotar todos os campos dos debates historiográficos sobre a temática indígena. E segundo porque Caio Prado inaugurou uma interpretação do Brasil em marcos solidamente econômicos que, acredito, vão depositar mais significados ao conceito-repositório "índio genérico", marcando de maneira definitiva o seu esquecimento em estudos e narrativas historiográficas posteriores. Além de atualizar imagens impressas com vigor pela obra de Varnhagen.

Cotejar a obra de Caio Prado Jr. à busca das referências sobre a população indígena não é algo novo. Vânia Moreira se debruçou sobre essa questão, indicando pontos importantes para o debate historiográfico, como a ideia de assimilação do indígena

---

592. Ibid., p. 77.
593. Ibid., p. 77-78.

através do processo de mestiçagem, com o resultado de formação do povo brasileiro. Caio Prado não seria pioneiro na elaboração dessa perspectiva, estava se apoiando em literatura historiográfica e antropológica que percebia a condição indígena como extremamente transitória. Moreira demonstrou como, ao analisar os diferentes processos ocorridos no período colonial, Caio Prado ao mesmo tempo em que consolidou a visão sobre o desaparecimento gradual dos indígenas, também demarcou alguns paradigmas sobre a temática que vão perdurar. A oposição entre colonos e missionários no que se refere à utilização da mão de obra indígena é um desses marcos de compreensão. Os aldeamentos ou reduções seriam um aparato de segregação da população indígena, que impediam o colono de escravizar seus habitantes, como também a utilização dessa força de trabalho na colonização da América de acordo com os interesses da Coroa portuguesa. Ao chegar ao século XIX, o "problema indígena", como colocado por Moreira, era uma questão superada economicamente, porque nas grandes lavouras não era mais necessária a mão de obra indígena, e socialmente porque estariam em processo de desaparecimento pela aculturação, miscigenação ou extinção física[594].

Como afirmou Vânia Moreira, as análises pradianas "primaram muito mais pelas explicações de ordem econômica e social do que cultural"[595]. Considerando essa característica da obra, o interesse projetado aqui é identificar os meandros da argumentação de Caio Prado sobre a "contribuição" indígena nos termos econômicos, entendendo como ponto pacífico a sua perspectiva quanto à mestiçagem como mecanismo para o desaparecimento de tais populações.

Dessa forma, como procedemos com os pesquisadores do século XIX, é importante conhecer as fontes utilizadas em "A formação do Brasil contemporâneo". De maneira geral, Caio Prado recorreu a obras de referência, como "Capítulos de História Colonial" escrito por Capistrano de Abreu, "Casa grande e senzala" de Gilberto Freyre e "História Geral do Brasil" de Francisco Adolfo de Varnhagen. Também estão presentes entre as referências os relatos de viajantes e estrangeiros estabelecidos no Brasil, como as memórias de Auguste de Saint-Hilaire, de Spix e Martius e de Henry Koster. Além dessas obras, o autor compulsou uma grande variedade de fontes, produzidas em diferentes épocas, boa parte publicadas pela Revista do IHGB e nos Anais da Biblioteca Nacional.

---

594. MOREIRA, 2008, p. 63-84.
595. Ibid., p. 78.

Diante da diversidade e do volume de material analisado, é pouco provável que não tenha chegado ao conhecimento de Caio Prado o debate ocorrido desde o final do século XIX sobre o lugar do indígena na história do país, bem como os diferentes posicionamentos adotados por intelectuais e políticos com atuações consideráveis como José Bonifácio e o citado Joaquim Norberto. O autor, dentre as possibilidades disponíveis, escolheu uma forma de representação específica sobre o indígena, bastante negativa, e a repete em toda a obra.

Essa imagem está vinculada a algumas assertivas apontadas por Vânia Moreira, principalmente no que se refere aos aspectos culturais. No entanto, foi constituída com força no coração da análise pradiana que trata do desenvolvimento, ou evolução, econômica do Brasil, da colônia à Independência. A obra *A formação do Brasil contemporâneo* foi dividida em 3 partes: povoamento, vida material e vida social, sendo antecedidas pelo texto intitulado "Sentido da colonização", no qual lança as bases de toda sua interpretação. Irei me concentrar aqui na segunda parte, onde o autor teceu comentários relacionados aos aspectos econômicos de desenvolvimento do Brasil a partir das atividades produtivas e, por isso, abordou também as características dos grupos sociais que serviram de mão de obra, escravizados, indígenas e seus descendentes, incluindo os mestiços.

Sobre a grande lavoura, conferiu destaque à cana-de-açúcar, ao algodão e ao tabaco. Após a descrição minuciosa sobre o funcionamento de um engenho de açúcar, Prado afirmou que "o trabalho é todo escravo", com exceção dos assalariados investidos de funções especializadas ou de direção e que atuavam em pequena quantidade. A cultura do algodão guardava muitas semelhanças com a da cana-de-açúcar, a do tabaco exigia mais cuidados, e em todas a força de trabalho escravizada era a norma[596].

Na agricultura de subsistência, o quadro não seria diferente, em que seriam "empregados os mesmos escravos que tratam da lavoura principal e que não estão permanentemente ocupados nelas". Os centros urbanos eram abastecidos de produtos alimentares cultivados em áreas mais afastadas, onde a grande lavoura não havia sido instalada. No que chamou de "mesquinha agricultura de subsistência", o autor informou que "não encontramos aí, por via de regra, senão um elemento humano residual, sobretudo mestiços dos índios que conservaram dele a indolência e qualidades negativas para um teor de vida material e moral mais elevado"[597].

---

596. PRADO JR., 1999, p. 147-154.
597. Ibid., p. 158-161.

Em relação à pecuária desenvolvida no que chamou de "sertões do Norte" ("todo o território do Nordeste", excluindo-se o litoral, compreendendo também o norte de Minas Gerais),

> Mão de obra não falta, e não havendo escravos, bastam destes mestiços de índios, mulatos ou pretos que abundam nos sertões, e que, ociosos em regra e avessos em princípio ao trabalho, têm uma inclinação especial para a vida aventuresca e de esforço intermitente que exigem as atividades da fazenda[598].

A única exceção à ausência quase total da força de trabalho indígena se daria na região da Amazônia, onde eram realizadas as produções extrativas que, por suas próprias características naturais, levaria o indígena a ser visto como o grande conhecedor de seus segredos, pois estava preparado para penetrar a floresta e os rios. Além disso, conseguiria colher, caçar e pescar com habilidade. "Empregado assim em tarefas que lhes são familiares, ao contrário do que se passa na agricultura e na mineração [...], o índio se amoldou com muito mais facilidade à colonização e domínio do branco"[599].

Depreende-se, portanto, que grande parte do esforço produtivo, da mão de obra utilizada na grande lavoura, na mineração, na pecuária que empurrou a fronteira da colonização para o interior, até nas parcas atividades de subsistência, era escravizada africana e afrodescendente. Restariam aos descendentes das populações indígenas, identificados como mestiços, o trabalho nas fazendas de gado e no cultivo de produtos de subsistência em áreas afastadas. Apenas no Norte, onde o conhecimento da natureza era vital, as habilidades dos indígenas foram efetivamente consideradas para o desenvolvimento econômico da colônia.

Além da compreensão dos argumentos que orientaram a leitura de Caio Prado Jr., também é possível fazer um breve exercício de contextualização do lugar social do historiador e das suas redes de relacionamentos, tal como foi feito sobre Varnhagen. É de amplo conhecimento as raízes familiares abastadas do autor, cuja riqueza remonta ao empreendimento de criação de muares por seus antepassados entre finais do século XVIII e início do XIX. Negócio que proporcionou investimentos na produção de café no "sertão paulista", levando à participação na política imperial e a outros ramos econômicos, como banco, meios de transporte, imigração, comércio e terras. Em função

---

598. Ibid., p. 191.
599. Ibid., p. 213.

dos empreendimentos, a família teria adquirido extensas áreas territoriais no interior da província de São Paulo, possibilitando uma experiência de contato bastante significativa com populações indígenas, tanto que uma de suas avós havia recebido de presente do pai um indígena Bororo chamado Joaquim, a quem treinou para realizar serviços domésticos refinados. De posse dessas informações, Soraia Dornelles aponta como as experiências familiares de participação no avanço da fronteira agrícola para o interior paulista no século XIX podem ter sido um dos fatores a influenciar a concepção pradiana sobre os povos indígenas[600].

As marcas interpretativas da obra de Caio Prado Jr. irão alimentar um apagamento historiográfico do indígena na construção material do Brasil, deixando sua contribuição apenas no campo cultural, como, por exemplo, uma herança nos hábitos alimentares e nas narrativas sobre antepassados.

Utilizando fontes produzidas no século XVI por cronistas e proprietários de terras, e publicadas até o início do século XX, João Pacheco de Oliveira formulou assertivas e hipóteses que apontam para uma perspectiva diferente. Sobre o período imediatamente posterior às guerras de conquista, os cronistas convergiram na afirmação de que os indígenas escravizados eram o remédio para a pobreza dos primeiros colonizadores, uma vez que pescavam, caçavam e cultivavam alimentos para si e para os senhores[601]. Portanto, os indígenas, de acordo com esses relatos, exerceriam os trabalhos principais de extração do pau-brasil e implantação dos engenhos de cana de açúcar, como também a atividade essencial de prover a subsistência dos colonos.

Oliveira avançou mais um pouco e propõe duas hipóteses sobre a transição do trabalho indígena para o africano. A primeira se refere à instabilidade do mercado de cativos indígenas, sujeito às vontades políticas dos governadores e "às alterações na balança de poder entre Jesuítas e moradores". O proprietário de escravos teria que lidar com a insegurança da conversão do capital representado pelo trabalho indígena em valores efetivos, ocorrendo a depreciação em comparação com a mão de obra africana. A segunda hipótese trata da continuidade do uso do indígena, quando da consolidação do africano e descendentes na lavoura de açúcar, nas atividades de subsistência da colônia e outros serviços com o objetivo de remediar a pobreza ou trazer bem-estar ao proprietário[602].

---

600. DORNELLES, 2017, p. 219-220.
601. OLIVEIRA, 2017, p. 211.
602. Ibid., p. 213-214.

Dessa forma, concordamos com o autor ao afirmar que a incapacidade dos indígenas para o trabalho corresponde a um estereótipo contrário às informações apresentadas pelos cronistas do século XVI. Pois,

> A convergência de interesses entre jesuítas e colonos levou a uma aparente unidade das fontes quanto à caracterização dos indígenas, que passaram a ser vistos como "naturalmente" refratários ao trabalho, virtualmente perigosos e necessitando de tutela e civilização. Isso permite compreender uma tendência constante nas investigações históricas a ver como secundário ou inexistente o papel dos indígenas na formação nacional[603].

Essa tendência historiográfica, a meu ver, está presente marcadamente na obra central de Caio Prado Jr., influenciando várias gerações de historiadores e pesquisadores da História do Brasil. Ainda que sua interpretação tenha inovado em aspectos significativos do processo de formação da colônia e contribuído para responder questões colocadas pela sua geração de pensadores, Caio Prado também contribuiu para sedimentar uma visão sobre a participação indígena como secundária no desenvolvimento material brasileiro.

10.4. Desdobramentos e críticas ao "sentido da colonização"

Como desdobramento rico e bastante pujante do "sentido da colonização", desde Caio Prado Jr., diversos pesquisadores vêm realizando esforços para elaborar grandes modelos explicativos sobre a formação do Brasil contemporâneo a partir das características coloniais. Partindo do arcabouço teórico marxista, portanto com um viés fortemente econômico, foram sendo estabelecidos novos parâmetros para a compreensão das relações entre a metrópole e as colônias, ou entre as diferentes partes do Império luso. Ao mesmo tempo em que conceitos como "pacto colonial" e personagens como os "negociantes de grosso trato" foram projetados como aspectos imprescindíveis para explicar o Brasil, o esquecimento sobre a presença indígena nas imbricadas engrenagens econômicas e políticas coloniais foi sendo costurado com uma linha artificial, resistente e quase invisível.

Na perspectiva da abordagem pradiana, Fernando Novais aprofundou a análise sobre os princípios econômicos e políticos nas relações entre Brasil e Portugal, e que levaram à crise do antigo sistema colonial, parte de um processo mais amplo vivenciado

---

603. Ibid., p. 215-216.

pela civilização ocidental entre finais do século XVIII e início do XIX. Preocupado em lançar uma perspectiva estrutural, o autor entendeu que as ideias sobre

> Antigo Regime, política mercantilista, sistema colonial monopolista são portanto elementos da mesma estrutura global típica da Época Moderna, dinâmica no seu funcionamento que se reajusta passo a passo[604].

O colonialismo seria marcado pela política mercantilista, centrado na riqueza representada pelos metais amoedáveis, e se apresentaria no âmbito político por meio de um tipo particular de relação entre dois elementos: "um centro de decisão (metrópole) e outro (colônia) subordinado". O absolutismo, então, foi definido como a forma política daquele sistema, sendo a sociedade fundamentada em privilégios jurídicos de alguns dos seus membros, configurando estamentos numa hierarquia social rígida. O capitalismo mercantil, elemento econômico dessa composição, seria uma etapa intermediária entre a dissolução do feudalismo e a eclosão da produção capitalista. A vida econômica, assim, é animada pela circulação de mercadorias, gerando o capital comercial[605].

Como peça de um sistema, a colonização da América seria um instrumento da acumulação primitiva da época do capitalismo mercantil, sustentado na exclusividade do comércio entre a metrópole e a colônia, gerando superlucros para a primeira[606]. A colônia, então, deveria produzir mercadorias com demanda latente ou procura estabelecida nos mercados europeus. E a produção deveria ocorrer de maneira a estimular a acumulação burguesa nas economias europeias, impondo o escravismo como forma de produção necessária[607].

Nesse momento da análise, Novais propôs algo bastante inovador. Ele defende que a transição do trabalho escravizado dos indígenas, utilizado nos momentos iniciais da colonização, para o dos africanos ocorreu em função do tráfico negreiro que se constituía em um novo e importante setor do comércio colonial, proporcionando a acumulação primitiva do capital na metrópole. Enquanto o apresamento de indígenas era um negócio interno da colônia, além de considerar que o contingente indígena era rarefeito demograficamente. Outras dificuldades para o aproveitamento de sua mão de obra se-

---

604. NOVAIS, 2019, p. 28.
605. Ibid., p. 78-79.
606. Ibid., p. 86-89.
607. Ibid., p. 116.

riam advindas dos problemas relacionados ao apresamento e ao transporte[608]. Dessa forma, Novais apresentou uma de suas teses[609], ao passo que reafirma alguns pressupostos já colocados por Caio Prado Jr., como a rarefação da população indígena no continente sem, no entanto, apresentar dados para sustentar o argumento.

Outra marca do estudo de Fernando Novais foi negar a importância comercial do mercado interno da colônia, que garantiria as condições de subsistência do complexo da fabricação do açúcar. Esse setor deveria suprir as necessidades de consumo local com produtos que não eram importados da metrópole, "no qual cabe a pequena propriedade e o trabalho independente". O autor considerou que o setor de subsistência pode alcançar certo vulto, como no caso da pecuária, ou incorporar o regime escravista[610]. Como, nesse ponto, seu objetivo foi compreender o funcionamento da grande lavoura como propulsora da acumulação primitiva do capital na Europa, Novais não se ateve em explicar os mecanismos de funcionamento do mercado interno.

E foi precisamente sobre esse aspecto que sua obra recebeu as críticas mais qualificadas e potentes. Manolo Florentino e João Fragoso, apoiados em uma análise também voltada para a História Econômica, mas que enfocou especificamente o caso do Rio de Janeiro, utilizando outros tipos de fontes, estabeleceram a elite colonial como atores centrais no sistema colonial atlântico. A elite colonial era composta pelos "negociantes de grosso trato", ou seja, grandes comerciantes do tráfico negreiro instalados na praça do Rio de Janeiro. Para os autores, é imprescindível compreender a face africana do circuito atlântico, aspecto negligenciado por Novais e outros autores[611]. Observando as dinâmicas internas da África Ocidental, Florentino e Fragoso demonstraram como o tráfico atlântico desempenhava funções estruturais nos continentes africano e americano, possibilitando uma oferta barata e elástica de pessoas ao longo do tempo[612].

Como parte do mercado atlântico, os autores agregaram "um amplo mosaico de formas de produção não capitalista" produtoras de alimentos e insumos básicos

---

608. Ibid., p. 124.
609. Algumas teses de Fernando Novais suscitaram à época intenso debate, principalmente entre historiadores marxistas, o que levou à criação de diferentes linhas historiográficas no Brasil. Uma das críticas sobre a abordagem econômica de Novais, inspirada na ideia de "sistema mundo" de I. Wallerstein, foi a de Ciro F. Cardoso, que apontou a ausência de uma análise mais profunda sobre as formas de produzir existentes na colônia, incluindo as fundamentadas em exploração do trabalho não escravizado. Além de apontar problemas relacionados ao conceito de "capitalismo comercial" e ao esquema teleológico de interpretação de Novais. CARDOSO, 1980, p. 120-122.
610. NOVAIS, 2019, p. 126.
611. FRAGOSO e FLORENTINO, 2001, p. 122.
612. Ibid., p. 127-143.

a baixos custos, baseadas no trabalho escravizado, na peonagem e no camponês[613]. Essas atividades eram desenvolvidas no espaço colonial, em regiões periféricas aos centros produtores e mercantis. Como exemplo, os autores lançam mão dos casos de capitanias que contribuíam para o abastecimento do Rio de Janeiro, ou seja, Minas Gerais, São Paulo e Rio Grande do Sul. Essas capitanias, em proporções muito próximas, embora produzissem mercadorias diferentes, combinavam trabalho escravizado e trabalho livre, seja de base familiar, ou não assalariada, como o peão gaúcho. Os autores advogaram, assim, a constituição de uma ampla rede intracolonial voltada para o abastecimento das áreas de monocultura e assentada em formas de trabalho que não a escravizada, levando à reprodução da *plantation* à margem do mercado internacional. Essa interdependência entre os setores permitia à economia colonial enfrentar as conjunturas de crises externas[614].

Novais, Florentino e Fragoso parecem concordar que o indígena desempenhou papel fundamental no início da constituição da empresa colonial por meio do emprego de sua força de trabalho na ainda incipiente produção monocultora. Divergem, por outro lado, sobre as causas que levaram à transição do uso da mão de obra indígena para a africana escravizada. Novais defendeu a pujança do tráfico atlântico, que permitia superlucros para comerciantes metropolitanos e, portanto, a acumulação primitiva do capital na metrópole. Enquanto Florentino e Fragoso demonstraram a característica de "mercadoria socialmente barata" dos escravizados, e como as relações comerciais entre América e África propiciaram a formação de uma elite colonial de "negociantes de grosso trato"[615].

---

613. Ibid., p. 55.
614. Ibid., p. 151-159.
615. Ao debate sobre a utilização da mão de obra indígena e a transição para o trabalho escravizado de africanos, podemos acrescentar o estudo de Stuart B. Schwartz sobre a lavoura canavieira na Bahia colonial. Schwartz chama atenção para as dinâmicas internas da América portuguesa como mais um elemento definidor da economia de grande lavoura, cujo entendimento não deve se limitar à lógica do desenvolvimento capitalista europeu. Nessa linha, o autor defende que as formas de trabalho específicas das colônias e as formas de produção não foram resultado apenas das escolhas dos europeus, mas "sofreram também influência da natureza da sociedade indígena e da dinâmica interna das percepções e necessidades dos nativos". Passados os primeiros anos de escambo em torno do pau-brasil, Schwartz aponta que ocorreu a transição gradativa para o uso da mão de obra africana escravizada em função das necessidades de produção em larga escala de açúcar, ao passo que grande quantidade de indígenas continuou a ser empregado no mesmo setor. Um dos fatores que teria levado à diminuição da presença indígena nos engenhos ainda no século XVI foi a alta mortalidade de nativos frente às doenças europeias, às guerras e ao excesso de trabalho. 2011, p. 40-52.

Não obstante, todos eludem a importância da mão de obra indígena no setor de subsistência colonial. Posicionamento mais drástico para os que perceberam nesse setor um dos motores da economia colonial, utilizando-se do subterfúgio das classificações de "camponês", trabalho de base familiar ou não assalariado. Essa interpretação continuou influenciando pesquisas posteriores sobre produção de alimentos e ocupação de terras no período colonial. Para alguns estudos, haveria uma "fronteira sertaneja", representada pelo avanço da agricultura de subsistência, empurrada cada vez mais para terras menos férteis pela agricultura comercial. Essa ideia seria válida para o Nordeste entre os séculos XVII e XVIII, onde uma categoria tão vaga quanto "família sertaneja" seria a impulsionadora da ocupação dos sertões. O perfil dos produtores de alimentos no Brasil refletiria as particularidades da história da agricultura brasileira, como as relações entre dominação da grande propriedade, escravidão e "uma enorme fronteira de terras livres ou passíveis de serem apossadas"[616].

Não se trata de cobrar retroativamente a realização de pesquisas específicas sobre a presença dos povos indígenas na formação colonial. Mas, primeiro, compreender o porquê da sua ausência nas narrativas historiográficas. E segundo apontar as implicações dessa ausência.

Desde a década de 1990 estudos apontaram que o estabelecimento de aldeias indígenas, ou missões, no período colonial, tanto no litoral quanto nos sertões, foi concomitante ao povoamento europeu que se deu por meio de doações de sesmarias, instalação de engenhos ou fazendas de gado[617]. Portanto, uma simples sobreposição dos locais das aldeias indígenas coloniais aos espaços de produção de alimentos, e mesmo de monocultora, demonstraria as possibilidades de o trabalho indígena ter sido utilizado nesses empreendimentos, inclusive em épocas posteriores ao primeiro século da colonização. Além disso, as áreas menos férteis da região atualmente conhecida como Nordeste foram palco de intensos conflitos e alianças dinâmicas entre indígenas, holandeses e portugueses ao longo do Século XVII, resultando nos conflitos conhecidos como "A Guerra dos Bárbaros". Processo que levou à intensificação da presença portuguesa nos sertões da região e de fundação de novas aldeias missionárias[618]. Assim, nessas fronteiras não viviam grupos indígenas dispersos resistentes à colonização, mas populações socialmente hierarquizadas, politicamente cientes dos

---

616. PEDROZA, 2017, p. 405.
617. MONTEIRO, 1994; DANTAS, SAMPAIO e CARVALHO, 1992, p. 431-456; POMPA, 2003.
618. PUNTONI, 2002.

interesses europeus, prontas a entrar em conflitos ou negociar a favor de seus interesses e de suas necessidades. E que passaram a vivenciar outros registros de relações com a terra, como pode-se perceber através do conceito de territorialização[619].

Partindo de fontes amplamente divulgadas, como relatos de viajantes e de missionários, bem como de documentação administrativa da colônia, foi possível chegar a conclusões muito diversas sobre o uso da mão de obra indígena durante o período colonial.

O trabalho indígena poderia ser utilizado a partir de sua escravização ou por meio de seu agenciamento nas aldeias missionárias. A escravização de indígenas, até meados do século XVIII, era legitimada pela legislação em duas circunstâncias específicas: a "guerra justa" ou "expedições de resgate". Embora houvesse regras estabelecidas em leis sobre os procedimentos para essas ações, muitos apresamentos realizados por colonos ocorriam de maneira ilegal, acendendo conflitos com missionários responsáveis pelas aldeias. Mesmo com rixas e disputas, religiosos também precisaram ceder diante da necessidade de cooperar com colonos e manter o projeto dos aldeamentos. Não cabe aqui entrar nos pormenores dos embates entre moradores e missionários, cuja oposição foi uma ideia imprecisa criticada por Maria Regina Celestino de Almeida[620] e por João Pacheco de Oliveira[621]. Mas, é importante apontar a centralidade da mão de obra indígena para o empreendimento colonial, tomando como exemplo o Rio de Janeiro entre os séculos XVII e XVIII.

Há outros indícios de escravização de indígenas no Rio de Janeiro, já que foram mão de obra fundamental nos dois primeiros séculos de colonização, mesmo que o comércio de pessoas negras escravizadas estivesse em franco desenvolvimento desde o século XVII. Uma das funções dessa modalidade de trabalho, além dos serviços agrícolas, era a formação de grupos de defesa pessoal ou "espécie de exércitos particulares" que, "além da segurança, proporcionavam *status* aos seus proprietários e/ou administradores"[622].

---

619. "A noção de territorialização é definida como um processo de reorganização social que implica: i) a criação de uma nova unidade sociocultural mediante o estabelecimento de uma identidade étnica diferenciadora; ii) a constituição de mecanismos políticos especializados; iii) a redefinição do controle social sobre os recursos ambientais; iv) a reelaboração da cultura e da relação com o passado". OLIVEIRA, 2004, p. 22.
620. ALMEIDA, 2013, p. 87-146.
621. OLIVEIRA, 2016, p. 45-74.
622. ALMEIDA, 2013, p. 221.

As aldeias, para os agentes da Coroa e os moradores, tinham como uma de suas funções ser um repositório de mão de obra, a ser empregada nas mais variadas atividades para consolidar o projeto colonial. A importância do trabalho indígena fica ainda mais latente quando os empreendimentos particulares de colonos eram também de especial interesse para a Coroa, como no caso das entradas em direção ao sertão para o descobrimento de minas ou para a realização de descimentos. Os indígenas eram bastante requisitados também para a defesa e a fortificação de cidades, para as obras públicas, para o corte de madeiras, para os serviços agrícolas no intuito de servir ao Rei, como carregadores e também em serviços domésticos[623].

A tarefa da repartição de indígenas para realizar trabalhos externos às aldeias era dos missionários que, com as autoridades reais, estipulavam quantos permaneceriam nas aldeias e por quanto tempo poderiam se ausentar. Não é difícil perceber na documentação as queixas de moradores, de autoridades e mesmo dos missionários, em desacordo sobre a quantidade de índios empregados fora das aldeias[624].

Embora fosse um trabalho prioritariamente dos missionários, a fundação das aldeias também era realizada por colonos, que esperavam ter "controle sobre um grande contingente de índios ou privilégio na repartição do seu trabalho", quando os escravizados negros "eram caros e pouco acessíveis". No entanto, a administração era vedada aos moradores, o que, não obstante, acabava ocorrendo. Assim como para São Paulo, para o Rio também foram direcionadas leis que determinavam a devolução às aldeias de indígenas escravizados irregularmente por particulares, e o pagamento sobre os trabalhos que haviam desempenhado[625].

Almeida ressaltou que

> O trabalho compulsório era obrigação dos índios aldeados, mas tinha limites estabelecidos pela lei e pela resistência dos índios, com forte apoio dos jesuítas, até sua expulsão. A documentação sobre conflitos em relação ao trabalho dos índios evidencia que as aldeias não existiam simplesmente para satisfazer os interesses dos colonos e da Coroa como redutos de mão de obra. [...] A inserção dos índios nas atividades produtivas da capitania passava também por seus próprios interesses e motivações[626].

---

623. Ibid., p. 235-236.
624. Ibid., p. 228.
625. Ibid., p. 125-126.
626. Ibid., p. 218.

Ainda que estivessem em situação desprivilegiada, em algumas circunstâncias, os indígenas poderiam interferir nas decisões sobre o próprio trabalho[627]. Tal como S. Schwartz demonstrou para a Bahia e John Monteiro para São Paulo, a autora afirmou que um dos fatores que levou à incorporação do africano escravizado às grandes lavouras foi o "esgotamento das possibilidades de exploração da mão de obra indígena" em larga escala, devido, em grande medida, à alta mortalidade causada por guerras e epidemias. Os indígenas habitantes nas aldeias coloniais tinham o uso da força de trabalho mediada pela legislação, bem como pelas disputas entre moradores e religiosos pela repartição. Embasada na documentação, Almeida afirmou que no Rio, a partir do século XVIII, o emprego de indígenas aldeados em diferentes atividades, como as citadas, deve ter superado as dos índios escravizados. Ou seja, "o esgotamento das possibilidades de utilização da mão de obra indígena não se refere, portanto, ao seu desaparecimento total, visto que continuaram servindo aos moradores e principalmente à Coroa até o século XIX"[628].

Aprofundando o debate historiográfico sobre o trabalho indígena, João Pacheco de Oliveira apresentou hipóteses, inclusive contribuindo para compreender por que é difícil encontrar dados quantitativos sobre esse tipo de mão de obra em contexto colonial. Apoiado na análise de obras de cronistas de meados do século XVI, Oliveira demonstrou que as populações autóctones, com a implantação da grande lavoura e do trabalho escravizado africano, foram deslocadas para atividades menos lucrativas no mercado internacional, mas imprescindíveis às dinâmicas da colônia, como produção de subsistência e uma gama variada de serviços prestados aos colonos[629].

Em relação à escravização de indígenas, como tratado na seção anterior, Oliveira relacionou os mercados de cativos africanos e autóctones, pois enquanto os primeiros eram considerados bem de capital, integrando explicitamente o patrimônio pessoal dos proprietários, aos últimos era imposto, de acordo com concepções religiosas, um cativeiro temporário. Eis por que os processos de vendas, doações e heranças de indígenas escravizados eram camuflados ou aludidos indiretamente. Portanto, o baixo preço do cativo indígena se devia à "insegurança do seu proprietário quanto às condições de conversão desse capital em valores efetivos", e não à suposta inadequação

---

627. Ibid., p. 230.
628. Ibid., p. 226.
629. OLIVEIRA, 2017, p. 222.

ao trabalho agrícola[630]. Concordamos com o autor quando afirmou que "enquanto o negro é adquirido como uma mercadoria, o cativeiro dos indígenas era justificado pela sua transformação em cristãos"[631].

Além das hipóteses de Oliveira e dos exemplos no Rio de Janeiro elencados por Almeida, foi possível registrar a presença do trabalho indígena nas Minas Gerais no período colonial, região considerada fornecedora de insumos básicos à praça comercial fluminense. Maria Leônia Resende ressaltou a inserção da mão de obra indígena na própria lavra das minas, na abertura de roçados na região, no transporte, na caça e pesca para alimentação de colonos, na lavoura e em obras públicas. Resende complementou:

> a produção de gêneros alimentícios para o abastecimento interno da capitania como o cultivo de cana, arroz, mandioca, milho, nas fazendas de criação de gado da região, realizado em pequenas propriedades, tinha a presença heterogênea de homens brancos pobres, mestiços e índios, muitas vezes na condição de agregados. Das atividades ligadas à agricultura, muitos índios declaravam se ocupar do plantio da cana ou café, ou cultivando roça de tabaco, mandioca, milho[632].

Portanto, em conjunto com homens pobres e livres, indígenas constituíam parte importante da força de trabalho no Rio de Janeiro e em Minas Gerais, nas mais variadas funções. A esse quadro, adicionamos a consagrada análise de John Monteiro, publicada em 1994, sobre o uso da mão de obra indígena nas origens de São Paulo, articulada a um "circuito comercial intercapitanias" em expansão em finais do século

---

630. Stuart Schwartz já havia elencado que a suscetibilidade dos indígenas às doenças europeias foi um fator a contribuir para o aumento do risco de investimento de capital por parte dos proprietários, tornando o indígena um cativo mais barato. Além disso, a disponibilidade de mercado, as oportunidades de fuga e resistência, que refletiam nos custos administrativos, e os preconceitos europeus foram fatores considerados pelo autor para a depreciação do indígena frente ao africano escravizado. Não obstante, a baixa produtividade do nativo no complexo de produção de açúcar teria sido o fator determinante para a diferença de preço em relação ao africano. O autor faz a ressalva de que, apesar dos cálculos apontarem para o africano como um investimento de retorno mais viável para o proprietário, havia também determinantes culturais e políticos, pois nem todos os colonos aceitavam de pronto a mudança, resistindo a renunciar ao controle sobre os indígenas. Assim, Schwartz propôs argumentação decisiva: "o regime de trabalho e a natureza da mão de obra foram determinados não só pela Corte, em Lisboa, ou pelos estabelecimentos financeiros de Amsterdam e Londres, mas também nas florestas e canaviais da América". SCHWARTZ, 2011, p. 73.
631. OLIVEIRA, 2017, p. 223.
632. RESENDE, 2003, p. 191.

XVI[633]. O autor identificou uma intensificação na produção de trigo em meados do século XVII em São Paulo, cujo principal mercado consumidor era o Rio de Janeiro "com sua crescente população branca de senhores de engenho, comerciantes e burocratas". O incremento da produção no planalto ampliou e aprofundou a escravidão indígena, surgindo "diversas propriedades rurais que ostentavam plantéis com mais de cem índios"[634]. Os indígenas também eram fundamentais no transporte do produto e "por este motivo, o acesso contínuo à mão de obra indígena mostrava-se fundamental para a sobrevivência da agricultura comercial"[635].

Dos exemplos apresentados sobre o Rio de Janeiro, Minas Gerais e São Paulo, pode-se apreender a versatilidade e a centralidade da mão de obra indígena na construção das primeiras unidades produtivas monocultoras, bem como no mercado interno de víveres, que sustentavam a pujança exportadora colonial. Grande parte das fontes analisadas para chegar a essas conclusões é amplamente conhecida, como os relatos de viajantes, que também foram perscrutados por pesquisadores interessados em comércio de suprimentos agrícolas e pessoas, ou em conflitos fundiários.

Não obstante, torna-se inescapável romper a linha artificial, resistente e quase invisível, de maneira a descoser uma narrativa, bem amarrada, constituidora de esquecimentos historiográficos muito precisos. Descoser a narrativa corresponde, portanto, a deslindar os mecanismos de produção de conhecimento histórico que aponta para as concepções de historiadores sobre os temas de pesquisas realçados, e os sujeitos sociais sombreados.

10.5. O telescópio que esconde e afasta

As premissas das obras analisadas anteriormente foram atualizadas e complexificadas por estudos coevos e posteriores, contribuindo para constituir linhas historiográficas sobre a formação do Brasil e a delimitar temas e períodos para estudos. Além da abordagem voltada para a História econômica, foram também realizadas pesquisas centradas nas relações políticas entre centro e periferias do mundo ibérico moderno. Muito marginalmente, esses campos dialogaram com a produção, revigorada entre a década de 1990 e o início dos anos 2000, sobre a participação indígena na formação

---

633. MONTEIRO, 1994, p. 100.
634. Ibid., p. 115.
635. Ibid., p. 123.

da sociedade colonial na América lusa. A concentração de estudos nas relações tecidas pelas elites coloniais e as peninsulares negou uma abordagem processualista sobre as populações indígenas inseridas na sociedade colonial.

Até este ponto, viemos demonstrando a construção de um esquecimento historiográfico bastante específico inaugurado com certa historiografia do século XIX. Com isso, não queremos desenhar uma linha imaginária de continuidade, inclusive porque foram apontados os avanços no que concerne à ancoragem econômica das análises históricas. Não obstante, surpreendentemente, os povos indígenas permaneceram sombreados nos grandes modelos explicativos.

Além de deslindar os caminhos historiográficos, e as ausências, também se faz necessário apontar os mecanismos de construção de conhecimento em torno do tema. Para isso, iremos nos valer de análise contemporânea sobre o regime tutelar, que irá criar um fio condutor. Entendida enquanto modalidade de dominação, a tutela foi caracterizada como um mecanismo que tem o objetivo de transformar condutas de um grupo social, cujo conhecimento sobre as normas dominantes é considerado precário e incompleto. O estudo de Oliveira, fundamentado em consistente trabalho de campo realizado entre as décadas de 1970 e 1980 entre os Ticuna no Alto Rio Solimões, indicou os aspectos, ao mesmo tempo, educativos e repressores da tutela, que visava ao controle social de um grupo[636].

A tutela é a maneira pela qual o Estado brasileiro estabeleceu relações formais e jurídicas com os povos indígenas, constituindo uma hierarquia social e cognitiva, em que ocupa o local de superioridade inquestionável, tendo como obrigação inerente "assistir a conduta do tutelado de modo que o comportamento deste seja julgado adequado, isto é, resguarde os seus próprios interesses e não ofenda as normas sociais vigentes"[637]. Essa relação, no entanto, não é composta por dualidades simples, mas comporta uma tríade.

Inspirado pela sociologia do conflito de G. Simmel, Oliveira inseriu um terceiro elemento na relação tutelar, representado pela "população branca" composta por parte das elites locais com interesses particulares sobre os tutelados. O tutor, no caso estudado por Oliveira, seria representado pelo órgão indigenista oficial, atuando por meio do paradoxo ideológico da tutela. Por um lado, o encarregado se comprometia na defesa dos direitos e dos interesses dos indígenas, protegendo-os de um terceiro

---

636. OLIVEIRA, 1988, p. 224.
637. Ibid., p. 224-225.

elemento. Enquanto, por outro, evitaria que os tutelados "criassem dificuldades para a existência e o exercício de atividades produtivas, de manifestações religiosas, cívicas ou sociais por parte da população branca da região"[638]. O tutor, assim, estaria entrando em composição com os interesses de regionais, uma vez que também compartilharia uma visão negativa sobre os indígenas. A relação ambígua é, dessa forma, corporificada na proteção, que assume também um perfil pedagógico, e na repressão.

Estudada como um fenômeno contemporâneo, a tutela, no entanto, possui raízes profundas em outros períodos históricos, com efeitos na construção de imagens cristalizadas sobre o "índio genérico". No século XIX, o Brasil independente, com o projeto de "nação civilizada", ainda que tenha sido constituído enquanto Estado nacional ao longo de processos descontínuos, de disputas entre projetos políticos diferentes, e por meio de procedimentos violentos, aparentemente manteve certa regularidade no entendimento do tratamento conferido à questão indígena.

Muito desse entendimento foi fundamentado no texto de José Bonifácio, "Apontamentos para a civilização dos índios bravos do Império do Brasil", apresentado às cortes portuguesas e na Assembleia Constituinte de 1823, mesmo sem ter sido incorporado à Carta Magna de 1824. As ideias nesse documento estavam apoiadas nos métodos missionários do período colonial, mais especificamente os jesuíticos, pois "por meio de brandura e benefícios aldearam infinidade de índios bravos"[639]. Esses métodos facilitariam a incorporação dos indígenas à nação civilizada, e "pareciam exigir o instituto da tutela" sobre os índios considerados bravos[640].

Para Bonifácio, após estabelecer os índios nas aldeias, os missionários seriam os responsáveis pela administração dos diferentes aspectos da vida indígena: da organização e o incentivo ao trabalho nas aldeias e fora delas, ao ensino das normas da sociedade civilizada e da fé cristã. Os jovens deveriam aprender a moral católica, a ler e a escrever, já que poderia haver resistência dos mais velhos, que deveriam ser introduzidos nesses conhecimentos posteriormente. Todos deveriam aprender artes e ofícios em escolas nas aldeias que poderiam receber "brancos e mestiços das povoações vizinhas". As novas aldeias deveriam ser, preferencialmente, numerosas para o "aumento dos braços empregados na agricultura e na indústria". Os indígenas

---

638. Ibid., p. 229.
639. SILVA, José Bonifácio de Andrada. 1998, p. 101.
640. OLIVEIRA, 2016, p. 81.

deveriam ser direcionados para o trabalho nas "necessidades públicas" em turnos e a quem tivesse "direito da requisição"[641].

A Comissão de Colonização e Civilização, criada no âmbito da Assembleia Constituinte de 1823, definiu que os "Apontamentos" fossem distribuídos pelas províncias para orientar a ação dos governantes sobre as populações indígenas[642], o que demonstra o alcance das ideias da proposta. Não à toa Bonifácio escolheu o modelo de atuação jesuíta como o mais adequado para constituir as relações entre os indígenas e o Estado brasileiro. Os missionários jesuítas construíram os pressupostos de atuação do governo luso frente às populações indígenas desde o século XVI. A constituição da aldeia missionária, enquanto unidade territorial de domínio português e de transformação ontológica do indígena, foi criação dos religiosos inacianos frente às adversidades impostas pela realidade americana à itinerância de sua atuação[643].

As atividades missionárias jesuíticas no ultramar, lastreadas na instituição do Padroado Régio, foram acompanhadas de um debate teológico em torno da humanidade, a essência e os costumes indígenas. O resultado foi a elaboração de parâmetros para o trabalho de conversão, grande justificativa para o empreendimento colonial, permeados pela ideia da tutela como meio para a concretização dos relacionamentos entre religiosos e indígenas. O par complementar da tutela era o trabalho exercido pelos indígenas, tanto nas aldeias quanto fora delas.

Muito dos debates realizados entre teólogos jesuítas espanhóis e portugueses, que compartilhavam as mesmas experiências de formação nas instituições de ensino superior ibéricas, estava fundamentado nos pressupostos do trabalho missionário expostos por Manuel da Nóbrega em variados textos e documentos oficiais. Carlos Alberto Zeron demonstrou como, para Nóbrega, era necessário instituir uma "sujeição moderada" sobre os indígenas, diferente da imposta aos africanos escravizados. Uma vez que eram considerados em sua humanidade, não poderiam ser vistos como meio de produção apenas, tampouco tinham a personalidade jurídica completa. Por isso, sobre eles deveria ser imposta a tutela, que assumiria formas múltiplas, como a educação, a vigilância e a proteção. Considerava-se que o índio vivia num estado de menoridade civil, o que levava à sua incapacidade jurídica. De acordo com Zeron, para os inacianos "a atividade junto ao índio aldeado deve orientar-se prioritariamente para

---

641. P. 107-117.
642. SPOSITO, 2012, p. 73.
643. CASTELNAU-L'ESTOILE, 2006.

sua tutela, constituindo o trabalho o principal instrumento para a sua consumação". Apesar de possuírem as potencialidades necessárias na alma para alcançar a Graça, seria necessário que o missionário mantivesse uma assistência ininterrupta devido aos maus costumes dos indígenas, que os aproximariam dos maus cristãos[644].

Os debates teológicos e as percepções jesuíticas advindas da prática missionária influenciaram a elaboração das leis gerais e as relacionadas aos povos indígenas ao longo do século XVI, como o Regimento de Tomé de Sousa (1548), as leis de 1570, 1587, 1595 e 1596. De maneira geral, essa legislação dispunha sobre os critérios para realizar a "guerra justa", ou seja, a imposição de guerra contra os grupos abertamente contrários ao trabalho catequético dos missionários, impedindo a propagação da fé católica. Os sobreviventes seriam escravizados temporariamente, ao mesmo tempo em que deveriam receber a educação cristã. Não é o caso aqui de abordar o debate sobre como essas leis foram burladas por colonos. No entanto, cabe ressaltar que os jesuítas se colocaram como os "intermediários incontornáveis entre os índios e os colonos portugueses para tudo quanto concerne à organização do trabalho indígena"[645].

Diante da longa e minuciosa análise de Carlos Alberto Zeron, compreendemos que a relação tutelar foi elaborada, estabelecida e defendia pelos jesuítas no século XVI, que entendiam ter o direito e o dever de exercê-la. Considerando o indígena um ser incompleto, com faculdades racionais deturpadas, mas com potencialidades devido à condição humana, seria de responsabilidade dos religiosos reeducar os costumes dos nativos no sentido de induzir os "modos legítimos de exercício das práticas sociais"[646]. A condição de indígena era compreendida, portanto, como temporária, pois uma vez realizado o trabalho pedagógico de reeducação no espaço vigiado do aldeamento, ele passaria a ser suficientemente autônomo e livre.

Investidos da função de intermediários, os missionários controlavam a organização do trabalho indígena frente às demandas apresentadas pelos colonos, como já foi afirmado. Reunindo as tarefas de educar, catequizar e organizar para o trabalho as populações indígenas, os missionários, notadamente os jesuítas, tornam-se também representantes do Estado português, constituindo uma relação triádica com os colonos

---

644. ZERON, 2011, p. 142-143; 150.
645. Ibid., p. 345.
646. Ibid., p. 397.

e os índios. Os contornos iniciais do paradoxo da tutela, proteção e repressão, foram, portanto, definidos.

A tutela foi a marca intrínseca das relações estabelecidas entre Estado português e, posteriormente, o imperial brasileiro, com as populações indígenas, sofrendo pequenos abalos por meio de legislação e da ação dos próprios indígenas. Como demonstrou Vânia Moreira, no século XVIII, foram promulgadas leis que determinaram a liberdade dos indígenas e as possibilidades de seu autogoverno, dando-lhes preferência para ocupar cargos na política local. Não obstante, essas mesmas leis foram logo suplantadas pelo Diretório dos Índios, em 1757, destinado às populações do Grão-Pará e Maranhão, e pelas adaptações dessa legislação para algumas regiões do Estado do Brasil. A extinção do Diretório em 1798 recompôs a liberdade e o autogoverno para os indígenas atendidos pela lei de 1757[647]. No entanto, como afirma Patrícia Sampaio, o Diretório permaneceria com atuação oficial até 1822, mantendo, assim, a instituição da tutela por meio da figura do diretor de índios até os momentos exatamente posteriores à Independência.

Um dos efeitos da continuidade histórica desse regime tutelar, do qual fazem parte Estado, sociedade envolvente e povos indígenas, foi o da negação da fala às pessoas consideradas objetos da tutela:

> Um ângulo crucial da tutela é que, por princípio, procede à anulação de toda ação ou expressão pública do tutelado, escamoteando por completo qualquer iniciativa (*agency*) que não seja subscrita pelo seu tutor. Suas estratégias e táticas não serão inscritas na história, suas imagens e narrativas lhe foram tomadas, sendo-lhe negada, sistematicamente e por princípio, a permissão e até a possibilidade de falar[648].

Negativa assumida de maneira acrítica nos grandes modelos explicativos sobre a formação do Brasil, que ainda parecem validar a percepção sobre a incapacidade de autogoverno das populações indígenas, alimentando um esquecimento sem qualquer fundamentação nas fontes. A instituição da tutela instrumentaliza análises e pode ser comparada, assim, a um telescópio utilizado por investigadores que, ao mesmo tempo, observam, se distanciam e se escondem das pessoas observadas, percebidas como constelações longínquas.

---

647. MOREIRA, 2019. Ver especificamente os capítulos 3 e 5.
648. OLIVEIRA, 2016, p. 347.

10.6. O Outro com a História

"Presente e passado iluminam-se com luz recíproca"[649].

Um caminho fértil que pode contribuir para a superação da negativa na narrativa mencionada se apresenta por meio dos debates relacionados à História do Tempo Presente (HTP), modalidade de produção historiográfica longe de ser autoexplicativa. Tornando temas da pesquisa histórica processos coevos ao historiador, a HTP apresenta problemas significativos à própria operação historiográfica, como a relação entre objetividade e subjetividade, e a copresença com os sujeitos estudados, como bem indicou François Dosse[650].

Em relação aos temas de pesquisa, a História do Tempo Presente lança alguns desafios instigantes, como o da copresença entre sujeitos estudados e o pesquisador. O estudo de processos em curso, inacabados por definição, e os diálogos com os atores vivos, acessíveis, fazem com que a escrita da História esteja "sob vigilância", uma vez que os registros históricos podem ser contestados por aqueles que não se identificam com eles[651]. Nesse sentido, a análise do historiador sobre o próprio ofício se aproxima à crítica realizada pela Antropologia ao seu campo de atuação, pois seus escritos têm efeitos quase imediatos e podem ter consequências sobre um processo em curso, como nos casos de laudos, perícias e relatórios de comissões[652].

Além de pôr em questão as assertivas advindas das pesquisas antropológicas e históricas, os sujeitos ou atores estudados podem se transformar, eles próprios, em pesquisadores das situações nas quais participaram, contribuindo de maneira significativa para mudar a visão de história dos pesquisadores envolvidos no estudo[653].

---

649. BRAUDEL, 2014, p. 57.
650. DOSSE, 2012, p. 05-22.
651. ROUSSO, 2016, p. 240.
652. Ibid., p. 243. Como exemplo bastante elucidativo, podemos citar o trabalho de doutorado em História, de Edson Silva, utilizado como fundamentação acadêmica na defesa dos direitos do povo Xukuru em processo contra o Estado brasileiro na Corte Interamericana de Direitos Humanos, em 2017. O Estado brasileiro foi responsabilizado pelas violações dos direitos à garantia judicial, à proteção judicial e à propriedade coletiva. Os resultados dessa ação serão publicados em meio acadêmico de modo a divulgar os caminhos do processo. SILVA, 2014. Para saber mais sobre o caso, acessar https://cimi.org.br/2020/02/povo-xukuru-recebe-indenizacao-do-governo-federal-como-sentenca-da-cidh-que-condenou-o-estado-por-violacoes-de-direitos-humanos/
653. ROUSSO, 2016, p. 260-262.

Esses são aspectos da prática da História do Tempo Presente que levantam problemas epistemológicos para a construção do conhecimento do campo histórico como um todo, ressaltando de forma incisiva as demandas sociais e os dilemas éticos impostos ao pesquisador.

Para alguns estudiosos, a vivência no mesmo período histórico entre pesquisadores e interlocutores poderia trazer problemas relacionados ao posicionamento dos primeiros, direcionados por suas escolhas pessoais, o que iria comprometer as análises crítica e científica de seu trabalho. Apontando um caminho diferente, Paul Ricoeur defendeu que a dicotomia entre interpretação e explicação, ou subjetividade e objetividade, é enganosa, uma vez que as correlações entre as duas permeiam toda a operação historiográfica, da construção e escolha do tema, à narrativa escrita usada para conferir inteligibilidade aos processos analisados[654]. Na mesma linha, François Dosse apontou que o conhecimento histórico é permeado pelas interferências ativas da subjetividade, tornando-se um "horizonte de reencontro do outro, para além da diferença temporal"[655].

A subjetividade do historiador, contraposta à pretensa objetividade da escola metódica, é exposta por Pierre Norra, que chama a atenção para a indispensabilidade de conhecer o lugar de sua enunciação e o momento preciso em que ele escreve a história. O historiador, portanto, deve "renunciar a uma postura de domínio", reconhecer a subjetividade, como afirmou Dosse[656], e expor os movimentos e o barulho de sua oficina.

A subjetividade intervém também nas relações com o outro, diante da necessidade de definir a noção de tempo e a tripartição (passado, presente, futuro):

> [no] fato de nomear o que não é mais em termos contemporâneos. Ele se choca com a impossível adequação entre sua língua e seu objeto, o que requer um esforço para imaginar e traduzir o que pode ser o mais adequado para tornar inteligível o que não é mais[657].

Os debates em torno do tempo enquanto categoria entre historiadores é antigo, sendo retomado mais recentemente para definir a seara de análises da História do

---

654. RICOEUR, 2007, p. 352-353.
655. DOSSE, 2012, p. 13.
656. Ibid., p. 11.
657. Ibid., p. 13.

Tempo Presente. Esses debates também foram retomados a partir das atividades desenvolvidas por antropólogos, especificamente em relação ao trabalho de campo. Joannes Fabian demonstrou como o tempo naturalizado-espacializado dá sentido à distribuição da humanidade no espaço e como seu uso é feito com o intuito de distanciar aqueles que são observados do tempo do observador. Em contraposição, Fabian propôs compreender o tempo enquanto dimensão, e não como medida, da atividade humana, sendo esta uma característica do que chamou Tempo Intersubjetivo, cuja ênfase está na natureza comunicativa das ações e interações humanas. Reconhecer esse tempo implica impedir qualquer tipo de distanciamento, uma vez que os participantes envolvidos em uma interação social são coevos. Na Antropologia, e acredito que se pode falar em História nos mesmos termos, a negação da coetaneidade indica uma "persistente e sistemática tendência em identificar o referente da antropologia em um Tempo que não o presente do produtor do discurso antropológico"[658].

Podemos entender que o tempo e as concepções em torno dele são articuladas de maneira a aproximar ou afastar os interlocutores e os objetos de pesquisa dos antropólogos e dos historiadores. Torna-se imperativa, portanto, a necessidade de pensar os mecanismos das duas disciplinas, as implicações concretas de seus produtos e o lugar a partir do qual fala o pesquisador.

Nessa perspectiva, o caminho para a superação da instituição da tutela enquanto ferramenta de análise historiográfica não é o de passar a fazer História do Tempo Presente ou mesmo pesquisa de campo, embora, por um lado, fosse um passo importante. É crucial perceber o quanto o presente e o passado iluminam-se com luzes recíprocas, como bem apontou Fernand Braudel, cuja citação foi utilizada na epígrafe desse subitem. Marc Bloch apresentou a questão em outros termos, mas afirmou algo muito parecido:

> essa solidariedade das épocas tem tanta força que entre elas os vínculos de inteligibilidade são verdadeiramente de sentido duplo. A incompreensão do presente nasce fatalmente da ignorância do passado. Mas talvez não seja menos vão esgotar-se em compreender o passado se nada se sabe do presente[659].

---

658. FABIAN, 2013, p. 60-61; 66-67.
659. BLOCH, 2002, p. 65.

Com essa imagem em mente, é possível ao pesquisador se deixar ser interpelado pelo presente e, assim, exercitar uma escuta aberta, curiosa e investigativa sobre as pautas políticas e os variados processos contemporâneos nos quais os indígenas no Brasil são protagonistas. Esse exercício passa pelos questionamentos sobre o ofício do historiador, as ferramentas de análises, o lugar na produção dos conhecimentos acadêmicos e as consequências dos produtos de sua investigação.

Ao fazer o exercício de perceber a coetaneidade do tempo entre historiadores e indígenas contemporâneos, bem como o exercício da escuta aberta e curiosa, o presente pode modificar o passado à medida que reposiciona o político nas experiências dos sujeitos históricos em interação, retirando-os da "sala de espera da História"[660].

---

660. CHAKRABARTY, 2000, p. 8.

Referências

Fontes

ARISTÓTELES. *Da arte poética*. Edição bilíngue. Tradução e notas de Maria Aparecida de Oliveira Silva. São Paulo: Martin Claret, 2015.

ARISTÓTELES. Ética a Nicômaco. São Paulo: Editora Abril, 1979.

BLOCH, Marc (2011). *A Estranha Derrota*. Rio de Janeiro: Zahar [original: 1940].

BLOCH, Marc (2001). *Apologia da História*. Rio de Janeiro: Jorge Zahar [original póstumo: 1949].

BLOCH, Marc (1928). "Pour une histoire comparée des sociétés européenes" in *Revue de Synthèse Historique*. Tome XLVI. Paris: La Renaissance du Livre, p.15-50,

BLOCH, Marc e FEBVRE, Lucien. A nos lecteurs. *Annales d'histoire économique et sociale*. 1e année, n. 1, 1929, p. 1-2.

BRAUDEL, Fernand. *A dinâmica do capitalismo*. Rio de Janeiro: Rocco, 1987.

BRAUDEL, Fernand. *Escritos sobre a história*. São Paulo: Perspectiva, 2005. (Debates; 131).

BRAUDEL, Fernand. *O mediterrâneo e o mundo mediterrâneo na época de Felipe II*. 2ª edição. Lisboa: Publicações Dom Quixote, 1995.

BRAUDEL, Fernand. *Civilisation matérielle, économie et capitalisme: XVe-XVIIIe siècle*. Paris: A. Colin, 1979.

BRAUDEL, Fernand. *L'identité de la France*. Paris: Flammarion, 1990 (1ª ed. 1986).

BOSSUET. *Discours sur l'histoire universelle*. Paris: Garnier-Flammarion, 1966 [original: 1681].

CALMET, Augustin. *Histoire universelle, sacrée et profane*. Londres: Kessinger publ., 2009 [original: 1735].

CARLYLE, Thomas. *On Heroes, Hero-Worship and the Heroic in History*. Los Angeles: California University Press, 1993 [original: 1843].

CARLYLE, Thomas. Signs of the times. *Thomas Carlyle: Selected writings*. Harmondsworth: Penguin Books,1986.

CARLYLE, Thomas. *Chartism. Thomas Carlyle: Selected writings.* Harmondsworth: Penguin Books,1986.

CARLYLE, Thomas. *Past and Present.* Londres: Chapman and Hall Ltd, 1897.

CÍCERO, M. T. (1967). *De Oratore.* Paris: Les Belles Letres [original: 46 a.C.].

CONDORCET. *Esquisse d'um tableau historique dês progreès de l'esprit humain.* Paris: Éditions Sociales, 1966 [*Esboço de um quadro histórico dos progressos do espírito humano.* Campinas; Edunicamp, 1990] [original: 1793].

DAUNOU, Pierre. "Discurso de Abertura do Curso de História, pronunciado no Collège de France em 13 de abril de 1819". In: MALERBA, Jurandir (org.). *Lições de História.* Rio de Janeiro: FGV, 2010, p. 72-89 [original: 1819].

DROYSEN, Johann Gustav (1808-1884). *Manual de Teoria da História.* Tradução: Sara Baldus e Julio Bentivoglio. Petrópolis, RJ: Vozes, 2009 [1857].

DROYSEN, Johann Gustav (1808-1884). *Histórica.* Lecciones sobre La Enciclopedia y metodologia de la historia. Versão Catellana de Enesto Garzón Valdés y Rafael Gutiérrez Girardot. Barcelona: Editorial Alfa, S.A., 1983.

DROYSEN, Johann. *Alexandre*: o grande. Rio de Janeiro: Contraponto, 2010 [1833-1843].

ENGELS, Friedrich. *A situação da classe trabalhadora na Inglaterra.* São Paulo, Boitempo, 2010.

ENGELS, Friedrich. *Engels, Escritos de Juventud.* 1ª ed., México: Fondo de Cultura Económica, 1981.

FEBVRE, Lucien. "Un livre qui grandit: La Méditerranée et le monde méditerranéen à l'époque de Philippe II". *Revue historique*, vol. 203, 1950.

FEBVRE, Lucien. *Combates pela História.* Lisboa: Editorial Presença, 1989.

FREDERICO DA PRÚSSIA. *O Anti-Maquiavel* – Essai de Critique sur Maquiavel. Lisboa: Guimarães Editores, 2000.

FURET, F. (1995). *O Passado de uma Ilusão*: Ensaios Sobre a Ideia Comunista no século XX. São Paulo: Editora Siciliano.

GERVINUS, Georg. *Fundamentos de Teoria da História*; tradução de Sara Baldus e Julio Bentivoglio; apresentação e notas Julio Bentivoglio. Petrópolis, RJ: Vozes, 2010 [1837].

HEGEL, Friedrich. *Filosofia da História.* Brasília: UNB, 2008 [original: 1830. publ. post.: 1837].

HEGEL, Friedrich. *A Razão na História.* São Paulo: Centauro, 2001 [original: 1830].

HERCULANO, Alexandre. *História de Portugal.* 8ª edição. Paris-Lisboa: Livrarias Aillaud e Bertrand, s.d.

HERDER, Johan Gottfried Von. *Mais uma Filosofia da História [Também uma Filosofia da História para a Formação da Humanidade.* Lisboa: Antígona, 1995] [original: 1774].

HÉRODOTE. *Histoires. Tome II, Livre II: Euterpe.* Texteétabli et traduit par Philippe-Ernest Legrand. Paris: Les Belles Lettres, 2002.

HERÓDOTO. *Histórias. Livro II – Euterpe.* Tradução, introdução e notas de Maria Aparecida de Oliveira Silva. São Paulo: Edipro, 2016.

HUME, David. *Enquiry Concerning Human Understanding.* Londres: Bennet, 2008.

LAMBERT. *Histoire Generale, Civile, Naturelle, Politique et Religieuse de Tous Les Peuples du Monde.* Londres: Nabu Press, 2011 [original: 1750].

LANGLOIS, Charles-Victor (1863-1929); SEIGNOBOS, Charles (1854-1952). *Introduction aux études historiques.* Paris: Kimé, 1992. (Versão fac-similar da edição de 1898).

LE GOFF, J. (1990) (org.). *A Nova História.* São Paulo: Martins Fontes [original: 1978].

LE GOFF, J.; CHARTIER, R. e REVEL, J. (orgs.). *A História nova.* São Paulo: Martins Fontes, 2005.

LE GOFF, J. e NORA, Pierre (orgs.). *Faire de l'histoire.* Paris: Gallimard, 1986 (3 vols.).

LÉVI-STRAUSS, Claude. *Antropologia estrutural.* São Paulo: Cosac Naify, 2008.

MAQUIAVEL, Nicolau. *O Príncipe.* Brasília: Edumb, 1992.

MARX, Karl. *O Dezoito Brumário de Luís Bonaparte.* São Paulo: Boitempo, 2011.

MONTESQUIEU. *O Espírito das Leis.* São Paulo: Abril Cultural, 1973 [original: 1758],

MINOIS, Georges. *História do riso e do escárnio.* São Paulo: Unesp, 2003.

_____. *A idade de ouro:* história da busca da felicidade. São Paulo: Unesp, 2011.

_____. *História do ateísmo*: os descrentes no mundo ocidental, das origens aos nossos dias. São Paulo: Unesp, 2014.

_____. *História do futuro:* dos profetas à prospectiva. São Paulo: Unesp, 2016.

_____. *História do suicídio:* a sociedade ocidental diante da morte voluntária. São Paulo: Unesp, 2018.

_____. *História da solidão e dos solitários.* São Paulo: Unesp, 2019.

NIEBUHR, B. G. (2011). *The History of Rome.* Cambridge [original: 1812].

NIETZSCHE, Friedrich. *Sobre a utilidade e desvantagens da História para a Vida*, 1873 [incluído em *Escritos sobre a História*. São Paulo: Loyola, 2005] [original: 1873; publicado em 1874].

NIETZSCHE, Friedrich. *O Crepúsculo dos Ídolos.* São Paulo: Companhia das Letras, 2006 [original: 1888].

PLATÃO. *A república.* Introdução, tradução e notas de Maria Helena Rocha Pereira. 7ª edição. Lisboa: Fundação Calouste Gulbenkian, 1993.

PLUTARCO. *Da malícia de Heródoto.* Edição Bilíngue. Estudo, tradução e notas de Maria Aparecida de Oliveira Silva. São Paulo: Edusp/Fapesp, 2013.

PLUTARCO. *Vida de Alexandre.* Vidas paralelas. Quarto volume. Introdução e notas de Paulo Matos Peixoto. Tradução direta do grego por Gilson César Peixoto. São Paulo: Paumape, 1991.

PLUTARCO. *Vida de Címon*. Vidas paralelas. Terceiro volume. Introdução e notas de Paulo Matos Peixoto. Tradução direta do grego por Gilson César Peixoto. São Paulo: Paumape, 1991.

PLUTARCO. *Vida de Demétrio*. Vidas paralelas. Quinto volume. Introdução e notas de Paulo Matos Peixoto. Tradução direta do grego por Gilson César Peixoto. São Paulo: Paumape, 1991.

PLUTARCO. *Vida de Demóstenes*. Vidas paralelas. Quinto volume. Introdução e notas de Paulo Matos Peixoto. Tradução direta do grego por Gilson César Peixoto. São Paulo: Paumape, 1991.

PLUTARCO. *Vida de Díon*. Vidas paralelas. Quarto volume. Introdução e notas de Paulo Matos Peixoto. Tradução direta do grego por Gilson César Peixoto. São Paulo: Paumape, 1991.

PLUTARCO. *Vida de Galba*. Vidas paralelas. Quinto volume. Introdução e notas de Paulo Matos Peixoto. Tradução direta do grego por Gilson César Peixoto. São Paulo: Paumape, 1991.

PLUTARCO. *Vida de Nícias*. Vidas paralelas. Terceiro volume. Introdução e notas de Paulo Matos Peixoto. Tradução direta do grego por Gilson César Peixoto. São Paulo: Paumape, 1991.

PLUTARCO. *Vida de Péricles*. Vidas paralelas. Primeiro volume. Introdução e notas de Paulo Matos Peixoto. Tradução direta do grego por Gilson César Peixoto. São Paulo: Paumape, 1991.

PLUTARCO. *Vida de Sertório*. Vidas paralelas. Terceiro volume. Introdução e notas de Paulo Matos Peixoto. Tradução direta do grego por Gilson César Peixoto. São Paulo: Paumape, 1991.

PLUTARCO. *Vida de Tesmístocles*. Vidas paralelas. Primeiro volume. Introdução e notas de Paulo Matos Peixoto. Tradução direta do grego por Gilson César Peixoto. São Paulo: Paumape, 1991.

PLUTARCO. *Vida de Teseu*. Vidas paralelas. Primeiro volume. Introdução e notas de Paulo Matos Peixoto. Tradução direta do grego por Gilson César Peixoto. São Paulo: Paumape, 1991.

PLUTARCO. *Vida de Timoleão*. Vidas paralelas. Segundo volume. Introdução e notas de Paulo Matos Peixoto. Tradução direta do grego por Gilson César Peixoto. São Paulo: Paumape, 1991.

PLUTARQUE. *Vies. Tome IX. Alexandre-César*. Robert Flacelière & Emile Chambry (eds.). Paris: Les Belles Lettres, 1966.

PLUTARQUE. *Vies. Tome VII. Cimon-Lucullus*. Robert Flacelière & Emile Chambry (eds.). Paris: Les Belles Lettres, 1972.

PLUTARQUE. *Vies. Tome XIII. Démétrois-Antoine*. Robert Flacelière & Emile Chambry (eds.). Paris: Les Belles Lettres, 1977.

PLUTARQUE. *Vies. Tome XIII. Démosthène-Cicéron*. Robert Flacelière & Emile Chambry (eds.). Paris: Les Belles Lettres, 1976.

PLUTARQUE. *Vies. Tome XIV. Dion-Brutus*. Robert Flacelière & Emile Chambry (eds.). Paris: Les Belles Lettres, 1978.

PLUTARQUE. *Vies. Tome XV. Galba-Othon*. Robert Flacelière & Emile Chambry (eds.). Paris: Les Belles Lettres, 1979.

PLUTARQUE. *Vies. Tome VII. Nicias-Crassus*. Robert Flacelière & Emile Chambry (eds.). Paris: Les Belles Lettres, 1972.

PLUTARQUE. *Vies. Tome III. Périclès-Fabius Maximus*. Robert Flacelière & Emile Chambry (eds.). Paris: Les Belles Lettres, 1964.

PLUTARQUE. *Vies. Tome VIII. Sertorius-Eumène*. Robert Flacelière & Emile Chambry (eds.). Paris: Les Belles Lettres, 1973.

PLUTARQUE. *Vies. Tome II. Solon-Publicola*. Robert Flacelière & Emile Chambry (eds.). Paris: Les Belles Lettres, 1961.

PLUTARQUE. *Vies. Tome II. Thémistocle-Camille*. Robert Flacelière & Emile Chambry (eds.). Paris: Les Belles Lettres, 1961.

PLUTARQUE. *Vies. Tome IV. Timoléon-Paul-Emile*. Robert Flacelière & Emile Chambry (eds.). Paris: Les Belles Lettres, 1966.

PLUTARQUE. *Vies. Tome I. Thésée-Romulus*. Robert Flacelière & Emile Chambry (eds.). Paris: Les Belles Lettres, 1957.

ROLLIN. *Histoire ancienne*. Paris: Libraires Associés, 1809 [originais: 1730-1738].

ROUSSEAU, Jean-Jacques. *Discurso sobre a origem e os fundamentos da desigualdade entre os homens*. Brasília/São Paulo: Editora Universidade de Brasília/Editora Ática, 1989 [original: 1750].

ROUSSEAU, Jean-Jacques. *O Contrato Social*. São Paulo: Martim Claret, 2001 [original: 1762].

SILVA, José Bonifácio de Andrada e. Apontamentos para a civilização dos índios bravos do Império do Brasil. In: DOLHNIKOFF, Miriam (org.). *Projetos para o Brasil*. São Paulo: Companhia das Letras, 1998, p. 89-121.

SUETONIO (2002). *A Vida dos Doze Césares*. Rio de Janeiro: Ediouro [original: 121 d.C.].

TUCÍDIDES (1982). *História da Guerra do Peloponeso*. Brasília: EdUNB [original: 410 a.C.].

TUCÍDIDES. *História da Guerra do Peloponeso* – Livro I. Tradução e apresentação de Anna Lia Amaral de Almeida Prado. Texto grego estabelecido por Jacqueline de Romilly. São Paulo: Martins Fontes, 2008.

VICO, Giambattista. *Scienza Nuova. Opere*. Milão: 1953, p. 365-905 [*Ciência Nova*. Rio de Janeiro: Record, 1999] [original: 1725].

VOLTAIRE. *La Henriade*. Paris: Garnier, 1926.

VOLTAIRE. *Oeuvres historiques*. Paris: Gallimard, 1957.

VOLTAIRE. *Lettres philosophiques*. Paris: Garnier-Flammarion, 1964.

VOLTAIRE. *Dictionaire Philosophique*. Paris: Garnier, 1967.

VOLTAIRE. *Essai sur les moeurs*. Paris: Garnier, 1990.

VOLTAIRE. *O Pirronismo da História*. São Paulo: Martins Fontes, 2007.

Las crónicas anónimas de Sahagún. Madri: Establecimiento Tipográfico De Fortanet, 1920.

Bibliografia

ALMEIDA, Maria Regina Celestino de. *Metamorfoses indígenas: identidade e cultura nas aldeias coloniais do Rio de Janeiro*. 2. ed. Rio de Janeiro: Editora FGV, 2013.

ALTAMIRANO, Ignacio. *Prólogo a Cuauhtémoc*. México: Oficina Tipográfica de la Secretaría de Fomento, 1886.

ANDRADE, Débora El-Jaick. *O paradoxo no pensamento de Thomas Carlyle: a resistência, a democracia e o culto ao grande homem*. Niterói: UFF, 2002 (Dissertação de Mestrado).

ANKERSMIT, Frank. Historiografia e pós-modernismo. *Topoi,* Rio de Janeiro, mar. 2001, p. 113-135.

APPLEBY, Joyce; HUNT, Lynn; JACOB, Margaret. *Telling the Truth about History*. Nova York/Londres: W.W. Norton & Compay, 1994.

ARÓSTEGUI, Julio. *A Pesquisa Histórica*. Tradução de Andréa Dore. Bauru, SP: EDUSC, 2006.

ASSIS, Arthur Alfaix. A didática da história de J. G. Droysen: constituição e atualidade. *Revista Tempo*, vol. 20 – 2014. p.1-18;

ASSIS, Arthur Alfaix. *Historicalthinking*: Johann Gustav Droysen on the Value and function of history, 2009. (Doutorado em História) – Universidade de Witten-Herdecke, Witten, Alemanha.

AULARD, Alphonse [1913]. *Études et leçons sur la Révoltution Française*. Nova York: Cambridge University Press, 2011.

AVILA, Arthur Lima de. Um lugar para a América Hispânica na historiografia norte-americana: a fundação da HAHR e as políticas da história. *História da Historiografia*: International Journal of Theory and History of Historiography, n. 17, p. 50-68, 2015. www.historiadahistoriografia.com.br/revista/article/view/786 – Acesso em: 13/08/2019.

BAPTISTA, Jacinto. *Alexandre Herculano – Jornalista*, Amadora: Bertrand, 1977.

BARROS, J. D'A. (2020-a). *A Fonte Histórica e seu lugar de produção*. Petrópolis: Editora Vozes.

BARROS, J. D'A. (2020-b). Fixos e Fluxos: revisitando um par conceitual. *Cadernos de Geografia* (Revista Colombiana de Geografia). Vol. 29, n. 2, p. 493-504, 2020.

BARROS, J. D'A. (2020-c). Será a História uma Ciência? – um panorama de posições historiográficas. *Inter-Legere* (Revista Colombiana de Geografia). Vol. 3, n. 27, p. 1-29, 2020.

BARROS, J. D'A. (2019-a). *Fontes Históricas – introdução aos seus usos historiográficos*. Petrópolis: Editora Vozes.

BARROS, J. D'A. (2019-b). *Seis desafios para a historiografia no novo milênio*. Petrópolis: Editora Vozes.

BARROS, J. D'A (2018). História e música: considerações sobre suas possibilidades de interação. *História & Perspectivas*, Uberlândia (58), p. 25-39.

BARROS, J. D'A. (2017). *Espaço, Tempo, Geografia*. Petrópolis: Editora Vozes.

BARROS, J. D'A. (2015-a). *Os Conceitos – seus usos nas ciências humanas*. Petrópolis: Editora Vozes.

BARROS, J. D'A. (2015-b). A harmonia musical como modelo de análise para a História Intelectual. *Tempos Históricos*, Vol. 19, 1º Semestre de 2015, p. 14-47.

BARROS, J. D'A. (2014). *História Comparada*. Petrópolis: Editora Vozes.

BARROS, J. D'A. (2012-a). *Teoria da História, volume V – A Escola dos Annales e a Nova História*. Petrópolis: Editora Vozes.

BARROS, J. D'A. (2012-b). Os Annales e a história-problema: Considerações sobre a importância da noção de "história-problema" para a identidade da Escola dos Annales. *Revista História: Debates e Tendências*, v. 12, n. 2, p. 305-325, 2012.

BARROS, J. D'A. (2012-c). "Voltaire: Considerações sobre sua Historiografia e Filosofia da História" (*Revista de Teoria da História*, vol. 7, n. 1, p.7-4.

BARROS, J. D'A. (2011-a). *Teoria da História, volume I – os primeiros paradigmas: positivismo e historicismo*. Petrópolis: Editora Vozes.

BARROS, J. D'A. (2011-b). *Teoria da História, volume II – Os Primeiros Paradigmas: Positivismo e Historicismo*. Petrópolis: Editora Vozes.

BARROS, J. D'A. (2011-c). *Teoria da História, volume III – Os Paradigmas Revolucionários: o Materialismo Histórico e o Paradigma da Descontinuidade*. Petrópolis: Editora Vozes.

BARROS, J. D'A. (2011-d). *Teoria da História, volume IV – Acordes Historiográficos: uma nova proposta para a Teoria da História*. Petrópolis: Editora Vozes.

BARROS, J. D'A. (2004). *O Campo da História*. Petrópolis: Editora Vozes,

BARTOLOMÉ, Miguel Alberto. As Etnogêneses: velhos atores e novos papéis no cenário cultural e político. *Mana*, v. 12, n. 1, p. 39-68, 2006. www.scielo.br/scielo.php?script=sci_arttext&pid=S0104-93132006000100002 – Acesso em: 13/08/2019.

BENEKER, Jeffrey. The nature of virtue and the need for self-knowledge in Plutarch's *Demosthenes-Cicero*. In: OPSOMER, J., ROSKAM, G. & TITCHENER, F. B. (eds.). *A versatile gentleman: consistency in Plutarch's writing*. Studies offered to Luc Van der Stockt on the occasion of this retirement. Leuven: Leuven University Press, 2016, p. 147-160.

BERMAN, David. *A history of Atheism in Britain:* from Hobbes to Russell. Londres: Routledge, 1988.

BLOCH, Marc. *Apologia da História ou o ofício de historiador*. Rio de Janeiro: Zahar, 2002.

BOCCARA, Guillaume (2007). Poder colonial e etnicidade no Chile: territorialização e reestruturação entre os Mapuche da época colonial. *Tempo*, v. 12 (23), p. 56-72, www.scielo.br/scielo.php?pid=S1413-77042007000200005&script=sci_abstract&tlng=pt – Acesso em: 13/08/2019.

BOTELLA, César; BOTELLA, Sara. *Irrepresentável*: mais além da representação. Porto Alegre: Criação Humana. 2002.

BRAUDEL, Fernand. *Escritos sobre a História*. 3ª ed. São Paulo: Perspectiva, 2014.

BRIGGS, Asa. *Chartism*. Gloucestershire: Sutton Publishing,1998.

BRIGGS, Asa. *The Age of Improvement*. 2. ed., Essex: Longman, 1999. (History of England Series).

BRUIT, Héctor Hernán. O visível e o invisível na Conquista hispânica da América. In: VAINFAS, Ronaldo (org.). *América em tempo de conquista*. Rio de Janeiro: Jorge Zahar, 1992, p. 77-101.

BRUMFITT, J. H. *Voltaire historian*. Nova York University Press, 1958.

BURGUIÈRE, André. *L'École des Annales*. Paris: Odile Jacob, 2006.

BURGUIÈRE, André. Présentation. In: *Annales. Économies, Sociétés, Civilisations*. 26ᵉ année, n. 3-4, 1971, p. 1-7.

BURKE, Peter. "Fernand Braudel". *The Historian at Work*. J. Cannon (ed.), Londres: Allen an Unwin, 1980.

BURKE, Peter. *Revolução Francesa da Historiografia*: A Escola dos Annales (1929-1989). Trad. Nilo Odalia. 2. ed. São Paulo: Unesp, 1992.

BURKE, Peter. (1992). "A História dos Acontecimentos e o Renascimento da Narrativa". In: *A Escrita da História – novas perspectivas*. São Paulo: UNESP, p. 327-348.

CABRAL, Luís. "Alexandre Herculano: crônica breve de um bibliotecário." In: *Cadernos BAD*. 2009/2010, Évora.

CALAME, Claude. *Myth and History in Ancient Greece*: the symbolical creation of a colony. Translated by Daniel W. Berman. Princeton/Oxford: Princeton University Press, 2003.

CALDAS, Pedro Spinola Pereira. *O que significa pensar historicamente:* uma interpretação da teoria da História de Johann Gustav Droysen. 2015 f. (Doutorado em História). Pontifícia Universidade Católica, Rio de Janeiro, 2004.

CALDAS, Pedro. A Atualidade de Johann Gustav Droysen: uma pequena história de seu esquecimento e de suas interpretações. *Locus: revista de história*, Juiz de Fora, v. 12, n. 1, 2006. p. 95-111.

CALDAS, Pedro. Johann Gustav Droysen (1808-1884): história e compreensão. In: Os Historiadores: clássicos da História, vol. 02 (org.) Mauricio Parada. Petrópolis, RJ: Vozes, 2013. p. 36-55.

CARDOSO, Ciro Flamarion. As concepções acerca do "sistema econômico mundial" e do "antigo sistema colonial": a preocupação excessiva com a extração de excedente. In: LAPA, José Roberto do Amaral (org.). *Modos de produção e realidade brasileira*. Petrópolis: Vozes, 1980, p. 109-132.

CARRARD, Ph. (1992). *Poetics of the New History. French Historical Discourse fron Braudel to Chartier*. Baltimore/Londres: The John Hopkins University Press.

CASSIRER, Ernst. *A Filosofia do Iluminismo*. Campinas: Edunicamp, 1992.

CASTELNAU-L'ESTOILE, Charlotte. *Operários de uma vinha estéril: os jesuítas e a conversão dos índios no Brasil, 1580-1620*. Bauru, SP: Edusc, 2006.

CATROGA, F. (2006). Ainda será a História Mestra da Vida? *Estudos Ibero-Americanos*. Edição Especial, n. 2, p. 7-34.

CATROGA, F. "Alexandre Herculano e o Historicismo Romântico". In: TORGAL, MENDES, CATROGA. *História da História em Portugal (Sécs. XIX-XX)*. Lisboa: Temas e Debates, 1998.

CAVAIGNAC, E. *Cronologie de l'histoire mondiale*. Paris: Payot, 1934.

CERTEAU, Michele de. (1982). "A Operação Historiográfica". In: *A Escrita da História*. Rio de Janeiro: Forense Universitária, p. 65-119 [original: 1974].

CERTEAU, Michel de. *A escrita da História*. 2. ed. Rio de Janeiro: Forense Universitária, 2007.

CEZAR, Temístocles. *Ser historiador no século XIX: o caso Varnhagen*. Belo Horizonte: Autêntica Editora, 2018.

CHAKRABARTY, Dipesh. *Provincializing Europe: postcolonial thought and historical difference*. USA: Princeton University Press, 2000.

CHARTIER, Roger. História Intelectual e História das mentalidades: uma dupla reavaliação. In: *A história cultural*: entre práticas e representações. Rio de Janeiro: DIFEL, 2002 [1980].

CLENDINNEN, Inga. "Fierce and unnatural cruelty": Cortés and the Conquest of Mexico. *Representations*, n. 33, p. 65-100, 1991.

COELHO, António Borges. *Alexandre Herculano – vida, pensamento, obra*. Lisboa: Editorial Presença, 1965.

COOK, Sherburne F.; BORAH, Woodrow. *El Pasado de México*: aspectos sociodemográficos. México: FCE, 1989.

CORRÊA, Paula da Cunha.The 'Ship of Fools' in Euenus 8b and Plato's Republic 488a-489a. In: SWIFT, L., CAREY, C. (org.). *Iambus and Elegy, New Approaches*. Oxford: Oxford University Press, 2016, p. 291-309.

CREMONEZI, André Roberto. O conceito de compreensão na "Histórica" de Johann Gustav Droysen. 106 f. (Mestrado em Filosofia). Universidade Federal de Santa Maria, Rio Grande do Sul, 2005.

CRIMMINS, James E., "Jeremy Bentham", *The Stanford Encyclopedia of Philosophy* (Summer 2020 Edition), Edward N. Zalta (ed.), URL = <https://plato.stanford.edu/archives/sum2020/entries/bentham/>.

CUNHA, Manuela Carneiro da (org.). *História dos índios no Brasil*. São Paulo: Companhia das Letras; Secretaria Municipal de Cultura; Fapesp, 1992.

DAHER, Andrea. Nathan Wachtel: História e Antropologia de uma América "subterrânea". *Sociologia & Antropologia*, v. 4, n. 1, p. 259-276, 2014. www.scielo.br/scielo.php?pid=S2238-38752014000100259&script=sci_abstract&tlng=pt – Acesso em: 13/08/2019.

DANTAS, Beatriz G.; SAMPAIO, José Augusto L.; CARVALHO, Maria do Rosário G. de. Os povos indígenas no Nordeste brasileiro: um esboço histórico. In: CUNHA, Manuela Carneiro da (org.). *História dos índios no Brasil*. São Paulo: Companhia das Letras, 1992, p. 431-456.

DARNTON, Robert. História intelectual e cultural. In: *O beijo de Lamourette*. Mídia, cultura e Revolução; tradução de Denise Bottman. São Paulo: Companhia das Letras, 1990.

DELACROIX, Christian; DOSSE, François; GARCIA, Patrick. *Correntes históricas na França*: séculos XIX e XX. Rio de Janeiro: FGV, 2012.

DELEUZE, Gilles. "Em que se pode reconhecer o estruturalismo?" In: CHÂTELET, F. (org.). *História da filosofia*: Ideias, doutrinas: Vol. 8: O século XX. Rio de Janeiro: Zahar, 1974.

DI PASQUALE, Mariano. De la historia de las ideas a La nueva historia intelectual: Retrospectivas y perspectivas. Um mapeo de La cuestión. *Revista Universum*, n. 26. Vol. 01, 2011. Universidad de Talca, p. 79-92.

DIAMOND, Jared. *Armas, germes e aço*: os destinos das sociedades humanas. Rio de Janeiro: Record, 2017.

DILLON, John. Plutarch and Platonism. In: BECK, Mark (ed.). *A companion to Plutarch*. Malden/Oxford, 2014, p. 61-72.

DOMINGUES, Beatriz Helena; SANTOS, Breno Machado dos. Entre textos, contextos e epistemologias: apontamentos sobre a "Polêmica do Novo Mundo". In: CAÑIZARES-ESGUERRA, Jorge; FERNANDES, Luiz Estevam de Oliveira; BOHN MARTINS, Maria Cristina (orgs.). *As Américas na Primeira Modernidade*. Curitiba: Editora Prismas, 2017, p. 317-359.

DORNELLES, Soraia Sales. *A questão indígena e o Império: índios, terra, trabalho e violência na província paulista, 1845-1891*. Tese de doutorado em História, Campinas: Unicamp, 2017.

DOSSE, F. (2012). *A História*. São Paulo: UNESP.

DOSSE, François. *História do estruturalismo* (v. 1. O Campo do signo – 1945-1966). Bauru: Edusc, 2007.

DOSSE, François. História do tempo presente e historiografia. *Revista Tempo e Argumento*, v. 4, n. 1, p. 05-22, 2012. Disponível em: https://revistas.udesc.br/index.php/tempo/article/view/2175180304012012005 – Acesso em: 18 dez. 2020.

DUCHET, Michele. "L'anthropologie de Voltaire". In: *Anthropologie et Histoire au Siècle des Lumières*. Paris: Albin Michel, 1995.

DUFF, Timothy E. Plato, Tragedy, the Ideal Reader and Plutarch's "Demetrios and Antony". *Hermes*, 132, H. 3, 2004, p. 271-291.

DUFF, Timothy E. The Structure of the Plutarchan Book. *Classical Antiquity*, v. 30, n. 2, 2011, p. 213-278.

DUIGNAN, Brian; PLAMENATZ, John P. Jeremy Bentham. Encyclopædia Britannica. December 23, 2020. https://www.britannica.com/biography/Jeremy-Bentham – Acesso: 7/01/2021.

FABIAN, Joannes. *O tempo e o outro: como a antropologia estabelece seu objeto*. Petrópolis: Vozes, 2013.

FALCON, Francisco. História das ideias. In: *Domínios da história*: ensaios de teoria e metodologia. Ciro Flamarion Cardoso, Ronaldo Vainfas (orgs.). Rio de Janeiro: Campus, 1997. p. 139-188.

FEBVRE, Lucien. *Combates pela História*. Lisboa: Editorial Presença, 1989.

FERNANDES, Luiz Estevam de Oliveira. *Patria Mestiza:* a invenção de um passado mexicano (séculos XVIII e XIX). Jundiaí: Paco Editorial, 2012.

FERNANDES, Luiz Estevam de Oliveira; KALIL, Luís Guilherme Assis; REIS, Anderson Roberti dos. *Sobre o Novo Mundo*: a história e a historiografia das Américas na Primeira Modernidade em dez entrevistas. Curitiba: Prismas, 2018.

FERNÁNDEZ-ARMESTO, F. (2000). *Verdade – uma história*. Rio de Janeiro: Record [original: 1997].

FERREIRA, Ema Tarracha. "Introdução à obra: Herculano", A. *Lendas e narrativas*. [Seleção e introdução por Maria Ema Tarracha Ferreira]. Lisboa: Biblioteca Ulisseia de Autores Portugueses, 1998, 2. edição.

FONTANA, J. (2004). *História dos Homens*. Bauru: EDUSC.

FONTOURA, Odir. "Sobre o "historiar" medieval: o lugar das crônicas e dos cronistas na escrita da história". *Revista Labirinto*, Porto Velho-RO, Ano XIV, vol. 20, p. 119-137, 2014.

FOUCAULT, Michel. "A Governamentalidade" In: *Microfísica do Poder*. Rio de Janeiro: Graal, 1985, p. 277-293.

FRAGOSO, João; FLORENTINO, Manolo. *O arcaísmo como projeto: mercado atlântico, sociedade agrária e elite mercantil em uma economia colonial tardia: Rio de Janeiro, c. 1790-1840*. Rio de Janeiro: Civilização Brasileira, 2001.

FREITAS, Itamar. As ideias de prova nos manuais de Introdução à História dos ditos positivistas (1887-1926). *Revista Labirinto*, ano XVI, vol. 24, n. 2 (JAN-JUN), 2016, p. 71-95.

FREITAS NETO, José Alves de. *Bartolomé de Las Casas*: a narrativa trágica, o amor cristão e a memória americana. São Paulo: Annablume, 2003.

FRIEDMAN, Jonathan. Myth, History, and Political Identity. *Cultural Anthropology*, v. 7, n. 2, 1992, p. 194-210.

FULTON, Christopher. Cuauhtémoc Awakened. *Estudios de Historia Moderna y contemporánea de México*, v. 35, n. 35, p. 5-47, 2008. www.scielo.org.mx/scielo.php?pid=S0185-26202008000100001&script=sci_abstract – Acesso em: 13/08/2019.

GAMIO, Manuel. *Forjando Patria*. México: Editora Porrúa, 1992.

GENTILI, Bruno; CERRI, Giovanni. L'idea di biografia nel pensiero greco. *Quaderni Urbinati di Cultura Classica*, n. 27, 1978, p. 7-27.

GEORGIADOU, Aristoula; OIKONOMOPOULO, Katerina (eds.). *Space, time and language in Plutarch*. Berlim: De Gruyter, 2017.

GERBI, Antonello. *O Novo Mundo*: história de uma polêmica: 1750-1900. São Paulo: Companhia das Letras, 1996.

GIACOIA JUNIOR, Oswaldo. Friedrich Nietzsche. In: *Lições de História*: da história científica à crítica da razão metódica no limiar do século XX (org.). Jurandir Malerba. Porto Alegre: FGV/Edipucrs, 2013, p. 79-80.

GIBSON, Charles. *The Aztecs under Spanish Rule*: a History of the Indians of the Valley of Mexico, 1519-1810. Stanford: Stanford University Press, 1964.

GIBSON, Charles. Las sociedades indias bajo el dominio español. In: BETHELL, Leslie (ed.). *Historia de América Latina*. Volume 4. Barcelona: Editorial Crítica, 1990, p. 157-188.

GODINHO, Vitorino Magalhães. "Alexandre Herculano – O cidadão e o cientista". In: *Ensaios e Estudos – uma Maneira de Pensar*, vol. I. Lisboa: Sá da Costa, 2009.

GOOCH, George P. *Historia e historiadores en el siglo XIX*. México: Fondo de cultura económica, 1977.

GOULEMOT, J-H. R. *Discours, revolutions et histoire – representations de l'histoire et discourse sus les révolutions de l'âge classique aux lumières*. Paris: UGE, 1975.

GRUZINSKI, Serge. *O pensamento mestiço*. São Paulo: Companhia das Letras, 2001.

GRUZINSKI, Serge. *A águia e o dragão*: ambições europeias e mundialização no século XVI. São Paulo: Companhia das Letras, 2015.

GUIMARÃES, Manoel Luiz Salgado. *Historiografia e nação no Brasil: 1838-1857*. Rio de Janeiro: EdUERJ, 2011.

HALBWACHS, Maurice. *A memória coletiva*. São Paulo: Centauro, 2006 [1950].

HAMMOND, N. G. L. Studies in Greek Chronology of the Sixth and Fifth Centuries B.C. *Historia: Zeitschrift für Alte Geschichte*, Bd. 4, H. 4, 1955, p. 371-411.

HARTOG, François. *Regimes de Historicidade*. Belo Horizonte: Autêntica, 2014.

HARTOG, François. *Evidência da História: o que os historiadores veem*. Belo Horizonte: Autêntica, 2013.

HARTOG, François. *O século XIX e a história: o caso Fustel de Coulanges*. Rio de Janeiro, RJ: UFRJ, 2003.

HERMANN, Jacqueline. História das religiões e religiosidades. In: CARDOSO, Ciro Flamarion; VAINFAS, Ronaldo (orgs.). *Domínios da história*. Rio de Janeiro: Elsevier, 2011, p. 315-336.

HIMMELFARB, Gertrude. *The New History and the Old, critical essays and reappraisals*. Massachusets: The Belknap Press of Havard University Press, 1995.

HIMMELFARB, Gertrud. *The idea of Poverty*. Nova York: Vintage Books, 1985.

HIMMELFARB, Gertrud. "Two nations, five classes: The historian as sociologist". In: The New History and the Old critical essays and reappraisals. Massachusets-Londres: The Belknap Press of Havard University Press, 1995.

HOBSBAWM, Eric. A era das revoluções, 1789-1848. 7. edição, Rio de Janeiro: Paz e Terra, 1977.

HYMAN, Gavin. *A Short History of Atheism*. Londres/Nova York: I. B. Tauris, 2010.

HYPPOLITE. *Introdução à filosofia da história de Hegel*. Lisboa: Edições 70, 1983.

JACOBY, Felix. *Die Fragmente der griechischen Historiker*. Berlim: Weidmann, 1923.

JAKSIĆ, Ivan. *Ven conmigo a la España lejana*: los intelectuales norteamericanos ante el mundo hispano, 1820-1880. Santiago: FCE, 2007.

KAGAN, Richard L. El paradigma de Prescott: la historiografía norteamericana y la decadencia de España. *Manuscrits*, n. 16, p. 229-253, 1998.

dialnet.unirioja.es/servlet/articulo?codigo=108282 – Acesso em: 13/08/2019.

KALIL, Luís Guilherme Assis; SILVA, Caio Pedrosa da. A Conquista do México entre o passado e o presente: as repercussões em torno do pedido de perdão pelos conflitos de 500 anos atrás. *HH Magazine*, 2019: hhmagazine.com.br/a-conquista-do-mexico-entre-o-passado-e-o-presente-as-repercussoes-em-torno-do-pedido-de-perdao-pelos-conflitos-de-500-anos-atras/#_ftn16 – Acesso em: 16/05/2020.

KAPLAN, Fred. *Thomas Carlyle: A Biography*. Bekerley: University of California Press, 1993.

KARNAL, Leandro; TATSCH, Flavia Galli. A memória evanescente. In: *O historiador e suas fontes*. (orgs.). Karla Pinsky e Tania Regina de Luca. São Paulo: Contexto, 2012.

KARNAL, L.; TATSCH, F. G. "A Memória evanescente". In: PINSKY, C. B.; LUCA, T. R. (orgs.). *O historiador e suas fontes*. São Paulo: Contexto, 2009.

KODAMA, Kaori. *Os índios no Império do Brasil: a etnografia do IHGB entre as décadas de 1840 e 1860*. Rio de Janeiro; São Paulo: Editora FIOCRUZ; EDUSP, 2009.

KOSELLECK, Reinhart [et al.]. *Prefácio*. Arthur Alfaix Assis e Sérgio da Mata. O conceito de História; tradução de René Gertz. Belo Horizonte: Autêntica, 2013.

KOSELLECK, Reinhart. *Futuro Passado*. Contribuição à semântica dos tempos históricos; tradução de Wilma Maas e Carlos Pereira. Rio de Janeiro: Editora PUC: Contraponto, 2006.

KUHN, Th. (2013). *Estrutura das Revoluções Científicas*. São Paulo: Perspectiva [original: 1962].

LE GOFF, J. (2011). "A História Nova". In: NOVAIS, F. e SILVA, R. F. da (orgs). *Nova História em Perspectiva*. São Paulo: Cosac & Naify, p. 129-176 [original: 1978].

LE GOFF, Jaques. *História e Memória*. Campinas, SP: Editora da Unicamp, 1990.

LEDREW, Stephen. *The Evolution of Atheism*: The Politics of a Modern Movement. Nova York: Oxford University Press, 2016.

LEÓN-PORTILLA, Miguel. *Literatura del México antiguo*. Caracas: Biblioteca Ayacucho, 1978.

LEÓN-PORTILLA, Miguel. *A Visão dos Vencidos*: a tragédia da conquista narrada pelos astecas. Porto Alegre: L&PM, 1987.

LEÓN-PORTILLA, Miguel. Ángel M. Garibay K. (1892-1992), en el centenario de su nacimiento. *Estudios de Cultura Náhuatl*, n. 22, p. 167-180, 1992. www.historicas.unam.mx/publicaciones/revistas/nahuatl/pdf/ecn22/386.pdf – Acesso em: 13/08/2019.

LEVIN, Michael. *The Condition of England Question: Carlyle, Mill, Engels*. Londres: Macmillian Press Ltd., 1998.

LOCKHART, James. *The nahuas after the Conquest*; a Social and Cultural History of the Indians of Central Mexico. Stanford: Stanford University Press, 1992.

LOCKHART, James; SCHWARTZ, Stuart B. *A América Latina na época colonial*. Rio de Janeiro: Civilização Brasileira, 2002.

LOPES, Marcos Antônio. *Voltaire Historiador*. Campinas: Papirus, 2001.

LOPES, Marcos Antônio. *Voltaire Literário*. São Paulo: Imaginário, 2000.

LOPES, Marcos Antônio. *Voltaire Político*. São Paulo: Unesp, 2004.

MACPHERSON, C. B. *A democracia liberal, Origens e Evolução*. Rio de Janeiro: Zahar, 1978 (Coleção Biblioteca de Ciências Sociais).

MARQUEZ, Rodrigo Oliveira. *Teoria da História*: Hayden White e seus críticos. 179f. Tese de Doutorado em História. Brasília-DF: UnB, 2008.

MARTINS, Estevão de Rezende. *Teoria e Filosofia da História*: contribuições para o ensino de História. Curitiba: W & A Editores, 2017.

MATOS, Sérgio Campos. "História e identidade nacional – A formação de Portugal na historiografia contemporânea". *Lusotopie*, p. 123-139, 2002.

MATTOS, Hebe. História social. In: CARDOSO, Ciro Flamarion; VAINFAS, Ronaldo (orgs.). *Domínios da História: ensaios de teoria e metodologia*. 5. ed. Rio de Janeiro: Campus, 1997, p. 76-96.

MATTHEW, Laura; OUDIJK, Michel R. *Indian Conquistadors*; indigenous allies in the conquest of Mesoamerica. Oklahoma: University of Oklahoma Press, 2007.

MELMAN, Billie. "Claiming the Nation's Past: The Invention of an Anglo Saxan Tradition". In: *Journal of Contemporary History*. Londres: SAGE, vol. 26, p. 575-595, 1991.

MELLO, Ricardo Marques de. Da utilidade e desvantagem da história para Hayden White. *Varia História*. Belo Horizonte, vol. 25, n. 42: p. 611-634, jul./dez. 2009, p. 613-614.

MOMIGLIANO, Arnaldo. Greek Historiography. *History and Theory*, v. 17, n. 1, 1978, p. 1-28.

MOMIGLIANO, Arnaldo. *La storiografia griega*. Barcelona: Crítica, 1984.

MOMIGLIANO, Arnaldo. The Place of Ancient Historiography in Modern Historiography. In: *Entretiens sur l'antiquité Classique*, v. XXVI, Vandoeuvres, Genève, 1979, p. 127-153.

MOMIGLIANO, Arnaldo. *The Development of Greek Biography*. Massachusets/Cambridge/Londres: Harvard University Press, 1993.

MONTEIRO, John. *Negros da terra: índios e bandeirantes nas origens de São Paulo*. São Paulo: Companhia das Letras, 1994.

MONTEIRO, John. *Tupis, tapuias e historiadores: estudos de História Indígena e do Indigenismo*. Tese de Livre-docência. Campinas: Unicamp, 2001.

MONTERO, Paula; DULLO, Eduardo. Ateísmo no Brasil: da invisibilidade à crença fundamentalista. In: *Revista Novos Estudos CEBRAP*, São Paulo, n. 100, p. 57-79, nov. 2014.

MOREIRA, Vânia Maria Losada. História, etnia e nação: o índio e a formação nacional sob a ótica de Caio Prado Júnior. *Memoria americana*, n. 16–1, p. 63–84, 2008. Disponível em: http://www.scielo.org.ar/scielo.php?script=sci_abstract&pid=S1851-37512008000100004&lng=es&nrm=iso&tlng=pt – Acesso em: 17 dez. 2020.

MOREIRA, Vânia Maria. O ofício do historiador e os índios: sobre uma querela no Império. *Revista Brasileira de História*, v. 30, n. 59, p. 53-72, 2010. Disponível em: http://www.scielo.br/scielo.php?script=sci_abstract&pid=S0102-01882010000100004&lng=en&nrm=iso&tlng=pt – Acesso em: 17 dez. 2020.

MOREIRA, Vânia Maria Losada. *Reinventando a autonomia: liberdade, propriedade, autogoverno e novas identidades indígenas na capitania do Espírito Santo, 1535-1822*. São Paulo: Humanitas, 2019.

MOUREAUX, J-M. "Introduction à Voltaire". In: *La défense de mon oncle*. Paris: Champion, 1978.

MOXON, I. S., SMART, J. D. & WOODMAN, A. J. (Eds.).*Past Perspectives: Studies in Greek and Roman Historical Writing*. Cambridge: Cambridge University Press, 1986.

NAVARRETE LINARES, Federico. La conquista europea y el régimen colonial. In: MANZANILLA, Linda; LÓPEZ LUJÁN, Leonardo (coord.). *Historia Antigua de México (III)*. México: UNAM, 2001, p. 371-405.

NAVARRETE LINARES, Federico. *Hacia otra historia de América*: nuevas miradas sobre el cambio cultural y las relaciones interétnicas. México: UNAM, 2015.

NAVARRETE LINARES, Federico. Las historias de América y las historias del mundo: una propuesta de cosmohistoria. *Anales de estudios latinoamericanos*, n. 36, p. 1-35, 2016. www.ajel-jalas.jp/nenpou/back_number/nenpou036/pdf/36-001_Navarrete.pdf – Acesso em: 13/08/2019.

NEMÉSIO, Vitorino. *A mocidade de Herculano até a volta do exílio (1810-1832)*. Lisboa: Imprensa Nacional-Casa da Moeda, 2003.

NERDAHL, Michael. Flattery and Platonic Philosophy: The Limits of Education in Plutarch's *Life of Dion*. *Classical World*, v. 104, n. 3, 2011, p. 295-309.

NORA, Pierre. *Entre a História e Memória*: a problemática dos lugares. Tradução de Yara Aun Khoury. Proj. História São Paulo (10), dez, 1993.

NOVAIS, Fernando A. *Portugal e Brasil na crise do Antigo Sistema Colonial (1777-1808)*. 2. ed. São Paulo: Editora 34, 2019.

OLIVEIRA, João Pacheco de. *O nascimento do Brasil e outros ensaios: "pacificação", regime tutelar e formação de alteridades*. Rio de Janeiro: Contra Capa, 2016.

OLIVEIRA, João Pacheco de. *"O nosso governo": os Ticuna e o regime tutelar*. São Paulo/Brasília: Marco Zero/MCT/CNPq, 1988.

OLIVEIRA, João Pacheco de. Os indígenas na fundação da colônia: uma abordagem crítica. In: FRAGOSO, João; GOUVÊA, Maria de Fátima Silva. (orgs.). *O Brasil colonial. Vol. 1*. Rio de Janeiro: Civilização Brasileira, 2017, p. 167-228.

OLIVEIRA, João Pacheco de. *Regime tutelar e faccionalismo: política e religião em uma reserva Ticuna*. Manaus: UEA Edições, 2015.

OLIVEIRA, João Pacheco de. Uma etnologia dos "índios misturados"? Situação colonial, territorialização e fluxos culturais. In: *A Viagem da Volta: Etnicidade, Política e Reelaboração Cultural no Nordeste Indígena*. 2. ed. Rio de Janeiro: Contra Capa, 2004, p. 13-42.

OPSOMER, J. ROSKAM, G. & TITCHENER, F. B. (Eds.). *A versatile gentleman: consistency in Plutarch's writing*. Studies offered to Luc Van der Stockt on the occasion of this retirement. Leuven: Leuven University Press, 2016.

PEASE, D. E. Mexican-American War. *American History Through Literature*. Ed. Janet Gabler-Hover e Robert Sattelmeyer. Gale Cengage, 2006. Disponível em: www.enotes.com/american-history-literature-cc/mexican-american-war – Acesso em: 13/07/2011.

PEDROZA, Manoela. A roça, a farinha e a venda: produção de alimentos, mercado interno e pequenos produtores no Brasil colonial. In: FRAGOSO, João; GOUVÊA, Maria de Fátima Silva (orgs.). *O Brasil Colonial, volume 3 (ca. 1720-ca. 1821)*. 2. ed. Rio de Janeiro: Civilização Brasileira, 2017, p. 381-418.

PELLING, Christopher. Plutarch and Roman Politics. In: MOXON, I. S., SMART, J. D. & WOODMAN, A. J. (Eds.). *Past Perspectives: Studies in Greek and Roman Historical Writing*. Cambridge: Cambridge University Press, 1986, p. 159-187.

PELLING, Christopher. Political Philosophy. In: BECK, Mark (ed.). *A companion to Plutarch*. Malden/Oxford, 2014, p. 149-162.

PELLING, Christopher. What is popular about Plutarch's "popular philosophy"? In: ROSKAM, G. & VAN DER STOCKT, L. (Eds.). *Virtues for the people. Aspects of Plutarchian ethics*. Leuven: Leuven University Press, 2011, p. 41-58.

PICARD, Roger. *El Romanticisme social*. México: Fondo de cultura económica, 1986.

POLANYI, Karl. *The Great transformation, the political and economic origins of our time*. Boston: Beacon Press, 1996.

POLLACK, Michael. Memória e identidade social. In: *Estudos históricos*, v. 5, n. 10 – *Teoria e História*. Rio de Janeiro: CPDOC – Fundação Getúlio Vargas, 1992.

POMEAU, R. *Voltaire*. Paris: Seuil, 1994.

POMEAU, R. *La religion de Voltaire*. Paris: Nizet, 1974.

POMPA, Cristina. *Religião como Tradução: Missionários, Tupi e Tapuia no Brasil Colonial*. São Paulo: Edusc, 2003.

PRADO JR., Caio. *Formação do Brasil contemporâneo: Colônia*. 23. ed. São Paulo: Brasiliense, 1999.

PRANDI, Luisa. Singolare e plurale nelle *Vite* greche di Plutarco. In: *The statesman in Plutarch's works*. Volume II. DE BLOIS, Lukas, BONS, Jeroen, KESSELS, Ton & SCHENKEVELD, Dirk. M. (Eds.). Leiden/Boston: Brill, 2005, p. 141-156.

PRESCOTT, William H. *Biographical and Critical Miscellanies*. Boston: Philips, Sampson and Company, 1859.

PRESCOTT, William H. *History of the conquest of Mexico*: with a preliminary view of ancient Mexican civilization, and the life of the conqueror, Hernando Cortés. Nova York: Harper and Brothers, 1843.

PUGH, Martin. *Britain since 1789, Concise History*. Londres: Macmillan Press, 1999.

PUNTONI, Pedro. *A Guerra dos Bárbaros: Povos indígenas e colonização do sertão. Nordeste do Brasil, 1650-1720*. São Paulo: Hucitec/Edusp, 2002.

PUNTONI, Pedro. O sr. Varnhagen e o patriotismo caboclo: o indígena e o indianismo perante a historiografia brasileira. In: JANCSÓ, István (org.). *Brasil: formação do Estado e da Nação*. 2. ed. São Paulo: Hucitec, 2011, p. 633-676.

RAMOS, Samuel. *El Perfil del Hombre y la Cultura en México*. México: Editora Espasa, 1999.

REIS, José Carlos. *Escola dos Annales*: a inovação em história. São Paulo: Paz e Terra, 2000.

REIS, José Carlos. *Tempo, História e Evasão*. Campinas: Papirus, 1994.

REIS, José Carlos. *Escola dos Annales*. A inovação em História. 2. edição. São Paulo, 2000.

RÉMOND, René. *Século XIX 1815/1914*. São Paulo: Cultrix, 1983.

RESENDE, Maria Leônia Chaves de. *Gentios brasílicos: índios coloniais em Minas Gerais setecentista*. Departamento de História. Campinas: Unicamp, 2003.

RESTALL, Matthew. A history of the New Philology and the new philology in History. *Latin American Research Review*, v. 38, n. 1, p. 113-134, 2003.

https://www.jstor.org/stable/1555436 – Acesso em: 13/08/2019.

RESTALL, Matthew. *Sete mitos da conquista espanhola*. Rio de Janeiro: Civilização Brasileira, 2006.

RESTALL, Matthew. The new Conquest History. *History Compass*, v. 10, n. 2, p. 151-160, 2012. onlinelibrary.wiley.com/doi/abs/10.1111/j.1478-0542.2011.00822.x – Acesso em: 13/08/2019.

RESTALL, Matthew. *When Montezuma met Cortés*: the true story of the meeting that changed History. Nova York: Harper Collins, 2018.

REY, Emma Falque. *Historia Compostellana*. Madri: Ediciones Akal, 1994.

REY, Roselyne. "Histoire et philosophie des sciences dans les Éloges de Condorcet". In: HINKLER, D. *Condorcet mathématicien, économiste, philosophe, homme politique*. Paris: Minerve, 1989, p. 214-224.

RIBEIRO, A. M. (2009). *Sinal Fechado: a música popular brasileira sob censura*. Petrópolis: Editora Apicuri.

RICŒUR, Paul. *A Memória, a História, o Esquecimento*. Tradução de Alain François. Campinas: Editora da Unicamp, 2007.

RICŒUR, Paul. *Tempo e narrativa*. Tradução de Constança Marcondes Cesar e Roberto Leal Ferreira. Campinas: Papirus, 1994, 3v.

RICOEUR, Paul. *Tempo e narrativa*: Volume 1: A intriga e a narrativa histórica. São Paulo: Martins Fontes, 2010.

RODRIGUES, Denise dos Santos. Os sem religião nos censos brasileiros: sinal de uma crise do pertencimento institucional. In: *Horizonte*. Belo Horizonte, vol. 10, n. 28, p. 1130-1153, out./dez. 2012.

RODRIGUES, Luís Ferreira. *História do ateísmo em Portugal:* da fundação ao final do Estado Novo. Lisboa: Guerra & Paz, 2010.

ROMANO, Ruggiero. *Os mecanismos da conquista colonial*: os conquistadores. São Paulo: Perspectiva, 2007.

ROSEMBERG, Philip. *The Seventh Hero*. Cambridge: Harvard University Press, 1974.

ROSENTHAL, Jerome. Voltaire's philosophy of history. *Journal of the History of Ideas*. Vol. 16, n. 2, p. 151-178, abr., 1958.

ROSKAM, G. & VAN DER STOCKT, L. (Eds.).*Virtues for the people. Aspects of Plutarchian ethics*. Leuven: Leuven University Press, 2011.

ROUSSO, Henry. *A última catástrofe: a história, o presente e o contemporâneo*. Rio de Janeiro: FGV Editora, 2016.

RÜSEN, J. (2016). "Narração Histórica: Fundações, Tipo, Razão". In: MALERBA, Jurandir (org.). *História & Narrativa – a ciência e a arte da escrita histórica*. Petrópolis: Editora Vozes, p. 45-57.

RÜSEN, J. (2012). *Aprendizagem histórica: fundamentos e paradigmas*. Curitiba: W. A. Ed.

RÜSEN, J. (2014). Droysen Hoje: sobre temas extraviados da historiologia. In. *Cultura Faz Sentido*: orientações entre o ontem e o amanhã. Tradução de Nélio Schneider. Petrópolis: Vozes, p. 58-86.

RÜSEN, J. (2010). Razão Histórica: *Teoria da História*: os fundamentos da ciência histórica. Tradução de Estêvão de Rezende Martins. Brasília: Editora Universidade de Brasília.

RÜSEN, J. (1996). Narratividade e Objetividade nas ciências históricas. *Textos de História*, v. 4, n. 1, 1996, p. 75-102.

RUTSCH, Mechthild. Natural history, national museum and anthropology in Mexico. Some reference points in the forging and re-forging of national identity. *Perspectivas Latinoamericanas*, v. 1, p. 89-122, 2004. nanzan-u.repo.nii.ac.jp/?action=pages_view_main&active_action=repository_view_main_item_detail&item_id=352&item_no=1&page_id=13&block_id=21 – Acesso em: 13/08/2019.

SAMMER, Renata. *A Ética Historista de Johann Gustav Droysen*. Rio de Janeiro, 2012. 141f. (Mestrado em História). Departamento de História, Pontifícia Universidade Católica, Rio de Janeiro.

SAMUEL, Alan E. *Greek and Roman Chronology. Calendars and years in Classical Antiquity*. München: C. H. Beck'sche Verlags buchhandlung, 1972.

SCHAFF, Adam. *História e Verdade*. São Paulo: Martins Fontes, 1983.

SCHOLTZ, Gunter. O problema do historicismo e as ciências do espírito no século XX. *História da Historiografia*. Ouro Preto. N. 6, março de 2011, p. 42-63.

SKINNER, Quentin. *Visões da Política*: sobre os métodos históricos. Algés, Portugal: Editora DIFEL, 2005.

SANTOS, Boaventura de S. (2018). *Esquerdas do Mundo, Uni-vos!* São Paulo: Boitempo.

SANTOS, Eduardo Natalino dos. As conquistas de México-Tenochtitlan e da Nova Espanha. Guerras e alianças entre castelhanos, mexicas e tlaxcaltecas. *História Unisinos*, v. 18, n. 2, p. 218-232, 2014.

SANTOS, Mariana A. Machado. *Alexandre Herculano e a Biblioteca da Ajuda*. Separata de o Instituto, vol. CXXVII. Coimbra: Coimbra Editora Limitada, 1965. revistas.unisinos.br/index.php/historia/article/view/htu.2014.182.02 – Acesso em: 13/08/2019.

SARAIVA. *Herculano e o Liberalismo em Portugal*. Amadora: Bertrand, 1977.

SAPERE. Analía. Sentidos y usos del mito en la obra biográfica de Plutarco. *Myrtia*, n. 30, 2015, p. 77-98.

SCHWARTZ, Stuart. *Segredos internos: engenhos e escravos na sociedade colonial, 1550-1835*. 4ª reimpressão. São Paulo: Companhia das Letras, 2011.

SERRÃO, Joaquim Veríssimo. *Herculano e a consciência do liberalismo português*. Lisboa: Livraria Bertrand, 1977.

SILVA, Edson H. *O lugar do índio. Conflitos, esbulhos de terras e resistência indígena no século XIX: o caso de Escada-PE (1860-1880)*. Dissertação de mestrado em História, UFPE, PPGH/UFPE, 1995.

SILVA, Edson H. *Xukuru: memórias e história dos índios da Serra do Ororubá (Pesqueira/PE), 1959-1988*. Recife: Editora UFPE, 2014.

SILVA, M. A. O. A trilogia trágica de Heródoto. *Teatro: criação e construção de conhecimento*, v. 6, 2018, p. 61-73.

SILVA, M. A. O. Construções discursivas: as biografias plutarquianas de Teseu e Licurgo. *Anos 90*, v. 16, 2009, p. 45-60.

SILVA, M. A. O. História e Biografia em Plutarco: o público e o privado na *Vida de Sólon*. In: Glaydson José da Silva; Maria Aparecida de Oliveira Silva (orgs.). *A ideia de história na Antiguidade Clássica*. São Paulo: Alameda/Fapesp, 2017, p. 255-282.

SILVA, M. A. O. *Plutarco historiador: análise das biografias espartanas*. São Paulo: Edusp, 2006.

SILVA, M. A. O. *Plutarco e Roma: o mundo grego no Império*. São Paulo: Edusp, 2014.

SILVA, Ricardo Oliveira da. Será que chegou a hora e a vez do ateísmo na historiografia brasileira? *Revista História em Reflexão*. Dourados, v. 12, n. 24, p. 280-308, 2018.

SILVA, Ricardo Oliveira da. *O ateísmo no Brasil*: os sentidos da descrença nos séculos XX e XXI. Jundiaí, SP: Paco, 2020.

SKINNER, Q. *Visões da política – sobre os métodos históricos*. Algés: Difel, 2005.

SOUZA, Maria das Graças. "Voltaire: história e civilização". In: *Ilustração e História*. São Paulo: Discurso Editorial, 2001, p. 95-150.

SPOSITO, Fernanda. *Nem cidadãos, nem brasileiros: indígena na formação do Estado nacional brasileiro e conflitos na província de São Paulo*. São Paulo: Alameda, 2012.

STERN, Steve J. Paradigmas da conquista: história, historiografia e política. In: BONILLA, Heraclio (org.). *Os conquistados*: 1492 e a população indígena das Américas. São Paulo: Hucitec, 2006, p. 27-66.

THOMAS, Carol G. The Greek Age of Heroes: Myth Becomes History. *Historically Speaking*, v. 4, n. 1, 2002, p. 6-8.

THOMPSON, Edward. *Costumes em Comum*. São Paulo: Companhia das Letras, 1998.

TODOROV, Tzvetan. *A Conquista da América*: a questão do outro. São Paulo: Martins Fontes, 2003.

TODOROV, Tzvetan. *Memória do mal, tentação do bem*: indagações sobre o século XX. São Paulo: ARX, 2002; LE GOFF. História e memória. 1990.

TRÉDÉ, Monique. Le "je" de l'historien dans l'historiographie grecque antique. *Cahiers du Centre Gustave Glotz*, 18, p. 341-348, 2007.

TREVOR-ROPER, H. R. "Fernand Braudel, the Annales, and the Mediterranean". Journal of Modern History. Vol. 44, n. 4, 1972.

THROWER, James. *Breve história do ateísmo ocidental*. Lisboa: Edições 70, 1971.

VAINFAS, Ronaldo. História das mentalidades e história cultural. In: CARDOSO, Ciro Flamarion e VAINFAS, Ronaldo (orgs.). *Domínios da história*. Rio de Janeiro: Elsevier, 2011, p. 117-151.

VANCE, Norman. Leaping on Tables. London Review of Books, vol. 22 N. 21. 2 November 2000. Disponível em: https://www.lrb.co.uk/the-paper/v22/n21/norman-vance/leaping-on-tables

VERGARA, Francisco. *Introdução aos fundamentos filosóficos do liberalismo*. São Paulo, Nobel, 1995.

VEYNE, P. (1982). *Como se Escreve a História*. Brasília: UNB [original: 1971].

VILANOU, Conrad. Historia conceptual e historia intelectual. *Ars Brevis* [enlínia], 2006, N. 12, p. 165-90.

VROOMAN, J-R. "Voltaire-s Theatre: the cycle from Edipe to Merope". In: *Studies on Voltaire and the VIII century*. Vol. LXXV. Genève: 1970.

WACHTEL, Nathan. *Los vencidos*: los indios del Perú frente a la conquista española (1530-1570). Madri: Alianza Editorial, 1976.

WAIZBORT, Ricardo; PORTO, Filipe. Epidemias e colapso demográfico no México e nos Andes do século XVI: contribuições da biologia evolutiva. *História, Ciências, Saúde-Manguinhos*, v. 25, n. 2, p. 391-407, 2018. www.scielo.br/scielo.php?script=sci_abstract&pid=S0104-59702018000200391&lng=pt&nrm=iso – Acesso em: 13/08/2019.

WASSERMAN, Claudia. A História Intelectual: origem e abordagens. *Tempos Históricos* • Volume 19 • 1º Semestre de 2015 • p. 63-79 • 1983-1463 (versão eletrônica);

WEHLING, Arno. Historiografia e Epistemologia Histórica. In. *A História Escrita*: teoria e a história da historiografia (org.). Jurandir Malerba. 2. ed. Curitiba: Editora Prismas, 2016. p. 175-191.

WEIBEL, Andrea: "Giovane Europa". In: *Dizionario storico della Svizzera* (DSS), versione del 11.02.2008(traduzione dal tedesco). Online: https://hls-dhs-dss.ch/it/articles/017237/2008-02-11/, consultato il 07.10.2020.

WHITE, Hayden. *Meta-História*: a imaginação histórica do século XIX. Tradução de José Laurênio de Melo. São Paulo: Editora da Universidade de São Paulo, 1992.

WHITE. Hayden. *Trópicos do discurso*: ensaios sobre a crítica da cultura. Tradução de Alípio Correia de Franca Neto. São Paulo: Editora da USP, 1994.

WINDSCHUTTLE, Keith. *The Killing of History*: how literary critics and social theorists are murdering our past. San Francisco: Encounter Books, 1996.

WOLCOTT, R. (ed.). *The Correspondence of William Hickling Prescott*. Boston: Houghton Mifflin, [1925] 1970.

WOODWARD, Lewellyn. *The age of Reform, England 1815-1870*. 2. ed., Oxford: Oxford University Press, 1992.

WRIGHT, D. G. *Democracy and Reform 1815-1885*. Londres: Longman Group Ltd., 1976. (Seminar Studies in History).

XENOPHONTOS, Sophia. *Ethical education in Plutarch. Moralizing agents and contexts*. Berlin: De Gruyter, 2016.

XENOPHONTOS, Sophia. Military space and paideia in the Lives of Pyrrhus and Marius. In: GEORGIADOU, Aristoula & OIKONOMOPOULO, Katerina (eds.). *Space, time and language in Plutarch*. Berlim: De Gruyter, 2017, p. 317-326.

ZADOROJNYI, Alexei V. Cato's Suicide in Plutarch. *The Classical Quarterly*, v. 57, n. 1, 2007, p. 216-230.

ZAGORIN, Perez. Historiografia e pós-modernismo: reconsiderações. *Topoi,* Rio de Janeiro, mar. 2001, p. 137-152.

ZERON, Carlos Alberto de Moura Ribeiro. *Linha de fé: a Companhia de Jesus e a escravidão no processo de formação da sociedade colonial (Brasil, séculos XVI e XVII)*. São Paulo: Editora da Universidade de São Paulo, 2011.

ZINGANO, M. A. *Razão e história em Kant*. São Paulo: Brasiliense, 1988.

ZUCKERMAN, Phil. Ateísmo: número e padrões contemporâneos. In: MARTIN, Michael (org.). *Um mundo sem Deus*: Ensaios sobre ateísmo. Lisboa: Edições 70, 2010, p. 43-58.

Sobre os autores

José D'Assunção Barros é Professor-Associado na Universidade Federal Rural do Rio de Janeiro (UFRRJ) – nos cursos de Graduação e Pós-Graduação em História – e Professor-Permanente do Programa de Pós-Graduação em História Comparada da Universidade Federal do Rio de Janeiro (UFRJ). É Doutor em História pela Universidade Federal Fluminense (UFF), e Graduado em História e em Música pela Universidade Federal do Rio de Janeiro. É autor de 33 livros, entre os quais se destacam *O Campo da História* (2004), *Cidade e História* (2007), *O Projeto de Pesquisa em História* (2005), *Teoria da História*, em cinco volumes (2011), *Fontes Históricas – uma introdução ao seu uso historiográfico* (2019), *Seis Desafios para a Historiografia do Novo Milênio* (2019) e *O uso dos Conceitos: uma abordagem interdisciplinar* (2021) – todos publicados pela Editora Vozes, sendo que os dois primeiros foram traduzidos no exterior. Publicou cerca de 180 artigos em diversos países (Brasil, Portugal, Colômbia, Chile, México, Canadá, Espanha, Itália, Dinamarca). Dedica-se a pesquisas em Teoria da História, Historiografia, História das Artes, Cinema, Literatura e Música. Desenvolve especialmente pesquisas e reflexões em torno de Interdisciplinaridades, e nos últimos anos tem dedicado especial atenção ao estudo das interfaces da Historiografia com relação a outros campos de saber ou formas expressivas, como o Cinema, Música, Literatura e Mídias diversas, além dos campos de saber já tradicionais, seja no âmbito das próprias ciências humanas, seja no âmbito das demais ciências. Foi o fundador do LAPETHI – Laboratório de pesquisas em Teoria da História e Interdisciplinaridades.

Maria Aparecida de Oliveira Silva é graduada, mestre e doutora em História pela USP, com estágios na École Française de Rome (PDEE/CAPES) e Universidade Nova de Lisboa (FAPESP). Pós-doutora em Estudos Literários pela Unesp/Araraquara e em Letras Clássicas pela USP. Historiadora, tradutora, professora colaboradora do Labham/UFPI, pesquisadora e professora colaboradora do Grupo Heródoto/Unifesp e pesquisadora do TAPHOS/MAE/USP. Tem vários livros, capítulos de livros e artigos publicados sobre Esparta, Plutarco e Heródoto e dedica-se à tradução dos nove livros de Heródoto e dos tratados de Plutarco.

Débora El-Jaick Andrade é Professora-Associada da Universidade Federal Fluminense, no curso de Graduação em História, e Professora-Colaboradora do Programa de Pós-Graduação em História Comparada da Universidade Federal do Rio de Janeiro. É Doutora em História pela Universidade Federal Fluminense, e graduada em História nesta mesma universidade. Dedica-se a pesquisas na área de Teoria da História, Historiografia, História da Imprensa, História Cultural e História Intelectual. Foi uma das pioneiras, entre historiadores brasileiros, nos estudos sobre o historiador escocês Thomas Carlyle, e desenvolve pesquisas sobre intelectuais diversos dos séculos XIX e XX, entre os quais Saint-Simon, Bertold Brecht, Walter Benjamin e Guimarães Rosa. Foi fundadora do LAHPOC – Laboratório de História, Política e Cultura.

Robeilton de Souza Gomes é doutorando no Programa de Pós-Graduação em História da Universidade Federal Rural do Rio de Janeiro (UFRRJ). Possui Mestrado em História pela Universidade Federal do Amazonas (2013). Foi professor substituto no curso regular de Licenciatura Plena em História da Universidade Federal do Amazonas nos anos de 2011-2013 e 2016-2018. Professor credenciado no Departamento de História da Universidade Federal do Amazonas para o Plano Nacional de Formação dos Professores da Educação Básica (PARFOR), no qual atuou na formação de professores do Ensino Básico (2011-2016). Foi professor de História do Centro Universitário Nilton Lins (2013-2016). Membro do Núcleo de Pesquisa em Política, Instituições e Práticas Sociais (UFAM) e do Laboratório de Pesquisas em Teoria da História e Interdiscipliaridades (LAPETHI) da UFRRJ. Foi professor do Ensino Básico em instituições privadas e atualmente é professor concursado da rede pública do Estado do Amazonas (SEDUC-AM), no CETi Sérgio Alfredo Pessoa Figueiredo.

Luís Guilherme Assis Kalil: Doutor em História Cultural pela Universidade Estadual de Campinas (UNICAMP). Professor de História da América e do Programa de Pós-graduação em História (PPHR) da Universidade Federal Rural do Rio de Janeiro (UFRRJ-IM). Líder do grupo de pesquisa História das Américas: fontes e historiografia (UFOP/CNPq) e pesquisador associado aos grupos LAméricas. Estudos e pesquisas em História da América Colonial (UFMT/CNPq), LAMI. Laboratório de Mundos Ibéricos (UFRRJ/CNPq), GEPAM. Grupo de Ensino e Pesquisas Americanistas (UNIFESSPA/CNPq) e H-moderna: Rede Brasileira de Estudos em História Moderna. Entre outros trabalhos, é autor ou organizador dos livros: *Filhos de Adão: as teorias sobre a origem dos indígenas (séculos XVI e XIX)* (Paco, 2015), *Sobre o Novo Mundo: a História e a Historiografia das Américas na Primeira Modernidade em 10 entrevistas* (Primas, 2018), *Viagem ao Rio da Prata: Ulrico Schmidl e sua crônica quinhentista* (Paco, 2020) e *1519: Circulação, conquistas e conexões na Primeira Modernidade* (Paco, 2021). Atualmente, dedica-se a pesquisas sobre os contatos entre a América e o Oriente nos séculos XVI e XVII além de produzir material de divulgação sobre a história das Américas através do Podcast *Hora Americana*.

Luiz Estevam de Oliveira Fernandes: Doutor em História Cultural pela Universidade Estadual de Campinas (UNICAMP), com estágio na Universidad Autónoma de México (UNAM). Pós-doutorado pela University of Texas (Austin-EUA) e pela Universidade do Vale do Rio dos Sinos (UNISINOS). Professor da Universidade Federal de Ouro Preto (UFOP). Coordenador do grupo de pesquisa História das Américas: fontes e historiografia (UFOP/CNPq). Membro do Núcleo de História da Historiografia e Modernidade (UFOP/CNPq) e do LAméricas, Estudos e Pesquisas em História da América Colonial (UFMT/CNPq). Nos últimos 10 anos publicou como autor ou organizador os seguintes livros: *Sobre o Novo Mundo: a História e a Historiografia das Américas na Primeira Modernidade em 10 entrevistas* (Primas, 2018); *As Américas na Primeira Modernidade 1492-1750* (vol. 1 – Prismas, 2017; vol. 2 – Prismas, 2018; vol. 3, Milfontes, 2020); *Santos fortes: raízes do sagrado no Brasil* (Argumentum, 2017); *Contributions to theory and comparative history of historiography: German and Brazilian perscpectives* (Peter Lang, 2015); *Patria Mestiza: A invenção do passado nacional mexicano (séculos XVIII e XIX)* (Paco, 2012); *História da América: historiografia e interpretações* (EdUFOP, 2012).

Rodrigo Bianchini Cracco é Professor de História da Historiografia e de Teoria da História do Curso de História da Universidade Estadual de Mato Grosso do Sul – UEMS e Coordenador Adjunto do Programa de Mestrado Profissional em Ensino de História oferecido em Rede Nacional – PROFHISTÓRIA, também na UEMS. Tem doutorado na UFMG com a tese intitulada *As Contribuições de Paul Ricoeur à Histo-*

riografia Contemporânea e mestrado na UNESP com a dissertação intitulada *A longa duração e as estruturas temporais em Fernand Braudel: de sua tese O Mediterrâneo e o Mundo Mediterrânico na Época de Filipe II até o artigo História e Ciências Sociais: A longa duração (1949-1958)*. Atualmente desenvolve pesquisas na área de espacialidades e temporalidades na cartografia histórica.

Michelle Fernanda Tasca é Professora no curso de Arquitetura e Urbanismo na Associação Educacional do Vale da Jurumirim, atuando nas disciplinas de História, Arte e Patrimônio. Graduaou-se em 2008, e doutorou-se em História pela Universidade Estadual de Campinas (2018) na área de Política, Memória e Cidade. Estudou na Universidade de Lisboa entre 2013 e 2014.

Ricardo Oliveira da Silva é Professor-Adjunto no Curso de História na Universidade Federal de Mato Grosso do Sul (UFMS), Campus de Nova Andradina/MS. É Graduado em História pela Universidade Federal de Santa Maria (UFSM) e Mestre e Doutor em História pela Universidade Federal do Rio Grande do Sul (UFRGS). É autor de artigos publicados em revistas acadêmicas e dos livros *História das Ideias: a construção da identidade* (2017), *Marxismo e Escrita da História: os intelectuais e a questão agrária no Brasil (1950/1960)* (2018) e *O ateísmo no Brasil: os sentidos da descrença nos séculos XX e XXI* (2020). Na condição de organizador publicou os livros *Diálogos: estudos sobre teoria da história e historiografia*, em três volumes (2016-2018), e *História e Literatura: abordagens interdisciplinares* (2019). Dedica-se a pesquisas em Teoria da História, Historiografia, História Intelectual e História do Ateísmo. Atualmente é líder do Grupo de Pesquisa *Ateísmo, Descrenças Religiosas e Secularismo: história, tendências e comportamentos*, cadastrado no CNPq e faz parte dos Grupos de Pesquisa *História Intelectual, Produção de Presença e Construção de Sentido* e *História Intelectual e História dos Conceitos: conexões teórico-metodológicas*, também cadastrados no CNPq.

Mariana Albuquerque Dantas é Professora do Departamento de História da UFRPE, tem mestrado e doutorado na mesma área pela UFF. Em 2015, sua tese foi premiada pelo Arquivo Nacional e publicada em 2018 com o título "Dimensões da participação política indígena: Estado nacional e revoltas em Pernambuco e Alagoas, 1817-1848".

Índice onomástico

Adriano 103
Alexandre 91, 104, 105
Aníbal 89
Aristóteles 20, 85, 106
Ayer, A. J. 322

Bayle, P. 109
Beneker 82
Bentham, J. 158, 159, 162, 167
Bloch, M. 44, 49-51, 141, 312, 314
Bossuet, J. B. 131, 145
Braudel, F. 44, 249-272, 313
Bruto 93
Burke, P. 69

Calígula 120
Cardoso 84
Carlyle, Th. 136, 150-188
Carlos XII 126-127, 134, 137-138
Caronte de Lâmpsaco 100
Cássio Dio 53
Castilho, A. F. 220, 235
Cavaignac 101
Cerri 106
Certeau, M. de 26
César 104, 105
Chadwick, E. 159, 182
Childe, G. 40
Cícero 35, 103
Cláudio Druso 121
Clitarco 100
Condorcet 116, 130, 132, 133, 143
Cornélio Nepos 106
Corrêa 94

Cortés, H. 275-276, 277-278, 279-280, 282-286, 291-300, 303
Creso 100-101
Cuauhtémoc 280, 284, 286, 300

Daix, P. 250
Darwin, C. 311
Demétrio 89, 90
Demóstenes 103
D'Holbach 320
Dickens, Ch. 174, 187
Dinão 100
Domiciano 83
Dillon 89
Díon 87, 93
Dosse, F. 69
Droysen, J. G. 45, 189-214
Duff 82, 89

Édipo 82
Éforo 100
Engels, F. 51, 167, 173, 174, 175, 187
Epicuro 319
Ésquilo 83-84
Eumênes 102

Fábio Máximo 89
Febvre, L. 141, 312, 314
Ferro, M. 57
Feuerbach, L. 311, 317, 321
Filipe 91
Filipe de Orleãs 112
Filisto 98
Florentino, M. 331, 343-344

Fragoso, J. 331, 343-344
Frederico II 110, 112
Friedman 83
Furet, F. 52

Galba 94
Gaskell, E. 187
Gervinus, G. G. 45
Gentili 106
Gibbon, E. 130
Gláucon 95
Gramsci, A. 187
Guizot, Fr. 131, 141

Hammond 101
Hecateu de Mileto 35, 94
Heráclides 100
Heráclito de Éfeso 319
Herculano, A. 218-248
Herder, J. G. von 130
Heródoto 35, 83, 85, 95, 101, 104, 107
Hill, Ch. 40
Hobsbawm, E. 40
Homero 107
Hume, D. 113, 145

Jacoby 95

Kant, E. 116, 130-131, 133, 142-143, 144

La Harpe 113
León-Portilla, M. 287-289, 291-293
Licurgo 83
Lockhart, J. 291-292, 297, 301
Lúculo 97-98
Luís XIV 127, 137-138, 144

Macaulay, Th. B. 152
Malinche 278, 294
Maquiavel, N. 89, 111
Marquesa de Alorna 220
Martins, O. 220, 233
Marx, K. 37, 51, 54, 144, 167, 173, 184, 187, 258, 311, 317, 321, 324

Mazzini, G. 155, 163
Meslier, J. 319
Michelet, J. 131, 141, 151, 250
Minois, G. 304-328
Momigliano 100, 104, 106-107
Montesquieu 113, 145
Montezuma 278-280, 284-285, 294, 298, 300

Nerdahl 93
Nero 94
Nícias 98, 100
Niebuhr, R. B. G. 53, 128
Nietzsche, Fr. 135, 136, 311, 317, 321
Numa 83
Novais, F. 331, 341-344

Orwell, G. 58

Pedro O Grande 126
Pelling 87
Péricles 89
Pirenne, H. 50
Platão 89, 91, 92-94, 96, 106
Plutarco 11, 30, 81-107
Pompeu 104
Prado Jr., C. 258, 336-341
Prandi 87
Prescott, W. H. 276-277, 280-286, 292, 296-297, 302-303

Ranke, L. von 45, 129
Ribeiro, J. P. 220, 239
Rollin, Ch. 131
Rômulo 83, 84
Rousseau, J-J. 113
Rüsen, J. 76
Russell, B. 310

Samuel 101
Santos, B. 67
Sapere 84
Sartre, J-P. 322
Schopenhauer, A. 317, 321
Scott, R. 48

Sêneca 53, 89
Sertório 102
Silva, M.A.O. 83, 85, 88, 91
Sócrates 95
Sólon 100
Sósio Senecião 83
Suetônio 53
Stuart Mill, J. 151, 186

Teseu 84
Tatcher, M. 55
Temístocles 100
Thomas 84
Thompson, E. P. 19, 40, 55
Tibério 121
Timoleão 96, 99
Timóteo 91
Todorov, T. 214, 293-295, 302
Toynbee, A. 50
Trajano 103

Trédé 94
Tucídides 29, 35, 86, 98, 100, 106, 107

Vargas, G. 41
Varnhagen, F. A. de 331-334
Vico 130
Voltaire 45, 108-148

Wachtel, N. 292-294, 302

Xenofonte 89
Xenophontos 87
Xerxes 100
Xica da Silva 10
Xicotencatl 278

Zadorojnyi 106
Zumbi 10

Índice remissivo

Aldeias indígenas 345
Alteridade 10, 32, 47, 146, 294
Annales (Escola dos) 39, 109, 312-314, 328
Antropologia 358
Ateísmo prático 309, 317-319, 322-324, 327
Ateísmo teórico 309, 317-322, 327

Biblioteca 221-225, 230, 239
Biblioteca da Ajuda 224-225
Brasil-Colônia 9
Brasil-Império 24
Brasil-República 24

Cartismo 164-169
Censura 41
Ceticismo 120
Ciência 311, 313, 320-321
Coetaneidade 358-359
Condição da Inglaterra 169
Conferência 22
Cosmo História 300
Cultura Histórica 18

Deísmo 111
Descrença 305, 309, 311-312, 317-318, 322-326
Déspota esclarecido 110
Destino Manifesto 283
Dialética 133
Direitos humanos 111

Enciclopédia 115, 117
Era do Mecanismo 169

Espelho de príncipe 110
Escrita da História 26
Escola 39-40
Escola Alemã (do Historicismo) 40
Escola de Frankfurt 40
Escola dos *Annales* 39-40, 109
Escola Inglesa (do Marxismo) 40
Etnogênese 292, 296, 300-301

Filosofia da História 116
Filósofos iluministas 112, 317, 320, 324
Fonte Histórica 27, 46-53

Governante 137
Guerra Civil Portuguesa 219, 221

Heróis 49, 84, 150, 175, 177, 178, 184, 185
História (definição de) 117
História (gênero literário) 117
História Comparada 44, 49-50
História das Mentalidades 314-315, 318
História do Tempo Presente 356-359
História Filosófica 139
História Pública 19
Historiografia (definição) 15-20
Historiografia Francesa 312-314

Idade Moderna 311, 319, 323
Iluminismo 111, 310-311
Igreja 111
Instituto Histórico e Geográfico Brasileiro (IHGB) 331-334

Jornal 73, 114

Laissez-faire 168
Lei dos Pobres 180, 182, 187
Liberal 219, 222, 235
Liberalismo 219, 222, 231, 235, 238
Liderança 164-165, 168, 173, 174, 183, 184
Live 23
Livrarias abandonadas 222
Livro 22

Mammon 168
Magistra Vitae 129
Manipulação (dos fatos) 56-68
Mão de obra indígena 337, 345-350
Matriz Disciplinar 25-28
Mestiçagem 278, 287, 289, 335, 337
Monumentos 118

Nazismo 56
Nova Filologia 291
Nova História da Conquista 296, 298, 301

Ocidente 304, 308, 310, ,312, 314, 316, 318, 326
Ordenação (dos fatos) 100

Paleografia 220
Panorama 223, 226
Paradigma indiciário 115
Paradigma Prescott 280, 282

Pirronismo 122
Podcast 19, 65
Porfiriato 286
Povos indígenas 329, 340, 345, 354

Quadrinhos (HQ) 19, 22

Real Biblioteca Pública do Porto 222, 224
Rei-filósofo 110
Religião 307-308, 311, 313, 318, 320-321, 323-325
Representação da História 33
Revolução Francesa 33, 34, 51-53, 111, 147, 150, 157, 173, 184, 187, 324, 327
Roma Antiga 121-122

Sincronia 255
Subjetividade 357

Tempo histórico 142-144
Tempo Intersubjetivo 358
Torre do Tombo 220
Tutela 351-355, 358

Ultradireita 48

Verdade (na História) 118
Visão dos Vencidos 288, 292, 293

Workhouses 172, 177, 180

Índice geral

Prefácio, 7

Primeira Parte
HISTORIOGRAFIA – Reflexões sobre um campo de saber

1. *História e Historiografia: todas as relações possíveis*, 15
   1.1. O que é a Historiografia?, 15
   1.2. Historiografia e história: relações possíveis, 30
   1.3. A historiografia como representação da história, 33
   1.4. A Historiografia como objeto historiográfico, 43
   1.5. A Historiografia como fonte histórica, 46
   1.6. A Historiografia como agente histórico, 54
   1.7. Uma agenda para a historiografia progressista contemporânea, 60

Segunda Parte
ALGUNS HISTORIADORES

2. *Percepções plutarquianas da escrita biográfica*, 81
   2.1. Introdução, 81
   2.2. Mito e História nas *Vidas Paralelas*, 83
   2.3. Filosofia e História nas *Vidas Paralelas*, 86
   2.4. Verdade e História na narrativa de Plutarco, 94
   2.5. História Linear ou Circular?, 100
   2.6. Biografia e História na visão de Plutarco, 103
   2.7. Conclusões, 106

3. *Voltaire: um filósofo-historiador antigo, moderno e visionário*, 108

    3.1. Introdução, 108

    3.2. Alguns dados bibliográficos, 109

    3.3. Concepção política e social, 110

    3.4. O diversificado perfil intelectual de Voltaire, 113

    3.5. Voltaire: "historiador de tipo antigo", 117

    3.6. O Voltaire moderno, em sua conexão com uma nova história em formação, 130

    3.7. Intuições para uma História futura, 139

    3.8. O conceito de "tempo" de Voltaire: entre duas concepções do tempo histórico, 142

    3.9. Voltaire e a visão universalizante, 144

    3.10. Considerações finais, 147

4. *O historiador e o visionário: Thomas Carlyle e a "questão da condição da Inglaterra" no século XIX*, 150

    4.1. Introdução, 150

    4.2. Tempo de reformas e de revoluções, 154

    4.3. Sinais dos tempos: crítica ao utilitarismo e ao mecanismo, 160

    4.4. A questão da condição da Inglaterra e a falta de liderança, 164

    4.5. A liderança em dois tempos: do passado medieval ao presente industrial, 174

    4.6. Considerações finais, 186

5. *A* Historik *de Johann Droysen: sobre a atualidade de um clássico oitocentista no trato das fontes*, 189

    5.1. Um breve percurso historiográfico, 189

    5.2. Trajetória intelectual e identidade teórica, 193

    5.3. Para uma taxonomia das fontes históricas, 204

6. *A pena e o documento: a história reescrita por Alexandre Herculano*, 218

    6.1. Objetivos e considerações sobre o contexto português no século XIX, 218

    6.2. A formação do historiador, 219

6.3. Conjunto da obra, 225

6.4. Fontes e narrativa na *História de Portugal*, 230

6.5. O primeiro volume da *História de Portugal*, 235

6.6. O historiador e suas fontes, 238

6.7. Considerações finais, 247

7. *O tempo de Fernand Braudel*, 249

7.1. Introdução, 249

7.2. O Mediterrâneo e o mundo mediterrânico na época de Filipe II, 250

7.3. História e Ciências Sociais: A Longa Duração, 262

7.4. O conjunto da obra de Fernand Braudel, 270

Terceira Parte
ALGUMAS QUESTÕES HISTORIOGRÁFICAS

8. *As muitas conquistas do México: como um mesmo conflito do século XVI foi narrado ao longo do tempo*, 275

8.1. Introdução, 275

8.2. 1519-1521: uma periodização possível, 277

8.3. O "paradigma Prescott", 280

8.4. O reverso da moeda: a vilificação de Cortés no México do século XIX, 283

8.5. A Conquista como trauma ou como continuidade, 287

8.6. A Conquista através dos signos: o paradigma Todorov, 293

8.7. Perspectivas recentes sobre a Conquista e os conquistadores, 295

8.8. Considerações finais, 302

9. *Georges Minois: uma análise da obra* História do ateísmo *como fonte histórica*, 304

9.1. Introdução, 304

9.2. O contexto histórico/historiográfico de *História do ateísmo*, 305

9.2.1. O contexto histórico, 305

9.2.2. A historiografia sobre o ateísmo, 308

9.3. A historiografia de Georges Minois, 312

9.4. O livro *História do ateísmo* como fonte histórica, 317
    9.4.1. Apresentação panorâmica de *História do ateísmo*, 317
    9.4.2. O ateísmo teórico na história, 318
    9.4.3. O ateísmo prático na história, 322
9.5. Considerações finais, 326

10. *Uma História com o Outro: povos indígenas na historiografia brasileira*, 329
    10.1. Introdução, 329
    10.2. A ausência formulada no século XIX, 331
    10.3. Caio Prado Jr. e a formação do Brasil, 336
    10.4. Desdobramentos e críticas ao "sentido da colonização", 341
    10.5. O telescópio que esconde e afasta, 350
    10.6. O Outro com a História, 356

Referências, 361
Sobre os autores, 383
Índice onomástico, 387
Índice remissivo, 391
Índice geral, 393

Editorial

CULTURAL
- Administração
- Antropologia
- Biografias
- Comunicação
- Dinâmicas e Jogos
- Ecologia e Meio Ambiente
- Educação e Pedagogia
- Filosofia
- História
- Letras e Literatura
- Obras de referência
- Política
- Psicologia
- Saúde e Nutrição
- Serviço Social e Trabalho
- Sociologia

CATEQUÉTICO PASTORAL
Catequese
- Geral
- Crisma
- Primeira Eucaristia

Pastoral
- Geral
- Sacramental
- Familiar
- Social
- Ensino Religioso Escolar

TEOLÓGICO ESPIRITUAL
- Biografias
- Devocionários
- Espiritualidade e Mística
- Espiritualidade Mariana
- Franciscanismo
- Autoconhecimento
- Liturgia
- Obras de referência
- Sagrada Escritura e Livros Apócrifos

Teologia
- Bíblica
- Histórica
- Prática
- Sistemática

REVISTAS
- Concilium
- Estudos Bíblicos
- Grande Sinal
- REB (Revista Eclesiástica Brasileira)

VOZES NOBILIS
Uma linha editorial especial, com importantes autores, alto valor agregado e qualidade superior.

VOZES DE BOLSO
Obras clássicas de Ciências Humanas em formato de bolso.

PRODUTOS SAZONAIS
- Folhinha do Sagrado Coração de Jesus
- Calendário de mesa do Sagrado Coração de Jesus
- Almanaque Santo Antônio
- Agendinha
- Diário Vozes
- Meditações para o dia a dia
- Encontro diário com Deus
- Guia Litúrgico

CADASTRE-SE
www.vozes.com.br

EDITORA VOZES LTDA.
Rua Frei Luís, 100 – Centro – Cep 25689-900 – Petrópolis, RJ
Tel.: (24) 2233-9000 – Fax: (24) 2231-4676 – E-mail: vendas@vozes.com.br

UNIDADES NO BRASIL: Belo Horizonte, MG – Brasília, DF – Campinas, SP – Cuiabá, MT
Curitiba, PR – Fortaleza, CE – Juiz de Fora, MG – Petrópolis, RJ – Recife, PE – São Paulo, SP